Paul Herbert Freyer
Der Tod auf allen Meeren

Ereignisse
Tatsachen
Zusammenhänge
───────────────────────────────

DER TOD AUF ALLEN MEEREN

Paul Herbert Freyer

Ein Tatsachenbericht
zur Geschichte
des faschistischen U-Boot-Krieges

Militärverlag
der Deutschen Demokratischen
Republik

ISBN 3-327-00652-0

13. Auflage 1988
© Militärverlag der Deutschen Demokratischen Republik
(VEB) – Berlin, 1970
Lizenz-Nr. 5
Printed in the German Democratic Republic
Lichtsatz: INTERDRUCK Graphischer Großbetrieb Leipzig – III/18/97
Druck und Binden: Offizin Andersen Nexö,
Graphischer Großbetrieb Leipzig – III/18/38
Schutzumschlag und Einband: Wolfgang Ritter
Typografie: Dieter Lebek
LSV: 0239
Bestellnummer: 745 418 1
00890

Die Woge der Verblendung

(September 1939 bis Sommer 1940)

Die »Athenia«

Aus Nordwest rollt eine steile See. Der Wind treibt die Gischtfetzen weit über das Wasser dahin. Für Ende August zeigt sich der Nordatlantik nicht gerade von der besten Seite. Wenn auch die See noch nicht kocht, wie etwa im Oktober, so daß in einem Wellental bequem ein Vierfamilienhaus Platz hätte, ist es doch reichlich unangenehm.
U 30 rackt mit halber Kraft gegen die See an. Das Deck ist dauernd überwaschen. Das Wasser bricht sich am 8,8-cm-Geschütz, und die Spritzer reichen bis auf die Brücke hinauf. Immer wieder ducken sich die Männer auf der Brücke, aber das ist eine vergebliche Mühe. Ihre Gesichter und das Ölzeug sind bereits naß. Um die Augen und in den Bärten hat sich eine feine Salzkruste gebildet.
»So ein Sauwetter!« schimpft der Kommandant, der sechsundzwanzigjährige Oberleutnant der faschistischen Kriegsmarine Lemp.
Der IWO, der neben ihm steht, duckt sich gerade vor dem nächsten Brecher und brummt dabei Zustimmung. »Ist auch wahr!« Er richtet sich wieder auf und läßt seinem Mißbehagen freien Lauf. »Ich begreife gar nicht, was Dönitz sich dabei gedacht hat, uns in den Atlantik hinauszujagen. Soll es eine Übung sein? Oder —«, setzt er gedehnt hinzu.
Lemp lächelt ihn überlegen von der Seite an. »Sind Sie naiv, Mensch! Auf Übung — mit scharfen Torpedoköpfen und knallfertiger Munition!«
Der Wachoffizier sieht seinen Kommandanten groß an. »Sie meinen, daß es diesmal ernst wird?« Und da Lemp nicht antwortet, fügt er mehr für sich selbst hinzu: »Wenn der Pole nicht klein beigibt, was wird England machen? Ich kann nicht daran glauben. Wie sollen wir denn gegen die Tommys mit unseren paar Pötten ankommen?«
»Wer zuerst schießt, ist im Vorteil, mein Lieber.« Das kommt fast unwillig über Lemps Lippen. »Glauben Sie, daß wir aus lauter Jux im zugewiesenen Planquadrat auf und ab strampeln?« Eine volle Gischt-

fahne platscht in sein Gesicht. Er spuckt fluchend das Salzwasser aus und ruft schließlich ins Turmluk hinunter: »Der Smutje soll mal einen Kaffee machen. Aber einen steifen! Klar?«
Während er sich wieder aufrichtet und das Wasser mit der bloßen Hand aus dem Gesicht wischt, sieht er den in Gedanken geradeaus starrenden I WO an. Ohne auf das vorangegangene Gespräch weiter einzugehen, meint er: »Das Wasser aus ›Schlicktown‹ in unseren Tanks eignet sich allenthalben zum Füßewaschen, aber nicht zum Kaffeekochen.«
Der I WO antwortet nicht. Die Ausguckposten und der Signalgast, die das Gespräch auf der Brücke mit angehört haben, sehen einander vielsagend an.
Auf der Steuerbordseite steht die aufgegangene Sonne eine Handbreit fahl über der Kimm.
Das Boot stampft und rollt weiter auf seinem Kurs.
Statt durchzusagen, daß endlich der Kaffee gebrüht ist, steckt der Obersteuermann seinen Kopf durchs Turmluk.
»An Kommandant! Eine wichtige Rundfunkmeldung!« Sofort verschwindet sein Kopf wieder. Eilig läßt sich Lemp die Eisenleiter in den Turm hinuntergleiten. Vor dem Funkschapp drängeln sich die Freiwachen. Nur mit Mühe kann sich Lemp an das Radiogerät, das der Funker bedient, heranschieben.
Alle lauschen den Worten, die ein wenig zerkratzt aus dem Lautsprecher klingen. Niemand sagt etwas. Und außer dem Sprecher im Radio sind nur das Krächzen der Verschalungen des rollenden Bootes und das laute Rattern der Diesel zu hören. Die Erklärung ist beendet. Marschmusik ertönt. Der Funker stellt das Gerät ab. Alle Augen sehen den Kommandanten an. »Also dann: Krieg gegen Polen!«
Schließlich fragt ein Mechanikermaat: »Und der Tommy, Herr Oberleutnant, wird der mitmachen?«
Lemp hat längst begriffen, was es mit dieser »Alarmübung Nordsee« auf sich hat. Bereits am Morgen des 22. August 1939 ist sein Boot von Wilhelmshaven in See geschickt worden, wie alle hochseefähigen U-Boote. Eine versiegelte Order liegt wohlverwahrt zwischen den Kommandantenunterlagen. Lemp nimmt nicht zum erstenmal an einem solchen Einsatz teil.
Der im Februar 1913 als Sohn eines Kolonialoffiziers in China geborene Fritz-Julius Lemp war bereits mit achtzehn Jahren in die damalige Reichsmarine eingetreten. Nach knapp siebenjähriger Dienstzeit hatte

er auf U 30 sein erstes selbständiges Kommando erhalten. Das war in dieser Zeit ein auffallend schneller Aufstieg eines Marineoffiziers, trugen doch die meisten Kommandanten höhere Dienstgrade. Aber Lemp galt bei seinen Vorgesetzten als ein besonders zuverlässiger Offizier der faschistischen Kriegsmarine. Er hatte mit seinem Boot an der Blockade der Küste Spaniens teilgenommen, als die franquistischen Meuterer und die Interventionstruppen des faschistischen Deutschlands und Italiens die Volksfrontrepublik niederrangen. U 30 war auf hoher See, als in München die imperialistischen Großmächte Europas die Tschechoslowakei zerstückelten.

Doch diesmal ist es anders. Nach dem Angriff auf Polen scheinen kriegerische Verwicklungen mit Großbritannien und Frankreich nur noch eine Frage von Stunden zu sein. Lemp ist wie alle Kommandanten auf den Krieg vorbereitet, ja, er hat ihn sogar erwartet. Er könnte viele Anzeichen dafür nennen, daß der Krieg längst beschlossen gewesen ist. Dennoch sitzt ihm für einen Augenblick so etwas wie ein Kloß im Halse.

Eine Pause entsteht.

Lemp hat sich bald wieder gefangen. Seine Antwort kommt scharf, keine Bedenken duldend: »Wir müssen abwarten. Los, an die Arbeit! Die Torpedos überprüfen! Die Wachen ziehen sofort kriegsmäßig auf!« Und schon schiebt er sich in die Zentrale. Von dort aus hetzt jetzt ein Befehl den andern. Als der Smutje die bestellte Tasse Kaffee für ihn bringt, faucht Lemp ihn an: »Mensch, schaffen Sie mir den Kujambel aus den Augen!«

Lemp exerziert mit seiner Besatzung alle Angriffs-, Gefechts- und Tauchvarianten durch. Hundertmal, nein tausendmal hat jeder seine eingedrillten Handgriffe schon gemacht. Alles klappt. Lemp ist zufrieden. Er hat die Besatzung von U 30 auf diesen Tag vorbereitet, so wie es ihm befohlen worden ist. Es gibt keinen »Versager« unter seinen Leuten. Er hat sie sorgfältig aus der großen Zahl ausgesucht, die in der jüngsten Waffe der faschistischen Kriegsmarine nicht nur den »Helden« solcher Propagandafilme wie »Morgenrot« nacheifern wollen, sondern die auch fest daran glauben, daß sie hier am besten »ihrem Führer dienen« können. Er weiß, daß sie jeden seiner Befehle widerspruchslos ausführen werden. Sein Boot ist zu überraschendem Angriff gerüstet.

Für die Besatzung folgen drei anstrengende Tage, Tage der Ungewißheit, ob Großbritannien in den Krieg eingreifen wird. Kreuz und quer marschiert U 30 im zugewiesenen Planquadrat. Lemp, wie ein Landsknecht, bereits vom Rausch zukünftiger Siege und Ehren besessen und verblendet, befürchtet, »die Engländer könnten zu guter Letzt doch noch kneifen«, wie er sich ausdrückt. Aber der LI, der Leitende Ingenieur, mit dem er immer wieder in dem engen Kommandoturm darüber spricht, ist der Meinung, daß es bis zum Beginn des Krieges gegen England nur noch Stunden dauern könne. Die Besatzung versieht ihren Dienst zwar schweigsamer, aber in gespannter Erwartung außergewöhnlicher Erlebnisse, Abenteuer, von denen niemand weiß, wie sie auf einen zukommen werden.

Gewiß, in manchen Minuten gewinnt die Angst, die einfache, menschliche Angst, die Oberhand über den prickelnden Reiz des Ungewissen. Aber das geht vorüber. Freiwillig haben sie sich zur U-Boot-Waffe gemeldet. Vom Risiko, das jeder Einsatz mit sich bringt, ist ihnen nichts gesagt worden. Im Gegenteil: Manch einer berauscht sich noch an den pathetischen Worten des Kommandanten im Ufa-Film »Morgenrot«, den man ihnen vor kurzem im Stützpunkt vorgeführt hat: »Wir Deutsche wissen vielleicht nicht zu leben, aber wie zu sterben ist, das wissen wir.«

Zumindest glauben sie es zu wissen. Vor allem aber glauben sie, daß sie stark genug sein werden zu siegen, daß es ihnen, den »Kreuzfahrern des germanischen Herrenvolkes«, gelingen wird, »Rache für Versailles« zu nehmen und den alten, und wie man ihnen gesagt hat, »niedergehenden Kulturvölkern« England und Frankreich den Todesstoß zu versetzen.

Sie wissen nicht, daß der deutsche Imperialismus den Zeitpunkt für gekommen hält, zum zweitenmal in diesem Jahrhundert einen Krieg um die Weltherrschaft zu entfesseln.

Seit Mitte der dreißiger Jahre hatte sich der Konkurrenzkampf zwischen Deutschland und den anderen großen imperialistischen Mächten weiter verschärft. Doch der Vorsprung bei der Aufrüstung, den das faschistische Deutschland gegenüber seinen imperialistischen Konkurrenten erreicht hatte, begann sich zu verringern, während im Inneren eine tiefe Krise heranzureifen begann. Der antifaschistische Widerstand nahm an Breite und Tiefe zu. In der Wirtschaft machten sich im Gefolge der ungeheuren Aufrüstung Disproportionen bemerkbar. Im Kampf um Absatzmärkte war der deutsche Imperialismus nicht immer seinen Konkurrenten gewachsen. Selbst innerhalb der führenden Kreise des deutschen Monopolkapitals und im Staatsapparat zeigten sich bei der Suche nach einem Ausweg aus dieser Situation Differenzen und Meinungsverschiedenheiten. Die aggressivsten Kreise der herrschenden Klasse in Deutschland wollten diese Widersprüche mit militärischen Mitteln zu ihren Gunsten lösen.

Diese Zusammenhänge waren keinem Angehörigen der faschistischen U-Boot-Waffe bekannt, denn schon die Führung der Reichsmarine und erst recht die der faschistischen Kriegsmarine hatten den Schock des Jahres 1918 noch nicht überwunden, daß von den Matrosen der Hochseeflotte das Signal zur Revolution ausgegangen war. Mit allen Mitteln hatten sie zu verhindern gewußt, daß die Matrosen von der revolutionären Arbeiterbewegung beeinflußt wurden. Die zahlenmäßig geringe personelle Stärke der Marine erlaubte ein strenges Auswahlprinzip, und auf die U-Boote gelangten nur ganz »Zuverlässige«. Der Oberbefehlshaber der faschistischen Kriegsmarine, Raeder, brüstete sich später, daß er bereits seit 1928 in der Marine den Geist des Faschismus durchgesetzt hätte.

So geht Stunde um Stunde voller Spannung dahin.

Am 3. September 1939 ist es soweit. Gegen 15 Uhr geht vom Führer der U-Boote, Dönitz, ein Funkspruch ein. Der »X-Fall« ist eingetreten. Angriffshandlungen gegenüber Großbritannien sind freigegeben. Großbritannien und etwas später auch Frankreich haben entsprechend ihren Bündnisverpflichtungen dem faschistischen Deutschland den Krieg erklärt.

Lemp erbricht die Siegel des umfangreichen Kuverts der »Geheimen Kommandosache« für den »X-Fall«. Der Inhalt überrascht ihn keineswegs. Er kennt ihn längst, wie alle Kommandanten, die mit ihren Booten gegen Ende August in den Atlantik, in den Kanal oder an die englische Nordseeküste geschickt wurden.

Verdammt gut vorbereitet, denkt er. Der »Tommy« wird staunen, wenn in den nächsten Stunden die ersten »Aale« die Schiffsleiber treffen.

In der »Geheimen Kommandosache« steht, daß sein Operationsgebiet von 54 bis 57 Grad Nord und von 12 bis 18 Grad West reicht. Unweit seiner Position befinden sich das Panzerschiff »Deutschland« – die spätere »Lützow« – und das Versorgungsschiff »Westerwald«, die ebenfalls den Handelskrieg führen sollen. In diesem Planquadrat, das

von den Schiffahrtsrouten aus dem Nordkanal nach Nordamerika durchschnitten wird, sind feindliche Kriegsfahrzeuge mit allen Mitteln, Handelsfahrzeuge nach der Prisenordnung anzugreifen.
Als Lemp das Wort Prisenordnung liest, muß er laut auflachen. Prisenordnung! Ein Handelsschiff stoppen und warten, bis der Kapitän in einem Boot die Schiffspapiere herbeibringt? Großer Gott! Er muß an die vielen Besprechungen auf dem Wohnschiff »Hamburg« denken. Dönitz und seine Stabsoffiziere haben es da an entsprechenden doppelbödigen Hinweisen nicht fehlen lassen. Wenn ein Handelsschiff abgeblendet fährt oder es gar im Kurs zackt, so ist doch klar, daß sich jede Warnung erübrigt. Dann führt es Konterbande an Bord, wenn es nicht gar ein verkapptes Kriegsfahrzeug ist. Dann drauf mit allen Rohren! Die erfolgreichen Kommandanten im letzten Weltkrieg haben auch nicht anders gehandelt.
Ein Kummer aber bewegt den ehrgeizigen Lemp in diesen Stunden. Hoffentlich sind die englischen Schiffe nicht gewarnt worden und steuern Sammelpunkte an oder sind auf andere Routen umdirigiert worden. Dennoch geht er frohgelaunt durchs Boot und gibt sich den Besatzungsmitgliedern gegenüber jovial. Er weiß viel zu gut, wie nützlich es ist, wenn sie in ihm »den Alten« sehen, auf den sie sich nicht nur verlassen müssen, sondern auch verlassen sollen.
»Na, Bootsmann, da wird dem Goldjungen zu Hause aber die Brust schwellen, wenn Vatern von Feindfahrt zurückkommt.«
»Jawohl, Herr Oberleutnant!«
Lemp klettert durch den Turm auf die Brücke hinauf. Das Wetter hat sich etwas beruhigt. Eine lange Dünung hebt und senkt das Boot in gleichmäßigem Rhythmus. Der II WO, Leutnant Hinsch, will, wie üblich, melden. Lemp winkt ab. Zu den Ausgucks, die die Augen nicht von der Kimm des ihnen zugewiesenen Sektors lassen, sagt er: »Wer den ersten Kolcher ausmacht, dem wir eins verplätten werden, bekommt von mir in ›Schlicktown‹ eine Pulle!«
Unablässig suchen die Ausgucks die Kimm ab. Die Wachen wechseln. Der Krieg gegen England ist schon Stunden alt.
»Da! Eine Rauchfahne!« ruft der Matrosenobergefreite vom vorderen Backbordsektor und weist mit dem Arm die Richtung. Der Kommandant reißt das schwere Doppelglas vor die Augen. Tatsächlich, weit entfernt kräuselt über dem Horizont ein kaum wahrnehmbarer Flaum.

Lemp lebt förmlich auf. Er gibt sofort den neuen Kurs an.
»Auf Gefechtsstation!« Der Befehl fliegt durchs Boot.
Alle stürzen hastig auf ihre Gefechtsstationen. Im Bordtagebuch wird die Zeit vermerkt: 19.07 Uhr. Die Dämmerung ist hereingebrochen.
»Beide Diesel große Fahrt voraus!«
Die Rauchfahne ist bald mit bloßem Auge zu erkennen. U 30 schiebt sich dichter heran. Nun heben sich die Masten und etwas später auch die Aufbauten von der Kimm ab.
Lemp peilt das Schiff genau ein. Er ist erregt, auch wenn er bemüht ist, es nicht zu zeigen. Hoffentlich kein Neutraler, denkt er. Das Doppelglas nimmt er nicht von den Augen. »Verdammt nochmal, sein Kurs ist ungünstig! Wir kommen nicht heran. Eine tolle Fahrt macht der Bursche.«
Gerade will er das Glas absetzen, da sieht er, wie das Schiff den Kurs hart ändert.
»Alarm!«
Der LI läßt die Tauchzellen fluten. Der Bootskörper verschwindet im Wasser, nur der Turm ragt heraus. Es ist inzwischen fast dunkel geworden.
Lemp schiebt die Mütze ins Genick und preßt die Stirn gegen die Gummipolster der Okulare des Nachtzielgerätes. Ständig gibt er Kursverbesserungen an. Plötzlich schreit er auf, seine Stimme überschlägt sich fast: »Das ist ja ein Musikdampfer! Ein großes Passagierschiff! Und direkt auf uns zu!«
In der Zentrale hängen alle Augen an den Apparaturen. Der I WO fragt heiser: »Was für Nationalität?«
»Was für eine Frage! Der fährt abgeblendet. Ein Tommy!«

Das Schiff ist der 13 581 BRT große Passagierdampfer »Athenia«, der der britischen Reederei »Donaldson Atlantic Line« gehört. Es hat am 2. September, 4.30 Uhr, den Hafen von Liverpool mit Kurs auf Montreal verlassen. Es ist das letzte Schiff gewesen, das vor Kriegsausbruch aus einem britischen Hafen ausgelaufen ist. An Bord befinden sich 1 102 Passagiere, über 200 Menschen mehr als im Normalfall. Nur die wenigsten von ihnen sind britische Staatsangehörige. Die Mehrzahl sind Bürger der USA und Kanadas, von Staaten, die am 3. September 1939 einen neutralen Status innehaben. Unter den Passagieren befinden sich auch 150 Emigranten — Antifaschisten und rassisch Verfolgte —,

die ihre vom deutschen Faschismus besetzten Heimatländer verlassen mußten. Von ihnen stammen 34 aus Deutschland. Sie alle sind froh gewesen, die Passage auf der »Athenia« bekommen zu haben. Tausende haben vergeblich vor den Büros der Schiffahrtsgesellschaft angestanden, um einen Schiffsplatz nach Amerika zu buchen.
Die Reederei und der Kapitän der »Athenia«, James Cook, sind zuversichtlich. Das schnellaufende Schiff wird die Gefahrenzone, in der möglicherweise die faschistischen U-Boote operieren, noch vor dem Beginn der Kampfhandlungen durchquert haben. Außerdem hofft man, daß die feindlichen U-Boote die elementarsten Regeln des Seekrieges achten und keinen Passagierdampfer versenken werden, zumal wenn er zu einem neutralen Hafen unterwegs ist.
Eingedenk der Erfahrungen des ersten Weltkrieges hat Kapitän Cook entsprechend der Empfehlung der Navy Control in Liverpool das Schiff abdunkeln lassen, um den möglichen Angriff eines U-Bootes zu erschweren.
Bei Einbruch der Dunkelheit, etwa acht Stunden nach der Erklärung des Kriegszustandes, befindet sich die »Athenia« 200 Seemeilen westlich von Belfast. Kapitän Cook und alle an Bord glauben, die Gefahr überstanden zu haben.

Lemp hat U 30 in Angriffsposition gebracht. Es ist 19.32 Uhr.
»Klar zum Angriff! Rohr eins und zwo fertig!«
Schnell, wie es so oft geübt worden ist, gibt er die Schießunterlagen an. Kurs, Entfernung und Geschwindigkeit des Zieles. Der I WO als Torpedooffizier rechnet den Vorhaltewinkel aus. Plötzlich sieht er von seiner Rechenscheibe auf.
»Können wir ihn einfach abknallen? Was ist mit der Prisenordnung?«
Lemp nimmt einen Augenblick die Augen vom Okular. Es ist, als zögere er mit der Antwort. Doch dann fährt er den I WO scharf an: »Was heißt Prisenordnung? Der Bursche fährt abgeblendet! Wahrscheinlich ein Transporter!«
Schon sieht er wieder durch das Zielgerät, korrigiert die Schießunterlagen.
Vom Bugraum kommt die Klarmeldung der Torpedos.
Völlige Stille herrscht im Boot. Nur das leise Surren der E-Maschine ist zu hören.

»Achtung!« Von Mund zu Mund fliegt der Befehl.
»Rohr eins bis vier los!«
Durch das Boot gehen die leichten Erschütterungen der Ausstöße.
»Frage Laufzeit?« will Lemp wissen.
»Achtunddreißig Sekunden«, antwortet der I WO.
Die Stoppuhren laufen.
Rrrrumms! Die Detonation ist deutlich im Boot zu hören. Einen Augenblick herrscht noch Schweigen. Dann hallt lauter Jubel durch die Stahlröhre. Alle wollen sich von der nervenzermürbenden Spannung befreien, und es ist ihnen, als ginge das nur mit einem heiseren, unartikulierten Schrei.

Der siebzehnjährige Harry Bridge sieht plötzlich vor seinem Liegestuhl auf dem Touristendeck der »Athenia« eine riesige Wasserfontäne in die Luft steigen, und noch bevor er sich erheben kann, begraben ihn die herabstürzenden Wassermassen.
Ein Torpedo hat das Hinterschiff getroffen. Die »Athenia« neigt sich zur Seite. An Bord bricht eine Panik aus.
Die Schiffsführung erkennt sofort, was passiert ist, und versucht, die bereits vor dem Auslaufen geübten Rettungsmaßnahmen zu organisieren. Aber es gelingt ihr nicht. Die verängstigten Passagiere drängen zu den Booten. Frauen schreien, Kinder wimmern. Verletzte und Tote versperren die Gänge. Hastig werden die Boote zu Wasser gelassen. Von Furcht getrieben, springen die ersten schon über Bord.
Mit aller Kraft bemüht sich die Besatzung, Ordnung in das Chaos zu bringen. Kapitän Cooks Anordnungen sind umsichtig. Unmittelbar nach der Torpedierung hat er Anweisung gegeben, Hilfe herbeizurufen. Er stellt fest, daß das Schiff noch Stunden schwimmfähig bleiben wird, aber es ist nicht mehr zu retten. Allmählich gelingt es der Besatzung unter seiner Leitung, die Rettungsmaßnahmen unter Kontrolle zu bringen. Weit nach Mitternacht kann der herbeigerufene norwegische Tanker »Knut Nelson« die ersten Überlebenden bergen. Doch ihre Rettung wird durch aufkommenden Wind und die Dunkelheit erschwert.

Lemp und die Brückenwache sehen gebannt auf das chaotische Schauspiel. Ist auch nicht viel zu erkennen, so bleibt ihnen doch nicht verborgen, welches Inferno sich auf dem sinkenden Schiff abspielt. Sie

hören die entsetzlichen Schreie der Frauen und Kinder. Sie sehen das Aufblitzen von Handleuchten, sie hören das wilde Gedränge auf den Decks des sich neigenden Schiffes, das hastige Zuwassergehen der Rettungsboote und das Aufschlagen der Überbordspringenden. Allmählich wird Lemp klar, daß er keinen Truppentransporter, sondern ein Passagierschiff torpediert hat. In diesem Augenblick bringt ihm der Funkgast die abgehörte Meldung auf die Brücke »›Athenia‹ torpediert — 56,42 Nord, 14,05 West«. Nun hat er den Beweis. Aufkommende moralische Bedenken schiebt er jedoch beiseite. Er wird schon eine Rechtfertigung finden. Es ist sicher, daß seine Vorgesetzten ihn dabei unterstützen werden. Schließlich ist er einer der ersten, die ein feindliches Schiff versenkt haben.
Sein Gedankengang wird unterbrochen durch die Meldung, daß noch immer ein scharfer Torpedo im Rohr stecke. Hat er sich schon darüber geärgert, daß zwei Torpedos ihr Ziel verfehlten, so ist jetzt seine größte Sorge, den gefährlichen Torpedo loszuwerden.
Auch die Besatzung ist bald durch das Bemühen um den stekkengebliebenen Torpedo abgelenkt, mag auch manch einem das Entsetzliche, was sich durch ihre Schuld in unmittelbarer Nachbarschaft abspielt, bewußt geworden sein. Noch ahnt wohl keiner von ihnen, welches Ausmaß das Grauen annehmen wird, das sie in dieser Stunde eingeleitet haben. Und nicht im entferntesten kommt es ihnen in den Sinn, daß sie selbst eines Tages die Folgen und die Verantwortung tragen müssen.
Lemp läßt das Boot von der Stätte des Grauens wegsteuern.

Die »Athenia« war das erste Schiff, das im zweiten Weltkrieg von den faschistischen U-Booten versenkt wurde. Hundertachtundzwanzig Menschen verloren dabei ihr Leben, darunter viele Kinder. Es waren nur wenige Stunden seit dem Augenblick vergangen, da sie ahnungslos und in Erwartung einer guten Reise die Planken des Schiffes betreten hatten, das sie nach Nordamerika bringen sollte.
Die britische Regierung gab unverzüglich die Versenkung des Schiffes durch ein faschistisches U-Boot bekannt. In einem Memorandum brachte sie der Welt zur Kenntnis, daß die faschistische Führung — wie die Verletzung der Prisenordnung beim »Athenia«-Zwischenfall beweise — nicht gewillt sei, die international anerkannten Regeln des Seekrieges einzuhalten. Für die britische Bevölkerung war die Ver-

senkung der »Athenia« ein Schock. Gab es bisher noch viele, die glaubten, sich mit dem deutschen Faschismus arrangieren zu können, so sahen sie sich plötzlich seiner ganzen Brutalität gegenüber. Die Torpedierung des Passagierschiffes löste Abscheu und Haß aus. Besonders amerikanische Zeitungen wiesen darauf hin, daß mit der Vernichtung der »Athenia« in schrecklicher Weise die Tradition der deutschen U-Boot-Kriegführung fortgesetzt wurde, und erinnerten an die warnungslose Versenkung der »Lusitania« am 7. Mai 1915. Die Weltöffentlichkeit war auf der Seite Großbritanniens und verurteilte die warnungslose Versenkung der »Athenia« auf das entschiedenste.
Diese Wirkung kam für die faschistische Führung überraschend. Hatte sie geglaubt, daß dieser ungeheuerliche Vorfall die britische Bevölkerung und möglicherweise auch die der neutralen Länder einschüchtern und den Schiffsverkehr nach Großbritannien lähmen würde, so mußte sie das Gegenteil feststellen. Deshalb verstieg sie sich zu einer unglaublichen Fälschung. Der Starkommentator des »Großdeutschen Rundfunks«, Fritzsche, verkündete in marktschreierischem Ton, englische Agenten hätten im Schiffsleib der »Athenia« eine Höllenmaschine eingebaut, die dann auf offener See gezündet worden wäre und das Schiff versenkt hätte, um behaupten zu können, deutsche U-Boote hätten unter Mißachtung der Prisenordnung ein Passagierschiff torpediert. Der »Völkische Beobachter« brachte am 23. Oktober 1939 die gleiche Lüge groß aufgemacht unter der Schlagzeile »Churchill versenkte die ›Athenia‹«.
Bezeichnend für die Haltung der faschistischen Seekriegsleitung, die ihre U-Boot-Kommandanten zu weiteren verbrecherisch-rücksichtslosen Aktionen ermunterte, war die Tatsache, daß sie kein Disziplinarverfahren gegen Lemp einleitete, sondern ihm nach dem Einlaufen in den Heimatstützpunkt Wilhelmshaven nur befahl, die Seite im Bordtagebuch, auf der die Versenkung der »Athenia« eingetragen war, zu entfernen und Stillschweigen über diesen Vorfall zu wahren. Lemp fuhr weiterhin als Kommandant. Bald errang er höchste Anerkennung für seine Taten, und das Ritterkreuz wurde ihm verliehen.
Lemp fiel 1941 als Kommandant von U 110. Wie Kapitänleutnant Schwieger, der im ersten Weltkrieg die »Lusitania« versenkte und damit den Anlaß zum Kriegseintritt der Vereinigten Staaten gab, kehrte er nicht zurück. Wie damals waren die wichtigsten Zeugen einem späteren Gericht über die Verantwortlichen entzogen.

Mit der Versenkung der »Athenia« war die Brutalität des faschistischen U-Boot-Krieges sichtbar geworden, und sie sollte sich im Verlaufe des Krieges noch ins Unermeßliche steigern.

Der erste Verlust

U 39 kreuzt etwa hundert Seemeilen westlich der Hebriden. Kapitänleutnant Glattes, der Kommandant, ist nicht zufrieden. Wie alle frontfähigen Boote ist auch U 39 bereits Ende August auf Fahrt geschickt worden, um bei Kriegsbeginn blitzartig über die englische Schiffahrt herzufallen und durch hohe Abschußquoten der britischen Admiralität einen Schock zu versetzen. Diese Absicht ist Glattes, wie allen U-Boot-Kommandanten, verständlich. Die Briten sollen angesichts hoher Schiffsverluste aus dem Krieg ausscheiden und den Deutschen vorerst freie Hand lassen. Nach dem beendeten polnischen Feldzug würde man mit den Engländern schon unmißverständlich über eine »Neuordnung« der Welt sprechen.
In der obersten faschistischen Führung, ja sogar in der Seekriegsleitung waren die Meinungen über den besten Einsatz der vorhandenen Kampfmittel geteilt. Die Mehrheit der einflußreichen Seekriegshistoriker bezweifelte die Wirksamkeit eines massierten U-Boot-Einsatzes. Für sie blieb das Schlachtschiff nach wie vor das Rückgrat der Hochseeflotte. Selbst den Kampfwert des Flugzeugträgers unterschätzten sie. Er war für sie nur ein Hilfsmittel im Seekrieg und zudem ein »Sorgenkind«, das ständig von einer Eskorte von Sicherungsfahrzeugen umgeben sein mußte.
Nicht nur in der deutschen Seekriegsleitung, auch in den Admiralstäben anderer Länder hielt man auf Grund moderner Abwehrmittel den U-Boot-Einsatz großen Stils für überholt. Der Führer der U-Boote, Dönitz, und jüngere Seekriegstheoretiker schworen jedoch auf die U-Boot-Waffe.
Dönitz war im ersten Weltkrieg als Wachoffizier auf U 39 gefahren, das von Kapitänleutnant Forstmann geführt wurde, der als einer der erfolgreichsten Kommandanten der kaiserlichen Marine galt. Sicher haben die Erlebnisse auf U 39 den jungen U-Boot-Offizier nachhaltig beeinflußt, der später als Kommandant auf UO 25 und UB 68 Handelskrieg im Mittelmeer und im Atlantik führte. Im Oktober 1918

Im August 1939 liefen die U-Boote der faschistischen Kriegsmarine in ihr Operationsgebiet aus. Für ihre Besatzungen begann der zweite Weltkrieg bereits vor dem 1. September 1939

Stapellauf eines U-Bootes (oben) und Probefahrt mit Werftingenieuren und Marineoffizieren an Bord (unten). Seit 1920 war in Deutschland der Bau von U-Booten vorbereitet worden

Die 1. U-Boot-Flottille erhielt den Namen »Weddigen«. Auf Grund der langjährigen geheimen Aufrüstung konnte das faschistische Deutschland nach 1935 schnell zahlreiche U-Boote in Dienst stellen

Unter ihrer Leitung wurden zahlreiche Verbrechen auf hoher See begangen: Oberbefehlshaber der Kriegsmarine Raeder (links) und Befehlshaber der U-Boote Dönitz (rechts). In Nürnberg wurden beide als Kriegsverbrecher verurteilt

Von hier aus schickten Dönitz (dritter von rechts) und seine Stabsoffiziere die U-Boote in See, um die Zufuhr Großbritanniens zu unterbrechen

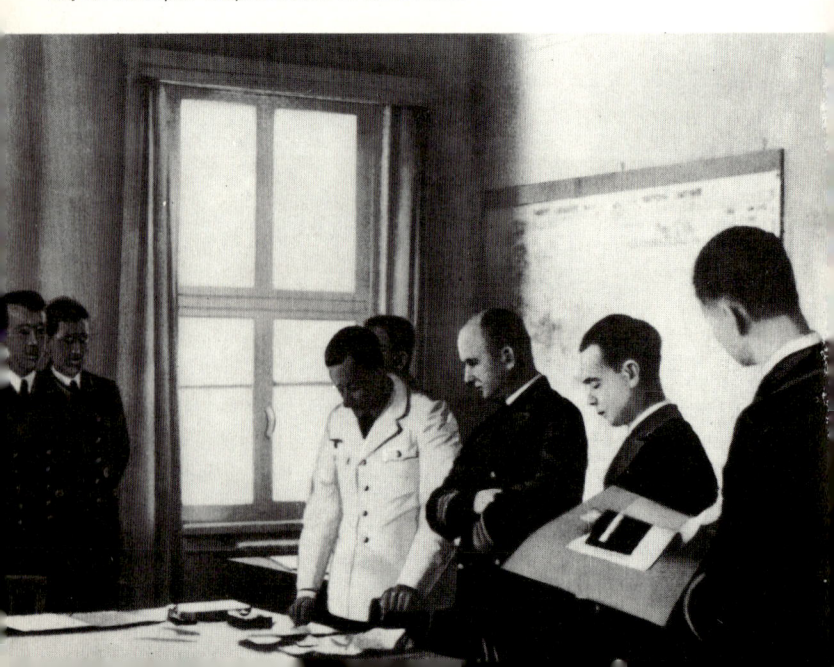

geriet Dönitz in britische Gefangenschaft. Sie bedeutete für ihn nur eine kurze Unterbrechung seiner Laufbahn. Sofort nach seiner Entlassung aus der Kriegsgefangenschaft trat er in die Reichsmarine ein. Da dem imperialistischen Deutschland auf Grund der Bestimmungen des Versailler Vertrages der Besitz einer U-Boot-Waffe untersagt war, diente Dönitz auf Torpedobooten. Diese Waffengattung, die durch ihre Torpedobewaffnung starke Berührungspunkte mit der U-Boot-Waffe hatte, bot günstige Möglichkeiten, seine Kriegserfahrungen zu verwerten. Im Jahre 1930 wurde Dönitz zur Marinestation Nordsee versetzt, um als Admiralstabsoffizier die Voraussetzungen für ein höheres Kommando zu erwerben. Nachdem das faschistische Deutschland 1935 die Beschränkungen des Versailler Vertrages offiziell aufgehoben und mit dem offenen Aufbau einer U-Boot-Flotte begonnen hatte, war der Kommandant des Schulkreuzers »Emden«, Dönitz, der vielversprechendste Anwärter für diese Aufgabe. Als im September 1935 der Fregattenkapitän zum Chef der 1. U-Boot-Flottille ernannt wurde, war auch gleichzeitig sein weiterer Weg in eine Richtung gewiesen worden, die ihn bald aus den Reihen der Stabsoffiziere der faschistischen Kriegsmarine emporheben würde. Von nun an war seine Tätigkeit mit der faschistischen U-Boot-Waffe unlösbar verbunden, und seine dabei erreichten Erfolge förderten seinen Aufstieg in der Machthierarchie des deutschen Imperialismus.

Der Öffentlichkeit unbekannt geblieben waren indessen die Voraussetzungen, auf denen Dönitz und sein Stab aufbauen konnten. Zwar hatte der Handelskrieg der U-Boote im ersten Weltkrieg – trotz des versenkten Handelsschiffsraumes von 12,7 Millionen BRT – Großbritannien nicht zu Zugeständnissen zwingen können, dennoch wollten die deutschen Imperialisten auch in Zukunft nicht auf ein solches Kriegsinstrument verzichten.

Nach dem zweiten Weltkrieg werden die Verhandlungen gegen die Hauptkriegsverbrecher vor dem Internationalen Militärgerichtshof in Nürnberg beweisen, daß die Aufstellung der U-Boot-Flotte von langer Hand vorbereitet war. Als Beweisstück der Anklage gegen Raeder wird eine Studie des Admirals Assmann verlesen, in der es heißt: »Aber wenngleich ... auf fast allen Gebieten der Rüstung bei der Marine lange Zeit vor dem 16. März 1935 der Versailler Vertrag dem Buchstaben und erst recht dem Geiste nach übertreten, mindestens eine Übertretung vorbereitet worden ist, so ist dies doch wohl an keiner Stelle einerseits so frühzeitig und andererseits unter so erschwerten Umständen geschehen, wie beim Aufbau einer neuen U-Boot-Waffe. Der Versailler Vertrag war nur einige Monate in Kraft (ab 10. 1. 1920), als er in diesem Punkte bereits übergangen wurde.«

Noch im Jahre 1920 hatten die Germania-Werft und die Vulkan-Werft mit Zustimmung der Marineleitung die Konstruktionsunterlagen der Boote U 142 und U 117 an Japan verkauft. In Japan wurden nach diesen Unterlagen unter Aufsicht deutscher Konstrukteure U-Boote gebaut, bei deren Erprobung auch ein früherer U-Boot-Offizier teilnahm, der so seine Kriegserfahrungen ergänzen konnte. Etwa zur selben Zeit gründeten drei deutsche Werften unter dem Namen einer Deckfirma in den Niederlanden ein Konstruktionsbüro für U-Boote, in dem dreißig deutsche Ingenieure und Konstrukteure beschäftigt waren. Nach den in den Niederlanden erarbeiteten Plänen wurde mit Unterstützung der Leitung der Reichsmarine 1925 für die Türkei ein 250-Tonnen-Boot gebaut. Etwas später vergab die Marineleitung Entwicklungs- und Bauaufträge für ein 750- und ein 100-Tonnen-Boot nach Finnland. Die Probefahrten dieser beiden U-Boote wurden bereits zur praktischen Ausbildung von See- und Ingenieuroffizieren der künftigen U-Boote genutzt. Weitere Entwicklungs- und Bauaufträge wurden an schwedische und spanische Werften vergeben.

Eine besonders große Rolle in dieser geheimen Aufrüstung spielte Spanien, zu dessen Militärdiktator Primo de Rivera die deutschen Militaristen besonders enge Beziehungen hatten. Im Herbst 1927 beauftragte der Chef der Marineleitung, Admiral Zenker, die Marine-Konstruktionsabteilung, in der Werft von Echevarrieta in Cadiz ein U-Boot bauen zu lassen. Dieses Boot wurde 1931 fertiggestellt, und seine Probefahrten fanden ausschließlich unter deutscher Leitung und mit deutschem Personal statt. Nach dem Sturz von Primo de Rivera ließ die innenpolitische Entwicklung Spaniens eine Niederlage der Reaktion möglich erscheinen, und die Marineleitung organisierte einen Verkauf dieses U-Bootes an die Türkei, die es unter dem Namen »Gür« in ihre Kriegsmarine einreihte. Dieses U-Boot, das nach den Forderungen der Marineleitung gebaut worden war, war der Prototyp des 862-Tonnen-Bootes I A.

Im Jahre 1930 war erneut ein Bauauftrag an eine finnische Werft vergeben worden. Dieses 250-Tonnen-Boot wurde das Typboot für die späteren U-Boote U 1 bis U 24, die in zwei Varianten gebaut wurden.

Mit der Fertigstellung dieser beiden Typboote war das Stadium der geheimen Erprobung abgeschlossen, die geheime Aufstellung einer U-Boot-Waffe in Deutschland konnte beginnen. Im Jahre 1932 begann die Reichsmarine mit der illegalen Ausbildung von U-Boot-Besatzungen. Nach der Errichtung der faschistischen Diktatur wurde der Aufbau der U-Boot-Waffe beschleunigt vorangetrieben. Unter strengster Geheimhaltung wurden die Maschinen, Apparaturen und Zubehör für 12 der 250-Tonnen-Boote in Kiel eingelagert und Baukapazität für 6 weitere Boote dieses Typs geschaffen. Auch die Teile für die späteren Boote U 25 und U 26 wurden geheim hergestellt und gelagert, so daß sie in 9 Monaten zusammengebaut werden konnten.

Am 15. Juni 1935, drei Tage vor dem Abschluß des deutsch-englischen Flottenabkommens, das dem faschistischen Deutschland auch den Aufbau einer U-Boot-Flotte einräumte, lief U 1 offiziell vom Stapel, und am 29. Juni wurden die ersten 12 Unterseeboote in Dienst gestellt.

Schon 1937 bestanden neben dem zuerst aufgestellten Schulverband drei U-Boot-Flottillen. In der Kriegsmarine war es bisher nicht üblich gewesen, daß Flottillen Namen trugen. Bei der Aufstellung der faschistischen U-Boot-Waffe jedoch knüpfte man bewußt an die Tradition des ersten Weltkrieges an. Den Flottillen wurden die Namen von Kommandanten verliehen, die sich während des ersten Weltkrieges im rücksichtslosen und uneingeschränkten U-Boot-Einsatz hervorgetan hatten: »Weddigen«, »Saltzwedel« und »Lohs«. Wenig später kamen die Flottillen »Emsmann«, »Hundius« und »Wegener« hinzu. Diese Namen waren ein Programm.

Seit dieser Zeit hatte die U-Boot-Führung unter der Leitung von Dönitz die Besatzungen und ihre Kommandanten unermüdlich gedrillt, ihnen den »siegverheißenden Geist der U-Boot-Fahrer des Weltkrieges 1914 bis 1918« stets als Vorbild hingestellt. Immer wieder war den Besatzungen vorgehalten worden, daß sie die Hoffnung eines künftigen Seekrieges wären, die Hoffnung eines deutschen Sieges zu Wasser.

Kapitänleutnant Glattes glaubt an eine kriegsentscheidende Wirkung seiner Waffe. Nur, er hat bisher lediglich einen Dampfer von kaum 5 000 BRT nach kurzer Warnung, entsprechend der Prisenordnung, ohne viel Federlesens versenkt. Dieses Ergebnis scheint ihm reichlich mager. Immerhin zeigt der Kalender bereits den 14. September. Ein stattliches Motorschiff mußte er laufenlassen, da es eindeutig als ein französisches ausgemacht worden war. Ein Befehl aber lautete: »Keine französischen Schiffe angreifen, auch keine Kriegsfahrzeuge!« Anfangs konnte er das nicht begreifen. Man befand sich doch im Kriegszustand mit Frankreich. Aber eine kurze Funkerläuterung des FdU an alle Kommandanten ließ ihn schnell zur Einsicht kommen: Der französischen Kriegsmarine sollte der erste Schuß überlassen werden. Ganz klar, denkt Glattes, der Franzmann tummelt sich vor dem Westwall und weiß noch nicht, ob er angreifen soll oder nicht. Eigentlich ein komischer Krieg! Aber warum einen Zweifrontenkrieg führen? Erst gilt es, mit den Polen fertig zu werden, dann kann man weitersehen.

Wenn der diensthabende Funker den grünen Vorhang des Kommandantenraumes zur Seite schiebt und die Funkkladde vorlegt, muß sich Glattes gehörig zusammennehmen, um nicht laut loszufluchen. Ständig melden andere Boote an den FdU Abschüsse. Sicher, der große, vielleicht erwartete »Run« der Abschußtonnage ist das alles nicht, aber immerhin hätte er gern größeren Anteil daran gehabt als bisher.

Wieder sind auf den Eisenplatten Schritte zu hören. Der Vorhang bauscht sich schon, und Glattes schielt, mißmutig auf der Koje dahindösend, nach ihm. Kommt schon wieder der Funker? Nein, die Schritte stolpern vorbei. Gleich darauf klappt das Schott zum »Donnerstuhl«, der Toilette. Wenige Minuten später klappern die Schritte wieder vorbei und verlieren sich im Achterschiff. Eine Wolke »Kolibri« – das Kölnischwasser muß dem U-Boot-Fahrer weitgehend das Waschwasser ersetzen – dringt in den engen Kommandantenraum.

Plötzlich ein lauter Ruf: »An Kommandant! Fahrzeug steuerbord achteraus!«

Von der Koje springt Glattes in die Seestiefel, reißt die lange, graue Lederjacke vom Haken, stülpt die Mütze auf den Kopf. Während er sich durch die Zentrale zum Turm hinaufdrängt, zieht er hastig die Jacke an. Gleichzeitig blickt er auf die Armbanduhr. Kurz nach halb acht, es muß bald dunkel werden, denkt er.

Sein Kopf erscheint im Turmluk, und schon ruft er ungeduldig: »Ein Fahrzeug? Was soll der Quatsch! Ist es ein Dampfer – oder was?«

Die Luft ist verhältnismäßig mild. Eine leichte Brise weht von West etwa mit Stärke drei. Der Wind schiebt kräuselnde Wellen vor sich her. Die Dämmerung hat bereits eingesetzt. Im Osten kann man den Horizont kaum erkennen, während die Kimm im Westen ein silbrig gleißender Strich ist.

»Da, Herr Kaleu«, weist der Ausguck die Richtung. »Sehr komisch. Etwas Langgestrecktes. Keine Masten, nur ein Schornstein.«
Glattes nimmt das Glas vor die Augen. Es dauert eine Zeit, bis er sich an die Lichtverhältnisse gewöhnt hat. Neben dem Ausguck, einem Matrosengefreiten, stiert er in die gewiesene Richtung.
Einige Minuten vergehen. Die Sicht wird zusehends schlechter. Jetzt hat Glattes die genaue Peilung. Tatsächlich sonderbar, denkt er. »Sieht aus wie ein Tanker«, meint er schließlich. »Keine Aufbauten, nur der Schornstein, genau in der Mitte«, gibt der Matrosengefreite zu bedenken.
Angespannt starren alle, auch der I WO, der die Wache leitet, nach dem merkwürdigen Schiff.
»Der kommt auf, Herr Kaleu! Der Abstand verringert sich«, sagt jetzt der Gefreite. Als sei er sich seiner Sache nicht ganz sicher, fügt er noch hinzu: »Ich kann mich auch täuschen, er steht genau im Dämmerschatten.«
Glattes achtet überhaupt nicht auf diese Worte. Unentwegt starrt er, die Unterarme auf die Brückenverschanzung gelegt, mit dem Glas vor den Augen über das Wasser. Dann gibt es keinen Zweifel mehr: Vor ihnen schwimmt ein Flugzeugträger!
Glattes läßt das Boot zunächst so weit wegtauchen, daß nur der Turm aus dem Wasser ragt. Hin und wieder gibt er Kurskorrekturen. Der Flugzeugträger schiebt sich von achtern mit ziemlicher Fahrt heran. Der gewaltige Schiffsleib ist jetzt deutlich zu erkennen. Was der Ausguck für einen Schornstein hielt, ist der große Kommandoturm mittschiffs. Glattes schätzt die Entfernung auf etwa 50 Hundert. Inzwischen ist es fast dunkel geworden, nur im Westen glüht noch ein silberner Fleck auf dem Wasser.
»Alarm!« befiehlt Glattes. Das Boot taucht völlig weg. Wenig später wird das Sehrohr ausgefahren. Immer wenn das Boot auf Tiefe geht, werden die Gesichter der Besatzungsmitglieder ernst. Das war schon bei den Tauchübungen in Friedenszeiten so. Das beklemmende Gefühl, in einer Stahlröhre zusammengepfercht zu sein und einige Dutzend Meter Meerwasser über sich zu wissen, prägt sich in den Gesichtszügen aus. Jetzt, da sich das Boot auf Kriegsfahrt befindet, scheint dieses Wagnis ins Überdimensionale gesteigert zu sein. Niemand kann sagen, ob man das Tageslicht wieder zu sehen bekommt oder ob nicht eine Wasserbombe den daumendicken Stahlmantel zerfetzt. Keiner will

seine Gefühle zeigen, und jeder kann sie doch von des anderen Gesicht ablesen. So wird der Umgangston, hinter dem sich jeder verbirgt, mehr und mehr in rauhen Metaphern geführt, ganz gleich, ob es sich um Befehle oder Unterhaltung handelt, ob geflüstert oder gebrüllt wird.
»Kommt, kommt, ihr Säcke, macht 'ran, Kameraden!« treibt der E-Maschinist die Maschinengasten beim Anlassen der E-Maschine an.
»Ich scheiß' was drauf«, brubbelt ein Maschinengefreiter beim hastigen Hantieren. »Die Kameraden sind vor Ibiza gefallen!«
»Die Kameraden sind vor Ibiza gefallen!« war eines der geflügelten Worte in der faschistischen Kriegsmarine. Immer wieder beschworen die Vorgesetzten die »toten Kameraden« des Panzerschiffs »Deutschland«. Sie waren vor der spanischen Küste durch einen Bombentreffer republikanischer Flieger ums Leben gekommen, als sich das Panzerschiff an der heimtückischen Blockade der sogenannten neutralen Mächte gegen das republikanische Spanien beteiligte und unmittelbar vor der von Franco-Putschisten besetzten Insel Ibiza ankerte. Die deutschen Faschisten hatten das als Anlaß genommen, in barbarischer Weise die wehrlose Stadt Almeria zu beschießen. Ständig hatte damals ein Flottenverband der faschistischen Kriegsmarine, dem auch U-Boote angehörten, in spanischen Hoheitsgewässern gekreuzt.
»Mensch, ein Flugzeugträger! Einer der modernsten, den die Tommys haben!«
Jedes Wort des Kommandanten wird von Mund zu Mund durchs Boot geflüstert. Die Begeisterung der Mannschaft soll angestachelt werden.
Glattes gibt die Schießwerte an, korrigiert immer wieder.
Der Torpedooffizier, der I WO, steht am Rechengerät.
»Noch weiter 'ran! Ein paar Umdrehungen mehr!« befiehlt Glattes.
Die Fahrt wird um einige Umdrehungen erhöht.
»Ein Glück, daß der Kasten so groß und klarer Sternenhimmel ist, sonst würde ich ihn glatt verlieren!«
»Jawohl, Herr Kaleu«, sagt der Torpedooffizier, seine Kehle ist ganz rauh auf einmal.
»Wir schießen vier Aale!« Glattes gibt die Abschußdifferenzen an. »LI, nach dem Abfeuern alles, was Beine hat, nötigenfalls in den Bugraum! Wir gehen sofort auf Tiefe.«
»Jawohl, Herr Kaleu!«
»Rohr eins bis vier klar?«

Kurz darauf kommt die Rückmeldung. Langsam läßt Glattes das Ziel in den Visierfaden einwandern.
Jeder in der Zentrale hält den Atem an.
»Rohr eins los!«
»Rohr zwo los!«
Ein furchtbares Bersten und Krachen läßt das Boot erzittern. Metall krächzt. Das Boot wird wie von einer Riesenfaust zurückgestoßen und nach oben geschleudert. Alles, was nicht fest steht, fliegt durcheinander. Das Licht fällt aus.
»Wasser!« schreit voller Entsetzen eine Stimme.
Geistesgegenwärtig brüllt der LI, der auf die Bodenplatten gestürzt ist: »Die Tanks anblasen!«
Einer der Maschinisten findet die Handräder der Ventile im Dunkeln, reißt sie auf. Preßluft zischt laut in die Tanks. Das Boot schießt nach oben. Wasser sickert in die Zentrale. Es reicht bereits bis zu den Knien. Vom Heckraum drängen alle in die Zentrale. Es ist nichts zu erkennen.
Die Dunkelheit verdeckt das Entsetzen und die Panik.
»Wir wollen 'raus!«
Hände greifen nach der Eisenleiter zum Turmluk. Füße trampeln auf Hände, treten auf Köpfe. Erstickte Schreie. Hasten und Fluchen.
Endlich ist das Turmluk offen. Hoch oben blitzen einzelne Sterne.
Ein verzweifeltes Ringen um die Leiter setzt im Dunkeln ein. Langsam rutscht das Boot nach hinten weg. Einigen wenigen gelingt es, über die Brückenverschanzung hinweg ins Wasser zu springen.

Die Kriegswachen auf dem englischen Flugzeugträger »Ark Royal« staunen, als sie unverhofft vierhundert bis fünfhundert Meter backbord querab eine mächtige Wassersäule aufsteigen sehen und gleich darauf den gedämpften Knall einer Unterwasserdetonation hören. Der Kommandant gibt sofort den Befehl zur Fahrterhöhung und läßt das Ruder langsam umlegen. Das riesige Schiff fährt einen Halbkreis.
Scheinwerfer blitzen auf und suchen in Richtung der zusammengefallenen Wassersäule die Oberfläche ab. In dem Kegel hellen Lichtes erscheint jetzt der schräg im Wasser stehende, zerfetzte Bug eines U-Bootes. Nur einige Sekunden lang ist er zu sehen, dann schlagen die Wellen über ihm zusammen. U 39 gleitet lautlos mit dem größten Teil der Besatzung in die Tiefe des Atlantischen Ozeans.

Die Scheinwerferstrahlen huschen über das Wasser dahin, fassen die Köpfe der im Wasser Treibenden. In dem gespenstischen Licht sehen sie aus wie Fußbälle.

Die »Ark Royal« steuert mit hoher Geschwindigkeit noch einige sichernde Haken. Dann nimmt sie in gewagtem Manöver die Überlebenden auf.

Infolge der allgemeinen Unterschätzung der U-Boot-Gefahr hatte die englische Admiralität keine umfangreichen Sicherungsmaßnahmen eingeleitet. Nicht einmal U-Jäger standen zur Verfügung. Der ungesicherte Einsatz von so wertvollen Kampfschiffen wie Flugzeugträgern war ein bedenkliches Zeichen von Sorglosigkeit. Sie kann nur dadurch erklärt werden, daß die britische Führung mit keinen ernsthaften Kampfhandlungen rechnete und nach der militärischen Niederlage Polens möglicherweise auf einen baldigen Kompromißfrieden mit dem faschistischen Deutschland hoffte.

Der Kommandant der »Ark Royal« erfährt durch eine erste Vernehmung der Schiffbrüchigen, was vorgefallen ist.

Bei dem Angriff auf die »Ark Royal« war der erste Torpedo als sogenannter Frühdetonierer unmittelbar vor dem U-Boot explodiert und hatte den Stahlmantel des Bugs zerrissen. Das Versagen des Torpedos war der Auftakt einer Reihe von Schwierigkeiten, die die faschistische Seekriegsleitung nicht einkalkuliert hatte.

Der von der Torpedoinspektion in Zusammenarbeit mit einer am Profit interessierten Industrie entwickelte Torpedo war ohne ausreichende Erprobung eingesetzt worden. Lange Zeit noch sollte das Versagen der Torpedos die U-Boot-Besatzungen vor große Probleme stellen.

U 39 war das erste U-Boot, das die faschistische Kriegsmarine im zweiten Weltkrieg verlor.

Handelskrieg und U-Boot

Wenn sich auch die hochgespannten Pläne eines Dönitz und seines Anhanges zu Anfang des Krieges naturgemäß nicht erfüllen konnten, so nahm man andererseits in der Führung der Kriegsmarine die steigende Quote versenkter englischer Schiffstonnage mit wachsendem Interesse zur Kenntnis. Als drei Tage nach dem Verlust von U 39, am 17. September, Kapitänleutnant Schuhart 200 Seemeilen westlich der

irischen Küste sogar den Flugzeugträger »Courageous« versenkte, schien das ein weiterer Beweis dafür, daß der Einsatz der U-Boote erfolgreicher werden würde, als man bisher annahm. Wenn ein U-Boot in der Lage war, selbst Flugzeugträger zu versenken, wieviel erfolgreicher würde erst ein massierter U-Boot-Einsatz gegen die britische Handelsschiffahrt sein. Könnte eine große Zahl der in relativ kurzer Zeit zu bauenden U-Boote nicht die Unterlegenheit der faschistischen Kriegsmarine ausgleichen und Großbritannien von seinen lebenswichtigen Übersee-Verbindungen abschneiden?
Ganz offensichtlich hatten die Erfolge der U-Boote die Aufmerksamkeit der obersten faschistischen Führung erregt.
Hitler kam mit dem Chef des Oberkommandos der Wehrmacht, Keitel, und dem Oberbefehlshaber der Kriegsmarine, Raeder, nach Wilhelmshaven, dem wichtigsten Stützpunkt der U-Boote. Einige Kommandanten und Besatzungen erhielten aus der Hand des »Führers« Kriegsauszeichnungen, und in einer Ansprache erklärte dieser, daß man dem Einsatz der U-Boote gegen Großbritannien eine kriegsentscheidende Rolle beimesse. Am 17. Oktober 1939 wurde der FdU, Dönitz, zum Befehlshaber der U-Boote — BdU ernannt und zum Konteradmiral befördert. Dönitz erhielt weitgehende Vollmachten, die seine bisherige Sonderstellung innerhalb der faschistischen Kriegsmarine festigten. Eine Vergrößerung der U-Boot-Flotte ließ Dönitz hoffen, daß er als deren Befehlshaber bei künftigen militärischen und politischen Entscheidungen ein gewichtiges Wort mitsprechen würde. In seinem Stab wurde sogar offen von dem Ziel gesprochen, die U-Boot-Waffe zum »vierten Wehrmachtteil« auszubauen, ähnlich wie es die Luftwaffe unter der Regie von Göring und Milch erreicht hatte. Gern verglich man dabei das offizielle Alter der eigenen Waffengattung mit dem Gründungsdatum der Luftwaffe, obwohl jeder wußte, daß beide wesentlich früher entstanden waren, und nicht erst im März 1935, als die faschistische Regierung von sich aus die militärischen Bestimmungen des Versailler Vertrages außer Kraft setzte. Mit diesem Schritt hatte der deutsche Imperialismus die letzten Hindernisse auf dem Weg zur Entfesselung eines neuen Krieges, der ihm die Weltherrschaft bringen sollte, beseitigt. Durch die Wiedereinführung der allgemeinen Wehrpflicht, den offenen Aufbau von Luftstreitkräften, die Aufstellung von Panzerverbänden und die Indienststellung einer U-Boot-Flotte wollte das faschistische Deutschland sich das dazu notwendige Aggressions-

instrument schaffen. Die Sicherheit aller europäischen Staaten war durch diese Verstärkung der Machtmittel des deutschen Imperialismus bedroht, auch die Großbritanniens, gegen das sich die Flottenrüstung vornehmlich richtete.

Dieser aggressive Schritt fand indessen die Duldung der einstigen imperialistischen Siegermächte, die ihn nur mit formalen Protesten beantworteten. Besonders die herrschenden Kreise Großbritanniens hielten ein Übereinkommen auch mit einem aufgerüsteten Deutschland auf der Basis des Antikommunismus für möglich. Durch weitgehende Zugeständnisse an den faschistischen deutschen Imperialismus suchten sie diesen für ihre eigenen imperialistischen, antisowjetischen Ziele auszunutzen. Deshalb halfen sie ihm direkt und indirekt, das von ihnen nach dem ersten Weltkrieg geschaffene Versailler System in Mitteleuropa gewaltsam zu verändern.

Diese Hilfe für den faschistischen Aggressor zeigte bereits wenige Wochen später erneut ihre Früchte, als in London ein Flottenabkommen mit Großbritannien ausgehandelt wurde, das den Faschisten eine Kriegsflotte mit einer Gesamttonnage von 35 Prozent der Seestreitkräfte des Britischen Empire zugestand. Besondere Abmachungen betrafen die U-Boot-Waffe. So durfte Deutschland nicht nur U-Boote besitzen, sondern sie sogar auf eine Stärke von 18 445 Tonnen oder 45 Prozent der Tonnage der britischen U-Boote bringen. Gleichzeitig wurde erwogen, zu einem späteren Zeitpunkt mit der Tonnage der britischen U-Boot-Waffe gleichzuziehen. Jedem Eingeweihten war klar, daß die Bedeutung des Abkommens nicht allein in den für das faschistische Deutschland so günstigen Verhältnissätzen lag, die es ihm ermöglichten, seine Kriegsflotte zu verfünffachen. Eine so gewaltige Flotte ließ sich nicht von heute auf morgen bauen. Britische Politiker und Marineexperten meinten, daß durch dieses Abkommen die Werften in Deutschland auf ein Jahrzehnt ausgelastet sein mußten. Die Bedeutung des Abkommens lag vielmehr darin, daß damit die britische Regierung den Bruch des Versailler Vertrages durch das faschistische Deutschland sanktionierte. Ihr Haß auf die Sowjetunion hatte die führenden Politiker Großbritanniens, aber auch Frankreichs, blind gemacht vor der Gefahr, die vom deutschen Imperialismus ausging. Doch die Erwartungen dieser Politiker erfüllten sich nicht. In dem Maße, wie sie den Wünschen des imperialistischen Deutschlands entgegenkamen, steigerte dieses mit seiner wachsenden militärischen

Macht auch seine Forderungen. Die imperialistischen Gegensätze zwischen Deutschland einerseits und Großbritannien und Frankreich andererseits nahmen zu.

Nachdem 1935 alle wichtigen Schranken für die unbegrenzte Aufrüstung gefallen waren, gewann die Strategie im künftigen Krieg um die Weltherrschaft akute Bedeutung. Jede Richtung und Gruppierung innerhalb der herrschenden Klasse und ihrer faschistischen Partei versuchte dabei ihre jeweiligen eigenen Interessen durchzusetzen. Einig war man sich darin, daß das imperialistische Deutschland nicht nur die verlorenen Positionen gewaltsam zurückgewinnen, sondern auch durch neue Eroberungen seine »Weltgeltung« vergrößern mußte. Weitgehend einig waren sich die herrschenden Monopole auch in der Auffassung, daß die Weltherrschaft nur über die Vernichtung der Sowjetunion zu erringen wäre. In der Frage der Stellung zu den imperialistischen Konkurrenten nahmen die deutschen Monopole eine etwas differenziertere Haltung ein. Ein Teil der großen Monopole — vorwiegend im Bereich der traditionellen Schwerindustrie — hatte seinen Expansionszielen gewisse Grenzen gesetzt. Sie hatten geringeres Interesse an einer militärischen Auseinandersetzung mit Großbritannien und den USA in naher Zukunft. Ihre Hauptinteressen galten den Reichtümern der Sowjetunion. Im Westen richteten sich ihre Expansionsziele vornehmlich gegen Frankreich und Belgien sowie deren Kolonialbesitz in Afrika. Die Forderung nach einem riesigen Kolonialreich in Afrika erhoben auch die Vertreter der führenden Reedereien. Noch maßlosere Ziele als diese Gruppe hatte eine andere, die besonders den Bereich der Chemie- und der Elektroindustrie beherrschte und deren bekanntester und einflußreichster Monopolverband der IG-Farben-Konzern war. Diese Monopole waren bereits so hoch entwickelt, daß sie den Kampf um die völlige Beherrschung des kapitalistischen Weltmarktes auf die Tagesordnung gesetzt hatten. Wenn dieses Ziel erreicht werden sollte, reichte das Potential der Sowjetunion und eines afrikanischen Kolonialreiches nicht aus, sondern es bedingte die Ausschaltung der imperialistischen Konkurrenten, besonders der beiden großen angelsächsischen Mächte.

Die zunehmende Aggressivität des deutschen Imperialismus war bald auch in der Aufgabenstellung für die Kriegsmarine und in den strategischen Auffassungen der Marineführung abzulesen. Bis zum Jahre 1938 hatten die Land- und Luftrüstung den Vorrang besessen, wenn auch die Kriegsmarine von der forcierten Aufrüstung ihren Nutzen hatte. Seit den zwanziger Jahren hatte sich die Marineführung auf einen Seekrieg vornehmlich gegen Frankreich und Polen orientiert. Erst 1938 erhielt sie auch offiziell die Aufgabe, sich auf einen Angriffskrieg gegen Großbritannien einzustellen. Allerdings hatte die Marineleitung bereits seit Beginn der dreißiger Jahre eine Auseinandersetzung mit der britischen Seemacht in ihre strategischen Überlegungen einbezogen. Auf diesen Vorarbeiten aufbauend, konnte der damalige Fregattenkapitän und spätere Wehrbeauftragte des westdeutschen Bundestages Heye im Sommer 1938 die Entwurfsstudie »Seekriegführung gegen England« ausarbeiten. In konzentrierter Form kamen in dieser Studie die Ziele der faschistischen Führung zum Ausdruck. Die Weltherrschaft des deutschen Imperialismus und die uneingeschränkte Seeherrschaft bedingten sich gegenseitig. Diese Aufgabenstellung setzte aber den Erwerb von Kolonien und Flottenstützpunkten, den ungehinderten Zugang zum Atlantik und vor allem eine starke Überwasserflotte zur Sicherung der Seeverbindungen voraus. Die Seekriegsleitung und das OKM waren deshalb auch aktive Fürsprecher einer imperialistischen Kolonialpolitik.

Heyes Studie diente als Grundlage für die Ausarbeitung des sogenannten Z-Planes, der im Januar 1939 bestätigt wurde. Dieser »Ziel-Plan« ließ die grundlegende Strategie eines zukünftigen Seekrieges erkennen. Sie zielte auf die verwundbarste Stelle des Hauptgegners der faschistischen Kriegsmarine, auf die Abhängigkeit Großbritanniens von seinen überseeischen Zufuhren. Angesichts der Unterlegenheit des deutschen Imperialismus zur See konnte eine Generalschlacht nicht den Krieg zu seinen Gunsten entscheiden. Das hatte der Verlauf des ersten Weltkrieges gezeigt. Offensichtlich war es günstiger, wenn die britischen Flottenkräfte auf einen möglichst großen Raum verteilt operieren mußten. Diesen Vorteil bot ein Einsatz von selbständig operierenden Verbänden gegen die Verbindungslinien Großbritanniens, der unweigerlich zur Zersplitterung der gegnerischen Kräfte führen würde. So war der Gedanke des atlantischen Zufuhrkrieges geboren worden, der nun zur grundlegenden Konzeption des zukünftigen Seekrieges geworden war. In der Tat war die Abhängigkeit Großbritanniens von seinen überseeischen Verbindungen die Achillesferse des Inselreiches. Eine britische Studie hatte 1934 ergeben, daß täglich allein 50 000 Tonnen Nahrungsmittel eingeführt wurden, eine

Menge, für die man etwa 150 Handelsschiffe benötigte. Eine Untersuchung im OKM brachte für 1939 ein ähnliches Ergebnis.
Etwa 2 500 Handelsschiffe waren ständig für England unterwegs. Allerdings überschritt das britische Handelsschiffspotential bei weitem diese Mindestgrenze. Das Britische Empire ohne Kanada besaß 1939 einen Handelsschiffsraum von 18 Millionen Bruttoregistertonnen. Das waren 30 Prozent der Tonnage aller kapitalistischen Länder.
Mit verhältnismäßig beschränkten Mitteln glaubte die faschistische Führung die überseeischen Verbindungen Großbritanniens unterbrechen zu können. So sah der »Z-Plan« vor, eine Flotte von 10 Großkampfschiffen, 15 Panzerschiffen, 4 Flugzeugträgern, 49 Kreuzern, 158 Zerstörern und Torpedobooten, 75 Schnellbooten, 227 Minensuch- und Räumbooten sowie 249 U-Booten zu bauen. Nach wie vor sollte das Großkampfschiff das Rückgrat der Flotte im atlantischen Zufuhrkrieg bilden. Die Rolle der Seefliegerkräfte wurde nicht voll erkannt. Die Einsatzmöglichkeiten solcher Kriegsschiffe wie Kreuzer, Zerstörer, Flugzeugträger und U-Boote wurden nicht richtig bewertet. Besonders kraß war die Fehleinschätzung im Falle der Flugzeugträger und der U-Boote. Letztere sollten hauptsächlich im Minenkrieg und zur Fernaufklärung eingesetzt werden.
Die Unterschätzung der Rolle der U-Boote teilte das Oberkommando der faschistischen Kriegsmarine indessen mit den Admiralstäben anderer imperialistischer Länder. Sie war vor allem durch die britische Admiralität mit der Behauptung genährt worden, daß sie perfekte Abwehrmittel besäße. Mit dem Asdic-Gerät glaubte diese gegen überraschende U-Boot-Angriffe gefeit zu sein. Während großangelegter britischer Flottenmanöver im Mittelmeer waren nach Einsatz des Asdic-Ortungsgeräts alle in der Nähe des Geschwaders getauchten italienischen U-Boote zum Auftauchen gezwungen worden. Offensichtlich hatte man damals übersehen, daß anscheinend besonders günstige Umstände geherrscht hatten.
Auch bei der Überbewertung der Schlachtschiffe stimmte das OKM im wesentlichen mit den Auffassungen der amerikanischen, britischen und japanischen Marineführung überein.
Angesichts der 1939 bestehenden internationalen Lage, als das faschistische Deutschland auf eine Aggression gegen Polen zusteuerte, die eine bewaffnete Auseinandersetzung mit Frankreich und Großbritannien auslösen mußte, zeugte das Festhalten an der Theorie von einem

atlantischen Zufuhrkrieg mit Überwasserschiffen von der Abenteuerlichkeit der faschistischen Seekriegsstrategie, denn der Anfang 1939 in Kraft getretene »Z-Plan« sollte erst in einigen Jahren realisiert werden.
Das stellte die Führung des faschistischen Deutschlands vor schwierige Probleme, die sie dadurch zu lösen versuchte, daß sie ihre Kräfte auf jeweils durchführbar erscheinende militärische Ziele konzentrierte. Dies brachte auch Hitler am 23. Mai 1939 in einer Besprechung mit den führenden Militärs, an der auch Raeder teilnahm, zum Ausdruck. Das Protokoll dieser Besprechung ist erhalten geblieben und wurde im Nürnberger Prozeß als Beweisstück vorgelegt. In ihm heißt es:
»Wenn wir im Kriege 2 Panzerschiffe und 2 Kreuzer mehr gehabt hätten und die Skagerrak-Schlacht am Morgen begonnen hätten, dann wäre die britische Flotte geschlagen worden und England wäre in die Knie gezwungen worden. Es hätte das Ende des Weltkrieges bedeutet.
Früher genügte es nicht, die Flotte zu schlagen, man mußte landen, um England zu besiegen. England konnte sich selbst ernähren. Das ist heute nicht mehr möglich.
Im Augenblick, wo England von seiner Zufuhr abgeschnitten ist, ist es zur Kapitulation gezwungen. Der Angriff der Luftwaffe gegen England im Mutterland zwingt England nicht an einem Tag zur Kapitulation. Wird jedoch die Flotte vernichtet, so ist unmittelbare Kapitulation die Folge ...
Das Heer hat die Positionen in Besitz zu nehmen, die für Flotte und Luftwaffe wichtig sind. Gelingt es, Holland und Belgien zu besetzen und zu sichern sowie Frankreich zu schlagen, dann ist die Basis für einen erfolgreichen Krieg gegen England geschaffen.
Die Luftwaffe kann dann von Westfrankreich aus die engere Blockade, die Flotte mit den U-Booten die weitere übernehmen ...
Hat erst einmal das Heer im Zusammenwirken mit der Luftwaffe und Kriegsmarine die wichtigsten Positionen genommen, dann fließt die industrielle Produktion nicht mehr in das Danaiden-Faß der Schlachten des Heeres, sondern kommt der Luftwaffe und der Kriegsmarine zugute ...«
Der Versuch, auf diese Weise den Widerspruch zwischen dem Potential des deutschen Imperialismus und seinen maßlosen, abenteuerlichen Kriegszielen zu lösen, mußte zu neuen Spannungen innerhalb der faschistischen Führung führen. Im Unterschied zum Oberkommando der

Kriegsmarine waren die Stäbe der anderen Teilstreitkräfte und das OKW nicht von der kriegsentscheidenden Rolle der Flotte im Kampf um die Weltherrschaft überzeugt. Sie gaben vielmehr dem Land- und Luftkrieg gegen die Länder Europas und besonders gegen die Sowjetunion den Vorrang. In ihre Konzeption paßte nicht die Vorstellung eines Seekrieges, der keine oder doch nur geringe Rücksicht auf ihre kontinentalen Raubziele nahm.

Auch innerhalb der faschistischen Kriegsmarine verschärfte der »Z-Plan« die seit langem schwelenden Meinungsverschiedenheiten. Besonders durch die Unterschätzung des U-Bootes spitzten sich die bereits seit 1937 gespannten Beziehungen zwischen der Seekriegsleitung und der U-Boot-Führung zu, die im U-Boot das wirksamste Angriffsmittel im atlantischen Zufuhrkrieg sah. In den Kriegsspielen vom Herbst 1938 hatte die SKL der U-Boot-Waffe keine allzu großen Erfolgsaussichten zugemessen. Zu völlig anderen Ergebnissen waren Dönitz und sein Stab in den Kriegsspielen im Winter 1938/39 gelangt. Sie hielten mit 300 U-Booten einen entscheidenden Schlag gegen Großbritannien für wahrscheinlich. Diese Menge ging über die vom »Z-Plan« zugestandene Zahl U-Boote hinaus, von denen zudem ein Teil Artillerie-U-Kreuzer sein sollten, die für die vorgesehene Gruppen- oder Rudeltaktik nicht geeignet waren. Im Jahre 1939 war an einen solchen Bestand nicht zu denken.

Großbritannien besaß im September 1939 160 U-Boote. Demnach hätte das faschistische Deutschland, selbst wenn das Flottenabkommen nicht gekündigt worden wäre, zu diesem Zeitpunkt 72 Boote besitzen dürfen. Tatsächlich verfügte es aber nur über 57 einsatzbereite Boote. Von diesen kamen lediglich 22 Boote vom Typ VII mit etwa 700 Tonnen und die Boote vom Typ IX mit etwa 1 100 Tonnen für den Einsatz im Atlantik ernstlich in Frage. Alle anderen Boote waren entweder »Einbäume«, wie man die 250-Tonnen-Boote vom Typ II nannte, Schulboote oder Bautypen, die noch nicht zum kriegsmäßigen Einsatz ausgereift waren.

Deshalb unternahm die U-Boot-Führung immer wieder Vorstöße und forderte die sofortige Vergrößerung ihrer Waffe mit allen zur Verfügung stehenden Mitteln.

Der mit dem faschistischen Überfall auf Polen entfesselte zweite Weltkrieg bot Dönitz und seinem Anhang eine günstige Gelegenheit, die »Vorteile« ihrer Konzeption zu beweisen, die in der Tat den taktisch-technischen Einsatzmöglichkeiten des U-Bootes stärker entgegenkam, wenn sie auch, im ganzen gesehen, das Zusammenwirken der verschiedenen Faktoren des modernen Seekrieges genauso unberücksichtigt ließ, wie die strategische Konzeption der traditionellen Marinetheoretiker. Die Vorstellung, mit einer Flotte von 300 U-Booten Englands Zufuhr zu unterbrechen, war ebenso unrealistisch wie die durch den »Z-Plan« sanktionierte Konzeption des OKM und der SKL. Doch selbst 300 U-Boote hätten niemals allein die Entscheidung des künftigen Krieges bringen können.

Entsprechend den Plänen der U-Boot-Führung war die erste Welle der in See befindlichen Boote zu Kriegsbeginn ungewöhnlich stark. Die Boote fingen die Handelsschiffe ab, die der Krieg auf hoher See überrascht hatte und die noch nicht oder völlig ungenügend auf die neuen Verhältnisse eingestellt waren. So konnte Dönitz recht vielversprechende Erfolge melden. Bis Ende September 1939 hatten die faschistischen U-Boote 41 Handelsschiffe mit 153 879 BRT versenkt, weitere 30 000 BRT Schiffsraum waren den von U-Booten gelegten Minen zum Opfer gefallen. Diese Ergebnisse stärkten die Stellung von Dönitz beträchtlich, denn im selben Zeitraum hatten die großen Überwasserkampfschiffe nur ein Handelsschiff mit 501 BRT versenkt. So stießen die von der U-Boot-Führung vertretenen Auffassungen zunehmend auf größeres Interesse. Ob man wollte oder nicht, man mußte sich der Konzeption von Dönitz annehmen, da der »Z-Plan« im Grunde genommen noch nicht richtig angelaufen war.

Obwohl die Meinungsverschiedenheiten zwischen Raeder und Dönitz weiter schwelten, waren sie sich in der Frage einig: Erfolgreicher würde der U-Boot-Krieg werden, wenn er rücksichtslos gegen die britische Zufuhr geführt würde. Bereits in einem vom 3. September 1939 datierten und von Raeder unterzeichneten Memorandum an Hitler heißt es: »Die Kriegsmarine kommt zum Ergebnis, daß das mit den vorhandenen Kräften erreichbare größte Maß an Schädigung Englands nur zu erzielen ist, wenn den U-Booten der uneingeschränkte warnungslose Waffeneinsatz... gegen feindliche und neutrale Schiffe freigegeben wird. Die Kriegsmarine verkennt nicht, daß a) Deutschland hierdurch das Abkommen von 1936 über die Führung des Handelskrieges offenkundig mißachten würde; b) eine solche Kriegsführung sich aus den bisher anerkannten Grundsätzen des Völkerrechts nicht rechtfertigen läßt.«

Das erste Schiff, das von den faschistischen U-Booten versenkt wurde, war die »Athenia«. Das Passagierschiff war nach einem neutralen Hafen unterwegs gewesen

Bei dem warnungslosen Angriff kamen 128 Menschen ums Leben. Das Bild zeigt die »Athenia« nach der Torpedierung

Wie die britische Regierung hatte auch die Admiralität die Aggressivität des deutschen Imperialismus unterschätzt: der Erste Seelord, Admiral Pound (links), und der Befehlshaber der Home Fleet, Admiral Tovey (rechts)

Scapa Flow war der Hauptstützpunkt der Home Fleet, des kampfstärksten Verbandes der Royal Navy. Das Bild von der Bucht wurde im April 1942 aufgenommen. Im Vordergrund der amerikanische Flugzeugträger »Waps«

Die politische und militärische Sorglosigkeit der britischen Führung erleichterte das Scapa-Flow-Unternehmen. Unter dem Kommando von Prien drang U 47 in den Stützpunkt ein und versenkte das Schlachtschiff »Royal Oak«. Das Bild zeigt die Rückkehr von U 47 nach Wilhelmshaven

Prien wurde von der faschistischen Propaganda zum Idol gemacht. Für Dönitz bot der Schlag gegen Scapa Flow Gelegenheit, die Forderungen nach Verstärkung des U-Boot-Krieges durchzusetzen

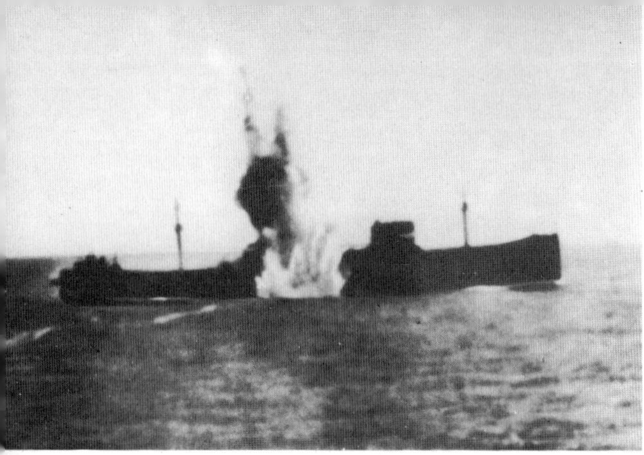

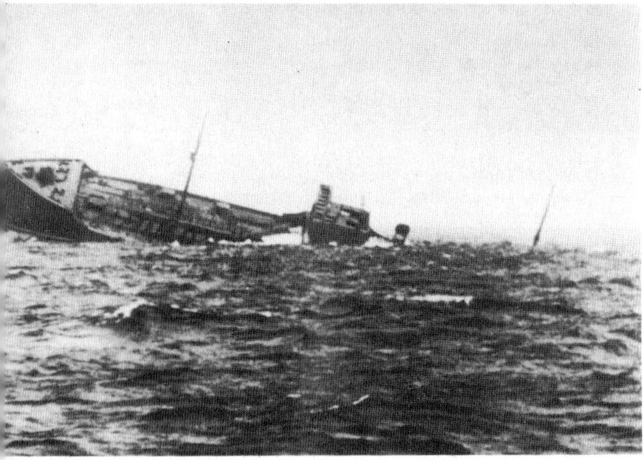

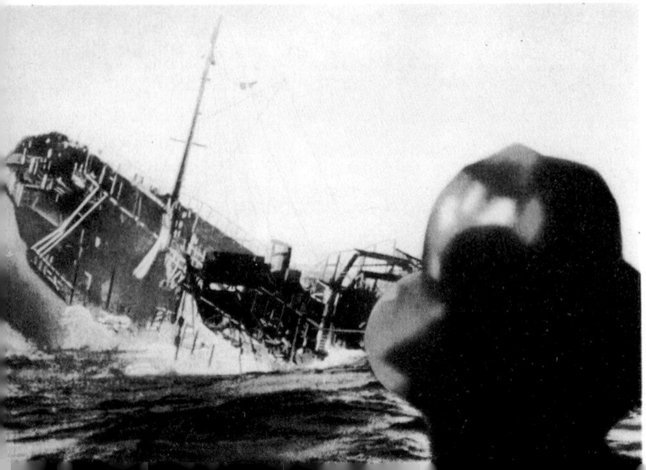

Mit dem Auftrag, jedes Schiff zu versenken, das sie in ihrem Operationsgebiet antrafen, wurden die U-Boote in See geschickt. Die faschistische Führung dehnte diese Gebiete immer weiter aus

◀ *Nicht der Angriff auf die Schlachtschiffe — wie in Scapa Flow — wurde typisch für den faschistischen U-Boot-Krieg, sondern der Tonnagekrieg gegen die alliierte und neutrale Handelsschiffahrt*

Bei jedem Wetter hielten die Wachen Ausschau nach ihren Opfern, den Handelsschiffen. Die Nähe von Kriegsschiffen suchten die U-Boote zu meiden

Mit Torpedos oder dem Bordgeschütz wurden die Handelsschiffe versenkt. Die faschistische U-Boot-Führung stachelte den Ehrgeiz der Kommandanten an, gegenseitig die Versenkungsergebnisse zu überbieten

Die Besatzungen der faschistischen U-Boote hatten den Befehl, keine Überlebenden der von ihnen versenkten Schiffe zu retten. Nicht nur Handelsschiffe, auch deren Besatzungen sollten vernichtet werden

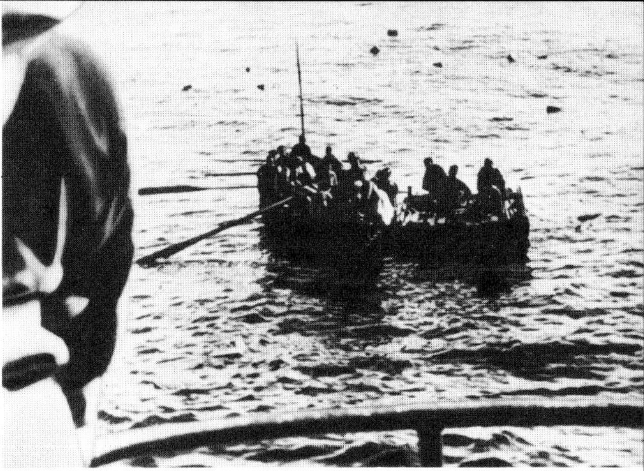

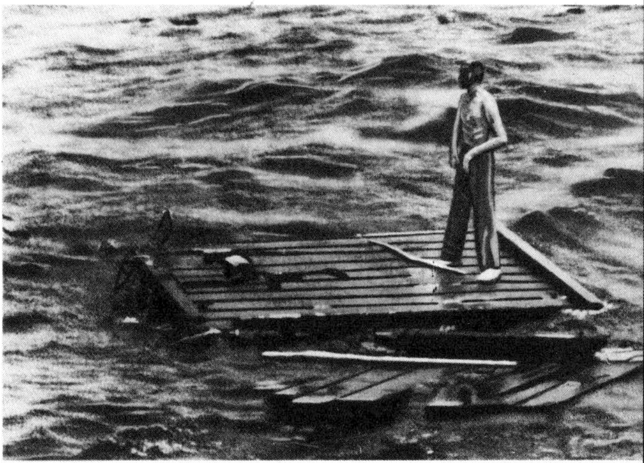

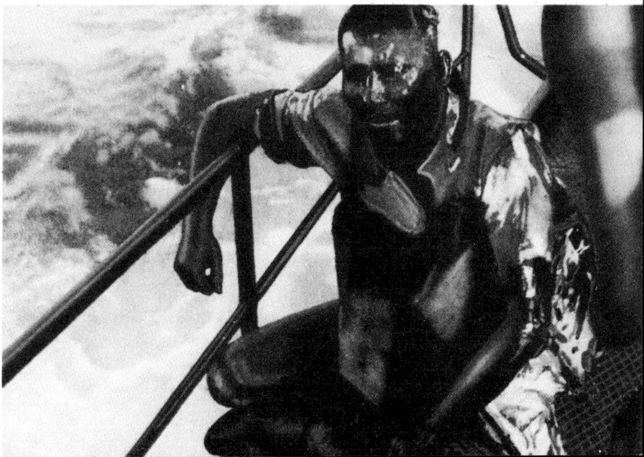

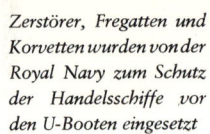

Zerstörer, Fregatten und Korvetten wurden von der Royal Navy zum Schutz der Handelsschiffe vor den U-Booten eingesetzt

Diese Kräfte reichten jedoch nicht aus. So wurden hochseefähige Fischereifahrzeuge (hier ein Trawler) bewaffnet und zur Sicherung der Handelsschiffe eingesetzt

Im küstennahen Bereich wurden Flugzeuge und Flugboote (hier eine Sunderland I) zur Aufklärung der Seegebiete eingesetzt. Ihr Aktionsradius wurde im Verlauf des Krieges ständig vergrößert

Der Besatzung des Zerstörers »Bulldog« gelang es, U 110 zu erbeuten. Der Kommandant dieses U-Bootes, Lemp, hatte zu Beginn des Krieges die »Athenia« versenkt

Im Jahre 1930 hatten die USA, Großbritannien, Frankreich, Italien und Japan in London einen Flottenvertrag abgeschlossen, dessen Artikel 22 die Kriegführung der U-Boote regelte. Als dieses Abkommen Ende 1936 ablief, blieb der Artikel 22 weiterhin verbindlich. Zur Bestätigung unterzeichneten die USA und Großbritannien am 6. November 1936 in London ein Protokoll, in das die Bestimmungen des Artikels 22 übernommen wurden. Ein Handelsschiff durfte danach von einem U-Boot nur versenkt werden, wenn nach Prüfung seiner Ladung sich diese als Konterbande herausstellte. Außerdem war für die Sicherheit der Besatzung und der Passagiere ausreichend zu sorgen. Wie die Hitlerregierung, die sich 1936 dem Protokoll anschloß, traten die meisten Staaten dieser Übereinkunft bei. Jedes der unterzeichneten Länder verpflichtete sich, eine Prisenordnung auszuarbeiten, in der entsprechend dem Abkommen den U-Boot-Besatzungen vorgeschrieben wurde, nach welchen Regeln sie im Kriegsfall zu verfahren hatten. Die deutsche Prisenordnung entsprach im wesentlichen den Bestimmungen dieses Abkommens.

Es muß hinzugefügt werden, daß die imperialistischen Regierungen, die diesem Abkommen beigetreten waren, meist davon ausgegangen waren, daß infolge der sich stürmisch entwickelnden Flugzeug- und Funktechnik ein Angriff von U-Booten nicht nur auf Kriegs-, sondern auch auf Handelsschiffe keine Chancen mehr habe. Den U-Booten würden allein Aufklärungsaufgaben zufallen, für eine Blockade von Seegebieten galten sie als überholt. Nicht zuletzt dachte man dabei an die mißlungenen deutschen Blockadeversuche gegen Großbritannien und natürlich auch an die britischen Abwehrerfolge im ersten Weltkrieg.

Die verantwortlichen Offiziere der faschistischen Kriegsmarine hatten von Anfang an Skepsis gegen die Prisenordnung gezeigt. Dennoch legte die am Tage des Kriegsbeginns mit Großbritannien und Frankreich erlassene »Weisung Nr. 2 für die Kriegführung« fest, daß der »Handelskrieg« gegen England auch von den U-Booten vorläufig nach der Prisenordnung zu führen wäre. Dies hatte ausschließlich politische Gründe. Die faschistische Führung nahm Rücksicht auf die nach wie vor verständigungsbereiten Kräfte in England und Frankreich, die noch immer hofften, die faschistische Aggression nach Osten lenken zu können, und die auch die ihren Ländern drohende Gefahr unterschätzten.

Ein total geführter U-Boot-Krieg hätte besonders in Großbritannien unübersehbare innenpolitische Folgen gehabt, die der faschistischen Führung zu diesem Zeitpunkt nicht gelegen kamen. Um diese politisch-taktischen Erwägungen ging es ihr und keinesfalls um eine prinzipielle Einhaltung der international vereinbarten Prisenordnung. Doch die Politik, internationale Abkommen und Verträge dann wie einen Fetzen Papier zu zerreißen, wenn sich daraus bei der Realisierung der faschistischen Aggressionspläne Vorteile ergaben, mußte früher oder später zwangsläufig, auf Grund der aussichtslosen Unterlegenheit des faschistischen Deutschlands, auch dazu führen, den totalen U-Boot-Krieg zu eröffnen.

Derartige Überlegungen waren den Kommandanten der faschistischen U-Boote nicht fremd. Sie kannten die Meinung der U-Boot-Führung über die Prisenordnung, und sie erinnerten sich der vielen, zwanglos geführten Unterhaltungen in den Offiziersmessen der Wohnschiffe. Zwar hatten sie keinen direkten Befehl, die Prisenordnung zu mißachten, aber die oft und von höchster Stelle gegebenen Hinweise, wie nötig es wäre, sowohl unter dem Gegner als auch unter den neutralen Mächten Ungewißheit und Unsicherheit, Angst oder Abschreckung auszulösen, veranlaßten sie, die Prisenordnung von Anfang an nur nachlässig zu befolgen. Schließlich bewies die Tatsache, daß der Kommandant von U30 nach der Versenkung des englischen Passagierdampfers »Athenia« nicht zur Verantwortung gezogen wurde, wie wohlwollend die faschistische Führung im Grunde genommen derart rücksichtslosen und völkerrechtswidrigen Aktionen gesonnen war.

Der U-Boot-Krieg nahm an Schärfe zu. Die Kapitäne der Handelsschiffe, denen die Prisenordnung eine gewisse Sicherheit bot, sahen sich hilflos einem tückischen Feind gegenüber. Die britische Admiralität, die bestürzt das Anwachsen der Versenkungen vermerkte, griff auf die bewährten Praktiken des ersten Weltkrieges zurück. Fortan versuchten Kapitäne, wenn sie ein U-Boot ausmachten, durch gewagte Manöver das verhaßte Boot zu rammen. Nachts fuhr man abgeblendet im Schutze der Dunkelheit. Außerdem zackte man im Kurs, um den Angriff eines U-Bootes zu erschweren.

Die faschistische Führung scherte sich bald überhaupt nicht mehr um die Konvention. Sie ging sogar noch weiter: Weite Seegebiete um die Britischen Inseln wurden zum Sperrgebiet erklärt und eine »absolute

Seeblockade« gegen Großbritannien verhängt. Jedes Schiff, das in diesen Gebieten angetroffen wurde — gleichviel ob feindlich oder neutral — wurde versenkt, obwohl noch einige Zeit versucht wurde, die Fiktion aufrechtzuerhalten, daß die faschistischen Kriegsschiffe nach der Prisenordnung kämpften. Um den Bruch des internationalen Rechts zu verschleiern, wurde am 25. September angewiesen, die Bezeichnung »uneingeschränkter U-Boot-Krieg« durch den harmloser klingenden Begriff »Belagerung Englands zur See« zu ersetzen.
Der totale U-Boot-Krieg hatte begonnen. Jedoch auch er konnte das Mißverhältnis zwischen den maßlosen Weltherrschaftsansprüchen und den Möglichkeiten des deutschen Imperialismus nicht lösen.

Die wahre Tradition

Im August 1914 standen der kaiserlichen Marine nur fünf moderne, mit Dieselmotoren ausgerüstete U-Boote zur Verfügung. Alle anderen Boote fuhren noch mit Petroleummotoren. Wie die meisten Flottenleitungen jener Zeit hatte auch die kaiserliche Admiralität die Einsatzmöglichkeiten und den Kampfwert der U-Boote unterschätzt. Und so war man erstaunt, als es in den ersten Kriegswochen zwei U-Booten gelang, die Britischen Inseln zu umrunden. Sie schienen also doch nicht nur Aufklärungsaufgaben erfüllen zu können. Das sollte sich wenige Wochen später erneut bestätigen. Eine Waffe, die bisher unterschätzt worden war, machte plötzlich Schlagzeilen. Schwelgten die chauvinistischen deutschen Zeitungen im Erfolgstaumel, so hagelte es in der britischen Presse erbitterte Vorwürfe. Mit der Unterschätzung der U-Boote war auch eine gewisse Sorglosigkeit verbunden gewesen. Warum sollte man sich auf die U-Boot-Abwehr vorbereiten, wenn man diesen Booten keine Angriffschancen einräumte.
Und diese Sorglosigkeit war es, die die britische Hochseeflotte drei Panzerkreuzer kostete. Am 22. September 1914 stieß das deutsche U 9 unter Kapitänleutnant Weddigen vor Hoek van Holland auf das britische Aufklärungsgeschwader mit den Panzerkreuzern »Aboukir«, »Hogue« und »Cressy«.
Als erstes Schiff wurde die »Aboukir« getroffen, sie legte sich auf die Seite und sank schnell. Ihre Besatzung versuchte sich zu retten. Ganze Gruppen von Matrosen sprangen über Bord und bemühten sich, von

dem sinkenden Schiff wegzukommen, um nicht in den Sog zu geraten.
Die beiden anderen Panzerkreuzer stoppten und nahmen die im Wasser treibenden Seeleute auf. Offensichtlich war das U-Boot noch nicht erkannt worden, und man nahm an, die »Aboukir« sei auf eine Mine gelaufen. Die Blasenbahn des Torpedos hatte niemand beachtet.
Nach einer reichlichen halben Stunde ging ein Zittern durch die »Hogue«, die noch immer gestoppt lag und Schiffbrüchige aufnahm. Grauenvolle Szenen spielten sich ab, als Trümmerteile auf das Deck zwischen die eben erst Geborgenen niederprasselten. Verwundete wurden niedergetreten, und wieder kämpften Matrosen verzweifelt um ihr Leben.
Obwohl sich die Katastrophe wiederholt hatte, geschah nichts auf der »Cressy«. Der Panzerkreuzer blieb gestoppt liegen und versuchte die Überlebenden zu retten. Man war der Überzeugung, auch die »Hogue« sei auf eine Treibmine gelaufen.
In die Rettungsaktion hinein hallte die Detonation des Torpedos, der die »Cressy« mittschiffs traf. Nur wenige überlebten den Untergang der drei Panzerkreuzer. Über 2 000 Seeleute zahlten mit ihrem Leben dafür, daß die britische Admiralität unterschätzt hatte, welche Gefahr von der U-Boot-Waffe ausging.
Die Versenkung der drei englischen Panzerkreuzer löste in Deutschland einen unbeschreiblichen chauvinistischen Jubel aus. Nach ihrer Rückkehr in den Heimathafen wurden Kommandant und Besatzung als Helden gefeiert und mit Ehren überhäuft. Kaiser Wilhelm II. ließ sich herab, ein Glückwunschtelegramm zu schicken, und der Kommandant Weddigen erhielt wenig später — nach der Versenkung des britischen Kreuzers »Hawke« — die höchste preußische Auszeichnung, den »Pour le mérite«.
Der Grundstein einer Tradition war gelegt. Weddigen, der bereits 1915 von einem Einsatz nicht mehr zurückkehrte, wurde in der Folgezeit zum Idol der deutschen Jugend erhoben.
Am meisten war jedoch die deutsche Seekriegsleitung überrascht. Das U-Boot hatte eindeutig seinen Kampfwert als Angriffswaffe bewiesen. Unverzüglich beschloß sie deshalb, die U-Boote künftig nicht nur zu Aufklärungsunternehmen, sondern zum Angriff gegen die Home Fleet, die britische Heimatflotte, einzusetzen. Diese Waffe schien in der Tat geeignet, den britischen Blockaderiegel in der Nordsee, der Deutsch-

land von seinen Seeverbindungen abschnitt, aufzubrechen. Ja, mehr noch, jetzt sollten die U-Boote selbst die Handelsblockade gegen die Britischen Inseln eröffnen.

An die deutschen Werften ging der Auftrag, U-Boote zu bauen. Mit Kriegsruhm und hohen Auszeichnungen winkend, rührte man innerhalb der kaiserlichen Marine die Werbetrommel für die dazu notwendigen Besatzungen. Und viele Seeleute, ob Offizier, Maat oder Matrose, die bisher auf ihren »dicken« Schiffen nur ein Lächeln für die Tauchboote übrig hatten, meldeten sich freiwillig, vor allem in den ersten Kriegsjahren, zum U-Boot-Dienst.

Die britische Admiralität war nach dem Verlust der drei Panzerkreuzer bestürzt. Die Marine unterhielt wohl selbst einige Tauchboote, ihre Führung aber hatte deren Einsatzwert ebenfalls nur für sehr gering gehalten. Nun sah man sich auf einmal einer Waffe gegenüber, gegen die nahezu kein Abwehrmittel existierte. Als sie die Tragweite der Gefahr, die den lebensnotwendigen Zufahrtswegen Großbritanniens drohte, erkannt hatte, begann sie sofort eine erste U-Boot-Abwehr aufzubauen.

Im Gegensatz zum Einsatz der großen Überwasserschiffe hängt der Erfolg eines U-Bootes weitgehend von der Überraschung bei dem unter Wasser geführten Angriff ab. Diese Eigenart des U-Bootes nutzte das imperialistische Deutschland rücksichtslos für seine Kriegführung aus. Der Zufallserfolg Weddigens wurde nicht typisch für den U-Boot-Krieg. Viel erfolgversprechender als ein Angriff auf die Kriegsschiffe, war der Einsatz der U-Boote gegen die wehrlose Handelsschiffahrt. Gab es anfangs noch Bedenken, ob eine so brutale Seekriegführung die internationale Lage des kaiserlichen Deutschlands nicht verschlimmern würde, setzten sich schließlich die aggressivsten Kreise durch. Angesichts der drohenden Niederlage begann Deutschland den uneingeschränkten U-Boot-Krieg. Die Empörung über die Mißachtung aller traditionellen Regeln des Seekrieges war groß.

Der uneingeschränkte U-Boot-Krieg richtete sich nicht nur gegen die feindlichen Schiffe, sondern hatte auch bald die Vernichtung der Besatzungen, ja sogar friedlicher Passagiere zum Ziel. Selbst neutrale Schiffe wurden versenkt. Diese allen Normen des Kriegsrechtes widersprechende Kampfweise machte nicht einmal vor Lazarettschiffen halt.

Am 27. Juni 1918 versenkte U 86 unter Oberleutnant Patzig westlich

Irlands das hellerleuchtet fahrende britische Lazarettschiff »Llandovery Castle«. Anscheinend kamen dem Kommandanten über seine ungeheuerliche Tat doch Bedenken, denn er schickte alle Ausgucks unter Deck. Nur die beiden Wachoffiziere Dithmar und Boldt behielt er auf der Brücke. Patzig konnte für das Folgende keine weiteren Zeugen gebrauchen. Die drei Offiziere machten das Geschütz klar und feuerten auf die Rettungsboote mit den Schiffbrüchigen, um alle Spuren ihres gemeinen Verbrechens zu verwischen.

Von den 164 Mann der Besatzung der »Llandovery Castle«, den 80 Militärärzten und Sanitätsdienstgraden des kanadischen Heeres und den 14 Rotkreuzschwestern wurden später nur 24 Personen geborgen.

Die Besatzung von U 86 wurde von Patzig zum Schweigen verpflichtet. Zur weiteren Absicherung trug er auch nicht die Versenkung des Schiffes in das Kriegstagebuch ein. Im Logbuch ließ er außerdem einen falschen Kurs, weitab von der Versenkungsstelle, vermerken.

Dennoch ermittelten die britischen Marinebehörden die Nummer des Bootes und den Namen des Kommandanten. Bei Kriegsende wurde Patzig auf die Liste der auszuliefernden Kriegsverbrecher gesetzt.

Die Regierung der Weimarer Republik weigerte sich, Kriegsverbrecher auszuliefern. Um von den Hauptkriegsverbrechern abzulenken, ließ sie gegen kleinere, wenn auch zögernd, Prozesse durchführen. Diese Situation hatte Patzig genutzt und war im Ausland verschwunden.

Schließlich wurden im Frühjahr 1921 Boldt und Dithmar in Hamburg gerichtlich vernommen. Dithmar war zu diesem Zeitpunkt Offizier der Reichsmarine!

Am 26. Juni 1921 erhob das Reichsgericht in Leipzig gegen beide Anklage wegen Mordes. Für den Prozeß stellte die Reichsmarine einen »Sachverständigen«. Es war ein Korvettenkapitän Saalwächter, unter Hitler wird er zum Generaladmiral avancieren. Er trat aber mehr als Verteidiger auf, denn er suchte die Tat zu bagatellisieren, die Angeklagten als Befehlsabhängige hinzustellen, um einen Freispruch zu erwirken. Die britischen Zeugenaussagen indessen waren erdrückend. Dennoch wurden die Angeklagten nur wegen »Beihilfe zum Totschlag« zu je vier Jahren Gefängnis verurteilt. Traditionsvereinigungen und Reichsmarineleitung liefen Sturm gegen das Urteil. Da sie jedoch vorerst nicht erreichen konnten, Dithmar und Boldt auf freien Fuß zu bringen, suchten sie ihr Ziel auf andere Weise durchzusetzen.

Am 2. August 1921 erschien vor der Haftanstalt in der Leipziger Beethovenstraße ein Polizeioffizier mit zwei uniformierten Begleitern im Auto. Er hätte Auftrag, die Häftlinge Boldt und Dithmar nach Berlin zu überführen. Die Gefängnisaufsicht schöpfte Verdacht und schlug Alarm. Später wurde bekannt, daß jener Polizeioffizier ein Kapitänleutnant Tilessen war, der auch an der Ermordung des Außenministers Rathenau beteiligt war.

Am 17. November 1921 glückte Boldt in Hamburg, wohin er sich auf eigenen Wunsch hatte überführen lassen, mit Hilfe zahlreicher Freunde die Flucht. Bald sickerte durch, daß er sich als Geschäftsmann in Kolumbien niedergelassen hätte.

Am 22. Januar 1922 floh auch Dithmar aus der Haftanstalt in Naumburg. Er fand in einer Bank in Barcelona Beschäftigung. Über die Angelegenheit war bald mit Hilfe der Behörden der Mantel des Schweigens gebreitet. Erst 1926 meldete sich Patzig. Die Situation in Deutschland hatte sich wieder so gestaltet, daß er für seine Person nichts zu fürchten brauchte. Er gab deshalb zu Protokoll, daß er alle Schuld auf sich nähme. Seine ehemaligen Wachoffiziere hätten nur den von ihm gegebenen Befehl befolgt.

Admiral Zenker, der Chef der Marineleitung, beantragte daraufhin beim Reichsgericht die Aufhebung der Urteile gegen Boldt und Dithmar. In einer nichtöffentlichen Sitzung kam am 4. Juni 1928 das Reichsgericht diesem Antrag nach. Das Urteil des Jahres 1921 wurde aufgehoben.

Dithmar wurde für drei Monate wieder als Kapitänleutnant in der Reichsmarine eingestellt. Seine vollen Dienstbezüge seit der Verurteilung im Jahre 1921 wurden ihm nachgezahlt. Bei seiner Verabschiedung erhielt er die für einen Kapitänleutnant höchstzulässige Pension und 20 000 Reichsmark »Entschädigung«! Boldt bekam sogar 50 000 Reichsmark von der Reichskasse ausgezahlt. Damit hatte die Marineführung des imperialistischen Deutschlands den feigen Mord an 234 Menschen offiziell sanktioniert. Die auf Druck der Reichsmarine und der hinter ihr stehenden aggressiven Kräfte durchgesetzte Revision zeigt, daß Patzig, Boldt und Dithmar keine Außenseiter gewesen waren, sondern die Haltung der U-Boot-Kommandanten der kaiserlichen Marine repräsentierten. Nicht ein Weddigen, sondern Patzig und »Lusitania«-Versenker Schwieger waren typisch für die Kampfesweise der deutschen U-Boot-Kommandanten im Handelskrieg gegen Großbritannien. Heldentum wurde nach der Höhe der versenkten Tonnage bewertet. Erzogen in dieser Tradition, begannen die Kommandanten und die Besatzungen der faschistischen U-Boote 1939 den Krieg.

Scapa Flow

Im September 1939 versenkten die faschistischen U-Boote 41 Handelsschiffe und einen Flugzeugträger, die »Courageous«. Doch Dönitz war damit nicht zufrieden. Bei richtiger Einschätzung der U-Boot-Waffe vor dem Kriege hätte der Erfolg nach seiner Meinung weitaus größer sein können, wenn die von ihm nach den Kriegsspielen im Winter 1938/39 geforderten 300 U-Boote verfügbar gewesen wären. Eine solche Forderung berücksichtigte indessen nicht, daß wohl Großbritannien bei einer solchen Rüstung, die sich ausschließlich gegen seine Zufuhr richtete, entsprechende Gegenmaßnahmen getroffen hätte, um der Gefahr zu begegnen. Dieses Argument wurde auch von seinen Widersachern in den internen Diskussionen vorgebracht.
Wenn sie in der Folgezeit ihre Konzeption stärker zur Geltung bringen wollten, mußten Dönitz und sein Anhang die vorherrschenden Auffassungen über die Seekriegführung erschüttern. Doch dazu reichten die bisherigen Erfolge der U-Boote nicht aus. Aus diesem Grunde bereitete er vom ersten Kriegstag an mit seinem Stab ein Unternehmen vor, mit dem die Schlagkraft der U-Boote effektvoll demonstriert werden sollte. Die Idee zu diesem Unternehmen war bereits lange zuvor, noch in Friedenszeiten, geboren worden. Das beweisen die Eintragungen im Kriegstagebuch der U-Boot-Führung, das später, nach dem Kriege, in Nürnberg dem Internationalen Militärgerichtshof als Beweisstück vorliegen wird.
»1. Von Kriegsbeginn an ist die Möglichkeit, mit einem U-Boot in die Bucht von Scapa Flow einzudringen, untersucht worden. Die Bedeutung eines Erfolges lag auf der Hand.
2. Als erste Unterlage ging von der Seekriegsführung auf Anforderung die ›Ausarbeitung Scapa Flow‹ mit eingezeichneten vermuteten Sperren ein. Für die Richtigkeit dieser Vermutungen mußte aber erst eine Bestätigung geschaffen werden, da so noch nicht zu erkennen war, wo ein Eindringen möglich sein werde.

3. Am 8. September erhielt ich davon Kenntnis, daß ein Wetterflugzeug der Luftflotte II am 6. 9. eine Aufnahme von Scapa Flow gemacht habe. Diese wurde uns am 11. 9. übersandt und zeigte schwere und leichte Streitkräfte nördlich Flotta und im Sund zwischen Switha und Risa.

4. U 14 wird vom 13. bis 29. 9. bei den Orkneys eingesetzt und bringt von dieser Unternehmung wertvolles E-Material über Bewachung, Befeuerung, Stromverhältnisse usw. mit. Der Kommandant hält ein Eindringen in Scapa Flow durch den Hoxa Sund bei offener Sperre für möglich.

5. Auf Anforderung werden am 26. 9., 15.00 Uhr, von der Luftflotte II ganz vorzügliche Luftaufnahmen gemacht, die ein genaues Bild von dem Clestrum Sund über Risa bis Switha, dem Hoxa Sund (teilweise) und dem Holm Sund, der Bucht vor Scapa und Kirkwall geben. Bei der Auswertung kam ich zu folgendem Entschluß:

a) Ich halte das Eindringen durch die Sperre im Hoxa Sund für kaum möglich, durch den Switha Sund und den Clestrum Sund wegen der dortigen Sperren für aussichtslos.

b) Der Holm Sund ist ausschließlich durch zwei quer im Fahrwasser des Kirk Sund liegende, anscheinend versenkte Dampfer und einen weiteren an der Nordseite liegenden gesperrt. Südlich der Sperrschiffe bis zum Lamb Holm ist auf 7 m Tiefe eine Lücke von 170 m Breite bis zum flachen Wasser. Auch nördlich der Dampfer ist eine kleine Lücke. Das Ufer ist an beiden Seiten fast unbewohnt. Hier halte ich ein Eindringen nachts über Wasser bei Stauwasser ohne weiteres für möglich. Die Hauptschwierigkeit liegt auf navigatorischem Gebiet.

6. Eine neue Aufnahme des Hoxa Sundes bekräftigt die Ansicht, daß ein Eindringen dort unzweckmäßig ist.

7. Ich entschließe mich, die Unternehmung durchführen zu lassen und erhalte hierfür nach persönlichem Vortrag von der Seekriegsleitung das Einverständnis des Ob. d. M. Es wird festgestellt, daß die Unternehmung zweckmäßigerweise in der Nacht vom 13. zum 14. Oktober durchgeführt wird, da an diesem Datum beide Stauwasserzeiten in die Dunkelheit fallen und Neumond ist. Das vorgesehene Boot läuft hierzu am 8. Oktober aus Kiel aus. Das Boot wird nur mit G 7e Torpedos (mit elektrischem Antrieb) ausgerüstet. Die Frage, ob Minen- oder Torpedoausrüstung, ist zugunsten der Torpedos entschieden worden, da hiermit bei Schiffszielen ein sicherer Erfolg zu erwarten ist.

8. Die A-Gruppe, Ob. d. Luft, Werder erhält Anweisung, kurz vor dem

Unternehmen am 12.10. durch Aufklärung und Bilderkundung die Lage in Scapa Flow zu klären, um sie dem Boot rechtzeitig übermitteln zu können.
9. Die in der Nachbarschaft der Orkneys aufgestellten Boote U 10, U 18, U 20, U 23 werden am 4.10. zurückgezogen werden, um keine Beunruhigung im Seegebiet der Orkneys zu schaffen und die Engländer unter Umständen zu warnen. Es muß alles auf die eine Karte gesetzt werden.
10. Am 11.10. sieht ein Flugzeug der Luftflotte I Scapa bei niedriger Wolkenhöhe ein, ohne Auftrag dazu zu haben. Sehr ärgerlich.
Am 12.10., 15.00 Uhr, wird eine vorzügliche Erkundung von einem Flugzeug der Aufklärungsgruppe Ob. d. Luft, Besatzung
Leutnant Newe
Feldwebel Böhme und
Feldwebel Wolff
durchgeführt, die die genaue Lage eines Flugzeugträgers, fünf schwerer Schiffe und von zehn Kreuzern meldet und die mündlich in der Nacht durch den Leutnant Newe in Wilhelmshaven erläutert wird.«
Es galt, einen U-Boot-Kommandanten zu finden, der kaltblütig genug für einen solchen risikoreichen Auftrag war, bereits Kriegserfahrung hatte und über große navigatorische Kenntnisse verfügte. Die Wahl fiel auf den Kapitänleutnant Günther Prien.
Prien war ein HSO, so nannte man die Offiziere, die von der Handelsschiffahrt zur Kriegsmarine gekommen waren. Die jugendliche Abenteuerlust hatte den fünfzehnjährigen Prien zur Seefahrt gedrängt. Er lernte die Rechtlosigkeit des Matrosen an Bord und den Geiz der Kapitäne, die sich auf Kosten der Mannschaft bereicherten, kennen. Doch der junge Prien träumte nicht nur von sozialem Aufstieg, sondern er verzichtete auch auf jede Freude, um das Geld für eine bessere Ausbildung auszugeben, die ihn einmal über seine Bordkameraden emporheben sollte. Endlich, im Januar 1932, schien es Prien geschafft zu haben. Er bestand die Prüfung als »Kapitän auf Großer Fahrt«. Doch er fand keine Reederei, die ihn einstellte. Die Weltwirtschaftskrise war auch über die Handelsschiffahrt hereingebrochen, und in allen Häfen wurden immer mehr Schiffe aufgelegt. Mit vierundzwanzig Jahren stand Prien vor dem Ende seiner Träume. Wie Millionen Werktätige mußte auch er »stempeln gehen«. In dieser Zeit begann Prien mit den Nazis zu sympathisieren. Er suchte und fand Anschluß. Prien trat in

den sogenannten Freiwilligen Arbeitsdienst ein, der unter dem Einfluß der Nazipartei stand und in dem Ende 1932 über 20 000 Anhänger der Faschisten kaserniert zusammengeschlossen waren. Als im Jahre 1933 Handelsschiffsoffiziere in die Reichsmarine aufgenommen wurden, meldete sich Prien als Freiwilliger.
Die maritime Aufrüstung der Faschisten erforderte eine Vielzahl qualifizierter Kräfte, deren Ausbildungszeit durch die Übernahme von Handelsschiffsoffizieren abgekürzt werden sollte. Prien witterte die Chance für eine Karriere, wie sie ihm die zivile Schiffahrt nicht bieten würde. Er bewarb sich, wurde angenommen und bedankte sich bei seinen neuen Herren, indem er seine soliden seemännischen Kenntnisse in den Dienst der faschistischen Aggression stellte. Seine Bewährungsprobe legte er als Wachoffizier auf faschistischen U-Booten ab, die bei der Seeblockade gegen die spanische Volksfrontrepublik eingesetzt wurden. Seine Leistungen fanden Beachtung, und er erhielt das Kommando über ein U-Boot. Nach fünfjähriger Dienstzeit avancierte er zum Kapitänleutnant. Von der weltaufgeschlossenen Haltung eines Handelsschiffsoffiziers war bei ihm bald nichts mehr zu spüren. Sein Weltbild und sein Denken wurden von der Propaganda um »U-Weddigen« beherrscht. So galt er im Stab des FdU als einer der fähigsten und zuverlässigsten U-Boot-Kommandanten.
Mitte September kehrte Prien auf U 47 von seinem ersten Kriegseinsatz zurück und meldete die Versenkung von drei britischen Dampfern. In einer Kieler Werft wurde anschließend das Boot für eine neue Fahrt vorbereitet.

An einem Sonntag werden Prien, Kapitänleutnant Wellner von U 14 und ihr Flottillenchef, Fregattenkapitän Sobe, zu Dönitz auf das Wohnschiff »Weichsel« befohlen.
In einem niedrigen Raum ist auf einem Tisch die Seekarte von Scapa Flow ausgebreitet. Stark vergrößerte Luftaufnahmen hängen an den Wänden. Dönitz läßt zunächst Wellner vortragen. Ausführlich berichtet Wellner von der Aufklärungsfahrt, die er mit U 14 in das Seegebiet um die Orkney-Inseln unternommen hat. Frage und Antwort von Dönitz und Offizieren seines Stabes, von Sobe und Wellner, verbunden mit lebhaften Erläuterungen an Hand der Karte, fliegen hin und her. Endlich wendet sich Dönitz an Prien. »Glauben Sie, Prien, daß ein entschlossener Kommandant sein Boot hier in die Bucht von Scapa

Flow hineinführen und dort auf feindliche Streitkräfte zum Angriff zu bringen vermag?«
Prien ist zu erregt, um sofort eine Antwort bereit zu haben. Wenn ihm auch instinktiv klar ist, daß ihm hier die »große Chance« geboten wird, sich über die anderen U-Boot-Kommandanten zu erheben, so ist er doch erfahrener Seeoffizier genug, auch die Gefahr zu ahnen. Das spürt natürlich Dönitz. Deshalb verlangt er nicht sofort eine Antwort. Prien solle sich das in Ruhe überlegen und ihm am kommenden Tag Antwort geben. Das ist einer der taktischen Züge, die Dönitz immer wieder anwendet, um den ihm unterstellten Offizieren den Glauben zu lassen, daß ihnen die letzte Entscheidung überlassen bliebe. Er weiß natürlich von vornherein, daß die Entscheidung immer nach seinem Wunsch ausfallen wird, das liegt einfach in der Bedingtheit, wie er die vorbereiteten Aktionen dem einzelnen zur Ausführung anheimstellt, an der Vorstellungswelt, in der die Angehörigen der U-Boot-Waffe erzogen sind. Keiner möchte als Feigling gelten.
Am nächsten Tag meldet sich Prien und erklärt seine Bereitschaft, das Unternehmen durchzuführen. Sofort werden alle Details besprochen und der Auslauftermin von U 47 festgesetzt.
Die Besatzung wundert sich, als ein Teil des bereits übernommenen Proviants wieder abgegeben wird.
Was ist denn los? Nur E-Torpedos, keine G 7a, werden in den Räumen verstaut. Da liegt etwas Besonderes in der Luft! Prien achtet auf alle Einzelheiten, kontrolliert jede Kleinigkeit an Bord nach. Er weiß, was auf dem Spiel steht. Der kleinste Fehler kann zum Verhängnis werden. Mehr als sonst schnauzt er jeden der Besatzung an, wenn er ihn bei einer Nachlässigkeit ertappt. Ein beliebter Vorgesetzter ist er nicht. Seine übertriebene Härte wird sogar von der ihm unterstellten Besatzung gefürchtet.
Am letzten Abend vor dem Auslaufen holt Prien seinen I WO, Oberleutnant zur See Endraß, und Obersteuermann Spahr, einen der Ältesten der U-Boot-Waffe, in seine Kammer auf dem Wohnschiff. Ohne Umschweife und in keiner Weise Bedenken der beiden Männer auch nur in Erwägung ziehend, gibt er ihnen das geplante Unternehmen bekannt. Zu dritt arbeiten sie alle taktischen Varianten des gewagten Angriffs aus. Prien verpflichtet beide zur äußersten Geheimhaltung.
U 47 verläßt das Marinearsenal in Kiel und steuert die Holtenauer Schleuse des Nord-Ostsee-Kanals an. Dabei wird U 46 passiert, das

Boot kommt von einer Werfterprobung. Dann bleiben der Nord-Ostsee-Kanal und die deutsche Küste hinter U 47 zurück.

In der Morgendämmerung des 13. Oktober befindet sich U 47 nahe der Orkneys. Prien läßt tauchen und das Boot auf Grund legen. Danach befiehlt er die Besatzung in den Bugraum.
Dicht gedrängt sitzen, kauern oder stehen die Matrosen in dem engen Raum. Endraß meldet, so gut das in dem Gedränge geht, die Besatzung sei vollständig versammelt — 3 Offiziere, 36 Unteroffiziere und Mannschaften.
Ohne alle Floskeln gibt Prien bekannt: »Herhören! Wir laufen heute nacht nach Scapa Flow ein!« Knapp erläutert Prien den gedachten Ablauf des Unternehmens. Danach befiehlt er die ganze Besatzung zum Ausruhen in die Kojen. Nur die Grundwachen bleiben auf Station. Um 16 Uhr wird Wecken zum Mittagessen sein, und in der abendlichen Dämmerung soll aufgetaucht werden. »Vor allem äußerste Ruhe im Boot! Kein Laut! Wer hin und herlaufen muß, wickelt sich Lappen um die Füße!«
Die Stunden schleichen dahin. Die Matrosen wälzen sich unruhig auf ihren Kojen, an Schlafen ist nicht zu denken. Werden wir heil wieder herauskommen? Das ist ihr einziger Gedanke. Im Boot ist Stille; nur dann und wann ist das feine Knirschen zu hören, wenn sich das Boot auf dem Grund bewegt oder wenn die Grundwachen bei der Ablösung miteinander flüstern.
Prien liegt hellwach auf seiner Koje. Die Einzelheiten der Seekarte hat er sich ganz genau eingeprägt: Gezeitenströmung, Wassertiefen, die Absperrungen des Sundes, die Schiffspositionen hat er so in sich aufgenommen, daß ihm das, was er in wenigen Stunden sehen wird, schon jetzt vertraut ist. Dennoch mischt sich in seine Empfindungen etwas anderes. Es ist eine Art Genugtuung, daß gerade ihm dieser Auftrag, in Scapa Flow einzudringen, übertragen worden ist. Er wird Rache nehmen für die »Schmach«, die der deutschen Flotte einst in dieser Bucht zugefügt worden ist. Welchen Klang wird sein Name erhalten! Der Ruhm, der auf ihn wartet, beflügelt seinen Ehrgeiz. Dönitz hat mit ihm die richtige Wahl getroffen.
Um 16 Uhr gehen die Kochsgasten Walz und Mantyk mit lappenumwickelten Füßen durchs Boot. Sie bringen das Essen. Es wird schweigend eingenommen. Keiner hat Appetit. Alle sind viel zu erregt.

19.15 Uhr beginnt der LI, Oberleutnant (Ing.) Wessels, das Boot vom Grund zu lösen. Summend arbeiten die Lenzpumpen. Die E-Maschine wird angelassen. Prien läßt das Sehrohr ausfahren.

Der erste Rundblick ist für den Kommandanten immer ein Augenblick besonderer Spannung.

Es ist nichts zu sehen. Der Befehl zum Auftauchen wird gegeben.

Die See ist ruhiger als am Morgen, es ist fast windstill, der Himmel leicht bedeckt. Aber was ist das? Im Norden ziehen flammend helle Schwaden über den Himmel. Die in diesen Breiten seltene Erscheinung des Nordlichts erhellt die aufkommende Nacht.

Während die Diesel anspringen und die Lüfter Frischluft ins Boot saugen, steht Prien überlegend auf der Brücke. Soll er das Unternehmen der Helligkeit wegen abbrechen? Oder verschieben? Aber in dieser Nacht ist Springtide, die besten Wasserverhältnisse, um über das seichte Wasser, dicht unter Land vorbei, nach Scapa Flow hinein- und wieder herauszukommen. Er weiß, erst in einigen Wochen sind wieder solch günstige Tidenverhältnisse gegeben. Einige Augenblicke vergehen. Fahrt kommt ins Boot. Sein Kursbefehl wird erwartet. Soll das Nordlicht alles zunichte machen?

Er gibt den Kurs an. Nach Scapa Flow!

Schaum wäscht die Flanken des Bootes entlang. Plötzlich ist an Backbord ein Schatten zu erkennen. U 47 taucht.

Nach kurzer Zeit wird wieder aufgetaucht. Der Schatten ist verschwunden. Weiter geht die Marschfahrt. Das Nordlicht wird immer phantastischer. In fahlem Blau und unwirklichem Rot wechselt es geisterhaft über dem nördlichen Himmel. Deutlich kommt Land in Sicht. Die dunklen und hohen Berge haben im Nordlichtschein silberne Ränder. Jetzt sind auch die Sperrschiffe zu erkennen. Gespenstisch liegen sie wie Theaterkulissen in den Sunden.

Die Stauströmung im Kirk Sund erfaßt das Boot. Es schießt in schneller Fahrt voraus. Prien gibt die Kurskorrekturen aus dem Kopf an. Nur durch gewagte Manöver mit extremen Ruderlagen und mit Hilfe unterschiedlicher Umdrehungen der Schrauben kann das Boot in der starken Strömung Kurs halten. Gefährlich nahe versetzt der Strom das Boot an eins der Sperrschiffe, und es sind nicht viel mehr als ein paar Handbreit, die das Heck von U 47 gerade noch freikommen lassen. Alles geht unerhört schnell.

U 47 hat die Bucht von Scapa Flow erreicht, die im hellen Nordlicht gut zu übersehen ist. An Steuerbord, dort, wo gewöhnlich die Schiffe der Home Fleet vor Anker liegen, ist kein Schiff zu entdecken. Prien läßt darum das Boot wenden und läuft unter der Küste nach Norden. Dort liegen zwei große Schiffe, weit unter Land Zerstörer vor Anker. Kreuzer sind nicht auszumachen.

Die Umrisse der beiden großen Schiffe heben sich deutlich von dem hellen Nordhimmel ab. Prien erkennt, daß das eine Schlachtschiff zum »Royal-Oak«-Typ gehört. Das dahinterliegende Schiff, von dem vorderen halb verdeckt, hält er für den Schlachtkreuzer »Repulse«.

Prien kann sein Boot auf keinen anderen Angriffskurs legen, er muß auf die sich überlappenden Ziele schießen, eine andere Angriffsposition ist nicht möglich.

Rasch handelnd befiehlt er: »Alle Rohre klar!«

»Alle Rohre sind klar!« kommt unverzüglich die Rückmeldung.

»Fächer aus Rohr eins bis vier! Fertig!«

Endraß, der I WO, läßt als Torpedooffizier kein Auge vom Torpedorechner.

»Los!« Der Abschußhebel fliegt herum.

Die leichte Erschütterung des Ausstoßes ist zu spüren.

Drei Torpedos laufen. Einer bleibt im Rohr stecken. Mit Hartruderlage wendet Prien das Boot. Der Hecktorpedo aus Rohr V wird abgefeuert. Ein Vorbeischießen auf die festliegenden Ziele ist unmöglich.

Am Vorschiff des verdeckten Schiffes steigt eine Wassersäule auf. Weithin ist die Detonation zu hören. Aber was ist mit den drei anderen Torpedos?

Der erste Torpedo verließ 0.58 Uhr das Rohr. Es sind inzwischen Minuten vergangen. Noch immer herrscht Stille in der Bucht von Scapa Flow. Keine Scheinwerfer, keine Abwehr, nichts. Für Prien steht nun fest, daß die anderen Torpedos Versager waren.

Sofort nach den ersten Schüssen hat Prien den Befehl gegeben, die in Wartestellung bereitliegenden Reservetorpedos in die leeren Rohre zu schieben. Zwanzig Minuten vergehen. Während dieser Zeit kurvt U 47, immer noch in Erwartung eines Alarms, in der Bucht herum.

Das Geheimnis, warum die englische Abwehr nicht einsetzte, lüftete Churchill in einer Rede vor dem Unterhaus am 8. November 1939. Danach traf der explodierende Torpedo nicht, wie Prien annahm, das verdeckte Schiff, sondern die »Royal Oak« am Vordersteven. Doch niemand an Bord vermutete einen Torpedotreffer, sondern man dachte eher an einen Luftangriff. Deshalb bezog die Besatzung die bei Luftangriffen vorgesehenen Posten unter der Panzerung, während der Kommandierende Admiral und der Kommandant des Schiffes die Möglichkeit einer Explosion im Schiffsinneren untersuchten.

Da keine Abwehr einsetzt, entschließt sich Prien zu einem zweiten Angriff.

Die Schußposition ist bald erreicht. Die vier Torpedos der Bugrohre laufen.

Rrrumms! Ein ungeheures Bersten und Krachen erschüttert die ganze Bucht. Gewaltig steigt eine Detonationswolke in den vom Nordlicht erhellten Himmel empor. Wassersäulen, Feuersäulen, ganze Geschütztürme sind es, die durch die Luft wirbeln, dazu Fundamente, riesige Stahlfetzen und Aufbauten. Jetzt wird es in der Bucht lebendig. Scheinwerfer blitzen auf. Man hört anspringende Motoren und das Heulen hochtouriger Maschinen.

Prien hat sich sofort nach den Detonationen entschlossen umzukehren. Während der gewaltige Leib der »Royal Oak« zur Seite kippt und rasch versinkt, strebt U 47 dem Kirk Sund zu.

Das Boot muß jetzt gegen den Strom. Die Diesel laufen auf vollen Touren. Prien läßt die E-Maschinen noch hinzunehmen. Es geht langsam vorwärts. Sehr langsam. Von achtern läuft ein Zerstörer auf. Er ist deutlich auszumachen. Gleich muß er das Boot erkennen. Aber in einigen hundert Meter Entfernung dreht er ahnungslos ab. Das Boot steht bereits im Sund. Hier ist die Strömung am stärksten, fast reißend. An der Backbordseite ragen dunkel die hohen Berge auf. Plötzlich ein Autoscheinwerfer von Land. Der Lichtkegel huscht über das Wasser. Jetzt muß er das Boot erfassen. Aber kurz vorher verlischt er. Die schnellaufenden Schrauben mahlen gegen den Strom an. Eine hölzerne Landungsbrücke vor dem Boot. Harte Ruderlage. Gerade noch kommt U 47 frei, nur das Achterschiff scheuert für einen Augenblick an den Holzdalben entlang.

Dann hat es U 47 geschafft und steuert Südkurs. Immer weiter bleiben die Orkneys achteraus.

Der Untergang der »Royal Oak« kostete 824 Matrosen das Leben.

Für die britische Flotte bedeutet dieser Schlag blutiges Lehrgeld für die Unterschätzung der U-Boot-Gefahr. Zu sicher hatte sich die britische Führung gefühlt. Sie rechnete nicht damit, daß ein faschistisches U-Boot in Scapa Flow eindringen könnte. Ja, das Schatzamt hatte sogar, weil die Admiralität nicht genügend darauf drang, die Mittel gescheut, die für den Ankauf eines alten Dampfers notwendig waren, der zusätzlich im Kirk Sund versenkt werden sollte, eben an der Stelle, wo U 47 hindurchschlüpfte. Ein großes Glück für die britische Flotte waren nicht nur die Torpedoversager von U 47, sondern auch der Umstand, daß zufällig ein Teil der Kräfte Stunden vor dem Angriff in einen anderen Hafen beordert worden war. Das konnte die faschistische U-Boot-Führung nicht mehr rechtzeitig in Erfahrung bringen, sonst hätte die Katastrophe durchaus noch größer sein können. Das Schiff hinter der »Royal Oak«, das Prien als Schlachtkreuzer »Repulse« ausmachte und bei dem er den ersten Torpedotreffer beobachtet haben wollte, war in Wirklichkeit der veraltete Seeflugzeugtender »Pegasus«. Von englischer Seite ist jedoch niemals ein Treffer auf dem Schiff erwähnt worden.

Das Einlaufen in die Bucht von Scapa Flow zeugte ohne Zweifel von dem hohen seemännischen Können des Kommandanten und der Besatzung von U 47. Die faschistische Seekriegsleitung und die U-Boot-Führung gaben sich über den Wert dieses Unternehmens aber keinen Illusionen hin. Niemand glaubte, daß mit einem einzigen U-Boot die britische Heimatflotte aktionsunfähig gemacht werden könnte, selbst wenn alle Torpedos des U-Bootes lohnende Ziele getroffen hätten. Kriegsentscheidenden Charakter konnte das Unternehmen nicht haben. Es ging um etwas anderes.

Das Offizierskorps der Reichsmarine und später der Kriegsmarine war mit seinem reaktionären Anhang über die Jahre hin eifrig bemüht gewesen, »die Schmach von Scapa Flow« im deutschen Volk nicht vergessen zu lassen, »die Schmach von Scapa Flow«, die es zu »rächen« galt. Nach dem verlorengegangenen ersten Weltkrieg mußte die deutsche Hochseeflotte an England abgeliefert werden. Zu diesem Zweck wurde sie nach Scapa Flow übergeführt. Am 21. Juni 1919 versenkten die noch an Bord verbliebenen Besatzungen auf Befehl ihrer Offiziere die Mehrzahl der Schiffe. Dieses »ruhmlose« Ende der deutschen Hochseeflotte in der Bucht von Scapa Flow galt es also zu »rächen«.

Das Scapa-Flow-Unternehmen, von der U-Boot-Führung geplant und organisiert, hatte einen raffinierten Aspekt. Mit dem Gelingen dieses Unternehmens besaßen die Offiziere, die in ihren Überlegungen das U-Boot bevorzugten, noch bessere Argumente. War es bisher Dönitz

und seinem Anhang nicht gelungen, sich gegen die vorherrschenden Auffassungen über die Führung des atlantischen Zufuhrkrieges durchzusetzen, so hatte das Ergebnis des U-47-Einsatzes erneut den Angriffswert des U-Bootes trotz Weiterentwicklung der Abwehrmittel bewiesen. Die einsetzende Propagandawelle hatten Dönitz und sein Stab in ihre Pläne mit einkalkuliert.
Die oberste faschistische Führung schenkte unter dem Eindruck des Erfolges von U 47 der von Dönitz vertretenen Auffassung eines atlantischen Zufuhrkrieges großes Interesse. Er hatte mit U 47 seinen Kontrahenten in den Auseinandersetzungen um die beste Methode im Kampf gegen die Wirtschaft Großbritanniens einen harten Schlag versetzt.
»U-Prien« füllte auf Wochen die Seiten der faschistischen Presseorgane. Man hatte endlich einen neuen U-Boot-Helden, einen neuen Weddigen, der — wie es hieß — die »Ehre« der deutschen Flotte in Scapa Flow wiederhergestellt, England die Faust gezeigt und »Großdeutschlands Seegeltung« bewiesen habe, — »U-Prien«, der »Stier von Scapa Flow«.
Demonstrativ ließ Hitler Prien und die Besatzung nach Berlin in die Reichskanzlei kommen. Er verlieh Prien als erstem Marineoffizier das Ritterkreuz.
Der Rummel um Prien wollte kein Ende nehmen. In jeder Dorfschule hing bald sein Bild. Er wurde zum Idol für die Jugend gemacht. Die unheilvolle Tradition konnte fortgesetzt werden: Prien — der »Weddigen von heute«!
Der einstige arbeitslose Handelsschiffsoffizier hielt für Dönitz und Goebbels in Schulen und Lagern der Hitlerjugend kriegsbegeisternde Vorträge über seine Fahrt nach Scapa Flow. Sein Erlebnisbericht, den er von einem Propagandaoffizier niederschreiben ließ, erschien noch vor Jahresende in hoher Auflage, weitere folgten in kurzen Abständen. Der Grundtenor dieses Machwerkes lautete: Angehöriger der U-Boot-Waffe zu werden sollte das erstrebenswerte Ziel der Jugend sein.
Prien war längst kein einfacher faschistischer U-Boot-Offizier mehr, er war zum Mitverantwortlichen, zum Repräsentanten des aggressiven deutschen Militarismus geworden. Beider Schicksale waren spätestens von diesem Zeitpunkt an untrennbar verbunden. Und das gab später zu nicht verstummen wollenden Gerüchten und Vermutungen Anlaß, nach Prien zu fragen, später, als das Schweigen um ihn begann.

Verhaltener Seekrieg

Der Winter 1939/40 brach an. Für die Besatzungen der U-Boote erhöhten sich die Schwierigkeiten. Nicht nur die feindliche Abwehr machte ihnen zu schaffen, auch die Winterstürme und die eisige Kälte. Die See überspülte die tief im Wasser liegenden Boote, und fortwährend traten Vereisungen auf, die nicht selten zu stundenlangen Tauchfahrten zwangen, um das Eis abzutauen.

Die britische Führung erwehrte sich der U-Boote, so gut sie konnte. Zahlreiche Fischdampfer und Hilfsfahrzeuge wurden mit Geschützen und Wasserbombenwerfern ausgerüstet und eingesetzt. Ja, selbst die bekannte U-Boot-Falle des ersten Weltkrieges wurde wieder angewandt: Dampfer mit versteckt montierten Geschützen warteten auf die angreifenden U-Boote. Eifrig wurde an der Verbesserung des Asdic-Geräts gearbeitet, das so viele Hoffnungen bisher nicht erfüllt hatte. Die Handelsschiffe wurden angewiesen, in der Dunkelheit abgeblendet zu fahren und grundsätzlich einen gezackten Kurs zu steuern. Sie rammten jedes aufgetauchte U-Boot, so oft sich die Gelegenheit dazu bot. Doch das waren im Grunde genommen nur Improvisationen. Ein zuverlässiges System der U-Boot-Bekämpfung und Sicherung der eigenen Verbindungswege besaß die britische Admiralität zu dieser Zeit noch nicht.

Im September wurden vor der mittelenglischen Küste Minenfelder gelegt, die im Dezember auf den gesamten Bereich der Ostküste, vom Moray Firth bis zur Themsemündung, ausgedehnt wurden. Sie sollten die Küstenschiffahrt vor den U-Booten schützen. Ebenso wurde die Straße von Dover gesperrt und in der Folgezeit zwischen den Hebriden und den Färöern ein Sperriegel aufgebaut, der den Durchbruch der faschistischen U-Boote in die Seegebiete vor dem Nordkanal und dem Sankt-Georgs-Kanal erschweren sollte, denn diese Gebiete passierten etwa 67 Prozent des Stromes der britischen Ein- und Ausfuhr im zweiten Weltkrieg.

Seit Oktober wurden Handelsschiffe zu Geleitzügen zusammengestellt und durch Kriegsschiffe gesichert. Aber es fehlte vor allem an Zerstörern mit großem Aktionsradius, so daß zunächst an Geleitzüge bis in weit entfernte Seegebiete nicht gedacht werden konnte. Die Admiralität war bemüht, wenigstens in der Nähe der Britischen Inseln eine einigermaßen funktionierende U-Boot-Sicherung zu unterhalten.

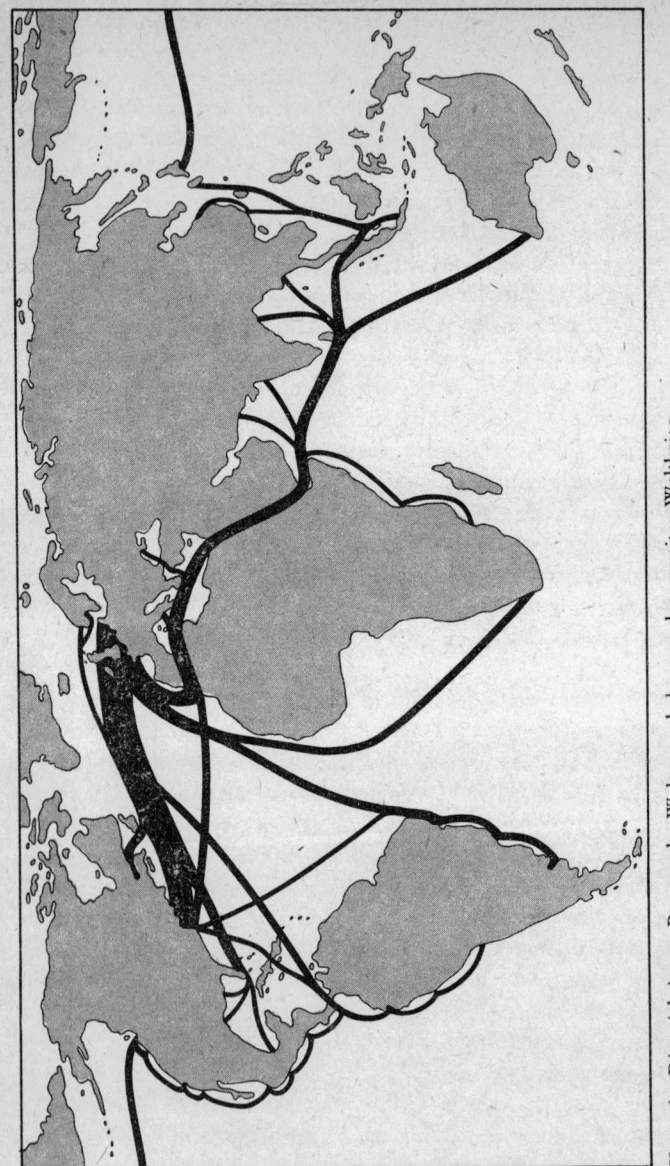

Karte 1 Die wichtigsten Routen des Weltseeverkehrs vor dem zweiten Weltkrieg
Die Breite der Bänder deutet den Umfang des Seeverkehrs auf den einzelnen Routen an

Die faschistische Seekriegsleitung deklarierte um Großbritannien bestimmte »Gefahrenzonen«. Jedes Schiff, das diese Gebiete durchlief, setzte sich der Gefahr eines warnungslosen Angriffs aus. Die Schiffahrt der zu diesem Zeitpunkt noch neutralen Länder war zu großen Umwegen gezwungen, wenn die Schiffe etwa die Ostseehäfen der skandinavischen Länder anlaufen wollten.
Infolge der durch die Verluste absinkenden Zahl an einsatzfähigen U-Booten — im Dezember waren es 33 Boote, und das große Neubauprogramm würde sich nicht vor 1941 auswirken —, der Abwehrmaßnahmen und der Witterungsbedingungen des Spätherbstes ging die Tonnage versenkten britischen Schiffsraumes zunächst zurück. Im Februar 1940 wurde mit 45 versenkten Handelsschiffen und 196 566 BRT das Ergebnis des ersten Kriegsmonats überschritten.
Seit dem 30. September 1939 wurden auch französische Schiffe torpediert, die die faschistische Kriegsmarine aus politischen Gründen zu Anfang des Krieges noch geschont hatte, sogar neutrale Schiffe, wenn sie in den »Gefahrenzonen« angetroffen wurden. Bald war auch der Angriff auf Passagierschiffe wieder freigegeben worden; nach dem »Athenia«-Zwischenfall hatte die Seekriegsleitung im Hinblick auf die Haltung der USA den U-Boot-Kommandanten Angriffe auf Passagierschiffe zunächst untersagt.

Die Kampfhandlungen zwischen dem faschistischen Deutschland und Großbritannien sowie Frankreich fanden fast ausschließlich im Seegebiet um die Britischen Inseln statt, sieht man von den Einsätzen der Kreuzer im Atlantik ab. Deren Anteil am Handelskrieg war gering. In den ersten vier Kriegsmonaten versenkten sie 15 Schiffe mit 61 337 BRT gegenüber den 114 Schiffen mit 421 156 BRT, die von U-Booten vernichtet wurden. Großbritannien und seine Verbündeten verloren in dieser Zeit etwa eine dreiviertel Million Bruttoregistertonnen Schiffsraum. Insgesamt büßte Großbritannien damit etwa 4 Prozent seines Schiffsbestandes ein. Das war eine auffallend zurückhaltende Kriegführung.
Aber auch Großbritannien und Frankreich hielten sich zurück und konzentrierten sich im wesentlichen auf die Abwehr der angreifenden U-Boote und die Verfolgung der durchgebrochenen großen Überwasserkampfschiffe. Die massierte Macht ihrer großen Kriegsflotten setzten beide Länder nicht gegen das faschistische Deutschland ein. Die

Ostseezugänge wurden nicht aufgesprengt, um das überfallene Polen zu entlasten. Diese seltsame Kriegführung entsprach der Lage an der Westfront, wo sich die Armeen an der deutsch-französischen Grenze untätig gegenüberstanden. Dieses Verhalten der britischen und der französischen Regierung ist darauf zurückzuführen, daß sie ernsthaft mit einem faschistischen Überfall auf die Sowjetunion rechneten. Sie hatten Polen geopfert, um doch noch zu einem Übereinkommen mit Hitlerdeutschland in einer antisowjetischen Allianz zu gelangen. In diese Konzeption waren weitgehend auch die Vereinigten Staaten einbezogen. So blieb dieser beschränkte Seekrieg ein auf seine Art »komischer Krieg«, und er war im Grunde genommen ein Alibi für die politischen Hoffnungen der reaktionären Kreise dieser imperialistischen Länder.
Eine solche Haltung kam den Zielen der faschistischen Führung entgegen, wobei deren Vorstellungen von einem möglichen Bündnis mit den Westmächten weitaus maßloser waren. Hoffte sie doch, mit der Fortführung des Handelskrieges England und Frankreich zur Anerkennung der Vormachtstellung des faschistischen Deutschlands auf dem europäischen Kontinent zu zwingen. »Neuordnung Europas« nannte die faschistische Propaganda dieses imperialistische Ziel, und jede Tonne versenkten britischen Schiffsraumes, die die Versorgung des Inselreiches weiter komplizierte, sollte zur Verwirklichung dieses Zieles beitragen.
Wie im ersten Weltkrieg, so wurde jetzt der Rummel um den U-Boot-Kommandanten Prien ausgenutzt, um den Angriffsgeist der Kommandanten und Besatzungen anzufachen. Wie für sportliche Wettkämpfe wurden von der Propaganda »Traumgrenzen« bekanntgegeben, die zu überbieten wären.
Der erste Kommandant, der die 100 000-BRT-Grenze erreichte, war ein Kapitänleutnant Schultze. Ihm folgten die Kommandanten Hartmann und Rollmann. Das Ritterkreuz war die Form der Anerkennung.
Wer das Ritterkreuz trug, gehörte zu der »Elite der Nation«, es hob ihn aus der von der faschistischen Ideologie verachteten »Masse« heraus. Und welcher Offizier strebte damals nicht danach, der obersten Kaste anzugehören? So wurde das Ritterkreuz bald zum Mythos, der, von der Propaganda geschickt hochgespielt, einen rücksichtslosen Angriffsgeist schüren sollte. Wieweit ist eigentlich die Ritterlichkeit von

jenen Taten entfernt, für die dieses »Ritterkreuz« verliehen wurde? Auch Lemp war Träger dieses Ordens. Die Summe versenkter Tonnage war alleiniger Maßstab. Dieser Geist beseelte viele der faschistischen U-Boot-Kommandanten.

Jeder von ihnen wollte die begehrte Trophäe erhalten und als Held gefeiert werden. Nicht selten wurden deshalb die Besatzungen in eisiger Kälte und winterlich grober See bis zur Erschöpfung überfordert.

Bereits in diesen ersten Kriegsmonaten sah sich die faschistische U-Boot-Führung einem Problem gegenüber: Viele Torpedos versagten. Immer wieder kam es vor, daß die Torpedos, obwohl sie als Treffer beobachtet wurden, nicht detonierten. So schoß ein Boot im November 1939 westlich der Orkneys einen Dreierfächer auf das Schlachtschiff »Nelson«. Die Torpedos wurden als Treffer ermittelt, aber sie explodierten nicht. Zu diesem Zeitpunkt hielt sich kein Geringerer als Churchill an Bord der »Nelson« auf. Die Folge solcher ergebnisloser Angriffe war meist der Gegenangriff auf das U-Boot, denn in den Horchgeräten hörte man natürlich die hell singenden Schraubengeräusche der Torpedos. Das unbeschädigt gebliebene Schiff begann die Verfolgung, die Stunden, ja sogar Tage dauern konnte.

Der U-Boot-Führung war das Versagen der Torpedos natürlich bekannt. Fast nach jeder Fahrt beschwerten sich die Kommandanten darüber. Obwohl fieberhaft an der Verbesserung der Torpedos gearbeitet wurde, sah sie sich außerstande, schnell Abhilfe zu schaffen. Sie beruhigte die Kommandanten damit, daß es vorerst genügte, wenn nur jeder zweite oder dritte Torpedo zur Versenkung oder Beschädigung eines feindlichen Schiffes führte.

Wenn schon keine besseren Torpedos geliefert werden konnten, so sparte man nicht mit praktischen Ratschlägen und Hinweisen, etwa von der Art, wie die Besatzungen Wasserbombenangriffen entgehen könnten. Anfang Dezember 1939 kehrte U 49 vom Einsatz zurück. Der Kommandant, Kapitänleutnant von Goßler, berichtete, daß sein Boot nach einem Wasserbombenangriff auf eine Tiefe von 148 Meter durchgesackt war. Der Wasserdruck hatte das Boot nicht zerquetscht, obwohl es weit unter der bisherigen Sicherheitstiefe lag. Im ersten Weltkrieg sprangen bereits bei einer Tiefe von 80 Metern die Nieten. Es zeigte sich, daß durch die geschweißten Nähte die Boote widerstandsfähiger geworden waren. Den Kommandanten wurde deshalb die geheime Weisung erteilt, bei Gefahr auf große Tiefe zu gehen. Passierte in dieser Tiefe doch etwas, so gab es keine Chance mehr, das Boot nach oben zu drücken, auch ein Aussteigen mit dem Tauchretter wurde unmöglich.

Krachend und splitternd bricht der Schlepper das Eis im Kieler Hafen, polternd rumpeln die Eisschollen unter der Scheuerleiste die Bordwand entlang. Schließlich hat er sich bis zu dem bestimmten U-Boot durchgeboxt. Er nimmt es auf den Haken, und in langsamer Fahrt geht es bis zur Schleuse nach Holtenau. Das Scheuern der Schollen verursacht einen Heidenlärm im Boot, man kann sein eigenes Wort kaum verstehen. Das Schrappen, Scheuern und Rubbeln ist auf der ganzen Fahrt durch den Nord-Ostsee-Kanal zu hören.
Nach der Schleuse bei Brunsbüttel, in der Elbemündung, wird es besser. Aber das Thermometer zeigt noch 10 Grad unter Null, und eine gewaltige See schiebt sich von Nordwest heran. Das Vorschiff schneidet in den aufzischenden, dunklen Wellenbergen immer wieder unter. In dieser groben See stampft, schlingert und krängt das Boot, wie ein Spielball wird es in der kochenden See hin und her geworfen.
Es nutzt nichts, gegen die See ist nicht anzukommen. Das Boot sucht im Hafen von Helgoland, dem alten »Spritfelsen«, wie ihn die U-Boot-Fahrer nennen, Schutz.
Nach knapp zwei Tagen läßt der Sturm nach. Die Marschfahrt ins Operationsgebiet wird fortgesetzt. Die See ist noch grob genug, und für alle im schlingernden Boot bleibt es eine Quälerei. Die Kälte hat etwas nachgelassen; trotzdem bildet sich durch die überkommenden Spritzer am Turm, auf dem Heck, dem Geschütz und an den Antennen immer wieder eine Eisschicht. Anfangs versuchen die Freiwachen mit Beilen, Hämmern und Schraubenschlüsseln den Eispanzer abzuschlagen, aber bald muß immer wieder getaucht werden. Der wärmere, salzige Wasserschwall frißt das Eis weg. Fünf oder sechs Stunden später ist es wieder soweit. Das kostet Zeit. Doch nach einigen Tagen schwierigen Marsches steht das Boot nordwestlich von Schottland.
Die Atlantiksee ist mächtig. Das Thermometer hält sich bei etwa 3 Grad unter Null. Der Golfstrom macht sich bemerkbar. Das Boot vereist langsamer, die Intervalle bis zum Tauchen werden größer. Tagelang stampft das Boot in der rollenden See auf und ab. Nichts ist zu sehen, keine Rauchfahne zeigt sich. Am fünften Tag kommt der Ruf: »Rauchfahne backbord querab!«

Bei anrollenden Wellen von Steuerbord achtern versucht das Boot an das Schiff heranzukommen. Aber der Abstand verringert sich kaum. Den Ausgucks hängen Eisperlen im Bart und in den Augenbrauen. Die Achtacht an Deck ist bereits ein einziger Eisklumpen. Der Kommandant will nicht zum Abtauen wegtauchen lassen. Er will an das Schiff heran.

Über zwanzig Stunden wird es versucht, dann gerät die Rauchfahne außer Sicht.

»Auf Tauchstation!« befiehlt der Kommandant, wütend, daß ihm ein Abschuß entgangen ist.

Nach zwei Stunden läßt er auf Sehrohrtiefe gehen. Vorsichtig wird das Sehrohr ausgefahren.

Der Kommandant traut seinen Augen nicht. Direkt in die Schußbahn hinein laufen zwei Frachter, der eine etwa 5 000 BRT groß, der andere sogar 8 000 bis 9 000 BRT. Voran jedoch schlingert in der Dwarssee ein Zerstörer. Sofort läßt der Kommandant das Sehrohr wieder einfahren.

»Verflucht noch mal«, schimpft er. »Sollen wir angreifen, jetzt am hellichten Tag? Bei diesem Wellengang ragt der Spargel ja alle Augenblicke ein paar Meter übers Wasser. Den muß ja ein Blinder sehen.«

Der Ehrgeiz siegt. Die Besatzung wird auf Gefechtsstation befohlen. Für Sekunden wird das Sehrohr schnell ausgefahren, nur um die Schießunterlagen zu bekommen. Das Ziel ist das größere der Schiffe. Die Entfernung beträgt noch knapp 400 Meter. Es ist ausgeschlossen, vorbeizuschießen. Sicherheitshalber läßt der Kommandant zwei Rohre fertigmachen. »Rohr eins und zwei bewässern und die Verschlußkappen öffnen!«

Noch einmal wird das Sehrohr ausgefahren. Der Kommandant hat sein Opfer im Zielfaden.

»Rohr eins und zwei los!«

»Ab auf Tiefe!« Der LI befiehlt alles, was nicht an den Geräten gebraucht wird, nach vorn, um das Boot kopflastig zu machen. Die Sekunden vergehen.

Es geschieht nichts.

Keine Detonation. Vorbeigeschossen? Oder ... wieder Versager? Plötzlich ist das helle Schraubengeräusch des Zerstörers zu hören, jetzt auch das singende Zischen des Asdic-Geräts ... Keiner der Männer im Boot rührt sich.

Rrradang! Die erste Wasserbombe knallt — noch weit entfernt. Rrradang! Die nächste. Bedeutend näher. Das Boot erzittert leicht. Rrumms, knallt es jetzt. Das Boot wird ruckartig zur Seite gedrückt. Dunkel. Wer sich nicht festhält, stürzt hin. Glas splittert.
»Wasser!« ruft es im Dunkeln.
»Wo ist der LI?« Die keuchende Stimme des Kommandanten.
»Hier!«
»Los, 'runter! Weiter!«
Eine Taschenlampe blitzt auf.
»Bereits achtzig Meter«, sagt der LI.
»Weg! Tiefer!« schreit der Kommandant.
Die Tiefenrudergänger haben Schweißperlen auf der Stirn.
Die Notbeleuchtung flammt auf.
Erneut sind Explosionen der Wasserbomben im Boot zu hören, vier-, fünf-, sechsmal hintereinander.
»Ausfallmeldung an die Zentrale!« befiehlt der LI. Die Manometergläser sind zersprungen. Die Sternbuchse macht Wasser. Einige Ventile sind undicht. Der Kreiselkompaß ist ausgefallen. Und immer mehr Meldungen laufen ein.
Das Boot pendelt auf 130 Meter Tiefe ein. Es knistert in den Holzverschalungen. Keiner der Männer wagt etwas zu sagen. Nur die Befehle werden quittiert, kein überflüssiges Wort wird gesprochen.
»Sind die Batteriezellen dicht?«
»Dicht!« kommt die Meldung in die Zentrale.
Ein leichtes Aufatmen aller. Springt eine der Batteriezellen der E-Maschine und Gase strömen aus, so hat die Besatzung in dieser Situation keine Chance mehr.
In Schleichfahrt von kaum 2 bis 3 Seemeilen in der Stunde läuft das Boot in großer Tiefe ab. Vereinzelt sind noch Detonationen zu hören. Aber sie bleiben allmählich achteraus.
Das Wasser im Boot steigt bis zu den Bodenplatten. Der LI läßt mit den Tiefenrudern das Boot weiter nach oben gleiten. Die Spannung legt sich langsam. Es sind inzwischen Stunden vergangen.
Die Lenzpumpen werden angelassen. Einige funktionieren nicht. Verzweifelt arbeitet die Besatzung an der Beseitigung der Schäden. Nach einigen Stunden ist das Gröbste geschafft. Die Tanks werden angeblasen. Aus einer gesprungenen Preßluftleitung zischt kalt und pfeifend Luft. Triefend vor Schweiß beseitigt der Maschinenmaat den

Schaden. Endlich kann das Boot auftauchen. Es ist bereits Nacht. Die See rollt drohend wie vorher. Der Wind weht der Seewache eisige Fetzen ins Gesicht. Für alle an Bord ist an Ruhe nicht zu denken. Der Kommandant befiehlt, weiter an der Beseitigung der Schäden zu arbeiten, und läßt mißmutig einen Funkspruch an den BdU absetzen. Er meldet die Schäden, das Boot ist nur noch bedingt einsatzfähig.
Nach kurzer Zeit läuft die Antwort ein. »Bis zur Ablösung im Planquadrat bleiben! Gegner darf keine Lücke bleiben!« Über eine Woche kämpfte die Besatzung mit dem angeschlagenen Boot gegen Sturm und Kälte. Am dritten Tag kreuzte ein langsam fahrender Einzelgänger von 2 500 BRT die Schußbahn. Wie ein Stein versank das Schiff nach dem Treffer. Von der Mannschaft war niemand in die Boote gekommen.
Der Rückmarsch durch die Nordsee wurde zu einer endlosen Plackerei. Sturm, Seegang, Vereisung.
Das Boot hatte mit fünf anderen die britische Seemacht »in Atem gehalten«, wie die Zeitungen schrieben. Die militärische Bedeutung war gering, sie lag darin, die Präsenz des imperialistischen Deutschlands im Atlantik westlich von den Britischen Inseln zu zeigen. Wurden die übrigen U-Boote für neue Aggressionen aufgespart?

Überfall auf Norwegen

Ende März 1940 liegen in Kiel und Wilhelmshaven mehr einsatzbereite U-Boote als sonst. Nur wenige kreuzen noch in See. Alles wundert sich. Der Heimaturlaub für die Besatzungen ist gesperrt. Die Kommandanten geben ihren Mannschaften aber verlängerten Nachturlaub.
Aber auch auf den Schlachtschiffen, Kreuzern und Zerstörern wird der Heimaturlaub gesperrt. Es liegt etwas in der Luft. Auffallend ist auch, daß die versenkte Tonnage stark zurückgegangen ist. Im Februar wurden noch insgesamt 226 920 BRT Handelsschiffsraum vernichtet, im März waren es nur 107 009 BRT, durch U-Boote sogar nur 62 781 BRT.
In den ersten Apriltagen werden alle verfügbaren U-Boote in See geschickt. Die Kommandanten erhalten wieder wie zu Anfang des Krieges eine versiegelte Order ausgehändigt, die erst nach einem bestimmten Funkkennwort einzusehen ist.
Bei rauher See marschieren die Boote nordwärts. Zwischen dem 5. und

dem 8. April hat jedes U-Boot das zugewiesene Planquadrat erreicht. Schnee- und Hagelschauer machen den Seewachen zu schaffen. Der Befehl an die Kommandanten aber lautet: »Vor dem Kennwort keine Angriffe auf etwaige feindliche Ziele unternehmen, jedes Gesehenwerden durch Flugzeuge, neutrale Schiffe und Fischereifahrzeuge vermeiden, außerdem absolute Funkstille wahren!«
Am 9. April ist es soweit. Die U-Boote erhalten das vereinbarte Funksignal. Die Kommandanten öffnen daraufhin die Kuverts mit dem Stempel »Geheime Kommandosache«. Die faschistische Wehrmacht besetzt blitzkriegsartig Dänemark und Norwegen.
Die Besetzung der beiden skandinavischen Länder war ein weiterer Schritt zur Realisierung der Weltherrschaftspläne des deutschen Imperialismus. Die militärische Sicherung der nördlichen Flanke war eine Voraussetzung für den späteren Überfall auf die Sowjetunion. Zum anderen könnte mit Basen in Dänemark und Norwegen der Druck auf Großbritannien verstärkt werden. Ähnlichen imperialistischen Zielen Englands und Frankreichs, die ihrerseits den Druck auf das faschistische Deutschland intensivieren wollten, kam dieser Überfall zuvor. Letztere hatten erkannt, welchen Machtzuwachs für den faschistischen Aggressor die Eroberung der beiden Länder bedeuten würde. Außerdem spielten die skandinavischen Länder eine wichtige Rolle in den antisowjetischen Plänen der herrschenden Kreise Großbritanniens und Frankreichs. Der von den finnischen Reaktionären entfesselte bewaffnete Konflikt mit der Sowjetunion, der erst im März 1940 beigelegt worden war, hatte weitgesteckte Ziele gehabt. Unter dem Deckmantel der Hilfe für das Mannerheim-Regime hatten die reaktionären Kräfte in Großbritannien und Frankreich versucht, ein gegen die UdSSR gerichtetes Bündnis mit den faschistischen Aggressoren zu schaffen. Selbst zu einem Zeitpunkt, als die faschistischen Truppen schon in Dänemark und Norwegen eingefallen waren, erörterte die französische Regierung noch die Vorbereitung eines Überfalls auf die Sowjetunion.
Das faschistische Deutschland verfolgte mit dem Überfall auf die beiden skandinavischen Staaten nicht nur diese militärstrategischen Ziele. Es ging ebenfalls um die natürlichen Reichtümer der beiden Länder und um die Sicherung des Transportweges des schwedischen Erzes, wie die schweren Kämpfe um den Erzhafen Narvik zeigten.
Im seestrategischen Denken der deutschen Imperialisten galt schon seit

langem der Besitz der norwegischen Häfen als eine wichtige Voraussetzung für die Führung des atlantischen Zufuhrkrieges. Unmittelbar nach Kriegsbeginn wurde im OKM mit der Vorbereitung des Überfalls auf die skandinavischen Länder begonnen. Schon am 9. Oktober 1939 legte Dönitz eine Studie vor, in der deutlich wurde, welchen Vorteil der Besitz von Flottenstützpunkten in diesen Ländern für die Seekriegführung hätte. Bereits einen Tag später berichtete Raeder an Hitler, daß es die Seekriegsleitung für notwendig hielte, die Operationsbasis nach Norden auszuweiten und durch die Gewinnung von Stützpunkten in Norwegen die eigene strategische und operative Lage grundsätzlich zu verbessern. Dieser Bericht betonte das besondere Interesse von Dönitz an solchen Stützpunkten für seine Atlantik-U-Boote.
Auch die französische und die britische Regierung hatten seit Monaten entsprechende militärische Maßnahmen getroffen. Für die britische Admiralität bot der Besitz von Flottenstützpunkten in Norwegen günstige Möglichkeiten, die faschistischen Seestreitkräfte, vor allem die U-Boote, im »nassen Dreieck«, der Deutschen Bucht, einzuschnüren.
Während die schweren Einheiten der faschistischen Marine den Auftrag hatten, die Kräfte des Gegners zu zersplittern, ohne ihn anzugreifen — sie waren zahlenmäßig unterlegen —, sollten die U-Boote aufklärend tätig sein und die Landungsoperationen von der Seeseite her decken.

Der Befehl in der »Geheimen Kommandosache« für Korvettenkapitän Schütze — er ist einer der ältesten deutschen U-Boot-Kommandanten — lautet: mit seinem Boot in den Westfjord vor Narvik einlaufen und den Hafen für feindliche Schiffe sperren.
Kurz vor dem Auffangen des Funkkennworts zum Öffnen der geheimen Order sind zehn deutsche Zerstörer in den Hafen von Narvik eingelaufen. Das Kommando über die Zerstörer hat der Kommodore Bonte. An Bord der Zerstörer befindet sich ein Vorkommando Gebirgsjäger, dieses soll Hafen und Stadt blitzartig besetzen und bis zum Eintreffen von schweren Waffen, die durch Schiffstransporte und später über Land herangeführt werden, Angriffe abwehren.
Schütze gibt Befehl, den Westfjord anzusteuern, was nicht nur der schlechten Sichtverhältnisse wegen ein navigatorisches Wagnis ist, sondern es muß auch jeden Augenblick damit gerechnet werden, daß aus dem Schneegestöber ein feindliches Fahrzeug auftaucht. In einer

solchen Situation ist ein U-Boot, seiner leichten Verletzbarkeit wegen, meist unterlegen.

Vorsichtig schiebt sich das Boot in den Fjord. So angestrengt die Ausgucks auch in die Schneewand starren, es ist nichts zu erkennen. Die Sicht beträgt höchstens 50 Meter. Allgemein wird bei solchen Sichtverhältnissen getaucht, um als Schwächerer, der man in diesem Fall ist, einem Überraschungsangriff zu entgehen. Der Kommandant ist sich darüber im klaren, daß es einzig und allein darauf ankommt, wie schnell die Zerstörer — nach dem Ausschiffen der Gebirgsjäger — den engen Fjord wieder verlassen.

Die Sicht bessert sich ein wenig, etwa 80 bis 100 Meter weit kann man sehen. Schütze steht mit seinem Boot im Fjord.

Er läßt die hohe Fahrt aus dem Boot nehmen und das Ruder backbord herumlegen.

»Da, Herr Kapitän, Felsen!« ruft einer der Ausgucks.

»Maschine stopp!« befiehlt Schütze.

Bald liegt das Boot still im Fjordwasser. Die Ausgucks sind nun bemüht, mehr zu hören als zu sehen. Noch immer rieselt Schnee herab, und so ist, obwohl die weiße Wand jeden Laut dämpft, die Chance, ein Maschinengeräusch zu hören, größer als die, ein Schiff zu sehen. Stunde um Stunde geht dahin. Nichts Auffälliges ist festzustellen.

Plötzlich wiegt sich das Boot. Sofort sind alle auf der Brücke wie elektrisiert.

»Da ist einer durch«, sagt der I WO.

Auffällig ist nur, die Wellenbewegung kommt vom Fjordeingang her. Es muß also ein Schiff in Richtung Narvik gefahren sein. Zu hören und zu sehen ist nichts. Blind, wie in einem schalldichten, fensterlosen Raum, steht das Boot auf seinem Posten.

Schütze läßt die Diesel anwerfen, wenden und das Boot weiter in den Fjord hineinsteuern. Behäbig reagiert das Boot auf die Ruderlage. Es ist eins der Versuchsboote, das eilig zum kriegsmäßigen Einsatz hergerichtet worden ist.

Die Sicht bessert sich. Auf gut 200 Meter ist bald zu sehen. Da ist auf einmal das laute Bellen von Artillerieabschüssen zu hören. Dumpf rollen die Salven.

Schütze und die Wachen auf der Brücke begreifen sofort: Der Gegner ist in den Fjord eingedrungen.

Bis nach Narvik sind es höchstens 12 Seemeilen, ermittelt Schütze an

Hand der Karte. Vorsichtshalber läßt er auf Sehrohrtiefe wegtauchen. Der Schneefall läßt immer mehr nach.
Da erkennt Schütze durchs Sehrohr zwei Zerstörer. Mit hoher Fahrt laufen sie seewärts. Erst glaubt er, die deutschen Zerstörer kommen aus Narvik heraus. Aber dann erkennt er, daß es britische sind.
»Rohr eins und zwei klar!«
Doch bevor er in Schußposition kommen kann, sind die Zerstörer vorbei. Mit bloßem Ohr ist das helle Mahlen ihrer Schrauben im Boot zu hören.
Gleich danach läßt er auftauchen. Die Sicht ist inzwischen so gut geworden, daß das Boot schnell wieder auf Tiefe gehen muß. Ein englischer Bomberverband fliegt auf Narvik zu. Nach zwei Stunden wird aufgetaucht. Sofort werden die Batterien für die E-Maschine nachgeladen. Nach Narvik zu sind die Masten der deutschen Zerstörer zu erkennen, auch die hohen Aufbauten zahlreicher Handelsschiffe, die in der Bucht vor Anker liegen. Schütze fährt in der Bucht kreuz und quer, lotet genau die Tiefe aus. Er klopft den Fjord regelrecht ab, um zu gegebener Zeit zu wissen, wie tief er tauchen kann und wie lange ein bestimmter Kurs unter Wasser beizubehalten ist. Gegen Abend wird es regnerisch und diesig. Draußen, vor der Einfahrt, ist zu erkennen, wie die zwei englischen Zerstörer auf und ab fahren. Die Falle ist dicht, denkt er, sicher stehen weiter draußen die dicken Brocken und warten auf die Beute. Was wird Bonte mit seinen zehn Zerstörern machen?
Für die Nacht legt Schütze das Boot in 70 Meter Tiefe auf Grund.
Im Morgengrauen taucht das Boot auf. In Narvik ist zu erkennen, daß die deutschen Zerstörer auf und ab kreuzen.
»Sie kommen, Herr Kapitän!« schreit nun der Ausguck.
In drei Reihen kommen die Engländer anmarschiert. Etwa zehn Zerstörer sind auszumachen. Hinter den Zerstörern ragen die gewaltigen Aufbauten eines Schlachtschiffs auf.
»Alarm!«
Das Boot sackt nur langsam weg.
Der Leitende Ingenieur hat zudem noch seine Mühe, es auf Sehrohrtiefe auszupendeln.
Schütze läßt die Kolonne in den Zielfaden einwandern. Die Situation ist geradezu ideal: 90 Grad zum Gegner. Die Entfernung keine 800 Meter.
»Rohr eins los! Rohr zwei los!«

Die Torpedos laufen. Es sind G 7e oder einfach E-Torpedos, wie alle an Bord sagen, mit einer Elektromaschine und mit der Abstandspistole versehen.

»Na und? Die Zeit?« fragt der Kommandant ungeduldig.

»Acht Sekunden darüber«, antwortet der Torpedooffizier gereizt. Es erfolgt nichts. Keine Detonation.

Die Bedienungen in der Zentrale und vorn im Bugraum, alle im Boot sehen sich fragend an. Was ist denn mit dem »Alten« los? Und mit dem Torpedooffizier, dem I WO?

»'raus den Stock«, brüllt Schütze unbeherrscht. Das Sehrohr durchbricht die Wasseroberfläche. Schützes Gesicht ist in Schweiß gebadet. Er korrigiert den Kurs. »Das Schlachtschiff!«

Das Boot macht zu wenig Fahrt unter Wasser. Schütze versucht, mit dem Heckrohr in Schußposition zu kommen. Immer wieder läßt er kurz das Sehrohr ausfahren. »Es scheint die ›Warspite‹ zu sein«, gibt er durchs Boot. Im Bugraum werden in aller Eile die Reservetorpedos in die Rohre geschoben.

Schütze glaubt eine günstige Schußlage gefunden zu haben.

»Heckrohr fertig!« In Sekundenschnelle ist die Rückmeldung da.

»Heckrohr los!«

»Auf Tiefe!« Durch den Abschuß des Hecktorpedos wird das Boot achtern leichter, und es kippt vorn nach unten. Die Augen der zwei Tiefenrudergänger hängen an den Lippen des LI, der immer wieder korrigierend die Abfangbefehle gibt.

Es erfolgt wieder keine Detonation. Nicht nur für Schütze, für alle im Boot, die so siegessicher gewesen waren, ist das unbegreiflich.

»Das kann nicht mit rechten Dingen zugehen«, ist alles, was Schütze zu sagen hat, und seine Unzufriedenheit ist deutlich spürbar. Das Boot bleibt noch geraume Zeit unter Wasser. Ab und zu wird das Sehrohr ausgefahren. Es ist kein Schiff zu sehen, Schütze gibt den Befehl zum Auftauchen. Die Batterien der E-Maschine sind leer, und sie müssen in Überwasserfahrt aufgeladen werden.

Der Kommandant stößt das Turmluk auf, die Seewachen drängen hinterher. Im Rundblick sind nur die steilen Fjordwände zu sehen. Aber von Narvik her ist ein ohrenbetäubendes Krachen, Bullern und Bersten zu hören. Das Schlachtschiff und die Zerstörer schießen alles, was in der Hafenbucht liegt, kurz und klein. Eine riesige Feuerwand steht über Hafen und Stadt. Weit draußen, vor dem Fjord, sind die Masten von sichernden Zerstörern zu sehen. Das Donnern der Torpedo- und Artilleriedetonationen rollt an den unbewohnten Felsen entlang und knallt in wiederkehrendem Echo dumpf und drohend über das Wasser des Fjords.

In langsamer Fahrt läßt Schütze das Boot nach dem Ausgang des Fjords zusteuern. Hier will er, wenn die Batterien aufgeladen sind, dem auslaufenden britischen Verband auflauern, die offene See im Rücken. Die Stunden vergehen nicht.

Immer wieder spricht der Kommandant nervös mit seinem IWO die Schießwerte durch. Haben sie Fehler gemacht? Die Geschwindigkeit des Gegners über- oder unterschätzt? Diese immer fragwürdige Komponente beim Torpedoschießen. Doch beide finden keine Erklärung für die Fehlschüsse. Aber drei Versager? Hintereinander? Sie können es nicht begreifen. Das Glück, das wechselhafte, das Glück war ihnen nicht hold. Mit dieser albernen Erklärung trösten sich beide schließlich gegenseitig.

Gegen Abend verstummt der Lärm in Narvik.

Bald kommen die Masten in der Tiefe des Fjords in Sicht. Die Engländer marschieren zurück, um vor Einbruch der Dunkelheit die freie See zu erreichen.

Schütze hat das Boot an eine günstige Stelle des Fjords manövriert. Es ist genug Wasser unterm Kiel des Bootes, und die Batterien sind aufgeladen. Hinter ihnen liegen die offene See und steuerbord dunkle Felsen. Getaucht will er den abziehenden Gegner angehen, um doch noch zum Erfolg zu kommen. Mit hoher Fahrt kommt der Verband herangebraust, in der Mitte das Schlachtschiff. Das U-Boot läuft dem Verband ganz langsam entgegen. Nur für Sekunden wird ab und zu das Sehrohr ausgefahren. Jetzt dreht Schütze das Boot nach backbord. In geringer Entfernung will er genau von querab auf das Schlachtschiff feuern. Gleich ist es soweit.

»Rohr eins und zwei fertig!«

Der erste Torpedo ist heraus. Das Boot vibriert spürbar.

Aber was ist das? Der Gegner nimmt Fahrt auf. Das kann Schütze noch erkennen.

»'runter!« befiehlt er hastig.

Langsam kommt das Boot auf Tiefe. Da sind die Impulse des Asdic-Geräts schon zu hören, wie Stockschläge prallen sie auf den Bootskörper. Sie sind entdeckt!

Rrradang! Die erste Wasserbombe knallt. Das Boot schüttelt sich. Die nächste. Noch näher. Glas splittert aus einigen Meßuhren. Die Motoren der Tiefenruderanlage fallen aus.
»Auf Handbetrieb umstellen!« befiehlt der LI.
Keuchend und schwitzend arbeiten die dazu Befohlenen an den Handrädern. Rundum krachen immer wieder Wasserbomben. Jetzt ist zu hören, wie genau über sie hinweg ein Zerstörer läuft. Den Atem anhaltend, lauschen alle nach oben. Fällt jetzt die nächste ...
Das Schraubengeräusch entfernt sich. Ein Aufatmen geht durchs Boot. Immer wieder aber detonieren Wasserbomben. Doch der Kommandant hat, in genauer Kenntnis der Fjordlage, unter Wasser auf die offene See zugehalten. Die Detonationen bleiben zurück. Jetzt erst kommt allen zu Bewußtsein, daß der letzte Torpedoschuß auch kein Treffer war. Die Sorge, nicht heil aus dem Wasserbombenhagel herauszukommen, hat das alles vergessen lassen.
Nach Stunden taucht das Boot auf. Es ist stockdunkel. Regen peitscht den aufziehenden Seewachen ins Gesicht. Die Schäden im Boot sind größer, als zuerst vermutet wurde. Das schlimmste ist — es stellte sich erst über Wasser heraus —, die Funkanlage ist ausgefallen.
Trotzdem bleibt das Boot in den nächsten Tagen, auf und ab steuernd, vor dem Westfjord. Der Kommandant hat Angst, einfach Angst vor dem Augenblick, da er vor Dönitz hintreten und eingestehen muß, daß er seinen Auftrag nicht erfüllt hat.
Er konnte dem Gegner nicht die Einfahrt nach Narvik verwehren. Aber wird Dönitz ihm glauben? Vier Torpedos abgeschossen — und kein Treffer. Alles Versager. Wird er ihm nicht vorwerfen, er hätte glatt vorbeigeschossen? Wie soll er sich rechtfertigen? Alle diese Überlegungen lassen ihn zu dem Entschluß kommen, so lange wie möglich mit dem angeschlagenen Boot im Einsatz zu bleiben. Er muß und will mit Erfolg nach Hause kommen, koste es, was es wolle.
Ein englisches Schiff bekommen sie nicht mehr zu sehen. Die zur Neige gehenden Treibstoffreserven machen schließlich die Rückfahrt notwendig.
In Kiel wird das Boot vom Flottillenchef erstaunt begrüßt. Man hatte es bereits seit Tagen aufgegeben, da auf Funkanfragen keine Antwort eintraf.
Hier in Kiel erfahren Schütze und seine Besatzung, daß kaum ein Boot im Norwegeneinsatz zu Torpedoerfolgen gekommen war. Selbst der

berühmte Prien mit U 47 nicht, er hat nicht weniger als sieben Torpedos ohne Erfolg verschossen, als er ebenfalls vor der Einfahrt nach Narvik operierte.

Stand die faschistische U-Boot-Waffe vor einer Krise? Mit der Funktionssicherheit der Torpedos war es schon bei Kriegsanfang nicht besonders gut bestellt gewesen. Nun schien der Gegner außerdem eine Abwehrmethode gefunden zu haben, die den weiteren Einsatz des bisher verwendeten Torpedotyps fragwürdig machte.

Schwierigkeiten mit dem Torpedo

Bereits wenige Wochen nach Kriegsbeginn mußte die faschistische U-Boot-Führung eingestehen, daß eine große Zahl der den U-Booten mitgegebenen Torpedos versagt hatte. Sie hatte bald erfahren, warum das erste U-Boot, U 39, knapp vierzehn Tage nach Kriegsbeginn verlorengegangen war. Prien berichtete nach dem Scapa-Flow-Unternehmen von einer Versagerserie. Auf seiner nächsten Fahrt im November und Dezember hatte er wohl drei Schiffe mit über 20 000 BRT versenkt, aber wiederum sechs versagende Torpedos festgestellt.

So ging es allen Booten. Die Kommandanten beschwerten sich in ihren Berichten über die Unzulänglichkeit der Torpedos.

»Unter Entbehrungen, oftmals nur unter unmenschlicher Anstrengung, erkämpfen sich die Besatzungen eine Schußposition, und die schlechten Waffen machen alles zunichte. Damit werden Leben und Boot aufs Spiel gesetzt, sinnlos und in unverantwortlicher Weise. Die Zahl der bereits wirkungslos verpulverten teuren Torpedos geht bereits in die Hunderte«, hieß es in einem Bericht.

Nach dem Überfall auf Norwegen wurde es offensichtlich, daß die Torpedos den Anforderungen tatsächlich nicht genügten. Fast alle verfügbaren U-Boote waren vor Norwegen eingesetzt gewesen, und nicht eines kam zu nennenswerten Erfolgen. Weit über hundert Torpedos wurden verschossen, und fast alle versagten. Auf das britische Schlachtschiff »Warspite«, den Hauptträger des Angriffs auf Narvik, wurden von verschiedenen U-Booten nicht weniger als fünf Torpedos abgeschossen, von denen nicht einer explodierte.

Nach dem unerwarteten Fiasko der U-Boote beim Überfall auf Norwegen geriet Dönitz' Einfluß bei der obersten faschistischen Führung ins Wanken. Dieser Mißerfolg war Wasser auf den Mühlen der konventionellen Seekriegstheoretiker.

Die U-Boot-Führung hatte offensichtlich den technischen Entwicklungsstand der Torpedos nicht genügend beachtet. Doch Dönitz schob jede Schuld weit von sich. Er forderte mit Nachdruck bessere Torpedos. Bei einer Versagerquote von fünfzig Prozent stellte er sich vor, wie groß der Erfolg hätte sein können. Gestützt auf die Berichte der Kommandanten wandte sich die U-Boot-Führung an das OKM.

Die Torpedoinspektion der faschistischen Kriegsmarine wies die Beschwerde als Unterstellung zurück. Die Torpedos funktionierten einwandfrei, sie müßten nur richtig gewartet und genau nach den Vorschriften eingesetzt werden.

So blieb vorläufig alles beim alten. Die Seekriegsleitung war unschlüssig, sie schwankte, ob sie den U-Boot-Besatzungen oder der Torpedoinspektion die Schuld geben sollte.

Offensichtlich reichten die Erfahrungen, die während der Erprobung in Friedenszeiten gemacht worden waren, nicht mehr aus. Die Torpedoinspektion wurde bei ihrer Behauptung, daß die Torpedos einwandfrei funktionierten, natürlich von den Herstellerfirmen unterstützt. Zahlreiche Fabriken, die die Einzelteile der Torpedos anfertigten, hatten bereits vor und besonders zu Beginn des Krieges riesige Aufträge erhalten. Die Industrie zeigte daher wenig Neigung, den profitablen Produktionsgang durch kostspielige Umkonstruktionen stören zu lassen.

Die Torpedofertigung war ein großartiges Geschäft, und auf keinen Fall war man zur Einbuße bereit. Umkonstruieren, ausprobieren, das braucht Zeit. Und schließlich, auch der fehlgeschossene Torpedo wirft seinen Gewinn ab. Wenn nur jeder zweite traf, werden also doppelt so viel gebraucht. Warum sich da beeilen, einen besseren Torpedo zu schaffen?

In der faschistischen Kriegsmarine wurden neben den G 7a, einfach A-Torpedo genannt, der G 7e, der E-Torpedo, verwendet. Der ältere A-Torpedo wird durch Preßluft angetrieben. Er hat zwar eine längere Laufzeit und damit größere Reichweite, aber für den U-Boot-Einsatz ist er nicht besonders geeignet. Die austretende Preßluft hinterläßt nämlich an der Oberfläche des Wassers eine sichtbare Blasenbahn. Der Angegriffene kann also den Lauf des Torpedos verfolgen und ihm, zumindest am Tage, ausweichen. Diese Blasenbahn gibt zudem Aufschluß, aus welcher Richtung ihn das getauchte U-Boot abgefeuert hat, und erleichtert den Abwehrangriff.

Der normale Torpedo ist 7 Meter lang und hat einen Durchmesser von 53 Zentimetern. Der kleinste Teil davon ist der Sprengkopf. Er ist etwa einen Meter lang und wiegt 300 Kilogramm. In Deutschland hatte man nun, um der verräterischen Blasenbahn zu entgehen, eigens für die U-Boot-Waffe den E-Torpedo entwickelt. Der Antriebsmotor wird durch Akkumulatoren mit elektrischem Strom gespeist. An der Wasseroberfläche ist sein Lauf nicht zu erkennen. Seine Ausmaße entsprechen dem A-Torpedo. Bereits gegen Ende des ersten Weltkrieges wurden diese Torpedos eingesetzt, wenn auch noch vereinzelt und der mangelnden Zuverlässigkeit wegen gewissermaßen als Versuch, um Erfahrungen zu sammeln.

In den Jahren vor dem zweiten Weltkrieg wurde intensiv an der Entwicklung des E-Torpedos gearbeitet. Doch alle Verbesserungen komplizierten den Mechanismus dieser Waffe. Vor allem mußte er jetzt laufend »gewartet« werden, die Akkumulatoren waren nachzuladen und die Apparaturen zu überprüfen. Nach längerer Lagerung arbeitete die Antriebsmaschine ungenau. Am Anfang des Krieges konnte das nicht auffallen. Bei den Übungsschießen vor dem Kriege waren ja stets frisch hergerichtete Torpedos verwendet worden. Lief nun ein Boot aus, so mußte der schußfertige Torpedo im Rohr gelagert werden. Nachdem man erkannt hatte, daß längeres Lagern Fehlschüsse verursachte, mußten die Torpedos auf »Feindfahrt« jeden Tag »gezogen« werden, das heißt, sie mußten zu Dreiviertel ihrer Länge aus den Rohren ins Boot gezogen, die Geräte überprüft und die Akkumulatoren kontrolliert werden. Das bedeutete eine anstrengende Mehrarbeit für die Besatzung.

An Stelle der allgemein bekannten Aufschlagzünder hatte man in Deutschland die im Sprengkopf befindliche Abstandspistole entwickelt. Detonierte der Sprengkopf nach dem Aufschlagen an der Bordwand eines Schiffes, so war dennoch die Wirkung geringer als bei einer Explosion unter dem Kiel, die den Schiffen gewissermaßen das Rückgrat brach. Diese Abstandspistole arbeitete mittels einer Magnetzündung. Lief ein Torpedo unter dem Schiffsboden in das magnetische Kraftfeld eines stählernen Schiffes, wurde automatisch die Zündung ausgelöst. Die Wirkung wurde durch den Wasserdruck noch verstärkt. So hatte die Besatzung kaum eine Chance, ihr Schiff zu retten. Die

Abstandspistole hatte gegenüber dem Aufschlagzünder, der zum Beispiel bei zu flachem oder spitzem Winkel nicht funktionierte, beträchtliche Vorteile.

Diese Abstandspistole mußte für jedes Seegebiet, entsprechend den Zonen und je nach Abstand von den magnetischen Polen, eingestellt werden. Besondere Aufmerksamkeit war auf die genaue Tiefeneinstellung zu richten. Lief der Torpedo zu tief, reichte das magnetische Kraftfeld nicht aus, den Zündkontakt zu betätigen, und er detonierte nicht. Lief er zu flach, war das Kraftfeld zu früh wirksam, und er detonierte vor dem Ziel. Hinzu kam, daß der Torpedo nach einem bestimmten Drucksystem in gleichbleibender Tiefe laufen sollte. Starke Wellenbewegungen sollte er zur Oberfläche ausgleichen, in Berg-und-Tal-Fahrt machte er den Wellengang mit, damit er auch wirklich das Ziel in der errechneten und festgelegten Tiefe ansteuerte.

Der von den faschistischen U-Booten eingesetzte E-Torpedo hatte die Neigung, tiefer zu laufen, als er eingestellt war. Ein beträchtlicher Teil der Fehlschüsse war auf diesen Mangel zurückzuführen. Doch dies allein erklärte nicht das sprunghafte Ansteigen der Zahl versagender Torpedos.

Der faschistischen U-Boot-Führung war lange Zeit nicht bekannt, daß britische Waffentechniker gegen diesen E-Torpedo eine wirksame Abwehr gefunden hatten. Der Zufall hatte ihnen dabei geholfen. Am 23. November 1939 war in der Themsemündung eine deutsche Magnetmine aufgefischt worden. Diese Mine zündete nach demselben Prinzip wie die Abstandspistole der E-Torpedos. Für einen Fachmann lag nach dieser Entdeckung der Gedanke nahe, daß, wenn das Magnetkraftfeld der Schiffe zerstört würde, ein abgefeuerter Torpedo dieser Art wirkungslos bleiben mußte. Auf flachem Grund wurden deshalb Kabel ausgelegt, die beim Stromdurchfluß ein Gegenkraftfeld erzeugten, das den Eigenmagnetismus der Schiffe, wenn sie wiederholt über die Kabel hinwegfuhren, für einige Zeit aufhob.

Zwischen Februar und März 1940 passierten alle britischen Schiffe diese »Entmagnetisierungsschleifen«. Eine andere Abwehrmethode bestand darin, daß man um den Schiffskörper eine Kabelspule legte und durch elektrischen Strom ein Magnetfeld erzeugte. Magnetgezündete Sprengmittel wurden damit weit vom Schiff entfernt gezündet. Damit wurden die Torpedos mit ihren magnetisch zündenden Abstandspistolen wirkungslos. Die über hundert Torpedos vor Norwegen waren

umsonst abgefeuert worden. Dönitz, der seine Pläne gefährdet sah, verlangte jetzt von der Seekriegsleitung kategorisch die Lösung der Torpedofrage. In der gesamten Kriegsmarine wurde bereits gemunkelt, daß sich U-Boot-Kommandanten, ja sogar ganze Besatzungen geweigert hätten, mit ihren Booten auszulaufen, weil mit den Torpedos nichts auszurichten war und sie nur ihr Leben aufs Spiel setzten. Das Murren unter den Besatzungen schwoll in der Tat derart an, daß es die U-Boot-Führung nur mit disziplinarischer Härte parieren konnte. Es kam zu ersten kriegsgerichtlichen Verhandlungen gegen Offiziere und Mannschaften der U-Boot-Waffe. Zur Tarnung wurden die Verhandlungen als Verfahren gegen grobe Disziplinverstöße geführt. Da man den U-Booten keine besseren Torpedos geben konnte, rüstete man sie fortan zur einen Hälfte mit den alten A-Torpedos, die an Stelle der Abstandspistole mit dem Aufschlagzünder versehen wurden, aus. »Schießt nachts mit den ›Preßluftflaschen‹ und tagsüber mit den ›Elektrischen‹! Seht zu, daß ihr trefft!« — so entließ ein Flottillenchef um diese Zeit seine Kommandanten.
Die Torpedofrage sollte der faschistischen Marineführung noch lange zu schaffen machen.

Minenkrieg

»Tag, Hannes!« Mit diesem Gruß drängt sich ein Matrosenobergefreiter in ölverschmiertem schwarzem Lederpäckchen durch das Schott in das Vorschiff.
»Mensch, Willy, wo kommst du denn her?« Ein Mechanikerobergefreiter streckt sich ein wenig, er ist gerade dabei, einen Brief zu schreiben. Einige der auf ihren Kojen Dahindösenden heben die Köpfe.
»Wir sind gestern eingelaufen. Unser ›Dampfer‹ sieht wüst aus. Wasserbomben! Wir gehen in die Werft.«
»War beschissen draußen, was?« fragt der Mechanikergast. »Komm, setz dich! Macht doch mal Platz!« Er schiebt einen Obergefreiten auf der Koje rabiat an die verschalte Wand.
»Hehehe!« brummt dieser, dabei zieht er die Beine an, um Platz zu machen.
Der Neuangekommene setzt sich. Sein Gehabe ist von jener Aufgekratztheit, die stets bei den U-Boot-Besatzungen zu finden ist, die

ihren Stützpunkt erreicht haben und die erste Nacht ungestört haben ausschlafen können. Als wäre die Schinderei der vergangenen Wochen vergessen, meint er mit einem Tonfall, der besonders forsch klingen soll, es aber ganz und gar nicht ist, vielmehr eher eine Art unabänderliches Dreinfügen ins Unvermeidliche:
»Beschissen, klar, jedes Mal! Trotzdem zwei Abschüsse, sechzehntausend Tonnen.«
»Verdamm' mich«, mischt sich der Matrosenobergefreite auf der Koje ins Gespräch. »Ihr seht wenigstens was davon. Wir wissen doch nie, ob unsere Dinger jemals hochgehen!«
»Du blöder Hund! Sehen?« wehrt der im Lederpäckchen die Bemerkung ab.
»Keinen Fetzen mehr als ihr! Nur die Wasserbomben knallen uns um die Ohren. Oder denkst du, wenn so'n Eimer absäuft, wird er zur Besichtigung freigegeben?«
Bald beteiligen sich auch die anderen auf den Kojen an dem Gespräch. Ein regelrechtes Reesen hebt an: über Einsätze, U-Boote, Torpedoversager und natürlich über Kneiptouren mit Mädchen. Erinnerungen werden ausgetauscht.
»Weißt du noch, Hannes, unser Gruppenführer damals in der vierten Schiffsstammabteilung?«
»Natürlich, der Wenten! Ein Saufgenie. Er ging mal an die Theke und bestellte zehn Glas Bier. Für sich allein!«
»Der hat den Arsch zugekniffen, mit U sechzehn.«
Einen Augenblick lang herrscht Schweigen in dem engen Raum.
»Wann geht ihr denn 'raus?« beginnt der Obergefreite wieder das Gespräch.
»Kann jeden Augenblick losgehen. Wir liegen in Bereitschaft.«
»Wieder mit Eiern?«
»Sechs Stück.«
»Die wievielte Tour wird das?«
Einer auf der Koje winkt ab. »Die neunte!«
»Langweilig«, ergänzt Hannes, »nichts passiert. Im Finstern wird in irgendein Loch gekrochen. Die Eier gelegt und wieder abgehauen.«
Alle nicken zustimmend und machen gelangweilte Gesichter. Während sich der Obergefreite die Lederjacke aufknöpft, denn im Raum ist es muffig und warm, sagt er, halb lachend, halb ernst: »Ihr seid übergeschnappt! Ich wünschte, wir würden mal zum Eierlegen eingesetzt.

Ich wäre verdammt froh. Seid zufrieden, daß ihr zu den Lochkriechern gehört.«

Alle in der U-Boot-Flotte wissen, daß die 250-Tonnen-Boote vom Typ II, die sogenannten Einbäume, vorwiegend zum Minenlegen eingesetzt werden. Kapitänleutnant Schepke hat dabei mit seinem Boot eine Fähigkeit entwickelt, in die engsten und kleinsten Hafeneinfahrten an der englischen Küste regelrecht hineinzukriechen, so daß er bald den Spitznamen »Lochkriecher-Schepke« erhält. Das wird schnell verallgemeinert, und bald tragen alle Besatzungen der »Einbäume«, die zu Minenunternehmungen eingesetzt werden, die Bezeichnung »Lochkriecher«.

Neben U-Booten befanden sich seit den ersten Kriegsmonaten auf britischer wie auf deutscher Seite die Minenleger in ständigem Einsatz. In den ersten Kriegswochen wurden auf beiden Seiten die für den Ernstfall vorgesehenen Minensperrgürtel geschaffen, die vor überraschenden gegnerischen Vorstößen an die eigene Küste schützen sollten. Darüber hinaus wurden durch Flugzeuge, U-Boote und leichte Überwasserstreitkräfte Minenfelder an den gegnerischen Verbindungswegen gelegt. Besonders vom faschistischen Deutschland wurde dieser Minenkrieg gegen die Handelsschiffahrt geführt.

Die Luftaufklärung hatte bald herausgefunden, daß vor den wichtigen Häfen an der englischen Ostküste und an der Irischen See nur eine schmale Fahrrinne zwischen den Minenfeldern und dem Festland freigelassen worden war. Die Luftwaffe wurde eingesetzt, um mit Spezialminen diese Fahrrinne zu verminen. Doch die Sicherungsfahrzeuge und Küstenabwehrstationen stellten die Flugzeuge meist fest. Räumflottillen wurden angesetzt und hielten die Fahrstraße frei.

Das brachte die faschistische U-Boot-Führung auf den Gedanken, die kleinen 250-Tonnen-Boote ohne Rücksicht auf die neutrale Schiffahrt in diesen Zwangswegen zum Minenlegen einzusetzen. Für den Handelskrieg waren diese Boote ohnehin nicht sonderlich geeignet, da sie nicht lange in See bleiben konnten. Für einen Mineneinsatz dagegen benötigten sie in der Regel nicht länger als eine Woche. Die Seekriegsleitung setzte anfangs keine allzu großen Hoffnungen auf dieses Vorhaben der U-Boot-Führung. Desto überraschter war sie, als die Spionage und die Luftaufklärung zunehmend Erfolge meldeten. Vor allem protestierten immer wieder die neutralen Staaten bei der britischen Regierung, daß Schiffe in den angeblich minenfreien Zwangskursen durch Minentreffer verlorengingen. Auch hierin lag in erster Linie eine politische Absicht. Die Zuverlässigkeit der Zusagen der britischen Regierung und das Ansehen der Royal Navy in den neutralen Ländern sollten erschüttert werden. Die unter neutraler Flagge fahrenden Schiffe sollten vom Anlaufen eines britischen Hafens abgeschreckt werden.

Jedes der eingesetzten U-Boote konnte sechs bis acht Minen an Bord nehmen. Gleich dem Torpedo wurden sie mit Druckluft aus den Rohren gestoßen. Die »Einbäume« hatten zwei Bugrohre und ein Heckrohr. Nach dem Durchbrechen, oftmals Unterlaufen des äußeren Sperrgürtels, das zwar gefährlich war, aber für U-Boote keineswegs in dem Maße wie für Überwasserfahrzeuge, drangen die U-Boote zum Teil bis in die Hafeneinfahrten vor und verminten sie. Die britische Admiralität war bestürzt. Schiffe liefen auf Minen, wo man sie für sicher hielt. Es zeigte sich, daß bis zu fünfzig Prozent der ausgelegten Minen Treffer erzielten.

Bald jedoch entwickelten britische Minenfachleute erste Abwehrmethoden. Minensuchfahrzeuge wurden mit Apparaturen ausgerüstet, deren starke Magnetfelder die Minen bereits weit vom Schiff entfernt zündeten. Daraufhin baute man auf der deutschen Seite Zählkontakte in den Magnetzünder der Mine ein. Geriet eine Mine in ein Magnetfeld, so sprang ein Kontakt um, sie zündete aber nicht. Beliebig viele solcher Kontakte konnten vorgesehen sein. Fünfzehnmal fuhr ein Schiff beispielsweise über eine solche Mine, die Fahrstraße wurde für ungefährdet, für minenfrei gehalten, aber am sechzehnten Schiff ging die Mine hoch.

Bis Ende April 1940 verlor die alliierte und neutrale Handelsschiffahrt 139 Schiffe mit 449 698 BRT durch Minen. Dieser Minenkrieg tobte auch in den folgenden Monaten weiter. Doch im zweiten Halbjahr 1940 zeigten seine Ergebnisse eine rückläufige Tendenz. Die höchste Summe durch Minen vernichteter Handelsschiffstonnage wurde im November, die absolute Spitze der Zahl versenkter Schiffe im Dezember 1939 erreicht.

Die britischen Abwehrspezialisten fanden heraus, daß die Entmagnetisierungsschleifen, die zur Minenabwehr angelegt worden waren, auch die Torpedogefahr überwinden halfen. Das war aber erst im Frühjahr 1940.

»Klar zum Ablegen!« Der Befehl fliegt durchs Boot.
Schnell entsteht Gedränge in den engen Räumen. Das seemännische Personal begibt sich auf die ihm zugewiesenen Stationen.
»Los, Willy, an Land, sonst nehmen wir dich mit!«
Der Matrosenobergefreite knöpft seine Lederjacke zu und klettert durch das vordere Torpedoluk an Deck. Über die schmale Stelling, die gleich nach ihm eingeholt wird, geht er auf die Pier.
Alle, die nicht zum Ablegemanöver gebraucht werden, kommen an Deck. Ein Scherzwort und gute Wünsche fliegen zwischen der Pier und dem Boot hin und her.
»Hannes, wenn ihr wieder da seid, machen wir einen drauf!«
»Aber einen Saftigen! Kannst Gift drauf nehmen!«
Der Flottillenchef, ein Fregattenkapitän, ist auch erschienen. Er macht ein dienstliches Gesicht und ist dennoch bemüht, einen kameradschaftlich klingenden Ton zu zeigen. Die Hand an der Mütze, ruft er zum Kommandanten auf den Turm herüber, und das finden alle reichlich albern: »Gute Fahrt, Kameraden, und glückliche Heimkehr!«
»Der Quatschkopp hat gut reden«, knurrt einer der E-Maschinengasten, die Hände in den Hosentaschen, zu seinem Nebenmann.
Kurz vor der Wilhelmshavener Schleuse, an der großen Drehbrücke, schaufelt ein Arbeitskommando der Jachmann-Kaserne, die in der Marine »Tausendmannhotel« genannt wird, Kohlen. Die Matrosen und der Kommandoführer sehen von der Arbeit auf und betrachten das auslaufende U-Boot.
Der rote Backsteinbau des Wangerooger Wasserturms bleibt achteraus zurück. Das Boot steuert jetzt genau Westkurs. Die eigenen Minenfelder werden südlich umgangen. Zweimal, kurz hintereinander, muß getaucht werden, um sich dem Gesehenwerden durch holländische Dampfer zu entziehen. Am Sehrohr läßt der Kommandant den einen vorbeiziehen. Sein Ehrgeiz, angestachelt durch die Reden der erfolgreichen Kameraden, die in den Offiziersmessen mit vielen Ausschmückungen davon prahlen, wie sie ihre »Aale« in die Schiffsleiber jagten, regt sich immer mehr. Er verspürt wie so manch einer der Kommandanten auf den Minenlegbooten »Halsjucken«, er möchte auch bald das Ritterkreuz haben. Insgeheim flucht er auf die »Eilegerei«, weil damit doch nichts außer dem »läppischen EK I« zu gewinnen ist. Gerade deshalb führt er die Minenunternehmungen gewissenhaft und mit rücksichtsloser Kaltblütigkeit aus. Nur so hofft er bald ein

»anständiges Frontboot« zu erhalten, mit dem er die »spaßigen Zigarren«, wie er die Torpedos nennt, feindlichen Schiffen in die »Weichteile« bohren kann. Der Besatzung ist sein gezielter Tatendrang nicht verborgen geblieben, sie selbst ist davon angestachelt. Und das ist schließlich kein Wunder. Jeden Tag berichten die Zeitungen von Angriffen der U-Boote auf feindliche Schiffe, von Orden und großem Ruhm. Wer von diesen ehemaligen Hitlerjungen möchte da nicht teilhaben, anstatt im verborgenen Minen zu legen! Die Propaganda um »U-Prien« zeigt bei ihnen die erhoffte Wirkung.

Die Doggerbank bleibt weit an Steuerbord liegen. Es beginnt bereits zu dämmern. Durch die Outer-Silver-Pit-Rinne südlich der Doggerbank schiebt sich das Boot vorsichtig durch den englischen Minengürtel. Dann taucht es. Drei Stunden lang geht es in Unterwasserfahrt weiter. Der Obersteuermann läßt in der Zentrale kein Auge von der Seekarte, in der die erkundeten Sperren eingezeichnet sind. In kurzen Abständen koppelt er die zurückgelegte Distanz.

Auf einmal schliert etwas die Außenhaut entlang. Alle im Boot horchen erschrocken auf. Das Ankertau einer Mine?

»Mensch, wenn die jetzt ...«

»Schnauze!« weist der Kommandant den Tiefenrudergänger zurecht.

Ein Aufatmen geht durch das Boot. Hannes, der Mechaniker, sitzt auf einer Mine und quält sich ein verkrampftes Lächeln ab.

Das Boot taucht auf. Es ist stockdunkel. Der Kommandant läßt den Kurs wenige Grad nach Süden abfallen und die Fahrt erhöhen. Das Boot wiegt sich sanft im Wasser. In der Zentrale errechnet der Obersteuermann an Hand des Stromatlasses die Gezeiten. In rascher Fahrt steuert das Boot auf die Humbermündung zu. Kurz nach Mitternacht steht das Boot dicht unter Land. Vereinzelt blinken schwache Lichter auf und verlöschen wieder. Die Luft ist von feuchtem Erdgeruch erfüllt. Der Mond ist von einer breiten Wolkenbank verdeckt. Vorsichtig, mit kleiner Fahrt, manövriert sich das Boot in die breite Mündung des Humbers. Landpeilungen sind in der Dunkelheit nicht möglich. Es kann nur nach dem Echolot navigiert werden. Ständig wird die Wassertiefe auf der Seekarte kontrolliert. Achtzehn Meter, sechzehn Meter, vierzehn Meter ...

»Wollen Sie noch weiter 'rein?« flüstert der IWO, und am Ton ist zu erkennen, daß er reichlich besorgt ist. Wenn jetzt das Boot tauchen muß, bei 14 Meter Wassertiefe!

»Weiter!« sagt der Kommandant nur.

Die Geschwindigkeit wird verringert. Der Wind steht von Land ab und trägt das Motorengeräusch auf die See hinaus. Da wächst ein Schatten in der Finsternis. Ein Bewacher zottelt quer in der Mündung seinen Kurs.

»Alarm!«

Über dem Kopf des Kommandanten fliegt das Turmluk zu.

»Ruhe! Äußerste Ruhe!« gibt der Kommandant durchs Boot.

»Auf Grund legen! Alle Apparate abstellen!«

Es sind nur wenige Sekunden, und das Boot setzt weich auf dem Grund auf. Es herrscht Stille im Boot.

Das langsam plumpsende Schraubengeräusch des Bewachers kommt näher. Er fährt offensichtlich mit Dampfmaschine.

»Wie tief?« flüstert der Kommandant zum LI.

»Neun Meter«, gibt der Ingenieuroberleutnant fast lautlos zurück.

Verdammt, denkt jeder, wenn der Bewacher einigermaßen Tiefgang hat, rammt er uns noch den Turm! Die Augen des E-Maschinisten, eines alten Stabsmaschinisten, verraten den Maschinengasten seine Meinung: »Der Alte muß verrückt sein!«

Aber es geschieht nichts. Das Stampfen der Schiffsschraube geht über sie hinweg, so dicht, daß jeder glaubt, das Plumpsen der Schraube ginge vom eigenen Boot aus.

Nach einer halben Stunde ist von dem Bewacher nichts mehr zu hören.

Der Kommandant gibt den Befehl zum Auftauchen. Aber das Boot rührt sich nicht. Die Kompressoren heulen auf. Doch das Boot bleibt liegen. Fragend und nicht ohne Schreck sehen alle in der Zentrale den LI an. Der kann sich das auch nicht erklären und läßt mit mehr Druck das Wasser aus den Tauchtanks pressen. Keinen Zentimeter hebt sich das Boot.

»Wir sitzen im Schlick fest«, sagt jetzt aufgeregt der LI. Er hat sich schon einen Vorwurf für den Kommandanten zurechtgelegt. Warum muß er auch so tief in jedes Loch kriechen. Er kommt nicht dazu ...

Das Boot schießt plötzlich in die Höhe, und der Schwall beim Durchbrechen der Wasseroberfläche ist laut im Boot zu hören.

Der Kommandant hastet die Eisenleiter im Turm hinauf, schraubt gehetzt das Luk auf und betritt die Brücke.

Gottlob, es ist nichts zu sehen! Das Boot taumelt durch das schnelle

Auftauchen wie eine Spielzeugente aus Zelluloid, die einer aus lauter Übermut unter Wasser hat hochspringen lassen. Die geräuscharme E-Maschine wird angelassen. Fahrt kommt ins Boot. Das Echolot zeigt wieder Tiefe an. Zwölf Meter. Das ist die Fahrrinne. Der Kommandant läßt wenden. Gleich darauf erfolgt der Befehl: »Rohr eins klar!«
»'raus das Ei!«
Dann Rohr II, schließlich das Heckrohr. Hastig wird nachgeladen. Und nach knapp zwanzig Minuten werden die nächsten drei Minen ausgestoßen.
Mit voller Fahrt strebt das Boot der offenen See zu. Nach einer dreiviertel Stunde liegt das enge Fahrwasser hinter dem Boot.
Ein gewaltiger roter Feuerball erhellt achteraus die Nacht, und Sekunden später erst trägt der Wind das dumpfe Rollen einer Detonation heran.
»Wahrscheinlich der Bewacher! Den hat's als ersten erwischt«, meint mit glänzenden Augen der I WO.
Das Lächeln des Kommandanten wird zur Fratze, und es ist gut, daß es keiner in der Dunkelheit auf der Brücke sehen kann. Er denkt: Jetzt habe ich es wenigstens einmal knallen gehört, eine tolle Musik! Und in diesem Augenblick ist sogar sein Ehrgeiz gestillt. Er malt sich in seiner Phantasie schon aus, wie das begehrte Kreuz am schwarzweißroten Band um seinen Hals hängt. Abknallen, denkt er, noch mehr abknallen! Eines Tages muß mir Dönitz ein anständiges Boot geben!
Der Mechanikerobergefreite Hannes sitzt indessen vor dem leeren Rohrsatz auf seiner Koje und stiert geradeaus.
»Hast du nicht gehört«, sagt einer, »dein erstes Ei ist hochgegangen!«
»Die haben den Arsch schon zugekniffen«, antwortet er tonlos. »Was hast du denn, du Idiot, ist doch besser als wenn wir ...«

Kein PK-Bericht

U 44 marschiert durch die Nordsee zum Einsatzgebiet im Nordmeer. Die See ist nicht gerade freundlich, eine steife Brise steht aus West. Gleichmäßig schlingernd, legt das Boot Meile um Meile zurück. Je weiter es nach Nordwesten kommt, um so kälter wird es, das Frühjahr läßt in diesem Jahr lange auf sich warten.
Die Fahrt ist eintönig. Die Wachen ziehen auf und werden abgelöst.

Nur beim Wachwechsel werden ein paar Worte gesprochen, und auch da nur das Nötigste, die obligatorischen Übergabemeldungen wie der zu steuernde Kurs auf der Brücke oder die Motorenleistung im Boot. Die Freiwachen dösen auf den Kojen, im Halbschlaf sind die Gedanken noch in der Heimat, bei der Frau oder beim letzten Erlebnis mit einem Mädchen. Der eine oder andere liest in einem Schmöker oder blättert in einer Illustrierten, die kurz vor dem Auslaufen ein Verwaltungsmaat der Flottille an Bord gebracht hat. Die Abgebrühteren hauen sich nach der Wachablösung auf die Kojen und schlafen im Handumdrehen, das Schlingern des Bootes läßt ihre Körper im gleichen Rhythmus hin- und herrutschen.

Der Kochsmaat läßt die Backschafter aufrufen, das Mittagessen abzuholen. Das Klappern des Geschirrs und der Aluminiumschüsseln und das Getrampel auf den Eisenplatten sind zu hören. Küchendunst erfüllt das Boot. Es gibt Sauerkohl mit Eisbein. Damit etwas Stimmung aufkommt, legt der Funker eine Schallplatte auf. Das »Engelandlied« dröhnt schneidig und zackig, von einem Chor gesungen und von einer Tschingbum-Kapelle begleitet, durchs Boot.

Während sich alle über das Eisbein aus der Konservenbüchse hermachen, die meisten mit wenig Appetit, meint ein Maat im Unteroffiziersraum: »Der Knallkopp, der Funker, kann der nicht eine andere Platte auflegen? Die abgedroschene Schnulze kann ja kein Hund mehr hören!«

Der Mechanikermaat meint indessen, dabei hat er ein ironisches Grinsen um den Mund, daß gerade die Hunde diesen Singsang gern hören. Er hat nämlich in einer Zeitung gelesen, wie dieses Lied entstanden ist. Der Bums-Musiker Herms Niel habe eine Anregung des Rundfunks aufgegriffen und innerhalb einer Stunde eine Melodie für die U-Boot-Fahrer komponiert. Das Lied habe er zuerst seinem Hund vorgesungen.

»So blöde ist es auch«, antwortet der Maat und schiebt das angeknabberte Eisbein von sich. Währenddessen dröhnt der Kehrreim des Liedes durchs Boot:

> »Gib mir deine Hand, deine weiße Hand,
> leb wohl, mein Schatz,
> leb wohl, mein Schatz, leb wohl.
> Lebe wohl, denn wir fahren, denn wir fahren,
> denn wir fahren gegen Engeland, Engeland!«

Der Kommandant, Kapitänleutnant Mathes, hat sich nach dem Mittagessen, nachdem er vorher einen kurzen Rundblick auf der Brücke genommen hat, wieder auf seine Koje gelegt. Er will jede Stunde nutzen, um sich auszuruhen. Er möchte schlafen, aber er kann nicht, der durch die Bootsbewegung hin- und herbauschende schwere, grüne Vorhang, der seinen Raum vom Durchgang trennt, stört ihn auf einmal. Er ärgert sich, daß er im Gegensatz zu anderen Kommandanten noch keinen besonderen Erfolg aufzuweisen hat.

Während er mißmutig an das neue Einsatzgebiet hoch im Norden denkt, wo doch nicht viel zu holen sein wird, greift er nach einem der Bücher auf dem Bord. Er erwischt das Skagerrakbuch des Fregattenkapitäns Georg von Hase, »Der Sieg der deutschen Hochseeflotte am 31. Mai 1916«. Auch dieses Buch hat der Verwaltungsmaat von der Flottille mit den Zeitschriften an Bord gebracht.

Wahllos schlägt er auf und beginnt zu lesen. Es ist die Rede, die Kaiser Wilhelm am 5. Juni 1916 in der Exerzierhalle in Wilhelmshaven vor Offizieren und Matrosen gehalten hat.

»... Da endlich kam der Tag. Eine gewaltige Flotte des das Meer beherrschenden Albion, die seit Trafalgar hundert Jahre lang über die ganze Welt den Bann der Seetyrannei gelegt hatte, den Nymbus trug der Unüberwindlichkeit und Unbesiegbarkeit, da kam sie heraus. Ihr Admiral war wie kaum ein anderer ein begeisterter Verehrer der deutschen Flotte gewesen. Ein tapferer Führer an der Spitze seiner Flotte, die über ein vorzügliches Material und tapfere alte Seeleute verfügte – so kam die überwältigende Armada heran, und die unsere stellte sie zum Kampf.

Und was geschah? Die englische Flotte wurde geschlagen! Der erste gewaltige Hammerschlag ist getan, der Nymbus der englischen Weltherrschaft geschwunden.

Wie ein elektrischer Funke ist die Nachricht durch die Welt geeilt und hat überall, wo deutsche Herzen schlagen, und auch in den Reihen unserer tapferen Verbündeten beispiellosen Jubel ausgelöst. Das ist der Erfolg der Schlacht in der Nordsee. Ein neues Kapitel der Weltgeschichte ist von Euch aufgeschlagen. Die deutsche Flotte ist imstande gewesen, die übermächtige englische Flotte zu schlagen. Der Herr der Heerscharen hat Eure Arme gestählt, hat Euch die Augen klar gehalten.«

Kapitänleutnant Mathes klappt das Buch wütend zusammen, der

Nonsens, den ihm da die »Wehrbetreuung« der Flottille als Lektüre aufs Boot gebracht hat, ist selbst ihm zu albern. Er steht auf und klettert, als habe ihm die kaiserliche Rede endgültig den Schlaf geraubt, durch den Turm hinauf auf die Brücke.

Nach gut zwei Tagen Marschfahrt hat U 44 das ihm zugewiesene Planquadrat erreicht. Die See ist rauher geworden. Ein eisiger Wind peitscht über die Gischtkämme. Mit halber Kraft beginnt die Suchfahrt. Stunde um Stunde, Tag und Nacht rollt, stampft und schlingert das Boot auf wechselnden Kursen.

Nach vier weiteren Tagen kommen Mastspitzen in Sicht.

Die Diesel laufen auf vollen Touren. Doch der Abstand verringert sich nicht. Der Kommandant läßt die E-Maschine dazusetzen. Langsam schieben sich die Aufbauten des Schiffes über die Kimm. Es ist ein großes, schnellaufendes Kühlschiff.

»Kann mir schon denken«, sagt der Kommandant auf der Brücke, so daß es alle hören, »daß der Tommy die kostbaren Schiffe lieber den Umweg übers Nordmeer machen läßt.«

Der U-Boot-Gefahr wegen verließen einzelne Schiffe auf dem Wege von und nach britischen Häfen die üblichen Routen und wählten einen Kurs hinter der Treibeisgrenze. Das treibende Eis schützte diese Einzelfahrer recht gut vor Angriffen von U-Booten. Aber auch die faschistische Führung hielt die Treibeisgefahr für risikoloser als die zunehmenden britischen Sicherungen an den stark befahrenen Hauptrouten. Außerdem rechnete sie damit, in diesem Gebiet die Überraschung ausnutzen zu können.

Die mit äußerster Kraft laufenden Motoren lassen das Boot erzittern.

Der Ehrgeiz des Kommandanten ist in ein irrsinniges Jagdfieber umgeschlagen. Er läßt den LI durchsagen: »Aus den Böcken herausholen, was drin ist.«

Als die Dunkelheit hereinbricht, verlieren sie die Fühlung zu dem Schiff. Die ganze Nacht läuft U 44 mit voller Fahrt und verstärktem Ausguck suchend hinter dem Kühlschiff her. Im Morgengrauen hebt sich jedoch rundum klar die Kimm ab, und weit und breit ist nichts von einem Schiff zu sehen. Der Gleichklang der wechselnden Wachen bei halber Fahrt hält wieder Einzug auf dem Boot.

In den Schilderungen faschistischer Kriegsberichterstatter liest sich das anders. Ein rauher Humor, gemischt mit Mut, Bereitschaft und »germanischem« Kampfgeist würde die Stimmung an Bord charakteri-

sieren. In der harten Wirklichkeit sieht das anders aus. Wohl sind alle im faschistischen Geist erzogen, aber auch sie sind nicht gefeit gegen Stumpfsinn und die Auswirkungen der Strapazen im Nordmeereis.
Zwei Tage später werden zwei Rauchfahnen gesichtet.
Die Verfolgung des Opfers beginnt von neuem. Es sind zwei Dampfer von etwa 6 000 und 8 000 BRT. An einen Unterwasserangriff ist nicht zu denken. Das Boot würde unbemerkt nicht schnell genug herankommen. Mathes entschließt sich, die Dunkelheit abzuwarten, um über Wasser anzugreifen. In anstrengender Fahrt gilt es also, die nächsten Stunden die Fühlung nicht zu verlieren, gleichzeitig aber nicht gesehen zu werden. Langsam kriecht der Uhrzeiger weiter; die Dämmerung hier oben im Norden ist endlos. Im Nordwesten, wo die Sonne ins Meer getaucht ist, bleibt ein heller Schein.
Mathes läßt mit voller Fahrt einen großen Bogen laufen, damit sich die beiden Schiffe als deutliche Silhouetten gegen den hellen Himmel abheben. Kurz nach Mitternacht ist die günstigste Schußposition erreicht. Die Kälte dringt durch die Lederpäckchen und Wollsweater.
Seit Stunden sind alle von dem Gedanken gepackt, zum Schuß zu kommen und die beiden Schiffe zu versenken. Es ist nicht die Leidenschaft, in einem gerechten Kampf zu bestehen, was sie beseelt. Der Stumpfsinn wird vielmehr von der Hoffnung überdeckt, ihre Torpedos bald verschossen zu haben und nach Hause zurückkehren zu können.
Laufend gibt Mathes die Schußwerte in die Zentrale. Immer wieder korrigiert er sie. Ziel ist das größere der beiden Schiffe, der Achttausendtonner. Ahnungslos steuern beide Schiffe ihren Kurs. Der Torpedooffizier, der I WO, ist nervös, er fürchtet, daß zu guter Letzt das Schiff doch wieder abzackt.
Der Kommandant gibt Befehl: »Rohr eins fertig!«
»Rohr eins los!«
Kaum merklich ist auf der Brücke der Ausstoß wahrzunehmen. Die Stoppuhren laufen — endlos, wie es dem Mechanikermaat unten am Rohr scheint. Dann ist es Gewißheit: Vorbeigeschossen! Es gibt keine andere Erklärung. Es war ein G 7a, ein Preßlufttorpedo, diese sind zuverlässig.
Noch ehe sich Enttäuschung breitmachen kann, läßt der Kommandant einen Haken mit dem Boot schlagen, um es erneut in Schußposition zu bringen. Auf den Schiffen hat man noch nichts gemerkt, die Blasenbahn ist in der Dunkelheit nicht gesehen worden.

Das Schiff ist im Zielgerät. Der Torpedooffizier schlägt vor, zwei Torpedos zu feuern. Der Kommandant stimmt ohne zu zögern zu.
»Rohr zwo und drei fertig!«
In kurzen Abständen zischen die Torpedos aus den Rohren.
Die Entfernung ist 22 Hundert.
Rrrumms! Eine gewaltige Feuersäule steigt an dem Schiff hoch. Wie gebannt sieht die Brückenbesatzung von U 44 auf das schauerliche Schauspiel. Das Schiff bricht auseinander, und beide Teile kippen nach verschiedenen Seiten über. U 44 ist näher herangekommen, der Kommandant läßt mit abfallendem Kurs an den Wrackteilen vorbeisteuern. Deutlich ist zu erkennen, wie die beiden Teile in die Tiefe sinken, das achtere schneller als das vordere. Von der Besatzung ist nichts zu sehen. Sie muß von der Katastrophe so überrascht worden sein, daß sie keine Rettungsversuche unternehmen konnte. Mit dem Schiff wird die gesamte Besatzung in die Tiefe gerissen.
Mathes läßt das Boot wenden. Er will an das andere Schiff heran. Blitzschnell rechnet er nach. Mit diesem Schiff hat er insgesamt 28 000 BRT versenkt. Wenn er das andere noch erwischt, kann er bald an die 40 000 Tonnen kommen. Das Ritterkreuz rückt in greifbare Nähe.
Angestrengt stieren die Ausgucks in die Nacht. Aber es ist nichts zu sehen. U 44 schlägt wilde Haken, aber der Dampfer ist nicht mehr aufzustöbern. Auch als der Tag anbricht, bleibt er verschwunden. Durch geschickte Kursmanöver und erhöhte Fahrt hat er sich der Verfolgung entzogen.
Wieder umgibt das Boot das Einerlei der Nordmeerfahrt.
Die Wachen ziehen auf, die Abgelösten fallen müde, abgespannt und durchfroren auf die Kojen. Nach dem Abschuß des Dampfers war für einige Stunden gehobene Stimmung an Bord, die sich dann aber bald wieder verlor, und zwar von dem Zeitpunkt an, als der Mechanikermaat vor dem Mittagessen sagte: »Mensch, in dem eiskalten Wasser zu ersaufen...«
Doch die Nachdenklichkeit ist nicht von langer Dauer.
»Mastspitzen steuerbord voraus!« ruft der Ausguck, und »Auf Gefechtsstation!« befiehlt der Kommandant.
Mit voller Fahrt läuft U 44 auf die Mastspitzen zu. Bald ist ein Tanker auszumachen und ein Begleitschiff, eine Korvette oder ein Zerstörer. Mit großem Abstand läuft U 44 parallel zum Kurs der beiden Schiffe.

Mathes will wiederum die Dunkelheit abwarten. Der Tanker und sein Begleiter zacken jede halbe Stunde. Umsichtig läßt Mathes die Kursänderung mit vornehmen. Nur nicht entdeckt werden, das ist sein einziger Gedanke. Plötzlich kommt der Begleiter mit hoher Fahrt auf das Boot zu. Was Mathes befürchtet hat, ist passiert: Sie sind entdeckt.
»Alarm!«
Schnell sackt das Boot auf Tiefe. Der LI hat alle Wachfreien ins Vorschiff befohlen, damit ihr Eigengewicht mithilft, schneller wegzutauchen. Auf 40 Meter läßt er einpendeln.
Da knallt schon die erste Wasserbombenserie backbord querab. Das Boot schüttelt sich. Einige Gläser zerspringen.
»Weiter 'runter!« kreischt der Kommandant.
Die nächste Serie Wasserbomben, vier Detonationen, liegt noch näher.
Die Beleuchtung fällt aus. Die Notbeleuchtung wird eingeschaltet.
»Ausfallmeldung an die Zentrale«, befiehlt der LI.
Die ersten Meldungen laufen ein: Riß in der zweiten Batteriekammer. Im Vorschiff vier Ventile ...
In einem ohrenbetäubenden Krachen gehen die Meldungen unter. Das Boot wird mit gewaltigem Ruck zur Seite gedrückt. Alles fällt durcheinander. Poltern, Krachen, Zischen und Schreien. »Wasser!«
Dunkelheit und lautes Rauschen.
Der Mechanikermaat vorn im Bugraum spürt, daß er im Wasser steht, bis zum Knie, nein, bis zum Bauch. Er sucht in der rechten Tasche seiner Lederjacke nach der Taschenlampe. Dort muß sie doch sein! Er verhaspelt sich in der Erregung. Jetzt. Ein fahler Lichtschein.
Wasser gurgelt in den Raum, sehr laut. Er muß sich festhalten, das Boot liegt achtern viel tiefer. Ein entsetztes Augenpaar. Sein Mechanikergast, ein Gefreiter, sieht ihn an.
Er richtet sich mit verzerrtem, halb irrem Gesicht auf, als steige er aus dem Wasser. Außer dem Wassergurgeln ist nichts zu hören. Keine Maschine, kein Gerät arbeitet. Das Wasser wächst an ihm empor, zusehends, bis zur Brust reicht es fast, und der Fußboden rutscht unter ihm weg.
Plötzlich schreit der Mechanikergast, wild, unartikuliert, wie ein Tier. Der Mechanikermaat reißt eine »Nullacht« aus dem Rohrgestänge, dort, wo er sie festgeklemmt hatte — für den Fall ...

Die Mündung blinkt in dem matten Licht der Taschenlampe.
»Schieß doch! Schieß doch!« brüllt der Gefreite.
Zweimal bellt die Pistole auf.
Der Gefreite rutscht mit dem Kopf unter Wasser.
Es ist stockdunkel.
Der Mechanikermaat hat die Taschenlampe fallen lassen. Langsam führt er die Pistole zur Schläfe. Mit der freien Hand fühlt er nach dem Wasser. Es reicht fast bis zum Hals.
Noch einmal knallt die Waffe.
Dann ist es still.

Bilanz eines Jahres

Mit der Besetzung Dänemarks und Norwegens verschafften sich die deutschen Faschisten eine günstigere Ausgangsbasis für den U-Boot-Einsatz. Eilig wurden neue Stützpunkte hergerichtet. Der Anmarschweg für die U-Boote in die westlich der Britischen Inseln im Nordatlantik gelegenen Operationsgebiete verkürzte sich beträchtlich, vor allem aber konnten sie jetzt auf einem größeren Seeraum die Unterstützung von Fliegerkräften erhalten.
Dennoch waren Dönitz und sein Stab unzufrieden. Die Abschußtonnage hatte sich seit März stark verringert, und bis Ende Mai hatten die U-Boote ungefähr 850 000 BRT Schiffsraum versenkt. Insgesamt hatten die gegnerische und die neutrale Schiffahrt 541 Fahrzeuge mit etwa 1 750 000 BRT durch Kampfhandlungen verloren. Das war viel zu wenig, um Großbritanniens Zufuhr ernsthaft zu gefährden. Dennoch waren es nicht unempfindliche Schläge, die der britischen Wirtschaft manche Sorgen bereiteten. Seit Kriegsbeginn hatte das britische Kriegskabinett, eingedenk der verwundbarsten Stelle des Inselreiches, verstärkt Handelsschiffe in britischen Werften auf Kiel legen lassen oder an andere Länder, besonders an die USA, Bauaufträge vergeben. Doch das würde sich erst in einiger Zeit auswirken, noch konnte der Neubau die versenkte Tonnage nicht ausgleichen. Dennoch hatte sich die Zahl der unter britischer Flagge oder Kontrolle fahrenden Handelsschiffe nicht verringert, sondern sogar etwas erhöht. Das lag daran, daß viele Handelsschiffe der Länder, die vom deutschen Faschismus überfallen worden waren, sich unter die Kontrolle der britischen

Admiralität gestellt hatten. Allein fast Dreiviertel der norwegischen Handelsflotte hatten deren Besatzungen, die nach dem Überfall auf ihre Heimat dem Aufruf des Königs Hakon VII. gefolgt waren, in britische Häfen gebracht. Die Tonnage der norwegischen Handelsmarine betrug bei Kriegsbeginn rund 4,5 Millionen BRT.

Eine weitere Sorge bereitete der U-Boot-Führung die Abnahme der einsatzbereiten Frontboote. Von September 1939 bis April 1940 waren 22 Boote vernichtet, aber nur 13 neu in Dienst gestellt worden. Von den wenigen neuen frontfähigen Booten mußten weitere für Ausbildungszwecke abgezogen werden, denn das anlaufende Bauprogramm erforderte Ende 1940 eine große Zahl frischausgebildeter Besatzungen.

Die Erkenntnis, daß der überraschende Einsatz von U-Booten bisher keine entscheidende Bedeutung erlangen konnte, wirkte auf die faschistische U-Boot-Führung ernüchternd. Acht Monate währte bereits der Krieg, und Großbritannien war noch immer nicht den faschistischen Zielen gefügig gemacht worden. Im Gegenteil, das Inselreich stand sogar innenpolitisch gefestigter da als zu Beginn des Krieges. Die kapitulantenhaften Strömungen, die bei Kriegsausbruch innerhalb der britischen Regierung vorgeherrscht hatten, waren weitgehend zurückgedrängt. Die Churchillregierung, die unter dem Eindruck des Fiaskos in Norwegen gebildet wurde, erklärte als ihr Ziel im Krieg gegen das faschistische Deutschland: »Sieg, wie lang und beschwerlich der Weg dahin auch sein mag ...«

Dieser Satz in der Rede Churchills am 18. Mai 1940 machte endgültig die Hoffnung der faschistischen Führung auf ein mögliches Ausscheiden Großbritanniens aus dem Krieg zunichte, wenn sie es auch nicht wahrhaben wollte.

Angesichts dieser Entwicklung machte die U-Boot-Führung der Seekriegsleitung erneut Vorwürfe, daß sie den offensiven Charakter der U-Boot-Waffe in den zurückliegenden Jahren unterschätzt hätte. Die Unterschätzung der Rolle der U-Boote durch die Offiziere der Seekriegsleitung war allerdings nur eine Ursache und zudem noch nicht einmal die wichtigste. Weitaus entscheidender waren die Grenzen der Rüstungswirtschaft des faschistischen Deutschlands. Die Rüstungsaufträge des Heeres und der Luftwaffe waren genau berechnete, für den Kampf um die von den Faschisten erstrebte Weltherrschaft notwendige Vorhaben. Auch der Aufbau einer Flotte, wie sie im »Z-Plan« konzipiert worden war, belastete die vorhandene Kapazität für einen langen Zeitraum. Im Unterschied zu den in relativ kurzer Zeit zu bauenden U-Booten benötigten die großen Überwasserkampfschiffe Jahre, bis sie in Dienst gestellt wurden. Deshalb waren bei der Aufrüstung des imperialistischen Deutschlands die Großkampfschiffe, wie Schlachtschiffe und Schlachtkreuzer, vorrangig gebaut worden, während der Bau von U-Booten zwar systematisch, aber doch nicht so intensiv durchgeführt wurde. Zu Kriegsbeginn waren von den im »Z-Plan« vorgesehenen 10 Schlachtschiffen und -kreuzern 7 fertiggestellt oder im Bau, das Verhältnis bei den kleinen und mittleren U-Booten betrug dagegen 222 zu 119. Jedoch konnten die Werften in wenigen Monaten den Ausstoß von U-Booten auf ein vielfaches erhöhen. So hatte Raeder kurz nach dem Inkrafttreten des »Z-Planes« eine »Schnellvariante« vorgelegt, die den rascheren Bau von U-Booten vorsah.

Nun versuchten die Seekriegsleitung und das OKM, über das Marinebauamt den eingeplanten Zeitverlust im U-Boot-Bau aufzuholen.

Auch Hitler begann sich immer stärker für die U-Boote zu interessieren und ließ sich immer mehr von deren Befehlshaber direkt informieren, oft unter Umgehung des Oberkommandos der Kriegsmarine und der Seekriegsleitung. Er sah in Dönitz einen der Offiziere, die ganz nach seinem Geschmack waren: von ihrer Waffe besessen, fanatisch, skrupellos und dem deutschen Imperialismus bedingungslos ergeben. So konnte Dönitz durchsetzen, daß am 24. Juni 1940 der Blockadering um die Britischen Inseln geschlossen wurde. In 60 bis 100 Seemeilen Abstand von ihren Küsten durfte jedes Schiff ohne Warnung abgeschossen werden. Ausgenommen waren lediglich die Schiffe der Achsenmächte Japan und Italien und der damals noch nicht überfallenen Sowjetunion. Ferner blieben auch die sogenannten Malteserschiffe auf Grund eines Sonderabkommens mit Dänemark — sie durften nur Lebensmittel und Medikamente für die dänische Bevölkerung transportieren — und die Schiffe des irischen Freistaates — Irland blieb im zweiten Weltkrieg neutral und nahm eine achsenfreundliche Haltung ein — ausgenommen. Von den betroffenen Schiffen wurde verlangt, daß sie sich durch das gut sichtbare Aufmalen ihrer Staatsflaggen an der Bordwand erkennbar machten.

Diese Blockademaßnahmen beantwortete die britische Regierung mit einer Gegenblockade und erklärte ebenfalls bestimmte Gebiete zu Sperrzonen. Am 17. August 1940 wurde das Operationsgebiet für die

faschistischen U-Boote nochmals erweitert. Es reichte jetzt bis weit in den Atlantik hinein und südlich bis zur geographischen Breite von Bordeaux.
Mit diesen verschärften Maßnahmen hoffte die faschistische U-Boot-Führung die bisher enttäuschenden Ergebnisse ausgleichen zu können. Doch die Berichte der zurückgekehrten Kommandanten stimmten bedenklich und dämpften die übertriebenen Erwartungen der faschistischen U-Boot-Führung.

»Fliegeralarm!« Hasten, Fluchen und Poltern, das Turmluk schlägt zu. Wasser gurgelt in die Tauchtanks, und das Boot kippt kopflastig in die Tiefe. Gleich darauf klatschen vier Bomben aufs Wasser, der helle Knall der Explosionen ist deutlich zu hören.
»Vierzig Meter«, sagt der LI. Am stereotypen Tonfall ist zu spüren, daß es ein sich immer wiederholendes Tagewerk ist — wegtauchen und die laufende Tiefe ausrufen.
»Das genügt«, ist die lakonische Antwort des Kommandanten.
Die Tiefenruderer pendeln das Boot ein.
»Die rücken uns verdammt hartnäckig auf den Pelz«, meint der II WO.
»Das wievielte Mal ist es eigentlich?«
Erst nach geraumer Zeit antwortet der Obersteuermann. »Das Dutzend muß bald voll sein. In drei Tagen!«
Der II WO, der gleichzeitig Artillerieoffizier ist, wagt es, zwar mit vager Hoffnung, sich an den Kommandanten zu wenden. »Sollten wir nicht einmal oben bleiben und ihnen einfach mal mit der Zwozentimeterflak eins vor den Latz knallen?«
Der Kommandant winkt nur ab. Seine Gedanken gehen in eine andere Richtung. Das Boot steht knapp 100 Meilen westlich vom Eingang des Nordkanals, der die Irische See mit dem Atlantik verbindet. Der Schiffsverkehr in Richtung der Irischen See ist rege. Einen Vier- und einen Siebentausendtonner hat das Boot bei nur einem Torpedoversager versenkt. Das ist kein schlechtes Ergebnis. Man könnte zufrieden sein. Aber die britische Abwehr nimmt zu. Dauernd Flugzeuge, und so unerhört niedrig huschen sie über die Kimm, daß kaum Zeit zum Wegtauchen bleibt. Ist es eins von den langsamen »Sunderland«-Flugbooten, mag es ja noch gehen. Auch die Jagdkorvetten werden immer hartnäckiger. Sie müssen regelrecht bis zur Halskrause mit Wasserbomben vollgestopft sein. Fast eine halbe Stunde vergeht so. In

dieser Zeit fällt kein Wort in der Zentrale. Nur das gleichmäßige Summen der E-Maschine ist zu hören. Alles, was nicht an den Apparaten gebraucht wird, liegt während der Tauchfahrt auf den Kojen und lauscht mit offenen Augen in das geheimnisvolle Schweigen des grundlosen Ozeans hinaus.

»Los, hoch! Der Bursche wird verschwunden sein.« Der Kommandant reißt sich von seinen Gedanken los, und es klingt verhaltener Unwille mit.

Der LI gibt die nötigen Befehle. Preßluft zischt in die Tanks. Gerade will er das Sehrohr ausfahren lassen, da kommt aus dem Funkschapp die Meldung: »Schraubengeräusche in dreißig Grad!«

Der LI sieht den Kommandanten erstaunt an. Vor einer halben Stunde war doch oben nichts zu sehen. Vorsichtshalber befiehlt der Kommandant: »Klar zum Unterwasserangriff!« Jeden Lärm vermeidend, begibt sich die Besatzung auf Gefechtsstation.

»Laufende Meldung über das Schraubengeräusch!«

Der Horcher gibt an die Zentrale: »Immer noch in dreißig Grad, auswandernd in vierzig Grad. Es verstärkt sich langsam.«

Ist gar nicht ungünstig, denkt der Kommandant. »Mal das Auge 'rausstippen, aber ganz kurz«, wendet er sich an den LI.

Der Kommandant preßt die Stirn an das Gummipolster des Okulars. Das dunkle Grün wird heller und heller, jetzt — der wolkenverhangene Himmel und die Wasseroberfläche sind zu sehen. Schon hat der LI das Rohr wieder eingefahren.

Der Kommandant nimmt die Stirn vom Polster, sieht den LI an. »Es ist nichts zu sehen.« Noch einmal wird das Sehrohr ausgefahren.

»Draußenlassen!« befiehlt ärgerlich der Kommandant, der LI wollte es schon wieder einziehen. Angestrengt sieht er in die Runde. Aber es ist nichts zu erkennen. Himmel und Kimm sind leer. Endlich nimmt er den Kopf zurück, der LI zieht sofort ein. Jetzt schimpft der Kommandant los: »Der Horcher hat wohl einen Floh im Ohr! Kein Schwanz ist zu sehen!«

Vom Funkschapp kommt die nächste Meldung. »Schraubengeräusch jetzt in fünfzig Grad. Sehr deutlich zu hören.«

Alle in der Zentrale sehen einander an. Leidet der Funker an Halluzinationen? Hat er bereits den U-Boot-Koller? Er ist doch bisher zuverlässig gewesen. Der IWO geht selbst ins Funkschapp. Das Sehrohr wird nochmals ausgefahren, aber es ist wieder nichts zu sehen.

Aufgeregt kommt der I WO zurück. »Tatsächlich, Schraubengeräusche, einwandfrei!«
Einen Augenblick lang herrscht Ratlosigkeit. Vorsichtig meint jetzt der II WO, es ist ein junger Leutnant: »Sollte vielleicht auch ein ...«
»Unsinn«, unterbricht ihn der Kommandant, »so viele Boote haben wir gar nicht, daß wir uns gegenseitig auf die Zehen treten können.«
»Nein, nein, Herr Kaleu«, erwidert er, »ich meine einen Tommy!«
»Verdammt noch mal!« Jetzt ärgert sich der Kommandant, weil er nicht selbst diese Idee gehabt hat. »Ganz klar, das kann nur einer von der anderen Firma sein!«
»Schraubengeräusche in sechzig Grad. Sehr nahe.«
»Das ist ja ein Ding«, stößt der Kommandant überrascht durch die Zähne. »Jetzt machen Flugzeuge und U-Boote schon gemeinsame Sache, um uns zu erwischen. Wieder was Neues!«
Für alle im Boot gibt es keinen Zweifel: Das Flugzeug, das nicht lange in entferntem Gebiet bleiben kann, hat dem englischen U-Boot ihren Standort mitgeteilt. Man weiß ja bereits aus dem ersten Weltkrieg, daß die Royal Navy ihre U-Boote vornehmlich zur Bekämpfung der gegnerischen U-Boote eingesetzt hatte. Damals konnten Flugzeuge und Luftschiffe allerdings nur bei gutem Wetter, und das auch erst gegen Kriegsende, den Gegner aufstöbern und seinen genauen Standort in den Äther funken.
Nun kommt es darauf an, wer unter Wasser die längere Ausdauer oder, besser gesagt, wer die meiste Spannung in den Batterien hat. Derjenige, der gezwungen ist, als erster aufzutauchen, weil die Akkumulatoren leer sind, ist verloren.
»Geräusch jetzt aus hundertzwanzig Grad! Aus zweihundertdreißig Grad! Aus null Grad!«
Ein stundenlanges Sichbelauern setzt unter Wasser ein.
»Habe das Geräusch verloren! Zuletzt war es in zweihundertneunzig Grad zu hören.« Diese Meldung kommt aus dem Funkschapp. Es werden noch ein paar Haken geschlagen, aber das Geräusch ist nicht wieder aufzufangen. Im Grunde ist die ganze Besatzung froh, dieser unheimlichen Nachbarschaft ledig zu sein.
»Auftauchen!« befiehlt der Kommandant.
Über der See hängt eine dunkle Nacht, als das Boot an die Oberfläche kommt. Die Lüfter sausen und saugen Frischluft ins Boot. Die Diesel rattern laut. Die Batterien sind fast leer und werden aufgeladen.

Das Boot läuft mit hoher Fahrt ab.
Fünf Tage noch kreuzt das Boot westlich des Nordkanals. Immer wieder sind es Flugzeuge, die zum Alarmtauchen zwingen. Ein Schiff kommt nicht in Sicht. Dann ist der Brennstoff aufgebraucht. Vom BdU kommt der Funkbefehl zum Rückmarsch in den Stützpunkt.
Unzufrieden meldet der Kommandant zwei Abschüsse mit zusammen 11 000 BRT. Mißgestimmt rechtfertigt er das Ergebnis mit der zunehmenden Abwehr. Alle Einzelheiten trägt der Kommandant Dönitz vor. Fliegerangriff, Wasserbomben, feindliches Jagd-U-Boot... An den einsilbigen Fragen von Dönitz spürt der Kommandant deutlich, daß er nichts Neues berichtet.
Für die faschistische Führung wurden aus diesen Berichten immer deutlicher die Konturen einer gegnerischen Abwehr sichtbar, die die Verwirklichung ihrer Absichten verhinderte. Für Dönitz und seinen Anhang schienen die Gründe klar. Mit den verfügbaren Kräften konnte kein wirkungsvoller U-Boot-Krieg geführt werden, wie er ihnen vorschwebte. Sicher, sie hatten die Schwierigkeiten Großbritanniens erheblich vermehrt, doch auf die politische Haltung Großbritanniens hatte sich der U-Boot-Krieg nicht ausgewirkt. Das jedoch allein zählte in dem militärisch ausgetragenen Konkurrenzkampf der imperialistischen Großmächte.
Der Widerspruch zwischen den immer maßloser werdenden Zielen des deutschen Imperialismus und der Begrenztheit seines Potentials war es, der hier seine militärischen Auswirkungen zeigte. Zu einer solchen Erkenntnis gelangte die Führung des faschistischen Deutschlands nicht. Im Gegenteil! Die deutschen Imperialisten und ihre Militärs waren fest davon überzeugt, die Weltherrschaft erobern zu können. Frankreich war militärisch besiegt und zum großen Teil besetzt, Belgien, die Niederlande, Polen, Norwegen und Dänemark waren okkupiert und die Balkanländer der Einflußzone des deutschen Imperialismus eingegliedert worden. In weniger als einem Jahr hatte sich der Machtbereich des deutschen Imperialismus von Mitteleuropa auf fast alle europäischen Länder ausgedehnt. Es gab nur noch ein Land auf dem europäischen Festland, das dem Weltmachtstreben der deutschen Imperialisten entgegenstand — die Sowjetunion. Sie war das nächste Ziel der faschistischen Aggressoren, und sie sollte mit denselben Methoden der Kriegführung besiegt werden, die sich in Westeuropa so bewährt hatten. Nachdem sich die Hoffnung, Großbritannien in eine

antisowjetische Allianz unter Führung des faschistischen Deutschlands einzugliedern, nicht erfüllt hatte, sollte der Krieg gegen seine Zufuhr intensiver als zuvor fortgesetzt werden. Bald würde eine große Zahl neuer U-Boote in Dienst gestellt werden, die einen massierten Angriff auf die britischen Verbindungswege im Atlantik ermöglichten ...
Die erste Phase des U-Boot-Krieges ging zu Ende.

Fackeln der Verderbnis

(Sommer 1940 bis Frühjahr 1942)

Der Selbstbetrug

Am 22. Juni 1940 kapitulierte die Pétainregierung im Wald von Compiègne vor dem faschistischen Deutschland. Der sogenannte Westfeldzug war zu Ende. Die französische Großbourgeoisie hatte, als das Unheil über das Land hereingebrochen war, bis zuletzt die Kraft des Volkes mehr gefürchtet als die Faschisten. Marschall Pétain, der »Verteidiger von Verdun«, übernahm zwei Tage nach dem Fall von Paris die Regierungsgewalt und begann mit den Feinden Frankreichs zusammenzuarbeiten.

Die französische Kriegsmarine – sie war der deutschen überlegen – war in diesem Krieg kaum aktiv in Erscheinung getreten. Sie blieb sogar in der Stunde der höchsten Gefahr untätig. Nach der Katastrophe brachte die französische Admiralität auf Verlangen von Pétain die Schiffe der Flotte in unbesetzte südfranzösische oder nordafrikanische Häfen. Das Gros der französischen Kriegsflotte versenkte sich im Hafen von Toulon im November 1942, um so dem Zugriff der faschistischen Wehrmacht zu entgehen, als diese die unbesetzte Zone Frankreichs besetzte.

Auch die faschistische Kriegsmarine hatte am sogenannten Westfeldzug kaum Anteil gehabt. Außer einigen Unternehmungen der Schnellboote und anderer leichter Verbände erfolgte kein größerer Einsatz. Nur die U-Boote waren gewissermaßen zur Flankensicherung in See geschickt worden. Sie sollten einen etwaigen Stoß von gegnerischen Flottenkräften in die Deutsche Bucht abwehren. Dazu wären sie jedoch keineswegs in der Lage gewesen. Ein massierter Aufmarsch der gemeinsamen britischen und französischen Flotte vor den deutschen Häfen hätte sich zweifellos auf die Vorgänge an der Westfront auswirken können. Zumindest einen großen Teil der eingesetzten Luftstreitkräfte hätte die faschistische Führung daraufhin von der Westfront abziehen müssen. Doch ein solcher Entlastungsvorstoß unterblieb.

Nachdem die faschistischen Truppen am 20. Mai zum Kanal durchgebrochen waren, konzentrierte die britische Flotte ihre ganze Kraft darauf, die abgeschnittene und bei Dünkirchen eingekreiste Expeditionsarmee vom Festland zu evakuieren. Es gelang ihr, 340 000 Mann, darunter 90 000 Franzosen, unter Zurücklassung der gesamten Ausrüstung und aller Waffen nach England zu schaffen.

Die faschistischen U-Boote versuchten den die Straße von Dover überquerenden Strom von Wasserfahrzeugen zu stören. Doch angesichts der britischen Flotte, die zur Flankensicherung aufgeboten war, kamen sie nur vereinzelt zum Erfolg.

Weitaus wichtiger als Erfolg oder Nichterfolg der eingesetzten U-Boote war für Dönitz und seinen Stab, daß kurz vor Beendigung der Kampfhandlungen Brest, Lorient und Nantes mit seinem Außenhafen St. Nazaire eingenommen worden waren. Nach den Bestimmungen des Waffenstillstandsabkommens wurde der Küstenstreifen zwischen der Loire und der spanischen Küste mit den Häfen Bordeaux und La Rochelle von den faschistischen Truppen besetzt. Ein alter Traum der deutschen Seekriegsleitung hatte sich erfüllt. Das imperialistische Deutschland besaß jetzt einen offenen Zugang zum Atlantik, der nicht so leicht wie die norwegischen Häfen durch eine Stützpunktkette zu sperren war.

Den größten Nutzen aus der veränderten Lage konnte die U-Boot-Führung ziehen, denn naturgemäß war ein Verband von U-Booten leichter und schneller in die französischen Atlantikhäfen zu verlegen als eine Kampfgruppe schwerer Überwasserschiffe. Dönitz nutzte diesen Vorteil. Schon im Mai hatte er den sogenannten Torpedo-Zug bereitstellen lassen, der am Tage des Waffenstillstandes zu den Biscayahäfen abging und außer Torpedos Personal und Material zur Versorgung der U-Boote transportierte. Zum ersten U-Boot-Stützpunkt wurde Lorient an der bretonischen Südküste ausgebaut, den bereits Anfang Juli das erste U-Boot anlaufen konnte.

Dönitz siedelte am 1. September 1940 mit seinem Stab von Sengwarden bei Wilhelmshaven nach Paris über. In einer Villa am Boulevard Suchet richtete er sein Hauptquartier ein.

In Brest, Lorient, St. Nazaire, Le Havre und La Pallice bei La Rochelle wurden U-Boot-Stützpunkte eingerichtet. Ohne Zweifel war das ein großer Vorteil für den Einsatz der U-Boote. Am augenfälligsten zeigte sich das in der Verkürzung der Anmarschwege.

Das Operationsgebiet der faschistischen U-Boote lag westlich und südlich der Britischen Inseln, in den Gebieten der Eingänge zur Irischen See, wo sich die Schiffsrouten bündelten. Die Entfernung von den Stützpunkten an der deutschen Nordseeküste zum Nordkanal betrug etwa 1 000 Seemeilen. Zum St.-Georgs-Kanal, dem südlichen Zugang zur Irischen See, waren es, da die Straße von Dover abgeriegelt war, fast 1 500 Seemeilen. Bevor die U-Boote diese Einsatzräume erreichten, mußten sie den britischen U-Boot-Sperriegel durchbrechen, der durch Minenfelder, Patrouillen und eine Kette von Stützpunkten auf den Orkney- und Shetland-Inseln, auf den Färöern und später auch auf Island gebildet wurde. Infolge der britischen Kontrolle zur See und aus der Luft konnte dieser Streifen oft nur in der langsameren Unterwasserfahrt überwunden werden. So dauerte allein der An- und Abmarsch der U-Boote etwa 10 bis 16 Tage. Boote vom Typ IX verbrauchten dabei ein Drittel, die des Typs VII sogar zwei Drittel ihres Treibstoffvorrats.

Nach dem Überfall auf Norwegen verkürzte sich der Anmarschweg zum Nordkanal für die von den südnorwegischen Häfen aus operierenden U-Boote auf 500 Seemeilen. Noch günstiger war die Situation für die an der Biscayaküste stationierten Boote. Sie brauchten bis zum St.-Georgs-Kanal nur noch 250 Seemeilen zurückzulegen. Außerdem hatte in diesem Raum die britische Führung noch kein U-Boot-Abwehrsystem aufgebaut, und für die nächste Zeit war auch nicht damit zu rechnen. Im August begannen die Luftangriffe auf die englischen Großstädte. Sie beanspruchten so die Kräfte der Royal Air Force, daß an eine systematische Luftaufklärung und -sicherung der Biscaya nicht zu denken war. Auch die 50 Zerstörer, die Großbritannien im September 1940 von den USA als Gegenleistung für die abgetretenen Stützpunkte im karibischen Raum erhielt, waren nicht sofort zur U-Boot-Abwehr einzusetzen. Schließlich trug die Erhöhung der Zahl der Stützpunkte für die faschistischen U-Boote nicht unwesentlich dazu bei, die Wirksamkeit der britischen U-Boot-Abwehr herabzusetzen.

Durch den Besitz der französischen Atlantikküste hatten sich die Einsatzziele der faschistischen U-Boote sprunghaft vermehrt. Ein Boot vom Typ IX mit einem Aktionsradius von ungefähr 3 000 Seemeilen konnte von Wilhelmshaven aus bis in einen Raum im Bereich der Azoren operieren, von Lorient aus dagegen verschob sich der Operationsraum bis an die amerikanische Ostküste.

Dönitz war sich dieser Vorteile wohl bewußt. Er und sein Stab setzten neue Hoffnungen auf den U-Boot-Krieg. Ab Ende des Jahres würde eine große Zahl von neuen U-Booten zum Fronteinsatz auslaufen können; im Frühjahr 1941 würde er 120 und ab Herbst 180 Boote haben. Damit würde die »Rudeltaktik« Versenkungsergebnisse bringen, mit denen die bis Juni 1940 erzielten 2 Millionen Bruttoregistertonnen nicht vergleichbar wären. Dönitz und sein Anhang sonnten sich in der Vorstellung, daß es die U-Boote wären, die zusammen mit der Luftwaffe die Entscheidung im Krieg gegen Großbritannien bringen würden. Zwar spürten sie, daß die Vorbereitungen des Überfalls auf die Sowjetunion ihre Pläne erschwerten, indem sie Industrie- und Rohstoffkapazitäten banden, mit denen sie gerechnet hatten, aber sie waren überzeugt, den längeren Atem zu haben, sie glaubten es zumindest.
Dönitz fuhr in die neuen Stützpunkte an der Atlantikküste und hielt vor »seinen U-Boot-Männern« zündende Reden: Der Sieg gegen England wäre greifbar nahe. Der U-Boot-Krieg träte nunmehr in eine neue Phase ein ...

Die neuen Stützpunkte

Aus dem flimmernden Sonnenglast hebt sich am Horizont ein dünner heller Strich ab. Die bretonische Küste kommt in Sicht. Die Bugwelle des U-Bootes verliert sich in der trägen See zu beiden Seiten achteraus. Kaum merklich wiegt die leichte Dünung in sanften Bewegungen das Boot. Es ist warm, und der Geruch salzigen Wassers mischt sich mit dem Duft der Wiesen und Wälder, den ein lauer Wind spielend vom Land heranweht.
»Das ist doch was, Leute«, wendet sich der Kommandant an alle, die dicht gedrängt auf der Brücke oder unten an Deck um die Achtacht stehen. »Dieser Ozon! Riecht anders als auf den Kabeljaubänken oben im Norden!«
Vor drei Wochen war das Boot aus Wilhelmshaven ausgelaufen, und nach einer Treibstoffergänzung in Bergen in Norwegen war es nordwestlich des Nordkanals im Einsatz gewesen.
Vier weiße Wimpel flattern im Wind. Jeder Wimpel bedeutet einen Abschuß, und mit schwarzer Farbe ist die Tonnage aufgemalt. Insgesamt sind es 27 000 BRT.

Die Wimpel sehen lustig aus, und keiner denkt bei ihrem Anblick daran, daß sich hinter jedem eine Tragödie verbirgt, der verzweifelte Kampf der fremden Seeleute um ihr Leben, gegen den Tod in den Flammen des geborstenen Schiffsleibes oder in den Wellen des Ozeans. Keine Erinnerung. Nur 27 000 BRT.

Das Boot passiert den Molenkopf und steuert mit kleiner Fahrt auf die zugewiesene Pier zu.

Der Kommandant meldet sich beim Flottillenchef im neuen Stützpunkt. Den Erfolg, die vier versenkten Schiffe, hebt er mit gespreiztem Tonfall besonders hervor. Jeder an Deck weiß nur zu gut, warum er den Erfolg so betont. Mit diesem Einsatz hat das Boot die Gesamtabschußquote auf 102 000 BRT erhöht. Ihm ist das Ritterkreuz sicher. 100 000 Tonnen gelten als Taxe.

Ganz in der Manier eines höheren Vorgesetzten schreitet der Flottillenchef die Front der angetretenen Besatzung ab, indem er jedem eine Sekunde lang in die Augen blickt. Beim Rees im Mannschaftsraum erzählen sich die »Seelords« gegenseitig, daß sie »auf derlei Kinkerlitzchen scheißen«, aber wenn es dann tatsächlich — wie jetzt — so weit ist, halten sie doch dem Blick stand. Das Selbstvertrauen bekommt ordentlich einen Ruck, wenn man so direkt angesehen wird. Das weiß natürlich der Flottillenchef aus seiner Kadettenzeit.

Der Flottillenstab war in der ehemaligen Marinepräfektur untergebracht worden. Die Offiziere ließen für sich einige Villen am Stadtrand beschlagnahmen. Den Mannschaften der im Hafen liegenden Boote reservierte man einen Gebäudekomplex, eine ehemalige Kaserne, die »Erholungsweide«, wie sie bald genannt wurde. Ein Verpflegungslager und die Bestände an Ausrüstungsgegenständen, Schuhwerk und Uniformen der französischen Marine wurden Eigentum der Flottille.

Das ist ein Leben für die zurückgekehrten Besatzungen! Das ist etwas anderes als die engherzige Zucht auf dem Wohnschiff in Wilhelmshaven oder in Kiel, auf dem es immer nach P 3, dem Deckscheuerpulver, oder nach irgendwelchen Desinfektionsmitteln roch.

Von Kiel und Wilhelmshaven sind Werftarbeiter dienstverpflichtet worden, die das Boot überholen und kleine Schäden ausbessern. Tag und Nacht wird gearbeitet, das technische Personal der Besatzung muß mithelfen, damit das Boot schnell wieder einsatzklar gemeldet werden kann.

Am nächsten Tag ist großer Appell. Der BdU ist persönlich aus Paris

gekommen. Die meisten von der Besatzung hoffen, daß es Heimaturlaub gibt. In Reih und Glied angetreten, steht die Besatzung auf dem Platz vor der ehemaligen Marinepräfektur. Links und rechts stehen die Besatzungen der anderen Boote, die im Hafen liegen.
Dönitz erscheint. Er wird begleitet von seinem Ersten Admiralstabsoffizier, dem Kapitän zur See Godt. Im Hintergrund hält sich der Flaggleutnant mit seiner gelben Adjutantenschnur. Unter den Arm geklemmt trägt er eine dunkle Mappe und ein viereckiges Etui, in beiden Händen einen kleinen Karton, einen ordinären Pappkarton.
»Stillgestanden! Zur Meldung an den Befehlshaber die Augen — links!«
Der Flottillenchef meldet und tritt danach zur Seite.
Dönitz wirft sich in Feldherrnpose und behält die Hand am Mützenschirm. »Heil, U-Boot-Männer!«
»Heilheadmiral!« dröhnt es über den Platz.
Danach schreitet Dönitz die Front ab, genauso wie der Flottillenchef, der neben ihm geht, macht er das, nur noch gravitätischer, mit noch zwingenderem Blick. Schade, daß keine Musikkapelle da ist, denkt er dabei.
Nachdem er die Front abgeschritten hat, läßt er sich vom Flaggleutnant die Mappe reichen. Das geht ein bißchen umständlich vor sich, weil ja der Flaggleutnant den Karton halten muß. Dönitz schlägt die Mappe auf und beginnt mit lauter Stimme vorzulesen, doch muß er die Mappe sehr hoch halten, da er ohne Brille nicht gut lesen kann.
»Für den mutigen und tapferen Einsatz bei der Schlacht um England und für die Versenkung von hundertundzwotausend Bruttoregistertonnen feindlichen Schiffsraumes verleiht der Führer und Oberste Befehlshaber das Ritterkreuz zum Eisernen Kreuz ...«
In strammer Haltung und mit krampfhaft unbeweglichem Gesicht steht der Kapitänleutnant, gerade 28 Jahre alt, vor seinem Befehlshaber. Der Flottillenchef nimmt dem BdU die Mappe ab und reicht ihm das aufgeklappte Etui, das er sich vorher von dem Flaggleutnant hat geben lassen. Der Kapitänleutnant beugt seinen Kopf leicht nach vorn, nimmt die Hand ein wenig vom Mützenrand, damit ihm sein Befehlshaber das schwarzweißrote Band mit dem baumelnden Kreuz über die Mütze streifen kann.
»Ich danke gehorsamst, Herr Admiral!«
Das pathetisch-feierliche Zeremoniell verfehlt die beabsichtigte Wir-

kung nicht. Die anderen Offiziere, die neben ihren Besatzungen stehen, wünschen nichts sehnlicher, als bald aus gleichem Anlaß so vor ihrem Befehlshaber stehen zu dürfen. Der Weg dorthin aber führt nur über neue, größere Abschußerfolge.

Als sei deshalb vorerst ein Trost notwendig, gehen der BdU, der Flottillenchef und der Flaggleutnant noch einmal die im Viereck aufgestellte Front ab. Der Flottillenchef liest jetzt Namen aus einer Liste vor. An die Offiziere und Mannschaften werden weitere Auszeichnungen verliehen, zuerst das EK I, dann das EK II und das U-Boot-Abzeichen.

Immer wenn der Name fällt, greift der BdU in den Pappkarton und heftet dem Betreffenden die Auszeichnung an.

Hinterher Händedruck und Blick in die Augen.

Die Verteilung der Auszeichnungen ist beendet. Der Befehlshaber geht wieder in die Mitte des Karrees.

»Herumschließen!«

Die Formation löst sich auf, und dicht an dicht drängen sich die Leute, die Ausgezeichneten darauf bedacht, daß die flüchtig angehefteten EKs und Abzeichen nicht herunterfallen, um den Befehlshaber.

»Meine U-Boot-Männer ...«

Es folgt eine kurze und aufpulvernde Rede. Von ihrer Tapferkeit, von ihrem Mut. Das Vaterland blicke voller Stolz auf sie. Dem Engländer, der ihnen diesen Krieg aufgezwungen habe, würde noch Hören und Sehen vergehen. Es könne keinen Zweifel geben am Sieg. Niemals! Mit einem solchen Führer, den die Vorsehung uns schenkte, und mit solchen U-Boot-Besatzungen sei der Sieg gewiß. Der Feind sei zu schlagen, wo er angetroffen werde. Jedes feindliche Schiff, ob Kauffahrtei- oder Kriegsschiff, das auf den Meeresgrund versinkt, bringt uns dem Sieg näher. Jetzt, wo wir die neuen Stützpunkte haben ...

Der Torpedomechaniker und der Signalgast des Bootes sind in bester Laune. Ihr Kommandant hat das Ritterkreuz, und sie beide haben das EK II. Das ist ein Tag! Eigentlich wollten beide sofort nach Hause schreiben, an die Eltern, vor allem an die richtige Liebe, daß sie vom Befehlshaber persönlich das EK angeheftet bekommen haben. Aber das kann man auch morgen noch machen. Heute wird gefeiert.

Sie schlendern durch die Stadt. In drei oder vier Kneipen wird eingekehrt. Der Wein ist billig und schmeckt. Der Wehrsold der letzten

Wochen will vertan sein. Schließlich landen sie vor einem Bordell. Der Andrang ist groß, sie müssen sich vor der Tür in die Schlange der Wartenden einreihen.

Die vier Wochen im Hafen sind bald vorbei, die Eisernen Kreuze und Abzeichen in einem Schapp verstaut. Im Lederpäckchen steht die Besatzung wieder an Deck, vor den Maschinen und Geräten.

Das Boot steuert an der Mole vorbei hinaus in die Weiten des Atlantiks.

Die Rechnung geht nicht auf

Es ist Anfang Dezember. Der November ist ungewöhnlich stürmisch gewesen, und noch immer rollt eine gewaltige See gegen die französische Atlantikküste.

U 101 unter Kapitänleutnant Mengersen kämpft gegen die Sturzsee an. Das Boot rollt und stampft, in den Spanten kracht es. Wie ein Ball wird es in der kochenden See hin und her geworfen. Die Ausgucks müssen sich auf der Brücke festhaken, um bei dem harten Überholen nicht außerbords gespült zu werden. Ab und zu, zwischen Regenschauern, ist steuerbord querab der Leuchtturm von Ouessant, der letzten Insel an der bretonischen Nordwestküste, zu sehen. Er wandert bei der geringen Fahrt, die das Boot gegen die anrollende See macht, nur langsam achteraus. Mengersen ist schlechter Laune, die Stimmung der Besatzung ist auf dem Nullpunkt. Die Wetterpropheten sagten Besserung für den ganzen Dezember voraus, aber Mengersen hat seine Erfahrungen mit den Meteorologen gemacht — wie oft sind ihre Prognosen falsch gewesen!

Das Operationsgebiet für U 101 liegt in der Nähe der Rockall-Bank, westlich der Hebriden. Seit der Besetzung Frankreichs ist der Kanal für die Schiffahrt wegen der faschistischen Flugzeuge, die von den in Frankreich gelegenen Stützpunkten starten, sehr gefährdet. Im Juli waren die Luftangriffe auf die Schiffe so stark, daß die Admiralität den Geleitzugverkehr im Kanal einstellte. Selbst der St.-Georgs-Kanal wird immer mehr gemieden. Die Mehrzahl der vom Atlantik kommenden Schiffe steuert über den Nordkanal die Irische See an, um nach England zu kommen.

Die schlechte Laune von Mengersen hat aber noch einen anderen

Grund. Er weiß, daß im Dezember nicht mehr als fünf Boote im Atlantik eingesetzt sein werden, auf die sich die englische Abwehr natürlicherweise konzentrieren wird..

Ständig wurde gesagt, daß gegen Ende 1940 die ersten Boote des großen Bauprogramms zur Front kommen, aber die Erprobungen und das Ausbilden neuer Besatzungen, ja selbst die Arbeiten auf den Werften verzögern sich immer wieder.

Er muß an ihm bekannte Kommandanten auf den 250-Tonnen-Booten denken, den »Einbäumen«, die von Norwegen aus vor der schottischen Küste operieren. Wie muß ihnen bei diesem Hundewetter zumute sein, ganz abgesehen von der Fliegergefahr infolge der Küstennähe: U 59 unter Topp, U 137 unter Lüth und U 138 unter Wohlfahrt. Ihm fällt die Liste ein, die nach einer Besprechung im BdU-Hauptquartier in Paris ein Freund aus seiner Crew, von seinem Offiziersjahrgang, zeigte. Er hat die Zahlen noch genau im Kopf. Bei 46 Prozent Eigenverlusten versenkten die eingesetzten U-Boote ein Schlachtschiff, einen Flugzeugträger, 3 Zerstörer, 2 U-Boote, 5 Hilfskreuzer und 440 Handelsschiffe mit zusammen 2 330 000 BRT. Das ist schon was, denkt Mengersen, vor allem, wenn man die Zahl der eingesetzten Boote bedenkt. Trotzdem hat Großbritannien keineswegs kalte Füße bekommen. Da nutzt es auch nichts, wenn die U-Boot-Führung eine alberne Rechnung aufmacht. Versenkungsergebnis im Oktober 920 BRT je Boot und Seetag. Im November 430 BRT. Das Oktoberergebnis müßte sich schon verdreifachen, wenn nicht gar vervierfachen, um dem Feind die Luft ausgehen zu lassen. Kommen nicht bald neue Boote in großer Zahl zum Fronteinsatz, hat inzwischen der Gegner seine Abwehr so verstärkt, daß es bei dieser mageren Abschußtonnage bleiben wird. Darüber gibt es bei Mengersen keinen Zweifel.

»Sunderland drei Strich steuerbord voraus!« ruft der Ausguck. Mengersen schreckt aus seinen Gedanken auf. Auch das noch, denkt er, bei jedem Mistwetter sind die mit ihren Flugbooten unterwegs.

»Alarm!«

Das Boot taucht weg.

Nach einer Stunde wird aufgetaucht. Von der »Sunderland« ist nichts mehr zu sehen. Weiter geht die stampfende Marschfahrt mit westlichem, später mit nördlichem Kurs. Nach zwei Tagen ist das Operationsgebiet erreicht. In der Ferne ist der graue Felsen von Rockall zu sehen, diese steile, aus der Tiefe des Atlantiks aufragende einsame

Felsennadel. Das Wetter hat sich tatsächlich gebessert, wenn auch noch eine hohe Dünung steht und ein eiskalter Nordost weht.
Die Funkkladde wird durchs Turmluk gereicht. Funkkurzsignal vom BdU: »Konvoi HX im Planquadrat 13 B. Ostkurs. 10 Knoten Fahrt. Angreifen! Standort, wenn HX erreicht, melden!«
Mengersen läßt sofort die Fahrt erhöhen. Der Obersteuermann gibt den neuen Kurs an. Bis zum Planquadrat 13 B sind es knapp 100 Seemeilen. Wenn der Konvoi den Kurs und die Geschwindigkeit beibehält, würde das Boot in fünf Stunden heran sein. Am späten Nachmittag erreicht U 101 den Geleitzug. Über 40 Schiffe zählt Mengersen, darunter mindestens ein Dutzend Tanker. Zum Angreifen ist es noch zu hell. Mengersen hält sich weit entfernt, um nicht gesehen zu werden. Ein großer Zerstörer, ähnlich wie der französische »Volta«-Typ, quirlt einigemal bei seinem Bogenschlagen neben dem Konvoi dicht heran, so daß U 101 schleunigst das Weite sucht.
Um die Stimmung in der Besatzung anzuheizen, gibt er durchs Boot: »Jungs, reißt euch am Riemen! Vierzig Schiffe warten auf unsere Aale! Sobald es dunkel wird, gehen wir 'ran!«
»Hoffentlich gibt's nicht vierzigmal Wasserbomben auf den Deckel«, meint verstohlen der Zentralemaat zu seinem Nachbarn.
Der Kommandant läßt äußerste Kraft laufen. Er will sich mit dem Boot vor den Konvoi setzen und sich nach Einbruch der Dunkelheit mitten in den weit auseinandergezogenen Geleitzug hineinsacken lassen.
Die Diesel rattern laut. Erregung erfaßt alle im Boot. Jeder hat sich ausgerechnet: Wenn die Torpedos bald verschossen sind, würde es klappen, daß das Boot zu Weihnachten im Hafen liegt.
Der Himmel ist durch Wolken verhangen. Allmählich fällt die Nacht herab. Eine lang ausholende Dünung schiebt von Nordost her, und die See ist leicht kabbelig. Es ist das richtige U-Boot-Wetter.
»Frage Uhrzeit?«
Aus dem Turmluk wird herausgerufen: »Einundzwanzig Uhr fünf.«
»Auf halbe Fahrt gehen!«
Das starke Vibrieren unter den Füßen läßt nach.
»Auf Gegenkurs drehen!«
Das Boot schwenkt herum. Das Schraubenwasser malt einen kaum sichtbaren Halbkreis aufs Wasser.
»Ist das Nachtzielgerät klar?«
»Ist klar!«

Der Funker steckt den Kopf durchs Luk. »Herr Kaleu, zwei weitere Boote haben den Konvoi erreicht. Der eine ist Prien.«
»Hoffentlich knallt uns keiner vor der Nase herum«, antwortet Mengersen, dabei läßt er kein Auge vom Nachtglas. »Die ganze Mahalla voraus! Ein sichernder Zerstörer weiter hinten«, wendet sich der I WO an Mengersen.
»Ich sehe«, antwortet der. »Wir greifen den ersten an.«
Der IWO peilt schon durchs Zielgerät. »Der Winkel ist zu spitz.«
Mengersen ist ruhig. »Laßt ihn erst weiter 'rankommen. Dann den Kurs nach Backbord abfallen lassen. Ich sage, wann.«
Mengersen betrachtet den großen Dampfer, der fast auf U 101 zuläuft.
»Schätze achttausend Tonnen! Schwergutbäume! Vor und hinter der Brücke Versauflöcher! Ein Indiendampfer! Hohe, langgestreckte Aufbauten! Nachher gleich im Bilderbuch nachsehen!« Das wird zum Obersteuermann in die Zentrale heruntergegeben. Er hat den Schiffstypenkatalog schon neben der Seekarte auf dem Koppeltisch liegen.
»Ruder langsam Steuerbord! Wir müssen etwas ausholen, sonst kommen wir zu dicht heran.«
Alles läuft planmäßig wie beim Übungsschießen in der Neustädter Bucht, nur daß sie statt des Zielschiffs einen bemannten Frachter vor sich haben.
»So, das genügt! Hart Backbord!«
Das Boot schwenkt herum.
»Alles klar?« fragt Mengersen den I WO.
»Klar«, antwortet dieser, ohne die Augen vom Zielgerät zu lassen.
»Entfernung einundzwanzig Hundert.«
»Ruder stütz! Kurs halten!«
»Kurs halten!«
»Rohr eins fertig?«
Sofort kommt die Rückmeldung: »Rohr eins ist fertig!«
Da steigt eine mächtige Wassersäule an dem Dampfer empor.
»Verdammt! Ist uns doch einer zuvorgekommen!« flucht Mengersen los. Doch schon hat er sich wieder in der Gewalt.
»'rum das Ruder! Nach Steuerbord! Auf den nächsten zuhalten!«
»Ruder liegt hart Steuerbord.«
»Abfangen!«

»Der hat auch seine sechstausend Tonnen.«
»Alles klar? Entfernung?«
»Dreiundzwanzig Hundert.«
Mengersen klemmt sich mit ans Zielgerät. Jetzt wandert der Bug des Schiffes in den Zielfaden.
Gespannt starrt alles über die Verschanzung zu dem Schiff hinüber. Die Sekunden schleichen dahin.
»Rohr eins los!«
Mittschiffs springt eine Wassersäule in den Nachthimmel hinauf. Ein verbissenes Grinsen steht in Mengersens Gesicht. »Das Ruder nach Backbord! Auf den Tanker zuhalten!«
Das Boot steht mitten im Geleitzug. Rundum sind die Schatten der Schiffe zu erkennen. Geisterhaft sieht das aus. Plötzlich wieder eine Detonationssäule, weit weg an Steuerbord.
»Paßt mir ja auf«, fährt Mengersen die Ausgucks an.
»Laßt mir kein Auge von dem zugewiesenen Sektor!«
»Ziel erfaßt«, ruft der I WO.
»Rohr zwo fertig!«
Unter den Füßen zittert leicht das Boot beim Abschuß des Torpedos.
Eine Wasserfontäne hüllt das Achterschiff des Tankers ein.
»Der Dampfer von vorhin sackt weg!« meldet ein Ausguck.
Mengersen hört nur mit halbem Ohr hin. Seine Augen hängen wie gebannt an dem Tanker.
»Zerstörer achteraus!«
Mit hoher Fahrt prescht ein Zerstörer heran. Der Schaumbart am Bug ist in der Dunkelheit deutlich zu erkennen.
»'runter!«
Das Handrad des Turmluks pfeift durch die rechte Hand Mengersens.
Wasser gurgelt in die Tauchtanks.
»Sechs Meter! Acht Meter! Zehn Meter! Fünfzehn Meter!« ruft der Zentralemaat aus. Die Nerven aller sind aufs äußerste gespannt. Viel zu lange dauert allen das Tauchen. Die ersten Wasserbomben fallen, noch weit weg.
Der LI hat auf 40 Meter einpendeln lassen.
»Konnte der nicht zehn Minuten warten?« knurrt Mengersen. Aber es klingt eher nach Erleichterung.
Wieder fallen Wasserbomben, etwas näher als vorher. Vorsichtshalber geht der LI auf 80 Meter Tiefe.

Laufend gibt der Horcher die Richtung der Schraubengeräusche an. Viermal meldet er auch Detonationen, die offensichtlich von Torpedos herrühren.
Nach vier Stunden endlich ist von dem Zerstörer nichts mehr zu hören. Mengersen läßt auftauchen. Dunkle Nacht hüllt das Boot ein. Der Geleitzug ist verschwunden. Während U 101 hinter dem HX 90 herjagt, geht die Erfolgsmeldung an den BdU ab: Einen 6 000-BRT-Dampfer versenkt, einen Tanker von 8 000 BRT torpediert. Im Morgengrauen hat U 101 zum Konvoi aufgeschlossen. Zum erneuten Angriff ist es aber zu spät. Den ganzen Tag über hält das U-Boot Fühlung, und in der kommenden Nacht wiederholt sich das grausige Spiel.
U 101 kommt noch fünfmal zum Schuß. Zwei Schiffe, ein Dampfer und ein Motorschiff, versinken in den Fluten. Beim dritten Schiff, einem tiefliegenden Schwergutlader von 9 000 BRT, kann Mengersen einen Treffer beobachten, bevor er wegtauchen muß. Zwei Torpedos sind Versager, davon einer ein Oberflächenläufer.
Einige Tage kreuzt dann U 101 noch im zugewiesenen Operationsgebiet, bis der Befehl zum Rückmarsch eintrifft.
Aus den Funkmeldungen kann Mengersen ersehen, daß aus dem Geleitzug HX 90 14 Schiffe versenkt und 3 torpediert wurden.
Nach dem Einlaufen in den Atlantikstützpunkt erfährt er das Monatsergebnis für Dezember: 697 BRT je Boot und Seetag. Es waren fünf Boote im Einsatz gewesen.
Sicher waren es empfindliche Nadelstiche, die die U-Boote der englischen Zufuhr versetzten. Ernstlich gefährdet haben sie diese nicht.

»Rudeltaktik« und verstärkte Abwehr

Die britische Admiralität arbeitete fieberhaft, um sich der faschistischen U-Boote zu erwehren. Ein Operationsstab wurde gebildet, der sich nur mit der Abwehr und der Vernichtung von U-Booten befaßte. In der Kommandozentrale dieses Operationsstabes befand sich ein großes Diagramm an der Wand. Eine Kurvenlinie zeigte, wie sich der Zuwachs an Handelsschiffstonnage durch Neubauten und Charterung zu den Versenkungsziffern verhielt. Mitten hindurch ging ein roter Strich — die Gefahrenlinie, die keinesfalls unterschritten werden durfte, wenn nicht die Versorgung der Wirtschaft und der Bevölkerung gefährdet werden sollte. Die auf vollen Touren laufende Kriegswirtschaft erforderte eine ständig anwachsende Menge an Materialien und Rohstoffen aller Art. Die Kurve der verfügbaren Tonnage bewegte sich seit Kriegsbeginn annehmbar über der roten Linie und hatte sie bisher niemals erreicht, geschweige denn unterschritten. Dennoch waren die Verluste der alliierten und neutralen Handelsschiffahrt größer als der Neubau. Im Jahre 1940 wurden etwa 4,4 Millionen Bruttoregistertonnen Schiffsraum versenkt, aber im gleichen Zeitraum nur 1,2 Millionen neuer auf den Werften in Großbritannien und der noch neutralen USA gebaut. Deshalb durfte die U-Boot-Gefahr auf keinen Fall unterschätzt werden, zumal bekannt war, daß spätestens ab Anfang 1941 monatlich eine große Anzahl von U-Booten fertiggestellt werden würde. Es kam darauf an, gegen diesen Ansturm gewappnet zu sein. Die Vorbereitungen liefen bereits seit Monaten.

Die Erfahrungen des ersten Weltkrieges zeigten, daß stark gesicherte und in entferntem Seegebiet zusammengestellte Geleitzüge gute Chancen hatten, ohne größere Verluste die gefährdeten Zonen zu durchqueren. Außer schnellaufenden Schiffen, die ihrer Schnelligkeit wegen dem U-Boot überlegen waren und die deshalb auch bevorzugt als Einzelläufer den Atlantik überquerten, sollten am besten alle Schiffe im Geleit fahren. Seit Frühjahr 1940 wurde ein umfangreiches Geleitzugsystem aufgebaut und erprobt. Allein vom 9. April bis 20. Juni 1940 fuhren 4 364 Schiffe in 149 Geleitzügen von oder nach den Britischen Inseln, während zur selben Zeit an der britischen Ostküste 129 Konvois mit 4 246 Schiffen in beiden Richtungen verkehrten. Mit diesen Geleitzügen konnten wertvolle Erfahrungen gesammelt werden. Die Besatzungen der Handelsschiffe und der Sicherungsfahrzeuge lernten das schwierige Fahren im Geleit. Man stellte die effektivste Größe eines Konvois, die günstigste Zusammensetzung und die bestmögliche Fahrtweise fest.

Das größte Hindernis bei dem Aufbau eines wirksamen Geleitzugsystems lag aber darin, daß zuwenig Begleitfahrzeuge vorhanden waren. Die britische Regierung hatte zwar eine große Zahl Zerstörer mit einem weiten Aktionsradius auf Kiel gelegt, aber bis zu ihrer Indienststellung würde noch einige Zeit vergehen. So erwarb sie Anfang September 1940 von den Vereinigten Staaten 50, allerdings veraltete Zerstörer. Dafür mußte Großbritannien den USA Stützpunkte auf Neufundland, auf den Bermuda- und den Bahama-Inseln, auf Jamaika, Santa Lucia,

Antigua, Trinidad und in Britisch-Guayana auf 99 Jahre überlassen. Alle Handelsschiffe wurden weitgehend mit Geschützen und Wasserbombenwerfern ausgerüstet, und das Küstenfliegerkommando, das weite Gebiete des östlichen Atlantiks ständig zu kontrollieren hatte, wurde verstärkt. Eine wichtige Maßnahme war auch die Landung britischer Truppen am 10. Mai 1940 auf Island, das damals noch durch eine Personalunion mit Dänemark verbunden war. Island bot eine vorteilhafte Ausgangsbasis für den Einsatz von Sicherungsfahrzeugen und Flugzeugen. Von hier aus konnte die nördliche Geleitzugroute in der Dänemarkstraße bis zum Kap Farvel, an der Südspitze Grönlands, unter Kontrolle gehalten werden. Zwischen Schottland und Island verstärkte sich die Sicherungskette von Woche zu Woche. Hier wurden neben Flugzeugen auch Korvetten mit begrenztem Aktionsradius und vor allem eine große Zahl als Hilfskriegsschiffe hergerichtete Fischereifahrzeuge eingesetzt. Allerdings sollte sich Großbritannien nicht lange am Besitz Islands freuen. Ein Jahr später, als sich der U-Boot-Krieg bis an die amerikanische Küste ausgedehnt hatte, mußte die britische Regierung dem massiven Druck der USA nachgeben. Am 7. Juli 1941 besetzten USA-Truppen Island. Weder das isländische Volk noch die dänische Regierung wurden dabei gefragt, obwohl zwischen Kopenhagen und Washington zu dieser Zeit noch diplomatische Beziehungen bestanden.

Drei große Geleitzugwege mußte die britische Flotte schützen. Alle von Nordamerika kommenden Schiffe sammelten sich in den Häfen an der Atlantikküste der USA und Kanadas. Bevorzugte Häfen waren Norfolk und New York in den USA und Halifax in Kanada. Die von Afrika und Südamerika abgehenden Schiffe wurden in Freetown an der westafrikanischen Küste zu Konvois zusammengestellt. Eine dritte Marschroute verlief von Port Said bis Gibraltar im Mittelmeer und von Gibraltar in einem Bogen, die spanische und die portugiesische Küste meidend, im Atlantik und wurde von Schiffen befahren, die, von Indien und von Ostafrika kommend, den Suezkanal benutzten.

Zu diesem Zeitpunkt war noch nicht daran zu denken, einen Geleitzug die ganze Fahrt über zuverlässig zu schützen. In der Regel verließen ihn die eskortierenden Kriegsschiffe, nachdem sie ihn durch den gefährlichen Ostatlantik gebracht hatten, und der Konvoi löste sich auf oder fuhr mit schwacher Sicherung weiter. Der Aktionsradius der Geleitfahrzeuge reichte für größere Entfernungen nicht aus.

Für die faschistische U-Boot-Führung bot der Übergang zu einem großangelegten Geleitzugsystem die Möglichkeit, einen seit langem gehegten Plan zu verwirklichen.

Der erste Weltkrieg hatte gezeigt, daß ein stark gesicherter Geleitzug guten Schutz gegen ein einzeln operierendes U-Boot bot. So war der Gedanke entstanden, einen Konvoi massiert mit U-Booten anzugreifen, um dessen Abwehr zu zersplittern. Diesen Gedanken hatte Dönitz, der selbst im ersten Weltkrieg erste Erfahrungen in dieser Hinsicht sammeln konnte, aufgegriffen und zur Grundlage einer neuen Taktik gemacht. »Rudeltaktik« war dieser Einsatz einer U-Boot-Gruppe gegen einen Konvoi getauft worden. Von 1935 an hatten Dönitz und sein Stab bei großangelegten Übungen in der Ostsee diese Gruppentaktik in die Tat umzusetzen versucht. Sie stellten Wohnschiffe und Geleitfahrzeuge zu Konvois zusammen und setzten mehrere U-Boote gleichzeitig zum Angriff an. Wichtig war, daß die Kommandanten der Boote untereinander Funkkontakt hielten und sich ihre Absichten untereinander mitteilen konnten. Von seinem Operationszimmer aus dirigierte Dönitz nach der Lagekarte durch Funkbefehle die einzelnen Boote, die irgendwo auf Warteposition standen, an den Geleitzug heran.

Nach den britischen Konvoimaßnahmen und dem Ausbau der neuen Stützpunkte, die einen längeren Aufenthalt der U-Boote im Operationsgebiet ermöglichten, konnte Dönitz diese Taktik in der Praxis anwenden. Denn die »Rudeltaktik« setzte eine große Anzahl von U-Booten voraus, die in einer engen Kette Wartepositionen in See einnahmen und sich schnell in einem bestimmten Gebiet zusammenziehen ließen, sobald ein Konvoi ausgemacht war. Immer wieder drängte die U-Boot-Führung bei der Seekriegsleitung, den Bau der neuen Boote, die Ausbildung und Erprobung zu beschleunigen. Sie kannte das wachsende Potential des Gegners sowohl an Handelsschiffstonnage wie auch an Abwehrmitteln. Sie wollte die gegnerischen Konvois anfallen, bevor das Abwehrsystem ausgebaut war. Obwohl die zur Verfügung stehende Zahl von einsatzbereiten U-Booten Anfang 1941 bei weitem nicht ausreichte, entschloß sich Dönitz zur Anwendung der »Rudeltaktik«. Die Zeit arbeitete gegen das faschistische Deutschland. Deshalb mußte Dönitz die U-Boote in bestimmten Gebieten konzentrieren, selbst auf die Gefahr hin, daß in anderen Gebieten Geleitzüge ungeschoren ihren Weg zogen. Doch er hoffte auf die neuen Boote, die 1941 zum Einsatz gelangen würden, und glaubte, durch ihren Einsatz das Kräfteverhältnis zur See zugunsten der Faschisten ändern zu können und in absehbarer Zeit den Zusammenbruch der englischen Widerstandskraft herbeizuführen. Angesichts des bevorstehenden Überfalls auf die Sowjetunion eine abenteuerliche Hoffnung.

Kapitän zur See Godt, der Chef der Operationsabteilung beim BdU, steht im Lagezimmer vor der großen Wandkarte.

Auf ihr ist der Atlantik in kleine Quadrate aufgeteilt. Ein Oberfeldwebel, der auf Anweisung von Kapitänleutnant Winter mit kleinen Magneten einen gemeldeten Geleitzug markiert hat, sieht erst zu Godt und dann zu Dönitz hinüber. Der Raum ist nicht sehr groß, es ist das ehemalige Speisezimmer in dieser Villa, die einem Sardinenfabrikanten gehört hat.

»Wieviel Boote können herankommen, Godt?« fragt Dönitz.

Godt sieht in die Liste, die er in der Hand hält. »Ja, da wäre U 99, Kretschmer, U 100, Schepke ... Dann Mohr. Auch Suhren müßte es schaffen. Ja, ebenso Metzler, Schewe und Oesten.«

Der Oberfeldwebel markiert die Boote nach der letzten Standortmeldung, die ihm der Kapitänleutnant angibt.

Dönitz ist halb zufrieden. »Acht Boote ... Na ja, doppelt soviel wäre besser!«

»Heßler, Schütze und Liebe stehen zu weit ab, aber vielleicht gelingt es ihnen trotzdem.« Godt sieht wieder in die Liste.

Der Oberfeldwebel markiert auch diese Boote.

Dönitz tritt an die Karte heran. »Wie stark ist der Konvoi?«

»Sechzig Schiffe, funkt Topp. Außer den Bewachern.«

Hin und her wandern die Augen von Dönitz auf der großen Karte, als prüfe er die Distanz der einzelnen Boote zu dem Geleitzug. Alle im Raum warten auf seine Entscheidung.

»Also los! Auf sie mit Gebrüll!« Wie immer ist er um eine anfeuernde Stimmung bemüht. »Befehl zum Angriff! Auch Heßler, Liebe und Schütze sollen versuchen heranzukommen.«

»Jawohl, Herr Admiral!« Auf einen Wink von Godt reicht Winter dem Funkoffizier die Aufstellung der zum Angriff bestimmten Boote. Der Funkoffizier geht eilig hinaus.

»Sind ja alles alte Kämpen!« Dönitz weist mit der Hand flüchtig auf die markierten U-Boote. »Jeder der Kommandanten ist mit seiner Besatzung zwei Boote wert. Sollten wir die Rechnung nicht so sehen? Godt, was meinen Sie?«

»Durchaus, Herr Admiral!«

»Passen Sie auf, der Kretschmer kommt wieder und hat die dreihunderttausend Tonnen erreicht! Wir müssen ihm die Schwerter zum Eichenlaub geben.«

»Das schafft er, Herr Admiral!«

»Ich erwarte laufend Meldung, wenn die Boote heran sind!«

Alles im Raum nimmt flüchtig Haltung an. Dönitz geht hinaus.

Der Funker auf jedem Boot rennt nach Erhalt des Funkspruchs mit der Kladde zum Kommandanten.

Die Boote nehmen Kurs auf den gemeldeten Geleitzug. Vor Einbruch der Dunkelheit sind die meisten heran. Das ist gar nicht so einfach. Tagelang ist der Himmel über dem Nordatlantik von Wolken bedeckt. Die Obersteuermänner der Boote müssen koppelnd navigieren, ohne nach einem Himmelskörper den Standort bestimmen zu können. Von den niedrigen Booten aus ist die Sichtweite, zumal noch bei stark bewegter See, sehr begrenzt. Unter solchen Umständen einen sich fortbewegenden Geleitzug zu finden verlangt viel nautisches Können und, wie der Seemann sagt, den richtigen »Riecher«.

Die entfernteren Boote halten weit voraus mit ihrem Kurs, in der Hoffnung, am nächsten oder übernächsten Tag den Geleitzug zu erreichen.

Die Nacht ist hereingebrochen, und die Kommandanten haben sich bereits untereinander abgestimmt, von welcher Seite jeder über die in mehreren Marschsäulen marschierenden Schiffe herfällt, da springen die ersten Wassersäulen auf. Leuchtgranaten der Bewacher zischen in die Nacht. Das metallische Krachen, wenn detonierende Torpedos in eiserne Schiffsleiber fahren, zerteilt der Wind in widerliche Lärmfetzen. Unaufhörlich wummern und rummeln die explodierenden Wasserbomben, Berge von Wasser aufwühlend. Geschütze und leichte Flakwaffen belfern kreuz und quer auf vermutliche Ziele. In dem ohrenbetäubenden Lärm ist das Angstgeschrei der Verwundeten und Ertrinkenden nicht zu hören. Es ist, als decke dieses Donnern und Krachen das Schreien und die Hilferufe der wehrlos im Wasser Treibenden barmherzig zu. Das wahnwitzige Inferno hält die ganze Nacht über an. Erst als der Morgen am fernen Horizont aufsteigt, tritt Ruhe ein. Gelichtet marschiert der Geleitzug weiter. Aufmerksam umkreisen die Bewacher den Konvoi. Abermals bricht das Unheil bei Dunkelwerden über ihn herein. Wassersäulen, Feuerschein, Ertrinkende...

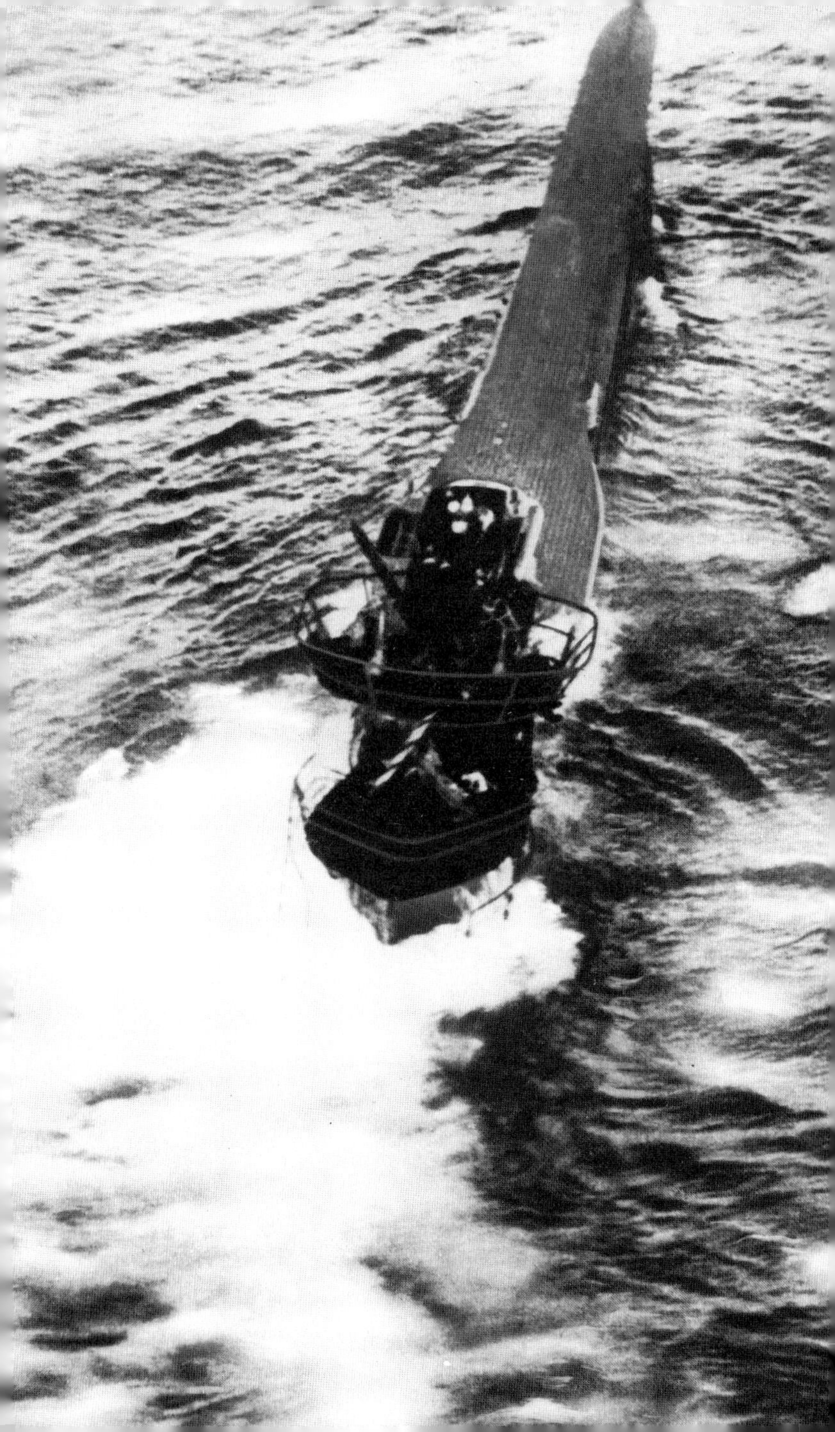

Im Mittelmeer gelangen den faschistischen U-Booten Erfolge gegen britische Kriegsschiffe, die ungenügend gesichert waren. Vor Gibraltar wurden der moderne Flugzeugträger »Ark Royal« (oben) und vor der libyschen Küste das ältere Schlachtschiff »Barham« (unten) durch U-Boot-Torpedos versenkt. Doch solche Fälle blieben nur Episoden des U-Boot-Krieges

Hängematten hinweg durch die Gänge laufen. Sperrige Kisten mit Kartoffeln, Gemüse oder Konserven standen in jedem Winkel, zumindest bei Beginn der Fahrt. Bei längeren Unternehmungen war ein Hindurchzwängen zwischen Proviantkisten und gezurrten Hängematten in den einzelnen Räumen nur mit Mühe möglich.
Gleich hinter dem Mannschaftsraum befand sich die Toilette. Unmittelbar daneben lagen die Feldwebel- und die Offiziersmesse. Der Kommandantenraum war klein, und darin war nichts weiter als eine Koje, ein Klapptisch und ein in die Wandverschalung eingelassenes Schränkchen. Entgegen den anderen Wohn- und Aufenthaltsräumen hatte der Kommandantenraum als Abgrenzung einen dicken Stoffvorhang. Alle anderen Räume waren mehr oder weniger zugleich Durchgang.
Der Funk- und der Horchraum waren bestenfalls kleine Verschläge, in denen hinter einem Klapptischchen gerade eine Person vor den Geräten sitzen konnte.
Der wichtigste Raum war mittschiffs die Zentrale, direkt unter dem Turm. Hier liefen alle Kommandofäden zusammen.
Nach achtern schloß sich der Unteroffiziersraum an. Auf allen Booten trug dieser Raum eine ironische Bezeichnung, wie etwa »Potsdamer Platz«. In diesem Raum war nämlich niemals Ruhe, und es blieb den sich darin Aufhaltenden nur die eine Möglichkeit, sich an das ständige Hin- und Herlaufen zu gewöhnen. An den Unteroffiziersraum schloß sich die Kombüse an. Dahinter kamen dann der Dieselraum und anschließend die E-Maschinenanlage. Ganz hinten war der Hecktorpedoraum.
Schon unter normalen Bedingungen, in Friedenszeiten, war das Leben in dieser Stahlröhre, in der ständig feuchten, stickigen und durch alle möglichen Ausdünstungen und Gerüche geschwängerten Luft, bei unentwegt schwankendem Fußboden nicht nur eine physische, sondern auch eine psychische Belastung für die Besatzung. Diese Belastung steigerte sich während des Kriegseinsatzes noch. Die Nerven aller waren jede Sekunde angespannt, eine Mine, eine Bombe oder ein Torpedo konnte den Stahlmantel auseinanderreißen, und ohne daß sie das Tageslicht noch einmal zu Gesicht bekämen, sanken sie dann, im Wasser erstickend, mit dem Boot in die Tiefe. Das alles hatte zur Folge, daß nicht selten an Bord eines U-Bootes die »Blechkrankheit« ausbrach. Ihre leichteste Form äußerte sich oft nur in Zanksucht, aber

manche Kranke versanken bald in einen apathischen Stumpfsinn. Bei anderen dagegen führte die »Blechkrankheit« zur hysterischen Gereiztheit, die sich bis zum Verfolgungswahn steigern konnte. Manchmal konnte nicht einmal die Nervenheilanstalt mehr helfen.

In den ersten Kriegsjahren wurden die von der »Blechkrankheit« Befallenen sofort abgelöst. Später nahm man dann kaum noch Rücksicht darauf, allerdings war zur Rücksichtnahme auch immer weniger Gelegenheit, denn für die meisten U-Boot-Fahrer dauerte der Frontdienst nur Tage, selten noch einige Wochen.

Die Persönlichkeit war in der Stahlröhre ausgelöscht. Nur der Sekundenzeiger, der Tiefenmesser, das Horchsignal, die Augenschärfe und die Umdrehungszahlen der Motoren zählten. Das Essen, die Notdurft, das schlafersetzende Dahindämmern waren der gleiche mechanische Vorgang wie Tiefenrudersteuern, Torpedopflege oder Wachen, im Stehen oder Liegen. Die Minuten, wenn die Lüfter Frischluft ins Boot saugten, waren für die meisten im Boot der einzige unmittelbare Kontakt mit der Außenwelt. Doch auch das war längst zum mechanischen Vorgang geworden. Die Lungen saugten sich voll Luft, und der speiüble Geschmack auf der Zunge verlor sich vorübergehend etwas. Das Hirn nahm diesen sich in bestimmten Abständen wiederholenden Wechsel bald nicht mehr wahr.

Die sich vorn und achtern verjüngende Stahlröhre, von gewölbten Tauch- und Öltanks umkleidet, der vorn ein schnittiger Bug, hinten ein geschwungenes Heck angesetzt und auf deren Balancepunkt ein blecherner Turm errichtet war, diese Stahlröhre hatte in der Tat die Proportionen eines riesigen Sarges.

Zweifellos sind die Strapazen für alle U-Boot-Besatzungen groß. Aber die Angehörigen der faschistischen U-Boot-Waffe hatten sich – ob bewußt oder unbewußt – zum Werkzeug in einem Aggressionskrieg machen lassen, und alle Anstrengungen, die sie dabei leisteten, trugen dazu bei, die Gefährlichkeit dieses Instruments des deutschen Imperialismus zu erhöhen. Man sagt oft, daß Leistungen Anerkennung und Strapazen Mitgefühl zu beanspruchen haben. Dem wäre nichts hinzuzufügen, nur das eine: daß dies niemals auf einen gemeinen Aggressor zutrifft.

Befohlenes Schweigen

Die Besatzung steht in Doppelreihe angetreten. Der IWO meldet. Kapitänleutnant Prien dankt und läßt die Besatzung wegtreten. »Klar zum Ablegemanöver!«

An der Pier drängeln sich viele Schaulustige, Werftarbeiter, Angestellte, Flaksoldaten, Verwaltungsdienstgrade der Flottille und Matrosen anderer im Hafen liegender Boote. Bei aller Geheimhaltung hat sich an diesem 20. Februar 1941 in Lorient herumgesprochen, daß Prien mit seinem Boot ausläuft. Und wer irgend Zeit fand, ist an die Pier gekommen, um das Auslaufen von U 47 mitzuerleben. Prien, der »große U-Prien«, geht zum zehnten Mal in See, das ist schon etwas, da muß man dabeigewesen sein. Ein junges Mädchen, eine deutsche Angestellte der Werft, reicht Prien zum Abschied einen Blumenstrauß. Prien steckt gutgelaunt eine Blüte in das Knopfloch seiner frischgereinigten langen, grauen Lederjacke.

Schnell wechselt Prien noch ein paar Worte mit dem Kommandanten von U 99, Kretschmer, dem »schweigsamen Otto«, wie er sich im Jargon der faschistischen U-Boot-Waffe gern nennen hört. U 99 soll einige Stunden später ebenfalls in See gehen.

Für die Schaulustigen ist das Ablegemanöver ein Ersatz für die »Wochenschau«. Prien und Kretschmer geben sich der Menge gefällig, sie wissen, was sie dem von der Nazipropaganda gezeichneten Bild schuldig sind. Beide gehören ja zu den bekanntesten U-Boot-Kommandanten. Prien soll dem Verlauten nach inzwischen über 200 000 BRT versenkt haben, Kretschmer nahezu 300 000 BRT.

Es fehlt eigentlich nur noch Kapitänleutnant Schepke hier an der Pier in Lorient. Schepke, der durch die Minenlegeunternehmen mit seinem 250-Tonnen-Boot bekannt wurde, ist jetzt Kommandant von U 100. Durch schonungslose Einsätze kam er innerhalb kurzer Zeit ebenfalls zu einer hohen Versenkungsquote. Nach Prien und Kretschmer war er der dritte »Eichenlaubträger« in der faschistischen Kriegsmarine. Tatsächlich marschierte U 100 unter Schepke um diese Zeit bereits durch die Nordsee, um in sein Operationsgebiet, den Nordatlantik, zu gelangen. Entsprechend der »Rudeltaktik« sollte wieder eine Gruppe von U-Booten über englische Geleitzüge herfallen. Um die Jahreswende waren die Erfolge der U-Boote stark zurückgegangen. Im Januar 1941 blieben sie unter dem Stand von September und Oktober 1939.

Wenige Tage nach dem Auslaufen meldet Prien westlich der Hebriden einen Geleitzug, der einen westlichen Kurs steuert. Laufend gibt er den Standort und Kurs des Geleitzuges an den BdU durch. Von Kernevel aus werden die zwischen Schottland und Island eine Kette bildenden Boote auf den Geleitzug angesetzt, der die Bezeichnung OB 210 trägt. Der Geleitzug ist stark gesichert, sowohl durch Zerstörer als auch durch »Sunderland«-Flugboote.

Ein weiterer Funkspruch geht in Kernevel ein. »Wabo-Verfolgung! Habe Fühlung verloren! Stoße nach. Bisheriger Erfolg 22 000 BRT! Prien.«

Noch einmal gelingt es Prien, an den Geleitzug heranzukommen. Inzwischen ist auch U 99, Kretschmer, eingetroffen, ebenso U 70 unter Matz, und auch Eckermann erreicht mit seinem Boot den Geleitzug.

Erbarmungslos fallen in der Nacht die U-Boote über den Geleitzug her.

Kurz darauf meldet Prien einen neuen Geleitzug, der Nordwestkurs steuert. Alle Boote, noch zwei weitere sind inzwischen hinzugekommen, halten Fühlung mit diesem noch größeren Konvoi und greifen ihn in der folgenden Nacht an. U 47 kommt zum Schuß und hält laufend Funkverbindung mit dem BdU.

Wieder meldet Prien den genauen Standort des Geleitzuges nach Kernevel. Das ist die letzte Meldung von U 47. Es ist der 7. März 1941, frühmorgens, 4.24 Uhr.

In den nächsten Tagen werden in Kernevel mehrere Funksprüche an U 47 gesendet, zuletzt in immer kürzeren Abständen. Aber es erfolgt keine Bestätigung, keine Antwort.

Anfangs macht man sich im Stab des BdU nicht allzuviel Gedanken darüber, denn es kommt oft vor, daß auf einem Boot die Funkanlage ausfällt, etwa durch Beschädigung bei einem Wasserbombenangriff. Auch konnte sein, daß immer dann, wenn der Funkspruch abging, U 47 unter Wasser auf Tauchfahrt war. Zum Funkempfang muß das Boot aber über Wasser fahren oder zumindest bei Tauchfahrt den Funkpeiler ein Stück aus dem Wasser ragen lassen.

In der Operationsabteilung beim BdU herrscht in diesen Stunden und Tagen Hochbetrieb. Ständig gehen Funkmeldungen über Lage und Veränderungen des stark gesicherten Geleitzuges ein. Die einzelnen Boote, die sich dem Geleitzug genähert haben, werden oft abgedrängt und verlieren ihn wieder, bis ein Boot ihn wieder ausfindig macht und durch Funk die anderen herbeiruft oder von Kernevel aus detaillierte Befehle an einzelne Boote eintreffen.

U 70 meldete schwere Turmschäden durch Wasserbomben. Auch Eckermann mußte sich wegen zahlreicher Ausfälle an Maschine und Geräten vom Geleitzug absetzen. U 99, Kretschmer, erhielt Befehl, nach einem in der letzten Nacht torpedierten Schiff zu suchen. Dieses Schiff war die »Terje Viken«, eine Walkocherei, eines der kostbarsten und größten Handelsschiffe.

Der B-Dienst in Kernevel hatte die Notrufe dieses Schiffes aufgefangen und entziffert. Da meldet U 110, Kapitänleutnant Lemp, derselbe Lemp, der Anfang des Krieges die »Athenia« versenkt hat, einen großen Kanada-Geleitzug mit Ostkurs im Raum südlich Island.

Kretschmer steuert nach der Versenkung der »Terje Viken« diesen Konvoi an. Mit ihm trifft U 100, Schepke, an dem Geleitzug ein. In dunkler Nacht fallen sie die Frachtschiffe an. Lodernde Fackeln der Getroffenen steigen in den Nachthimmel auf, Schiffsleiber legen sich zur Seite und sacken gurgelnd in die Tiefe, Krachen, Bersten und Schreien bei stürmischer See und heulendem Wind.

Kretschmer und Schepke geben während des Nachladens der Torpedorohre Lageberichte nach Kernevel. Es ist schwer, in dunkler Nacht Typ und genaue Größe der torpedierten Schiffe zu ermitteln. Auch bleibt bei der Abwehr der Sicherungsfahrzeuge keine Zeit zu beobachten, ob das getroffene Schiff versinkt oder weiterschwimmt. Bei allen Hinweisen, Größe und Typ der torpedierten Schiffe möglichst genau festzustellen, ist man im wesentlichen doch nur auf die flüchtige Schätzung angewiesen. Und natürlich schätzt man zu eigenen Gunsten. Die »Astos«, die Admiralstabsoffiziere beim BdU, addieren diese Schätzungen wiederum auch nicht zum Nachteil der U-Boot-Führung, wenn sie ihre Meldungen an die Seekriegsleitung zusammenstellen.

In diesen Stunden der Hochstimmung, da sich alle Offiziere im Stab des Befehlshabers der U-Boote an den eingehenden Zahlen berauschen, als sei damit England bereits niedergerungen, denkt keiner an die unbeantwortet gebliebenen Funksprüche an U 47. Immer neue Erfolgsmeldungen, Lageberichte und Anfragen werden von den Funkoffizieren in das große Lagezimmer der Operationsabteilung gebracht.

Am 17. März, eine Stunde nach Mitternacht, meldet U 99:

»Zwei Zerstörer – Wabos – 50 000 Tonnen versenkt – heil – Kretsch-

mer.« U 99 hat alle Torpedos verschossen, und der Kommandant will sich vom Geleitzug absetzen. Der Standort ist westlich der Färöer-Inseln über den Lausy Banks, den »Läusebänken«. Es ist der letzte Funkspruch von Kretschmer, der im Stab des BdU empfangen wird.
In der Funkzentrale im Bereich des BdU kommen die diensthabenden Funker nicht zur Ruhe. Unentwegt summt und zirpt es in den Ohrmuscheln. Die Bleistifte flitzen über die Chiffrierformulare, und immer wieder drücken die Finger die Sendetaste.
Am 17. März, nach drei Uhr morgens, geht ein verstümmelter Funkspruch ein. Der Funkgast kriecht förmlich in den Kopfhörer hinein, aber es ist nichts mehr zu hören. Der Oberfunkmeister, der hinter ihm steht, hat längst dechiffriert. »Bomben ... Bomben ...«, das ist alles, was er herausliest. Trotz aller Anstrengung, die Verbindung aufrechtzuerhalten, bleibt es bei diesem wenig sagenden und doch unheimlichen Ergebnis. Der Oberfunkmeister stürmt zum wachhabenden Funkoffizier. Dieser begibt sich eiligst in das Lagezimmer und legt Godt das Formular mit den zwei Worten vor. Der Chef der Operationsabteilung nimmt das Formular in die Hand, langsam lösen sich seine Augen von der großen Planquadratkarte. Wie so oft befiehlt er dann, zwar sachlich, aber mit nervöser Ungeduld in der Stimme: »An Kretschmer und Schepke! Sofort Standort melden!«
Merkwürdig, von Prien spricht er nicht mehr. Im gleichen Tonfall hat er in den letzten Tagen den gleichen Befehl an Prien formuliert, immer wieder.
Der Funkspruch an U 99 und U 100 fliegt in den Nordatlantik hinauf — wieder und wieder. In regelmäßigen kurzen Abständen.
Stunden vergehen. Tage vergehen.
Nichts.
Andere Boote melden sich. Aber von U 99 und U 100 bleibt die Antwort aus.
Die Offiziere in Kernevel hängen der vagen Hoffnung nach, daß vielleicht die Funkanlagen auf beiden Booten ausgefallen sind. Aber nach Tagen glaubt keiner mehr daran.
Seit länger als zwei Wochen fehlt jede Nachricht von Prien. Und nun Kretschmer und Schepke! Die drei Idole der faschistischen U-Boot-Flotte melden sich nicht mehr. Die drei erfahrensten Kommandanten, alle drei mit dem »Eichenlaub« dekoriert, sind überfällig. Innerhalb einiger Tage!

Einer der »Astos«, gewissermaßen der Hauptbuchhalter der U-Boote, malt in diesen Tagen mit der Hand auf die Liste der vorhandenen Boote hinter U 47, U 99 und U 100 einen kleinen senkrechten Strich – vermißt. In Gedanken fügt er bereits einen Querstrich hinzu – verloren.
Nicht nur in der U-Boot-Führung, sondern auch in der Seekriegsleitung herrscht starkes Unbehagen. Die drei erfolgreichsten U-Boote waren verlorengegangen. Die Namen Kretschmer, Schepke und besonders Prien waren Aktivposten der Goebbelsschen Propaganda. Presse und Rundfunk wurden nicht müde, diese drei Kommandanten als Helden und Vorbilder für die Jugend zu preisen. Wie sollte man den Verlust der Öffentlichkeit beibringen? Kretschmer, der »Schützenkönig« – er wird zunächst einmal am 21. März außerplanmäßig zum Korvettenkapitän befördert –, dessen Abschußergebnis 313 611 BRT betragen haben soll, Schepke, der einstige »Lochkriecher«, der sich gern von den Kameraden »Seiner Majestät bestaussehender Offizier« nennen ließ, waren nicht zurückgekehrt. Und Prien, der »Stier von Scapa Flow«, der »Weddigen«!
Das alles war ein harter Schlag – wenigstens für die Propagandamacher und für die Produzenten von Siegesnachrichten. Die drei Leitbilder des Rudels der »grauen Wölfe«, wie die Kriegsberichte in sinniger Weise die U-Boote nannten, vom Einsatz nicht zurückgekehrt. Wahrlich, das warf selbst für das doch im Lügen gewiß routinierte »Reichspropagandaministerium« komplizierte Probleme auf. Gab man die Verluste zu, würde das »Volk« womöglich daraus schließen, daß das »perfide Albion« – wie England im Vokabular der faschistischen Propaganda genannt wurde – wohl doch noch nicht so angeschlagen und der Endsieg vielleicht doch noch nicht so nahe sei, wie Presse und Rundfunk immer wieder behaupteten. Also wurde zunächst der Verlust verschwiegen.
In den Werften, in den Flottillen, in den einzelnen Stäben der Marine und allmählich auch bei den anderen Einheiten auf See und an Land hört das Tuscheln nicht mehr auf. Was ist mit Prien, Kretschmer und Schepke?
Längst hat die U-Boot-Führung Gewißheit, daß keines der Boote zurückkehren wird. Die englische Presse berichtet von der Vernichtung dieser Boote in Balkenüberschriften. Die Radiostationen verkünden es aller Welt. Der Verlust von U 47, U 99 und U 100 wird dem Oberkommando der faschistischen Wehrmacht gemeldet. Nun müßte die

Versenkung im Wehrmachtbericht bekanntgegeben werden. Hier mischt sich Hitler ein. Er ist der Meinung, daß der Kriegsmoral des deutschen Volkes der gleichzeitige Verlust seiner drei berühmtesten U-Boot-Kommandanten nicht zugemutet werden könne. Er befürchtet, der Schock, die moralische Niederlage, würde zu groß sein. Nur der Verlust von U 99 und U 100 darf bekanntgegeben werden, in Sachen Prien ergeht folgender Befehl: »Der Führer behält sich ausdrücklich vor, dem Termin der Bekanntgabe zu bestimmen.«

Am 25. April 1941 wird im Wehrmachtbericht der Verlust von U 99 und U 100 eingestanden.

Doch damit sind die Fragen nach Prien nicht aus der Welt geschafft. Ausweichend wird Prien erst einmal außerplanmäßig zum Korvettenkapitän befördert. Das beruhigt jedoch keineswegs. Ganz im Gegenteil. Das Munkeln und Tuscheln schwillt zur Lawine an. In keinem Hafen und in keiner Werft ist U 47 gesehen worden, und die ersten Spekulationen und Vermutungen werden anfangs zwar verhalten, aber bald immer lauter ausgesprochen. Man hat allenthalben von Konzentrationslagern gehört, und einige wollen wissen, daß Prien und seine Besatzung hinter dem Stacheldraht eines solchen Lagers verschwunden wären. Prien und seine Besatzung hätten gemeutert, weil die Torpedos dauernd versagten. Sie hätten mit dem Boot nicht mehr auslaufen wollen, weil es beschädigt gewesen wäre. Andere behaupten, Prien hätte auf Hitler geschimpft. Wieder andere wollen wissen, die Besatzung von U 47 hätte kapituliert. Immer neue Gerüchte kamen auf.

Mit der Verschweigetaktik erreichte man schließlich das Gegenteil. Hatte die Propaganda aus Prien einen »Volkshelden« gemacht, reagierte das »Volk« auf das beharrliche Schweigen absolut logisch: Jene, die über Priens Verbleiben schwiegen, mußten also allen Grund dazu haben. Hatten sie ihn selbst zum Schweigen gebracht? Jeder Deutsche wußte ja zu dieser Zeit, daß es nichts Außergewöhnliches war, wenn eine Person über Nacht auf Nimmerwiedersehen verschwand. Wer gegen Hitler, gegen den Krieg und gegen die Nazis war, verschwand von der Bildfläche des täglichen Lebens. Warum sollte es mit Prien anders sein?

Nachdem die faschistischen Führer begriffen hatten, was mit dem Schweigen um Prien angerichtet worden war, kamen sie nicht mehr umhin, den Verlust von U 47 bekanntzugeben. So war dann im Wehr-

machtbericht vom 23. Mai 1941 — siebenundsiebzig Tage nach dem letzten Funkspruch Priens — der lakonische Satz zu lesen, daß »das von Korvettenkapitän Prien geführte Unterwasserboot von seiner letzten Unternehmung nicht zurückgekehrt ist«.
Im selben Monat erreichte die Abschußquote fast die Höhe wie im Oktober 1940, dem für die alliierte und neutrale Schiffahrt bisher verlustreichsten Monat des Krieges. Im folgenden Monat wird die Sowjetunion überfallen, und neue Siegesmeldungen werden vom Nachdenken über das Schicksal Priens ablenken. Der wahre Zweck der Verschweigetaktik wird hierin offenbar.
Doch das gelang nur zeitweise. Die Gerüchte um Prien verstummten nicht. Bis zum Kriegsende und noch darüber hinaus wurde unentwegt gemunkelt. Man hatte die Unsterblichkeit des »Helden« so hoch gepriesen, daß sein normaler Kriegstod, gerade durch das lange Verschweigen, zur Unglaubwürdigkeit wurde.
In einem im Jahre 1946 von der britischen Admiralität veröffentlichten Bericht wird das Ende der drei Boote wie folgt geschildert: »Im Laufe des Monats März wurden jedoch sechs U-Boote im Nordatlantik vernichtet, unter ihnen die drei der bewährtesten Kommandanten. Priens Boot wurde durch Wasserbomben des Zerstörers ›Wolverine‹ am 8. März versenkt. Es gab keine Überlebenden. Am 17. März, drei Uhr morgens, wurde Schepkes Boot nach einer Wasserbombenverfolgung zum Auftauchen gezwungen und von dem Zerstörer ›Vanoc‹ gerammt und versenkt. Schepke selbst wurde durch den Bug der ›Vanoc‹ zwischen der zerbeulten Brücke und dem Sehrohrbock eingequetscht und getötet. Eine halbe Stunde später erlitt Kretschmers U 99, das mit U 100 zusammen operierte, das gleiche Schicksal durch den Zerstörer ›Walker‹. Kretschmer selbst geriet lebend in Gefangenschaft.«

Heimtückischer Überfall

»Stillgestanden! Augen — rechts! Heißt Flagge!«
Die Blicke der auf dem schmalen Deck des U-Bootes angetretenen Besatzung fliegen befehlsgemäß zum Flaggstock hinter dem Turm. Die Offiziere heben die rechte Hand an den Mützenschirm. Während der Zentralemaat auf der Bootsmannspfeife »Seite« trillert, zieht ein

Gefreiter langsam die faschistische Kriegsflagge an dem kurzen Flaggstock hoch.
»Augen geradeaus!« befiehlt der Kommandant. Doch bevor der »Rührt Euch!« befehlen kann, schmettert die seemännische Nummer eins, der Bootsmann, schon los:

>»Heute wollen wir ein Liedlein singen,
>trinken wollen wir den kühlen Wein ...«

Wohl oder übel fällt nach und nach die ganze Besatzung ein, sogar der Kommandant singt schließlich mit. Weithin schallt über das Wasser in Gotenhafen, wie nach der Okkupation Polens Gdynia genannt wird, das »Engelandlied«, nicht schön, aber »wacker und trutzig«.
Mit diesem letzten Appell scheidet das U-Boot aus der Lehrdivision aus und geht anschließend auf lange Fahrt, um in eine der Frontflottillen eingereiht zu werden.
Beinahe jeden Tag ist dieser Singsang in den Hafenbecken zu hören. Es ist fast schon so etwas wie Tradition geworden, daß die Besatzungen der neuen Boote nach dem Abschluß der Ausbildungszeit das »Engelandlied« anstimmen. Der Grund ist weniger die Begeisterung, endlich zum Einsatz zu kommen, was gemeinhin die Propaganda vorgibt, als vielmehr die Freude, daß die Übungsfahrten in der Danziger Bucht endlich aufhören. Noch haben diese Besatzungen keine rechte Vorstellung, was der Fronteinsatz bringen wird.
Auf der Marschfahrt durch die westliche Ostsee, durch das Skagerrak nach Bergen in Norwegen unterhalten sich der Kommandant und seine Offiziere sehr oft darüber, warum man es auf einmal so eilig mit ihrem Fronteinsatz hat. In den letzten Wochen war die Ausbildung in fieberhaftem Tempo vorangetrieben worden. Die allgemeinen Vermutungen mündeten schließlich in die allen einleuchtende Erkenntnis, daß eine große Zahl neuer Boote mit massierter Wucht in die »Schlacht um England« geworfen werden sollte.
Die Verwunderung des Kommandanten und seiner Offiziere wird jedoch erneut genährt. Nach kurzem Zwischenaufenthalt im Kors-Fjord vor Bergen erhält das Boot Befehl, hoch in den Norden zu marschieren, ins Eismeer.
»Will der Tommy etwa in Nordnorwegen angreifen?«
Auf diese Frage erhält der I WO von seinem Kommandanten keine

Antwort. Dieser ist selbst über den merkwürdigen Befehl verwundert. Für ausgeschlossen jedoch hält er nicht, daß Großbritannien bei Narvik eine neue Landung versucht.

Die Mitternachtssonne steht glühend rot über der See und gibt dem Wasser einen kupferfarbenen Schimmer. Ein großartiges Naturschauspiel. Weit und breit ist nichts zu sehen, kein Fischdampfer, wie sonst in dieser Gegend, geschweige denn Frachter oder gar Kriegsfahrzeuge.

In den frühen Morgenstunden des 22. Juni 1941 dreht der Funker das Radio auf äußerste Lautstärke. Ribbentrop, der Außenminister der Hitlerregierung, gibt den Überfall auf die Sowjetunion bekannt. Zur selben Stunde laden Bomberverbände ihre tödlichen Ladungen über sowjetischen Städten ab, brechen die faschistischen Truppen wortbrüchig und heimtückisch in das friedliche Land ein. Die Überraschung an Bord ist zunächst groß, aber sie weicht bald fanatischer Begeisterung. Jahrelang war den im Durchschnitt Zwanzig- bis Fünfundzwanzigjährigen in der Schule, der Hitlerjugend und natürlich in der faschistischen Kriegsmarine eingetrichtert worden, daß der Bolschewismus und die Sowjetunion ihr Todfeind wären. Die verlogene Propaganda der Nazis hatte sie gelehrt, dieses Land zu hassen und seine Menschen als minderwertig zu betrachten. Zwar paßte manches nicht in dieses vorgegebene Denkschema – zum Beispiel die mutige Fahrt des Eisbrechers »Krassin« zur Rettung der italienischen Nobile-Nordpolexpedition, die jeden Seemann beeindruckt hatte –, aber das änderte nichts an dem ihnen anerzogenen Weltbild. Es hatte im Gegenteil Verwunderung ausgelöst, als zwei Jahre zuvor, 1939, ein Nichtangriffspakt mit der Sowjetunion abgeschlossen worden war.

Sie wissen nicht, daß die Sowjetunion damals erst nach langem Zögern diesem Nichtangriffspakt schließlich im Interesse ihrer Sicherheit zugestimmt hatte, und zwar, nachdem alle ihre Versuche, mit Großbritannien und Frankreich zu kollektiven Sicherheitsmaßnahmen gegen die Gefahr einer faschistischen Aggression übereinzukommen, an der antikommunistischen Haltung der beiden Westmächte gescheitert waren.

Alle an Bord finden es selbstverständlich, daß sie jedes sowjetische Schiff, das ihren Kurs kreuzt, erbarmungslos auf den Grund des Meeres schicken werden.

Dem Kommandanten wurde jetzt die Eile bei dem Abschluß der

Ausbildung in der Danziger Bucht klar. Die Ostsee war zum Kriegsgebiet geworden.

Lange über die Radiomeldung nachzudenken blieb keine Zeit. Vom BdU traf der Funkbefehl für den Einsatz des Bootes ein: »Barentssee zur Sperrzone erklärt. Warnungsloser Angriff auf alle Fahrzeuge.«

Die Strategie des Blitzkrieges, die gegen Polen, in Westeuropa, gegen Norwegen und auf dem Balkan so erfolgreich war, soll nun auch gegen die Sowjetunion angewendet werden. Auf dem Lande, aus der Luft und von See her wird die Sowjetunion überfallen, ohne Kriegserklärung. Urplötzlich setzt sich eine gewaltige und geübte Kriegsmaschinerie in Bewegung, die sowjetische Gegenwehr, noch ehe sie Zeit zur Sammlung finden würde, zu zerschlagen.

Ein seit langem gehegtes Ziel war mit diesem Überfall in militärische Aktionen umgesetzt worden. Für den deutschen Imperialismus war die Sowjetunion das größte Hindernis auf dem Wege zur Weltherrschaft. Erst wenn die Reichtümer dieses Landes den faschistischen Plänen nutzbar gemacht wären, konnte daran gedacht werden, die imperialistischen Konkurrenten wie die USA und vor allem Großbritannien niederzuringen. Die deutschen Imperialisten sahen die Sowjetunion als ein »politisches Vakuum« an, denn auf dieses Land konnte kein imperialistischer Staat Einfluß nehmen. Hier sahen sie eine Gelegenheit der Expansion, ohne mit ihren Konkurrenten zusammenzustoßen. Sie erwarteten sogar, für diese Aggression bei führenden Kreisen Großbritanniens und der USA Entgegenkommen zu finden. Schließlich war allen Imperialisten die sozialistische Gesellschaftsordnung der Sowjetunion ein Dorn im Auge. Ein militärischer Sieg des faschistischen Aggressors über die Sowjetunion — so illusorisch er auch war — hätte die Herrschaft des imperialistischen Systems im Weltmaßstab wieder hergestellt. Dieses Ziel einte alle imperialistischen Großmächte, ohne jedoch ihren Kampf um die Weltherrschaft untereinander aufzuheben oder abzuschwächen. Auch für die Führung des faschistischen Deutschlands war es klar, daß die Existenz der Sowjetunion zwar das Haupthindernis auf dem Wege zur Weltherrschaft war, aber mit ihrer Eroberung längst noch nicht der »Endsieg« errungen wäre. Diesen Gedanken brachte Hitler am 9. Januar 1941 bei einer Besprechung mit dem Oberbefehlshaber des Heeres zum Ausdruck, als er über das Ziel des geplanten Überfalls sagte: »Der russische Riesenraum berge unermeßliche Reichtümer. Deutschland müsse ihn wirtschaftlich und politisch beherrschen, ohne ihn sich anzugliedern. Damit verfüge es über alle Möglichkeiten, um in Zukunft auch den Kampf gegen Kontinente zu führen, es könne dann von niemandem mehr geschlagen werden.« Bis dahin müßte aber die faschistische Kriegsmarine, die zunächst nur schwächere Kräfte für den Krieg gegen die Sowjetunion zu stellen brauchte, weitgehend allein die Kampfhandlungen gegen Großbritannien führen.

Diese Pläne entsprachen den politischen Vorstellungen von Dönitz und den Offizieren seines Befehlsbereiches. Wie alle Offiziere der Marine des imperialistischen Deutschlands haßten sie die sozialistische Gesellschaftsordnung der Sowjetunion, und sie hatten den Aufstand der Matrosen im November 1918 noch nicht vergessen. Der Überfall auf die Sowjetunion bot ihnen die Gelegenheit, auch ihre Rachewünsche zu erfüllen. Die faschistische U-Boot-Führung konnte die wenigen U-Boote, die die Seekriegsleitung für den Kampf gegen die sowjetischen Verbindungswege in der Ostsee und im Nordmeer einzusetzen gedachte, leicht bereitstellen. Auch Dönitz und seine Stabsoffiziere rechneten in maßloser Unterschätzung der Roten Armee mit keinem langdauernden Feldzug im Osten. Nicht im entferntesten ahnten sie, daß die Kämpfe an der deutsch-sowjetischen Front sich in naher Zukunft auch auf den U-Boot-Krieg auswirken würden.

»Rauchfahne voraus!« meldet einer der Ausgucks auf der Brücke des U-Bootes. Es ist noch keine Stunde seit der Erklärung Ribbentrops im Rundfunk vergangen.
»Äußerste Kraft voraus!« befiehlt der Kommandant.
Die Diesel heulen auf. In schneller Fahrt strebt das Boot der Rauchfahne entgegen.
Bald hebt sich ein Frachter vor der Kimm ab. Es ist ein etwa 3 000 BRT großes sowjetisches Kohlenschiff, das Kurs auf Murmansk hält.
Der Kommandant schätzt Kurs und Geschwindigkeit des Frachters, bevor er wegtauchen läßt, um dem Schiff den Weg zu verlegen. Ruhig und ohne zu zacken, steuert das Schiff seinen Kurs. Es liegt tief im Wasser. Sicher ist es bis oben hin mit Steinkohle aus den Gruben Spitzbergens angefüllt, und die Besatzung zählt schon die Stunden bis zum Heimathafen.
Der Kommandant beobachtet das Schiff durchs Sehrohr. Es läuft genau in die von ihm gewünschte Schußposition. Er wundert sich nicht einmal

über den friedlichen Anblick des Schiffes. Keines der Rettungsboote ist ausgeschwungen, damit es bei Gefahr sofort zu Wasser gelassen werden kann. Keine Fangleinen oder Sturmleitern hängen die Bordwand herunter, wie es bei den Schiffen im Atlantik in diesen Zeiten üblich ist. Er weiß, auf diesen »Zweiwachenschiffen« bedient der zweite Steuermann nebenbei das Funkgerät, und sicher hat dieser etwas anderes zu tun, als sich morgens um 5 Uhr schon die Ohrmuscheln umzuhängen, um in den Äther hinauszuhorchen. Das Schiff hat die eilige Warnung der Küstenfunkstation nicht aufgefangen. Ahnungslos zieht es seine Bahn.
Langsam wandert der Schornstein in den Zielfaden.
»Rohr eins los!«
Verderbenbringend strebt die Blasenbahn dem Schiff zu.
Die Distanz ist gering, es sind nur Sekunden ...
Am Schornstein steigt die Wassersäule auf, sie ist mit Rauch und mit Kesseldampf vermischt. Wie eine gespenstische Fahne bleibt der Rauch zitternd in der Luft hängen, während sich das Schiff rasch zur Seite neigt und kentert. Nur einigen von der Besatzung gelingt es, über die Reling ins Wasser zu springen. Keiner von ihnen trägt eine Schwimmweste.
Kieloben sackt das Schiff in die Tiefe. Das U-Boot ist aufgetaucht und umkreist sein Opfer noch einmal. Die wenigen in dem eiskalten Wasser Schwimmenden recken hilfesuchend die Arme zu den Männern auf der Brücke des U-Bootes. Die Ausgucks, der IWO und der Kommandant sehen vom Turm herab in angstverzerrte Gesichter. Der für einen Seemann unmenschlichste aller Befehle lautet: keine Schiffbrüchigen aufzunehmen und ihnen jede Hilfe zu verweigern!
Mit hoher Fahrt strebt das Boot von der Versenkungsstelle fort. Wenig später läßt der Kommandant einen Funkspruch an den BdU abgeben, seine Erfolgsmeldung. Nicht ohne Stolz trägt er die erste Versenkung eines Schiffes in das Bordtagebuch ein. Dabei muß er unwillkürlich an das alte Boot denken, auf dem er bisher als IWO gefahren ist, an U 144, und an den Kommandanten, Kapitänleutnant von Mittelstaedt. Jetzt ist er selbst der erste Mann auf einem Frontboot.

U 144 befindet sich zum zweiten Einsatz in der Ostsee. Kapitänleutnant von Mittelstaedt und die Besatzung sind sehr verärgert. Die erste Fahrt in die nördliche Ostsee hat nichts eingebracht, nur dauernde Fliegerangriffe und ständige Minengefahr. Nicht, daß die Besatzung lieber

wieder in den Atlantik hinausgefahren wäre, aber alle finden das
Herumkurven in dem flachen Ostseewasser, in dem bei Gefahr nicht
tief genug weggetaucht werden kann, noch aufreibender. Zudem verstehen
die »Russen« etwas von Minen, das ist schon vom ersten
Weltkrieg her bekannt, und in aller Eile haben sie wirksame Minensperren
gelegt. Sogar in der Pommerschen Bucht, ja selbst vor der
Odereinfahrt setzen ihre Flugzeuge in der Nacht Minen ab. Die Schiffahrt
kommt ins Stocken, ständig müssen Räumfahrzeuge die Nachschublinien
zu den inzwischen besetzten baltischen Häfen freiräumen.
Außerdem greifen sowjetische U-Boote – und das durchaus nicht selten
– Transporter und auch Kriegsfahrzeuge an.
Hinzu kommt noch die unangenehme Tatsache, daß der Ausbildungsgang
auf den neuen Booten gestört wurde. Der Flieger-, Minen- und
U-Boot-Gefahr wegen mußte die Ausbildung in der Danziger Bucht
zeitweilig eingestellt werden, ja selbst die Lübecker Bucht war nicht
mehr sicher. Dabei zeigten die Angehörigen der Baltischen Rotbannerflotte
und die Besatzungen der wenigen über See eingesetzten
Flugzeuge – die meisten führten Abwehrkämpfe über Land – bewunderungswürdigen
Mut und Opferbereitschaft, die selbst auf der
faschistischen Seite Erstaunen hervorriefen.
Für die Seekriegsleitung kam es also darauf an, so schnell wie möglich
den Finnischen Meerbusen zu erreichen, um wenigstens diesen engen
Seeraum abzuschnüren. Doch ebensowenig wie die sowjetischen Luftstreitkräfte,
die während des ganzen Krieges im Ostseeraum operativ
blieben, wenn sie zu Anfang auch vorwiegend über dem Land eingesetzt
waren, gelang es niemals völlig, die sowjetische Marine von der Ostsee
fernzuhalten. Selbst als 1943 der Meerbusen mit Stahlnetzen verriegelt
wurde, versuchten immer wieder sowjetische U-Boote diese Absperrung
zu durchbrechen.
U 144 steht nördlich von Hiiumaa. Der Auftrag lautet: »Feindlichen
Einheiten den Zugang zur Ostsee verwehren und Transporter von
oder nach den baltischen Häfen versenken!«
Es ist Anfang August. Nur für wenige Stunden wird es hier in der Nacht
dunkel. Die Besatzung befindet sich ständig auf Tauchstation. Dauernd
kreisen Flugzeuge am Himmel, oder es tauchen Schnellboote auf. So
ist das Boot mehr unter als über Wasser, und der LI hat seine Not, bei
den kurzen Überwasserfahrten genügend Spannung in die Batterien für
die Unterwasserfahrt zu bekommen.

»Verflucht!« schimpft von Mittelstaedt. »Es ist doch idiotisch, in diesem engen Seeraum U-Boote einzusetzen.«

Wieder muß das U-Boot wegen eines Luftaufklärers wegtauchen. Der Kommandant wagt es gar nicht erst, das Sehrohr ausfahren zu lassen. Das hieße viel zu knapp unter der Wasseroberfläche fahren, und von einem Flugzeug aus sind die Umrisse eines U-Bootes dann ganz klar zu erkennen. Immer wieder kreuzt das Boot blind unter Wasser. Zum Schuß ist es bisher nicht gekommen. Was den Kommandanten am meisten beunruhigt, sind begreiflicherweise die Minen. Der Funkgast will gehört haben, wie das Ankertau einer Mine während der Tauchfahrt an der Bordwand entlangschlierte.

»Los, 'raus den Spargel! Aber ein bißchen dalli!« fährt von Mittelstaedt den LI an. Die Stimmung an Bord ist auf das äußerste gereizt.

Der LI will sich gerade den Ton des Kommandanten verbitten: »Erlauben Sie, Herr Kaleu, als Offizier kann ich ...« Ein ungeheures Krachen und Bersten. Im stechenden Schmerz, den Bruchteil einer Sekunde lang, erstirbt alles. Aufgerissene Augen stieren nach den verlöschenden Glühbirnen, und schon zerquetscht ein Wasserschwall an Wände gepreßte Leiber.

Der durch die Minenexplosion aufgewirbelte Wasserberg fällt zusammen, und schwappend verlieren sich die Wellenkreise in der weiten See. Aus der Tiefe gurgeln ein paar Luftblasen an die Wasseroberfläche. Dann ist Stille.

Immer maßloser

Das Jahr 1941 neigte sich dem Ende zu. In den U-Boot-Stützpunkten am Atlantik reichte bald der Platz nicht mehr aus. Immer neue Boote trafen ein. Ging ein Boot verloren, so wurde es durch zwei, drei, oft sogar durch zehn neue ersetzt. Das zu Kriegsbeginn in Angriff genommene Neubauprogramm wirkte sich jetzt voll aus. Im zweiten Halbjahr hatten sich monatlich etwa 45 Boote immer in See befunden. Eine solche Anzahl ermöglichte eine breite Anwendung der »Rudeltaktik«. Der Krieg im Atlantik strebte seinem Höhepunkt zu. Dennoch kam Dönitz, inzwischen zum Vizeadmiral befördert, nicht aus den Sorgen heraus.

Die Zahl der eingesetzten U-Boote entsprach nicht der Stärke der faschistischen U-Boot-Waffe. Das Verhältnis zwischen der Zahl der auf See befindlichen Boote zur Gesamtstärke hatte sich von 89 Prozent im Januar 1941 auf 47 im September verringert. Die Zahl der nicht einsatzbereiten Boote war seit Oktober 1941 immer größer gewesen als die Zahl der gefechtsbereiten, und die Differenz schien sich eher zu vergrößern als zu verringern. Immer mehr Boote mußten mit Beschädigungen ins Dock. Das waren die ersten Erfolge der sich versteifenden britischen Abwehr. Das Geleitzugsystem der Royal Navy und die dazugehörenden Sicherungen funktionierten immer besser. Ein einzelnes Boot konnte kaum noch zum Schuß kommen. Immer mehr Boote wurden zu »Rudeln« zusammengefaßt und auf die Geleitzüge angesetzt. Erfolge wurden mit dieser neuen Taktik erreicht, doch gemessen an der Zahl der dabei eingesetzten Boote erfüllten sich nicht die hochgespannten Erwartungen. Die durchschnittliche Abschußquote je eingesetztes Boot und Seetag lag Ende 1941 sogar unter der Ziffer vom Beginn des Jahres. Nur durch den massierten und rücksichtslosen Einsatz aller Boote war die Abschußziffer nach oben gedrückt worden, aber im zweiten Halbjahr ging sie wieder stark zurück. Im Juli, August und November erreichte sie nicht einmal die 100 000-BRT-Grenze. Dagegen stiegen die eigenen Verluste stark an. So gingen im November 5 und im Dezember sogar 10 Boote verloren. Das waren die bisher höchsten Verlustziffern des Krieges.

Ungleich schwerwiegender war die Niederlage der faschistischen Wehrmacht in der Sowjetunion. Am 5./6. Dezember eröffnete die Rote Armee vor Moskau ihre Gegenoffensive. Die Winterschlacht trug endgültig den Traum eines Blitzkrieges gegen die Sowjetunion zu Grabe. Viele Soldaten und Menschen in Deutschland begannen über den Krieg nachzudenken und die faschistische Propaganda anzuzweifeln. Diese Ernüchterung wurde auch von der faschistischen Führung registriert. In einem Geheimbericht meldete ihr Sicherheitsdienst am 8. September 1941: »Ein Teil der Bevölkerung verschließt sich allerdings nach wie vor dem Argument, daß die Ozeane leer geworden sind. Man meint, daß sich England im Zusammenwirken mit USA auf der Nordroute einen stark gesicherten Verkehr geschaffen hat und daß die Abwehr der U-Boote sehr wirkungsvoll geworden ist. Die Meldungen über die englischen Tonnageverluste des letzten Monats wurden teils mit Äußerungen kommentiert wie — ›Das ist eigentlich noch eine ganze Menge‹ — oder — ›Diesmal haben wir mehr Glück gehabt‹ —, teils stellt

man nur fest, daß die Verluste der Engländer geringer geworden sind, daß die Blockade allein nicht dazu führe, England zu überwinden.«
An die Geleitzüge zwischen Gibraltar und der Irischen See kamen selbst starke »Rudel« kaum heran. Auf dieser Route hatte die britische Führung ihre Abwehrsicherung konzentriert, hing doch davon nicht zuletzt der Erhalt ihrer Positionen im Mittelmeerraum ab. Nicht nur Zerstörer und Korvetten, auch Kreuzer, Schlachtschiffe und Flugzeugträger wurden zur Sicherung der Geleitzüge von oder nach dem Mittelmeer eingesetzt. Außerdem sicherten Fernbomber von südenglischen Flugplätzen oder von Gibraltar aus die An- und Abmarschwege dieser Konvois.
Eine weitere Sorgenquelle für Dönitz und seinen Stab bildeten die Verhältnisse in der Ostsee und im Eismeer. Der Finnische Meerbusen konnte zwar unter beträchtlichem Aufwand einigermaßen abgeriegelt werden, aber immer mehr U-Boote wurden benötigt, die die Zufahrtswege zu den sowjetischen Eismeerhäfen kontrollierten.
Es gab aber noch einen anderen Faktor, der der U-Boot-Führung zunehmende Sorgen bereitete. Das waren die Beziehungen zu den Vereinigten Staaten.
Die Regierung der Vereinigten Staaten hatte zunächst am 5. September 1939 ihre Neutralität erklärt und in diesem Zusammenhang ein Ausfuhrembargo für Waffen und Kriegsgerät für alle am Krieg beteiligten Länder verhängt. Dieses Embargo war in der Folgezeit heftig umstritten. Eine sehr starke, einflußreiche Gruppe amerikanischer Politiker, die sogenannten Isolationisten, bestand auf der strikten Einhaltung des Neutralitätsgesetzes und des Ausfuhrverbotes. Sie hoffte dadurch, die auf die amerikanische Hilfe angewiesenen Westmächte in eine so kritische militärische Situation zu bringen, daß sie gezwungen sein würden, sich mit dem faschistischen Deutschland zu verständigen und ein gemeinsames antisowjetisches Komplott einzugehen. Eine andere politische Gruppierung, deren Wortführer der amerikanische Präsident Roosevelt war, hielt dagegen die direkte Unterstützung der Westmächte für notwendig. Hinter dieser politischen Gruppe standen vor allem solche Monopolverbände, die umfangreiche Kapitalinvestitionen und Interessen in England und Frankreich, in den kapitalistischen Ländern Europas sowie im Nahen und Mittleren Osten besaßen und erkannten, daß diese im Falle eines faschistischen Sieges bedroht waren. Diesen ökonomischen und politischen Interessen

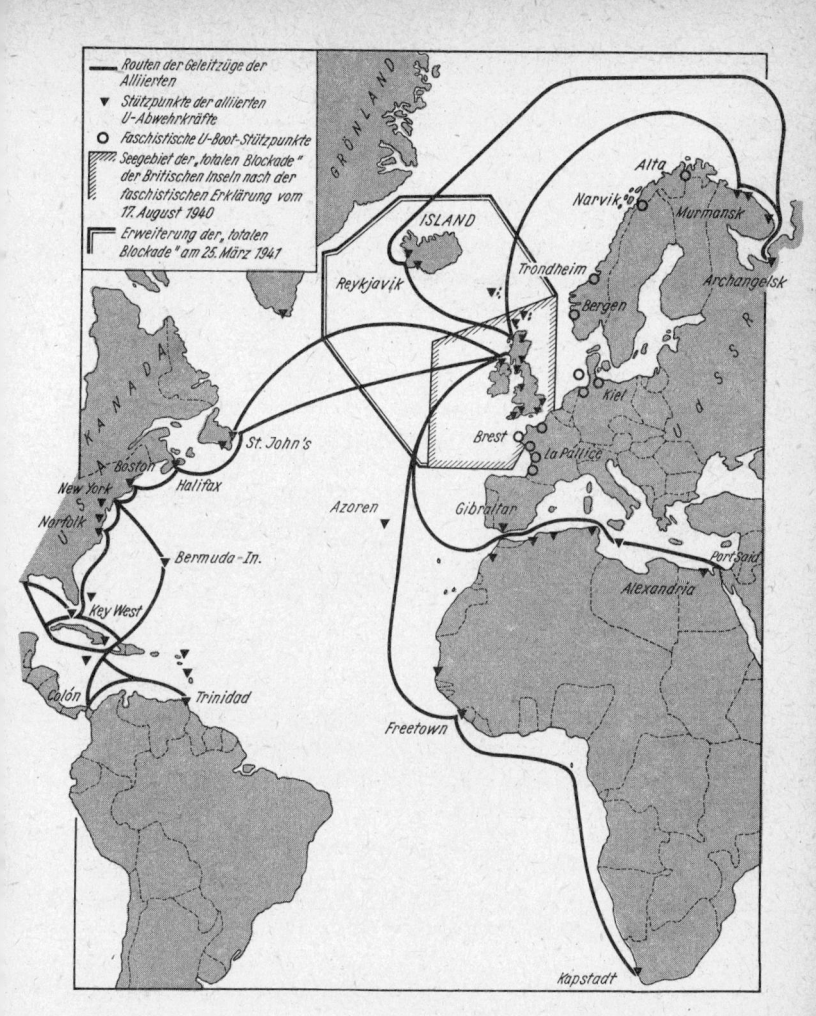

Karte 2 Die wichtigsten Geleitzugrouten der Alliierten im Atlantischen Ozean

standen die Weltherrschaftspläne der deutschen Imperialisten entgegen. Wenn es letzteren gelänge, ganz Europa, einschließlich der Sowjetunion, zu beherrschen, wäre der amerikanische Imperialismus unmittelbar bedroht. Über diese Gefahr machte sich der amerikanische Präsident Roosevelt keine Illusionen. Er wurde dabei von breiten Kreisen der Bevölkerung unterstützt, die trotz der beschönigenden Berichte der reaktionären Monopolpresse die Bedrohung der Welt durch die faschistischen Aggressoren erkannten. Die demokratische Öffentlichkeit der USA war auf der Seite der vom deutschen Imperialismus überfallenen Länder, und besonders die Aggression gegen die Sowjetunion rief eine Welle von Sympathieaktionen für dieses Land und seine tapfere Bevölkerung hervor. Immer mehr Menschen spürten, daß die Politik der Isolationisten angesichts des aggressiven deutschen Imperialismus den nationalen Interessen der Vereinigten Staaten zuwiderlief. Dieser Druck der Öffentlichkeit trug nicht unwesentlich dazu bei, daß die Rooseveltregierung seit Kriegsbeginn einen gegen die faschistischen Aggressoren gerichteten Kurs zu steuern begann.

Es gelang dem amerikanischen Präsidenten, unter Ausnutzung der Tatsache, daß sich die amerikanischen Konzerne selbstverständlich nicht das profitable Geschäft, das der Krieg in Europa zu werden versprach, entgehen lassen wollten, den amerikanischen Kongreß zu einer Änderung des Neutralitätsgesetzes zu bewegen. Am 4. November 1939 wurde das Ausfuhrembargo aufgehoben, gleichzeitig aber untersagt, amerikanische Schiffe für Waffen- und Materialtransporte zu verwenden. Der neue Grundsatz hieß: »Cash and carry!« Beide Gruppen lehnten aber zunächst ein unmittelbares militärisches Eingreifen der USA in den Krieg ab. Sie wollten die Vereinigten Staaten möglichst lange aus ihm heraushalten, in der Hoffnung, daß es ihnen nach einer gegenseitigen Schwächung der europäischen Länder um so leichter fallen würde, der große Nutznießer dieses Krieges zu sein.

»Cash and carry!« besagte soviel wie »Bezahle bar und hole selbst ab!« Es war klar, daß dieses Prinzip eine eindeutige Unterstützung Großbritanniens war, denn das faschistische Deutschland hatte kaum Möglichkeiten, größere Mengen an Gütern von Amerika nach Deutschland zu transportieren. Die faschistische Kriegsmarine hätte nicht einen einzigen Geleitzug sicher über den Atlantik gebracht. England dagegen konnte jederzeit in Amerika kaufen. Für die britische Kriegswirtschaft und für die Ernährung der Bevölkerung waren die

amerikanischen Lieferungen lebensrettende Hilfe. Für ungeheure Summen kaufte Großbritannien Güter aller Art in den USA.
Es lag auf der Hand, daß die finanziellen Mittel der britischen Regierung in nicht allzu ferner Zeit erschöpft sein würden und sie dann nicht mehr in der Lage wäre, bar zu bezahlen. Immer wieder drängte Churchill den amerikanischen Präsidenten, die Lieferungen zu kreditieren. Auch von seiten der amerikanischen Industrie wurden derartige Wünsche an die Regierung herangetragen. Man wollte das profitable Geschäft nicht durch eine mögliche Niederlage Großbritanniens gefährden.
Diesem Druck gab der amerikanische Kongreß bald nach und nahm am 11. März 1941 das Pacht- und Leihgesetz an, dessen wichtigste Passage lautete: »Ungeachtet der Bestimmungen jedes anderen Gesetzes kann der Präsident von Zeit zu Zeit, wenn er es im Interesse der nationalen Verteidigung als notwendig erachtet, dem Kriegsminister, dem Marineminister oder dem Chef jedes anderen Ministeriums oder jeder anderen Regierungsstelle die Vollmacht erteilen: jedes Verteidigungsmittel in Rüstungswerken, Fabriken und Schiffswerften, die ihrer Oberaufsicht unterstehen, herzustellen oder anderweitig bis zu dem Umfang, für den Mittel zur Verfügung gestellt worden sind oder Verträge von Zeit zu Zeit vom Kongreß genehmigt werden oder wie er durch beide Verfahren festgelegt wird, für die Regierung jedes Landes zu beschaffen, dessen Verteidigung der Präsident für die Verteidigung der Vereinigten Staaten für lebenswichtig erachtet.«
Dieses Gesetz ermöglichte Großbritannien, die amerikanischen Lieferungen ohne Barzahlung zu übernehmen. Sämtliche Lieferungen bezahlte zunächst die amerikanische Regierung aus Mitteln des Staatshaushalts.
Zur Begründung einer solchen notwendigen Maßnahme sagte Präsident Roosevelt vor dem amerikanischen Kongreß: »Es wird bald soweit sein, daß sie (die Engländer — der Autor) nicht mehr bar bezahlen können. Wir aber können und wir wollen ihnen nicht sagen, daß sie kapitulieren sollen, nur weil sie im Augenblick nicht in der Lage sind, die Waffen zu bezahlen, die sie jetzt dringend brauchen.«
Gleichzeitig trug das Pacht- und Leihgesetz dazu bei, Großbritannien in eine immer größere ökonomische und damit politische Abhängigkeit von den USA zu bringen und deren eigene Weltherrschaftsambitionen zu fördern.

Die den Atlantik ostwärts überquerenden Geleitzüge bargen fortan immer größere Mengen kostbaren Frachtgutes: Waffen und Ausrüstungen aller Art, Rohstoffe und Lebensmittel. Noch war die USA-Regierung nicht bereit, eigene Handelsschiffe in den Geleitzügen mitfahren zu lassen. Aber in dem Interesse, den Empfänger des Kriegsmaterials, Großbritannien, auch moralisch zu stärken, erhielten ihre Kriegsschiffe Befehl, die Geleitzüge weite Strecken im westlichen Atlantik zu begleiten. Doch war es ihnen verboten, in die Kampfhandlungen .einzugreifen. Machten die amerikanischen Begleitschiffe aber innerhalb der nordamerikanischen Sicherheitszone ein U-Boot aus, so meldeten sie über Funk sofort dessen Standort, und die britischen Kriegsfahrzeuge konnten dann ihre Abwehrmaßnahmen treffen. Die faschistische Führung war — in Übereinstimmung mit ihrem Prinzip, ihre Gegner einzeln und nacheinander schlagen zu wollen — zunächst daran interessiert, die amerikanische Neutralität zu erhalten. Ihre U-Boote hatten aus diesem Grunde den Befehl, keine amerikanischen Schiffe zu torpedieren. Bei den komplizierten Bedingungen des U-Boot-Krieges konnte es jedoch kaum ausbleiben, daß Verstöße gegen diese aus politisch-taktischen Erwägungen gegebene Weisung vorkamen.
Am 4. September 1941 feuerte U 652 zwei Torpedos auf den amerikanischen Zerstörer »Greer«.
Als am 17. Oktober 1941 südöstlich Islands der amerikanische Zerstörer »Kearny« und am 31. Oktober der Zerstörer »Reuben James« von faschistischen U-Booten torpediert wurden, ergriffen die USA weitgehende Gegenmaßnahmen, nachdem schon am 11. September der US Navy die Schießerlaubnis gegen deutsche und italienische U-Boote erteilt worden war. Auf Antrag Präsident Roosevelts beschloß der Kongreß mit 212 gegen 194 Stimmen, das Neutralitätsgesetz in dem Sinne zu ändern, daß in Zukunft amerikanischen Handelsschiffen das Anlaufen britischer Häfen gestattet werde. Das bedeutete nichts anderes, als daß sich künftig amerikanische Schiffe an den Geleitzügen nach den Britischen Inseln beteiligten.
Der Kriegseintritt der USA war nur noch eine Frage der Zeit. Daß auf diese Weise die faschistischen Hoffnungen auf eine möglichst lange währende amerikanische Neutralität zerstört wurden, war in erster Linie ein Verdienst der sowjetischen Außenpolitik. Unmittelbar nach dem wortbrüchigen Überfall der faschistischen Truppen hatte die

Sowjetregierung unmißverständlich erklärt, daß sie ihr oberstes Kriegsziel darin sehe, die faschistischen Aggressoren vernichtend zu schlagen und den von ihnen unterworfenen Völkern Europas zu helfen, sich von ihrem Joch zu befreien. Diese klare Haltung zwang sowohl Großbritannien als auch die USA, die sich bisher nicht mit ebensolcher Klarheit über ihre Absichten und Ziele geäußert hatten, zur Stellungnahme. Am 14. August 1941 erklärten die Regierungschefs beider Länder in der sogenannten Atlantik-Charta, daß ihr gemeinsames Ziel ebenfalls die endgültige Zerschlagung der faschistischen Diktatur wäre.

Am 24. September 1941 traten in London die Sowjetunion und die Exilregierungen der vom deutschen Faschismus besetzten Länder der Atlantik-Charta bei. Fünf Tage später begann in Moskau zwischen Vertretern der UdSSR, der USA und Großbritanniens eine Konferenz, auf der erste konkrete Schritte zur gegenseitigen Unterstützung beschlossen wurden. Die USA und Großbritannien sagten zu, die Sowjetunion, die mit den faschistischen Armeen einen Kampf auf Leben und Tod führte, mit dringend benötigten Waffen und Rohstoffen zu unterstützen. Die Sowjetregierung sicherte als Gegenleistung dafür die Lieferung von Rohstoffen zu, die für die britische Kriegsindustrie unerläßlich waren. Doch nicht allein darin lag die Bedeutung dieser Dreimächtevereinbarung. In seiner Schlußansprache sagte der sowjetische Außenminister: »Jetzt ist gegen Hitler endlich eine Mächtekoalition zustande gkommen, die Mittel und Wege zur Ausrottung des Nazi-Giftes in Europa zu finden wissen wird.«

Die maßlosen Weltherrschaftsansprüche des deutschen Imperialismus führten Großbritannien und die USA an die Seite der Sowjetunion, die sich ihrerseits bemühte, alle demokratischen und antifaschistischen Kräfte im Kampf gegen die Aggressoren zusammenzuschließen.

Beschleunigt wurde diese Entwicklung durch das imperialistische Japan. Am 7. Dezember 1941 überfielen die Japaner in Blitzkriegsmanier die amerikanische Pazifikflotte in ihrem Stützpunkt Pearl Harbor. Jubelnd über den neuen Waffengefährten – bisher hatte die japanische Regierung die deutschen Faschisten weitgehend über ihre Pläne im unklaren gelassen –, erklärten sie den USA am 11. Dezember 1941 den Krieg.

Drei Wochen später, am 1. Januar 1942, unterzeichneten die Vertreter der UdSSR, der USA, Großbritanniens und weiterer 23 Staaten eine

Deklaration über die Notwendigkeit der bedingungslosen Fortsetzung des Kampfes gegen die faschistischen Aggressoren, »um Leben, Freiheit, Unabhängigkeit und religiöse Freiheit zu verteidigen und die Menschenrechte und die Gerechtigkeit sowohl in ihren eigenen Ländern als auch in anderen Ländern zu erhalten«. Die antifaschistische Koalition der Staaten und Völker war entstanden.

Nach den Niederlagen in der Sowjetunion und dem Kriegseintritt der USA hatten sich das Kräfteverhältnis im zweiten Weltkrieg und damit auch die Aussichten des Seekrieges entscheidend geändert. Dönitz brauchte nur die dem Gegner verfügbare Handelsschiffstonnage zusammenzurechnen, dann seine Kriegsfahrzeuge zu zählen und sich das gewaltige Industriepotential der Gegenseite anzuschauen. Bereitete die »Schlacht im Atlantik« schon jetzt Schwierigkeiten, was würde die U-Boote im Atlantik erst erwarten, wenn die USA-Werften ganz auf den Krieg umgestellt waren?

Aber die faschistische U-Boot-Führung überschätzte die Möglichkeiten des imperialistischen Deutschlands, das fast über das gesamte Potential Europas verfügen konnte. So unglaublich es klingen mag, mit der sich bereits abzeichnenden Niederlage Deutschlands begann Dönitz' Ansehen und Macht zu steigen. Die U-Boote führten nahezu allein den Krieg im Atlantik. Mit dem Scheitern des »Bismarck«-Unternehmens war die Kampfgruppentaktik der konventionellen Seekriegstheoretiker endgültig zusammengebrochen.

Das U-Boot-Bauprogramm zeigte seine Ergebnisse. Im Dezember 1941 verfügte das faschistische Deutschland über 253 U-Boote, von denen 90 kampfbereit waren. Auch die geographische Lage hatte sich durch die neuen Stützpunkte verbessert. Das alte Ziel, einen Zugang zum offenen Atlantik zu besitzen, war erreicht. Unter diesen Voraussetzungen schien eine U-Boot-Offensive gegen die nordamerikanische Schiffahrt, die sich noch nicht auf die Bedingungen des Seekrieges eingestellt hatte, Erfolge zu versprechen.

So waren Dönitz und die verantwortlichen Offiziere im Stab des BdU immer wieder zum Fürsprecher eines Krieges gegen die USA geworden. Bereits am 17. September 1941, als sich die Zwischenfälle mit der amerikanischen Kriegsmarine häuften, hatte Dönitz angeregt, den Krieg gegen die USA mit einem »Paukenschlag« zu eröffnen.

In Kernevel herrschte ausgesprochene Hochstimmung, als die Kriegserklärung bekanntgegeben wurde. Der »Paukenschlag« konnte bald beginnen. Im Lagezimmer von Dönitz wurde während der Operationsbesprechung ab und zu wieder gelacht. Jetzt sei es vorbei mit der Schonung der Yankees!

Die Admiralstabsoffiziere beim BdU hatten Pläne ausgearbeitet, wie im westlichen Atlantik die Handelsschiffe angegriffen werden sollten. Der Kriegszustand mit den USA erleichterte nun diese Absicht. Der gesamte Atlantik wurde zum Kriegsgebiet erklärt. Die von Westen kommenden Geleitzüge wurden bisher in der Regel vor der Ostküste Nordamerikas zusammengestellt. Bis zu den Häfen, von denen die Konvois abgingen, fuhren die einzelnen Schiffe gewöhnlich im Schutz der amerikanischen Hoheitsgewässer an der Küste entlang. Die Schiffe dort angreifen zu lassen, hatte die faschistische Führung bisher nicht gewagt. Nun aber war »freier Abschuß« befohlen.

Kapitänleutnant Hardegen vollzog unmittelbar nach der Kriegserklärung an die USA vor New York den »Paukenschlag«. So wurde die Eröffnung des U-Boot-Krieges vor der amerikanischen Küste genannt. Doch es waren zunächst nur 5 U-Boote dafür verfügbar. Erst nach einigen Wochen konnte eine größere Anzahl von Booten vor den amerikanischen und kanadischen Atlantikhäfen operieren. Sie erzielten in den ersten Monaten des Jahres 1942 beträchtliche Überraschungserfolge. Die Abschußtonnage stieg im ersten Quartal 1942 sprunghaft an: Januar – 327 357 BRT, Februar – 476 451 BRT, März – 537 980 BRT. Die Mehrzahl der 242 versenkten Schiffe hatte sich jedoch nicht auf Englandfahrt befunden; es waren Frachter, die an der langen atlantischen und karibischen Küste Güter zwischen den einzelnen Häfen transportierten.

Fast täglich dröhnte in Deutschland die Sondermeldungsfanfare aus den Lautsprechern. Mit den neuen Erfolgen der U-Boote sollte die nach der Niederlage vor Moskau bereits angeschlagene Kriegsmoral der deutschen Bevölkerung wieder gestärkt werden. Bis Ende März 1942 hatten die an der deutsch-sowjetischen Front eingesetzten Heeresverbände 1 107 830 Mann an Toten, Verwundeten und Vermißten verloren, das waren 35 Prozent ihrer Stärke am Tage des Überfalls auf die Sowjetunion.

Die amerikanische Schiffahrt war tatsächlich überrumpelt worden. Ihre Kapitäne hatten nicht damit gerechnet, daß bei den Winterstürmen im Atlantik und den weiten Anmarschwegen U-Boote vor ihrer Küste auftauchen würden. Das Marineministerium unterschätzte die Ein-

satzmöglichkeiten der U-Boote und vertraute allzusehr auf die Stärke der eigenen Flotte, ähnlich wie zuvor die britische Führung. Eine wirksame und organisierte U-Boot-Abwehr war nicht vorhanden.
Mit Energie — wenn auch nicht ohne Bestürzung — ging das amerikanische Marineministerium daran, zunächst die Küste zu sichern. Dann sollte alsbald eine sichere Geleitzugroute nach Europa geschaffen werden. Betreten stellte man fest, daß man kein Ortungsgerät von der Leistungsfähigkeit des englischen Asdic-Gerätes besaß. Die bisherige Unterschätzung der U-Boot-Gefahr rächte sich jetzt bitter. Infolge der günstigen geographischen Lage der USA hatten die Marineexperten einen großangelegten Einsatz von gegnerischen U-Booten vor ihrer Küste für ausgeschlossen gehalten. Selbst nach den bitteren Erfahrungen der Royal Navy setzte sich das Umdenken nur langsam durch. Und noch länger dauerte es, bis sich die Kapitäne der Handelsflotte umgestellt hatten. Diese Fehleinschätzung kostete die Vereinigten Staaten eine große Menge an Schiffstonnage, wenn die Verluste auch nicht an die Substanz gingen.
Der lange An- und Rückmarschweg war in der Tat die größte Schwierigkeit für die U-Boote. Die Überraschung war jedoch geglückt. Die Boote, die sich verschossen hatten, gaben vor der Rückreise überschüssigen Brennstoff an die anderen ab, die noch Torpedos hatten, damit sie so lange wie nur möglich im Operationsgebiet bleiben konnten. Doch das war nur eine Notlösung, und die U-Boot-Führung mußte in aller Eile einige Boote zu U-Tankern, den sogenannten Milchkühen, umbauen lassen. Aber bis die zum Einsatz kamen, würde noch eine gute Weile vergehen. Dönitz drängte darauf, den Überrumpelungserfolg auszubauen. Alles, was an Booten verfügbar war, wurde als zweite Welle zusammengestellt.

U 552 war am zweiten Weihnachtsfeiertag 1941 von Saint Nazaire ausgelaufen. Ziel war die Südatlantikroute mit den von Freetown kommenden Geleitzügen. Auf dem Marsch ins vorgeschriebene Planquadrat erreichte der Funkspruch das Boot: »Kehrt machen! Neues Operationsgebiet Nordamerika!«
»Verfluchter Dreck!« schimpfte Kapitänleutnant Topp.
Topp war einer der erfolgreichsten Kommandanten der faschistischen U-Boot-Flotte. Der Kapitänleutnant, dessen Vater Autobahn-Maschinen-Inspekteur war, hatte im Juli seinen siebenundzwanzigsten Ge-

burtstag gefeiert. Einen Monat zuvor war ihm das Ritterkreuz für 108 970 BRT versenkten Handelsschiffsraum verliehen worden. Topp gehörte bereits zu der jüngeren Kommandantengeneration. 1938, in dem Jahr, als Prien U 47 übernahm, hatte sich Topp zu der U-Boot-Flotte versetzen lassen, deren Vergrößerung ihn eine schnellere militärische Karriere erhoffen ließ. Er hatte sich nicht verrechnet. Bereits zwei Jahre später erhielt er als Oberleutnant sein erstes selbständiges Kommando über ein U-Boot. Nach erfolgreichen Fahrten gegen Geleitzüge war seiner Besatzung nun dieser »Erholungseinsatz« in die südliche Region des Atlantik verordnet worden. So waren alle an Bord nur mit leichter Sommerbekleidung ausgerüstet. Die Winterausrüstung lag im Stützpunkt.

U 552 kämpfte sich durch die winterlich aufgewühlte See hinauf in den Norden. Die Besatzung in ihrer dünnen Kleidung hatte unter der Kälte zu leiden. Kaum ein Tag ohne Windstärke 6 bis 7. Der an Bord befindliche Filmberichterstatter, der von seiner Propagandakompanie zur Mitfahrt in den Süden abkommandiert war, schimpfte sich nicht nur die Seele aus dem Leibe, sondern bei diesem Seegang auch das Essen. Auch der an dieser Fahrt teilnehmende Kommandantenschüler, der »Konfirmand«, Oberleutnant zur See Brandi, fluchte über die »Knüppelfahrt«.

Sehr erfolgreich wurde bei diesem Wetter die Fahrt für U 552 nicht. Einige Abschüsse und die gewohnten Torpedoversager.

Immerhin ereignete sich aber etwas, das man nur aus den ersten Kriegswochen kannte. Nachdem die Torpedos verschossen waren, entschloß sich Topp zur Freude des PK-Berichterstatters, einen griechischen Dreitausendtonner mit der Achtacht anzugreifen. Bei schwerer See vor Neufundland wurde durch Artilleriefeuer das Schiff versenkt.

Nußschalen gleich schaukelten die Rettungsboote mit der Besatzung des Frachters auf den hohen Wellenbergen. Mit der Gewißheit, daß sie der nächste oder übernächste Brecher zerschellen würde, winkten die Griechen frierend und hilfesuchend zum U-Boot.

Die Bedienung an der Achtacht und die Ausgucks auf der Brücke sahen auf die Schiffbrüchigen. Mag den einen oder anderen das unheimliche Gefühl beschlichen haben, daß das, was er den wehrlosen Seeleuten zugefügt hat, eines Tages auf ihn zurückkommen könnte? Jeder wandte sich schnell von diesem Anblick ab.

U 552 nahm Ostkurs auf.
Die dritte Welle war bereits im Anmarsch, wie man auf U 552 aus
Funksprüchen entnommen hatte.

Erzwungene Zersplitterung

»Ich bin gegen jede Zersplitterung. Der geschlossene Einsatz der
U-Boot-Waffe im Atlantik ist und bleibt notwendig! Die höchstmögliche Versenkung feindlicher Tonnage muß die wichtigste Aufgabe
sein! Alles andere ist unsinnig!«
Großadmiral Raeder steht auf. Er mag die Art von Dönitz nicht. Keiner
der ihm unterstellten Admirale nimmt sich ihm, dem Oberbefehlshaber,
gegenüber einen solchen Ton heraus. Er muß an die letzte Unterredung
am 8. November in derselben Angelegenheit denken. Es war unerquicklich gewesen, und nur der dienstliche Befehl konnte schließlich
dem Befehlshaber der U-Boote klarmachen, daß er, Raeder, noch
immer der Oberbefehlshaber und die erste Instanz der Kriegsmarine
war. Während er zum Fenster geht und auf das Tirpitzufer hinabsieht
und sich wie abwesend den Berliner Verkehr betrachtete, fällt ihm
tatsächlich das Wort »Instanz« ein. Dabei wundert er sich selbst nicht
einmal darüber. Er war niemals ein Linienoffizier, nahezu die ganze
Zeit seiner Laufbahn verbrachte er in Admiralstäben, Befehlsstellen,
Büros und Lagezimmern. Der Organismus der Kriegsmarine ist für ihn,
von der kleinsten Einheit über die zahlreichen Befehlshaberbereiche bis
zum Oberbefehlshaber hinauf, nur ein Instanzenweg.
Ein langes Schweigen entsteht in dem nüchtern eingerichteten Raum.
Dönitz sieht den Hinterkopf seines Chefs an. Da er wesentlich größer
als Raeder ist, kann er auf den kurzgeschnittenen grauen Mittelscheitel
sehen. Seine Mundwinkel sind dabei leicht nach unten gezogen. Er hegt
auch keine Sympathie für den Großadmiral. Er wartet. Wenn er etwas
will, soll er befehlen, denkt er, freiwillig bekommt er nicht ein Boot.
Der Atlantik ist wichtiger als das Mittelmeer. Immerhin wird in seinem
Befehlsbereich der Löwenanteil des Seekrieges getragen.
Raeder dreht sich langsam um.
»Ich war gestern im Führerhauptquartier. Der Führer erwartet, daß wir
im Mittelmeer eingreifen. Rommel befindet sich in einer mißlichen
Lage.«

»Und die Italiener? Ihre Schlachtschiffe, Kreuzer, Zerstörer?« Raeder winkt müde mit der Hand ab. Unwillkürlich fallen ihm die wortreichen Erklärungen der italienischen Marineleitung bei dem Gespräch in Rom ein. Doch auf die Frage von Dönitz äußert er sich nicht. Statt dessen gibt er Dönitz ein Detail zu bedenken, das immerhin ein Erfolg — wenn auch ein bescheidener — der römischen Besprechungen gewesen war: »Sie haben eine italienische U-Boot-Flottille erhalten und in Bordeaux stationiert.«

Jetzt winkt Dönitz ab. »Soll man diese Flottille wieder ins Mittelmeer beordern. Ich habe im September und im November je sechs Boote abgegeben. Jedes weitere Boot im Mittelmeer wäre eine Schwächung der Kräfte im Atlantik. Bedenken Sie, auch fürs nördliche Eismeer mußte ich Boote zur Verfügung stellen. Ja, sogar sechs der Zweihundertfünfzig-Tonnen-Boote werden gerade zurechtgemacht, um auf dem Binnenweg ins Schwarze Meer gebracht zu werden. In der Ostsee klappt es wegen der russischen Minen mit der Ausbildung nicht, und selbst da sind Boote im Einsatz. Ich brauche jedes Boot vor der amerikanischen Küste — gerade jetzt!«

Raeder zieht es vor, auf den Vorschlag und auf die Bedenken nicht einzugehen. Was soll er auch dazu sagen?

»Sie müssen weitere zehn Boote in Marsch setzen, Dönitz! Die italienischen Dienststellen in La Spezia sind bereits unterrichtet.«

Das war deutlich. Dönitz' ovales Gesicht, das so gar nicht den Propagandaklischees von einem Admiral entsprach und eher zu einem biederen Bauunternehmer paßte, wird puterrot. Während er seinem Chef in das Gesicht sieht, das unbeweglich über dem steifen Eckkragen steht, entschließt er sich, bei nächster Gelegenheit selbst bei Hitler vorstellig zu werden, um seiner Auffassung über die Stoßrichtung des Seekrieges Nachdruck zu verleihen. So sagt er nur: »Zu Befehl, Herr Großadmiral!«

Kurze Zeit später hat Dönitz Gelegenheit, mit Hitler zu sprechen. Hitler will sich über die Lage im Atlantik informieren und hat deshalb Dönitz zu sich befohlen. Die Schlacht bei Moskau ist nicht die einzige Niederlage der faschistischen Wehrmacht geblieben. Im Süden wie im Norden der sowjetisch-deutschen Front geht die Rote Armee zu Gegenangriffen über, die sich Anfang 1942 in eine allgemeine Offensive der Sowjetarmee ausweiten. Der »Blitzkrieg« gegen die Sowjetunion ist geschei-

tert. Angesichts dieser Entwicklung wendet sich das Interesse den U-Booten zu, deren Überraschungserfolge vor der amerikanischen Küste vor allem der Nazipropaganda die Möglichkeit geben, von den militärischen Niederlagen auf dem Territorium der Sowjetunion abzulenken. Beim Vortrag ist Dönitz bemüht, seinen Argumenten Nachdruck zu verleihen. Er nennt Zahlen, die Abschußtonnage nach Wochen und Monaten aufgeteilt, die eingesetzten Boote, das Verhältnis der abgefeuerten Torpedos zu den Treffern, die Abschußtonnagequote je eingesetztes Boot und Seetag. Besonders hebt er das sprunghafte Ansteigen der alliierten und neutralen Schiffsverluste hervor, nachdem die Operation »Paukenschlag« begonnen hatte.
Hitler ist sichtlich beeindruckt. Der Admiral ist ganz nach seinem Geschmack. Einer, der auf niemand und nichts Rücksicht nimmt und damit die Erfolge bringt, die in der augenblicklichen Situation so bitter benötigt werden. Das sind die Leute, die man braucht, um die Weltmachtpläne zu verwirklichen.
Dönitz spürt die Gunst der Stunde. Er bemüht sich, Hitler merken zu lassen, daß er ganz auf ihn zählen kann.
Seines Wertes wohl bewußt, hofft Dönitz, daß er für seine Wünsche bei Hitler ein offenes Ohr findet.
Dönitz bringt zum Schluß sein Anliegen vor: keine Zersplitterung der U-Boot-Flotte, sondern massierter Einsatz im Atlantik. Bei aller Vorsicht — es gilt abzuwarten, wie Hitler darüber denkt — beklagt er sich über die Abgabe von Frontbooten ins Schwarze Meer, für den Ostseeinsatz, für das Nördliche Eismeer und jetzt noch für das Mittelmeer. Hitler denkt an die Nachrichten, die von allen Fronten einlaufen. Er sieht keine Möglichkeit, die Wünsche der U-Boot-Führung zu berücksichtigen. Aber er will den Admiral nicht vor den Kopf stoßen und lobt die U-Boot-Besatzungen im Mittelmeer, sie wären sozusagen der stählerne Arm von Rommels Afrikakorps. Gleich darauf läßt er von einem Protokollanten festhalten, daß er mit Speer, dem Minister für Bewaffnung und Munition in der faschistischen Regierung, sprechen wolle, damit dieser für den U-Boot-Bau eine höhere Stahlquote bereitstelle.
Dönitz ist nicht ganz zufriedengestellt. Dennoch: Mehr Boote und schnellere Ausrüstung in absehbarer Zeit — seine Bitten sind nicht völlig vergebens gewesen.
Die Unterredung mit Hitler hat Dönitz noch einmal klargemacht,

warum die oberste faschistische Führung dem Mittelmeerraum solch großen Wert beimißt. Von hier aus würde nach dem Sieg über die Sowjetunion mit der Errichtung eines deutschen Kolonialreiches in Afrika und Asien begonnen werden. Solche Ziele entsprachen auch den politischen Wünschen der verantwortlichen Offiziere in der U-Boot-Führung, und sie werden alles in ihren Kräften Stehende tun, um diese Ziele mit zu verwirklichen helfen.

Nach seiner Rückkehr befiehlt Dönitz, die für das Mittelmeer bestimmten zehn Boote von La Pallice und Lorient aus in Marsch zu setzen.

Mit großem Abstand voneinander marschieren die zehn U-Boote auf die gefährliche Meerenge von Gibraltar zu.

»Wer noch mal auf den ›Donnerstuhl‹ muß, soll sich beeilen! In einer Stunde tauchen wir. Dann ist es vorbei.«

Diese Aufforderung gibt der Kommandant des ersten Bootes von der Brücke durchs Boot.

Ein klarer Sternenhimmel schaukelt mit dem Mond über dem sich sanft wiegenden Boot. In der hellen Nacht sind voraus die Silhouetten der Berge des Atlas zu erkennen.

»Konnte nicht eine Schürze vor dem Mond hängen? Das reinste Promenadenwetter!« schimpft der Kommandant.

Er hat die Absicht, dicht unter der afrikanischen Küste, möglichst sogar innerhalb der Küstengewässer von Spanisch-Marokko, von Tanger bis Ceuta, die Meerenge getaucht zu passieren.

»Hauptsache, der Saft in den Batterien reicht bis hinter Ceuta«, meint der IWO, der neben dem Kommandanten steht.

Sehr verheißungsvoll klingt das nicht, und der Kommandant antwortet nicht darauf. Beide wissen nur zu gut, wie aufwendig die Royal Navy und die Royal Air Force die Meerenge kontrollieren. Sie scheuen sich auch nicht, in die spanischen Hoheitsgewässer einzudringen, wenn sich ein U-Boot dorthin verkrochen hat.

Nicht nur der Kommandant und der IWO, auch die anderen Besatzungsmitglieder haben mit Unbehagen den Befehl entgegengenommen, ins Mittelmeer zu marschieren. Die Enge des Raumes, die starke Kontrolle der Gebiete durch Flugzeuge und die vorwiegend guten Sichtverhältnisse bei zumeist ruhiger See sind unangenehme Bedingungen des U-Boot-Einsatzes.

»Idiotisch ist das alles«, brummt schließlich der Kommandant, als müsse er seinem IWO auf sein Unbehagen von vorhin antworten.

Nun ist das Reden wieder am IWO, gleichsam tröstend sagt er: »Denken Sie an U dreihunderteinunddreißig, Herr Kaleu!« Und es sollte verheißungsvoll, hoffend klingen.

Es war im November 1941 gewesen. Oberleutnant zur See von Tiesenhausen manövrierte nachts auf flachem Wasser mit U 331 vor Ras Gibeisa östlich Mersa Matruk. Mit einem Schlauchboot war eine Gruppe Soldaten ausgesetzt worden, die hinter den englischen Linien einen Sabotageauftrag durchführen sollte. Stunde um Stunde verging, aber die Gruppe kehrte nicht zurück. Im Morgengrauen mußte schließlich von Tiesenhausen das Warten aufgeben — die Soldaten waren inzwischen in Gefangenschaft geraten, ohne den Auftrag ausgeführt zu haben —, und er legte U 331 in Küstennähe auf Grund.
Die nächsten Tage verbrachte U 331 befehlsgemäß vor der libyschen Küste. Aber kein Frachter, kein britisches Nachschubfahrzeug oder gar Kriegsschiff zeigte sich. Statt dessen mußte jeden Tag unzählige Male getaucht werden, weil englische Flugzeuge am Horizont gesichtet wurden. Im Boot war es heiß, und selbst die Luft, die die Lüfter einsaugten, brachte nur unerträgliche Schwüle ins Boot. Nur nachts gab es etwas Abkühlung, wenn U 331 einige Stunden aufgetaucht Fahrt halten konnte. Von Land her war unentwegt das Aufblitzen des Artilleriefeuers vor Tobruk zu sehen und das dumpfe Grollen der Abschüsse zu hören. Die See war meist bleiern und schwappte träge gegen das Boot.
Am 25. November, morgens um 9 Uhr, das Boot mußte wieder vor Flugzeugen wegtauchen, meldete der Horcher: »Starke Schraubengeräusche aus Nord!«
Der Kommandant ließ auf Sehrohrtiefe hinaufgehen. Es war nichts auszumachen. Der Funkmaat aus dem Horchraum meldete ständig die Peilung des sich verstärkenden Geräusches.
Kurzerhand befahl von Tiesenhausen aufzutauchen. Aber auch von der Brücke aus war in der gepeilten Richtung nichts zu sehen. Am Horchgerät war indessen ein breites Horchband, langsam nach Nordosten wandernd, wahrzunehmen.
Mit voller Fahrt lief U 331 über Wasser diesen sonderbaren Geräuschen entgegen. Sollte das ein riesiger Geleitzug sein? Um 14.30 Uhr wurde voraus etwas ausgemacht. Rauchwolken? Aber das konnte auch eine atmosphärische Täuschung sein. Kurz darauf war in den Doppelgläsern

Die britische Führung stellte Geleitzüge zusammen, um den Angriff der U-Boote zu erschweren: ein großer Konvoi beim Verlassen des Hafens von New York (oben) und Schiffe eines Geleitzuges, der auch aus der Luft gesichert wird (unten)

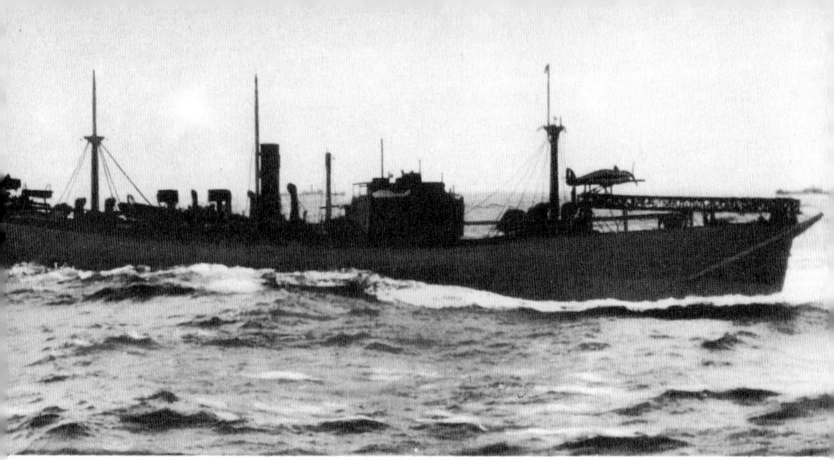

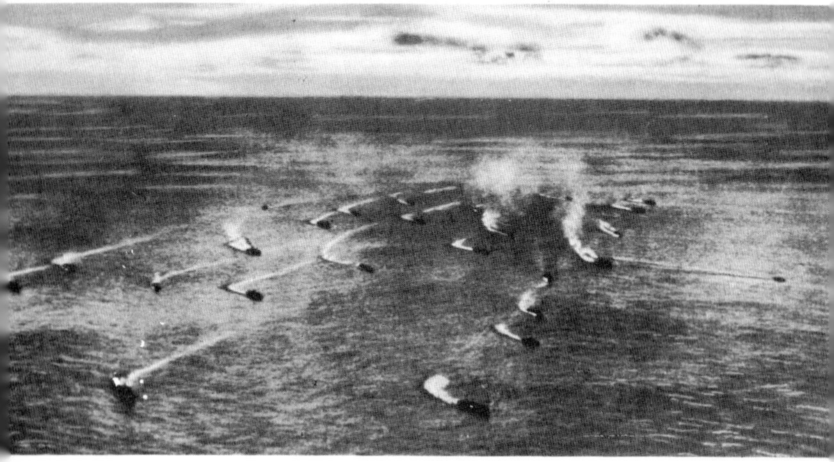

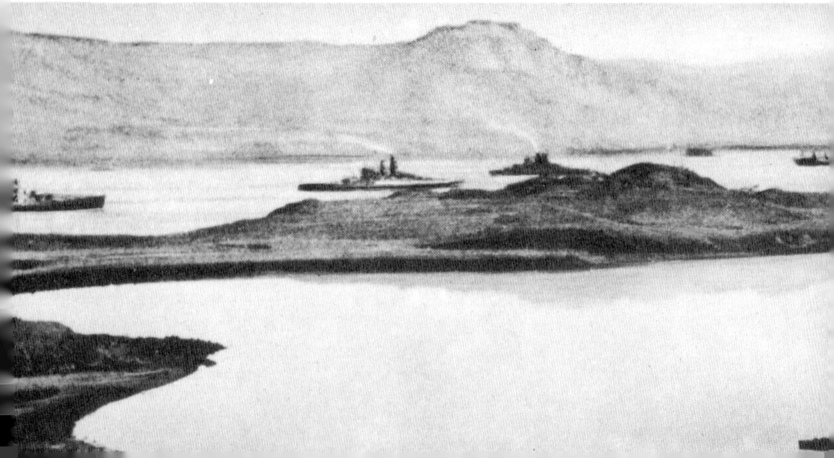

Handelsschiffe wurden mit Katapulteinrichtungen für Flugzeuge ausgerüstet und zur Konvoisicherung eingesetzt

Ein Konvoi »zackt«. Alle Schiffe des Verbandes ändern auf Kommando ihren Kurs, um Angriffe faschistischer U-Boote zu erschweren

Von diesem Gefechtsstand in der britischen Admiralität aus wurde der Schutz der Geleitzüge im Nordatlantik organisiert

Von Stützpunkten in Island aus kontrollierten die britischen und amerikanischen Streitkräfte den Nordatlantik. In Hvalfjord, nördlich Reykjavik, ankerte Anfang Oktober 1941 ein amerikanischer Verband, der aus einem Flugzeugträger, einem schweren Kreuzer, zwei Schlachtschiffen und drei Zerstörern bestand

An Bord aller Schiffe des Geleitzuges hielten die Wachen ständig Ausschau nach angreifenden U-Booten

Szene an Deck des amerikanischen Zerstörers »Greer«. Innerhalb der amerikanischen Sicherheitszone begleiteten Schiffe der US Navy die Konvois. Am 4. September 1941 wurde »Greer« von U 652 torpediert

Ein brennender amerikanischer Tanker nach dem Angriff eines U-Bootes. Er konnte aber von einem Kriegsschiff bis zu einem Hafen geschleppt werden

Ein Munitionsschiff war bei einem Torpedotreffer immer verloren. Trotzdem stellten sich Seeleute aller Nationen für diese alliierten Transporte zur Verfügung

Dieser Tanker eines Konvois dagegen explodierte nach dem Torpedotreffer

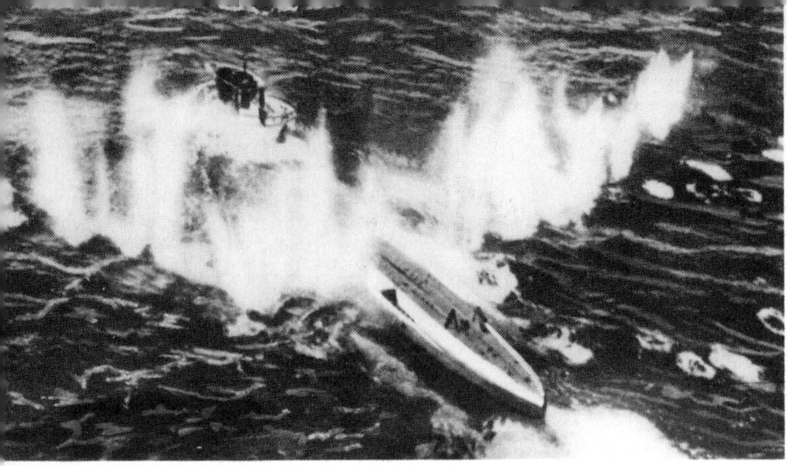

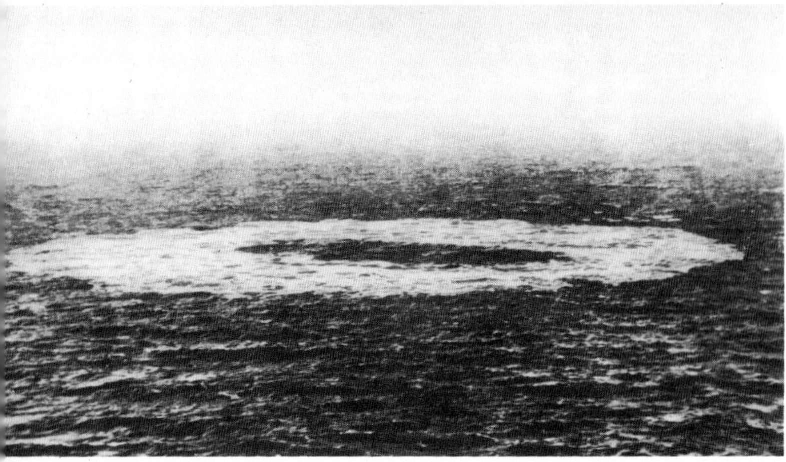

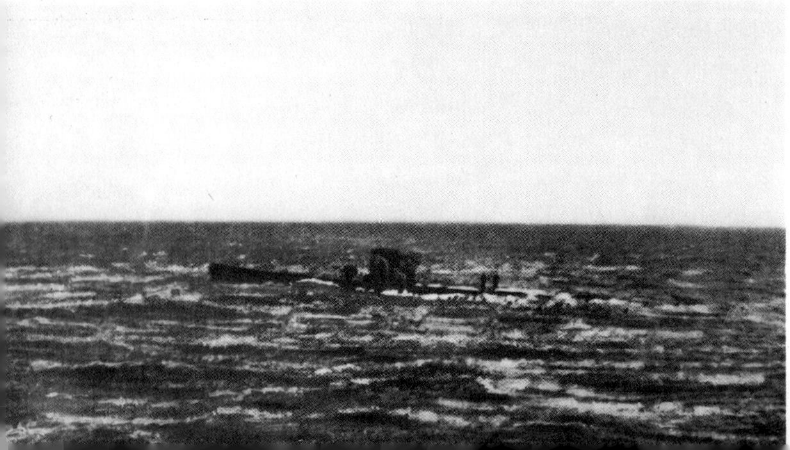

◀ *Einmal von einem Flugzeug entdeckt, war das U-Boot in den meisten Fällen verloren. Mit Bordwaffen (oben) oder Bomben wurde es versenkt. Ein Ölfleck kündete vom Ende des U-Bootes (Mitte)*

Überlebende von U 660 springen über Bord, bevor ihr schwerbeschädigtes Boot versinkt. Sie wurden von den Korvetten »Starwort« und »Lotus« gerettet

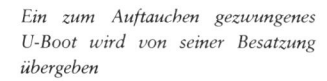

Ein zum Auftauchen gezwungenes U-Boot wird von seiner Besatzung übergeben

Selten kehrte ein so schwer beschädigtes U-Boot in den Stützpunkt zurück

Ein faschistisches U-Boot wird von einem Flugzeug vernichtet

Obwohl die britische und amerikanische Führung die Nordmeer-Geleitzüge auch durch Flugzeugträger sichern ließen, waren die Konvois auf sowjetische Luftsicherung angewiesen. Der britische Geleitträger »Nairana« in schwerer See, die den Einsatz von Bordflugzeugen unmöglich macht

Da im nördlichen Atlantik ein alliiertes Abwehrsystem aufgebaut war, wurden die U-Boote in den Südatlantik und sogar in den Indischen Ozean geschickt. Da ihr Aktionsradius nicht ausreichte, mußte unterwegs Brennstoff ergänzt werden

Auf dem Marsch in den Indischen Ozean versenkte U 852 den griechischen Frachter »Peleus«. Entsprechend dem »Laconia«-Befehl ermordete die Besatzung des U-Bootes Überlebende der »Peleus«

Die Auswertung der Erfahrungen des ersten Weltkrieges veranlaßte die sowjetische Seekriegsflotte, bordgestützte Flugzeuge nicht nur zur Aufklärung, sondern vor allem zur U-Boot-Abwehr einzusetzen. Start eines Flugbootes vom Typ Kr-1

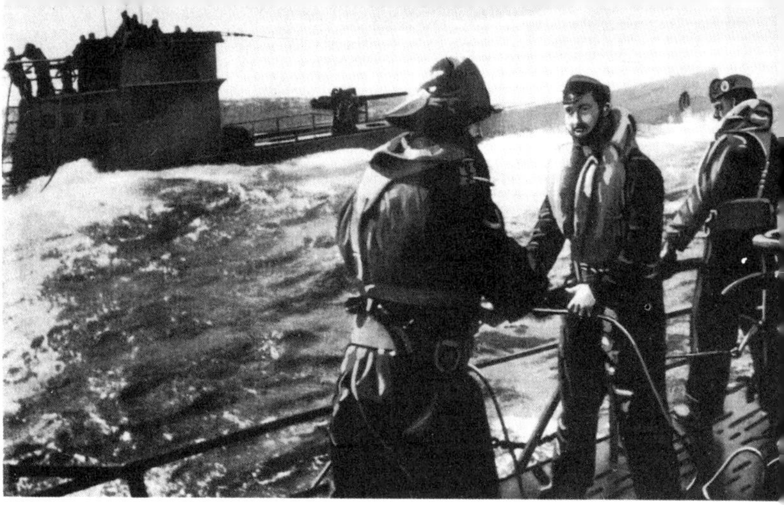

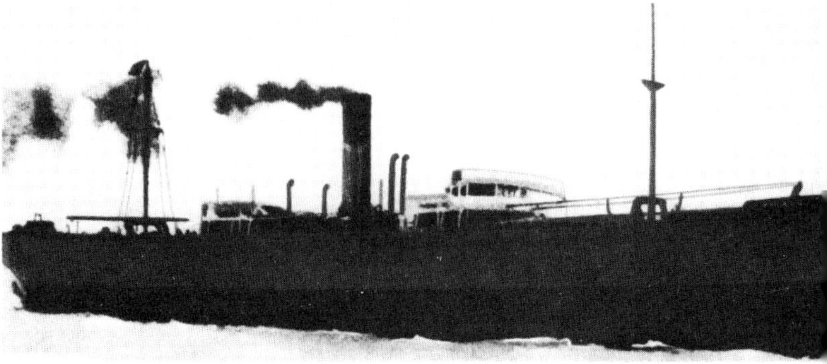

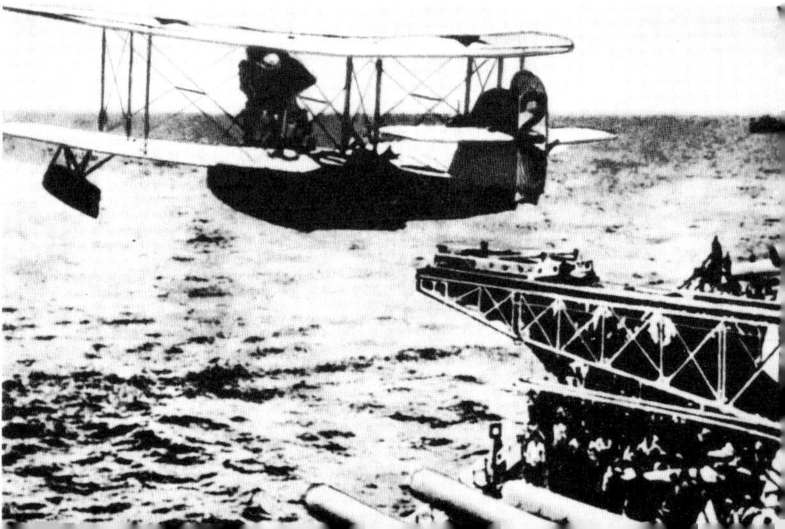

Die alliierte Lufüberlegenheit zwang die faschistische Führung, Schutzbauten für die leicht verletzbaren U-Boote errichten zu lassen (oben). So sah der U-Boot-Bunker in Brest 1944 aus (unten)

Bestürzt gab der LI Befehle, das Boot abzufangen. Die Tiefenruder drückten das Boot wieder nach oben. Es dauerte lange, bis der Zeiger hinter dem Manometerglas wieder zu zittern anfing.
Mindestens 260 Meter tief war U 331 getaucht. Es war ein Wunder, daß der ungeheure Wasserdruck das Boot nicht zerquetscht hatte.
Während weit achteraus das Krachen von Wasserbomben zu hören war, lief U 331 in normaler Tiefe ab.
Das Schlachtschiff, das an diesem 25. November versank, war die »Barham«. Es sollte nicht der einzige Erfolg der faschistischen U-Boote im Mittelmeer sein. Außer der »Barham« und zwei Flugzeugträgern wurde eine Reihe von Kreuzern, Zerstörern, Geleitschiffen und Frachtern durch U-Boot-Torpedos versenkt. Das Kriegsgeschehen im Mittelmeerraum konnten die U-Boote aber nicht entscheidend beeinflussen. Im Gegenteil, sie selbst erlitten schwere Verluste. Dennoch wurde die Versenkung der »Barham« immer wieder als beispielhafte Tat hingestellt, und mancher U-Boot-Kommandant trachtete ehrgeizig danach, zu einem gleichen Erfolg zu kommen, und er fuhr mit seiner Besatzung in den Tod.

Tanker sterben

Immer mehr Schiffe kommen aus den Docks von Boston. Langsam schieben sie sich, einen Ankerplatz suchend, in den Boston Harbor. Hier, zwischen dem Inselgewirr, liegt bereits eine große Zahl von Frachtern, Tankern, Transportern, Zerstörern, Fregatten, Hilfsschiffen und Bewachern vor Anker. Auf einem britischen Hilfskreuzer läßt der Geleitzugführer, ein britischer Konteradmiral, die Signale setzen: Anker lichten! Zum Geleit formieren!
In den Mastenwald kommt Bewegung. Ein Schiff nach dem andern holt den Anker ein und schiebt sich mit langsamer Fahrt auf die zugewiesene Position. Gleichzeitig geben die Chefs der Geleitgruppen an ihre Zerstörer, Fregatten und Bewacher Befehl, Fahrt aufzunehmen.
Einige Tage dauerten in Boston die Besprechungen mit den Kapitänen der Schiffe und den Geleitgruppenführern, bis der riesige Geleitzug endlich zusammengestellt war. Das war für den Geleitzugführer ein hartes Stück Arbeit. Jeder Kapitän hatte schließlich seine Wünsche. Die Neulinge der Konvoifahrt waren am aufgeregtesten. Die alten

»Kämpen« wiederum drängten, entsprechend ihrer Erfahrung, darauf, in dem in mehreren Marschsäulen marschierenden Geleitzug eine Position in der Mitte und nicht an den Flanken zu erhalten. Oftmals kam man bei diesen Besprechungen nicht von der Stelle, die Amerikaner hielten natürlich zusammen, um ihre Wünsche durchzusetzen, genauso wie die britischen Kapitäne oder die Norweger, die Griechen, die unter der Panama-Flagge Fahrenden und andere.
Endlich war es aber geschafft. Der britische Konteradmiral hatte alle 72 Kapitäne unter einem Hut. Er hatte durchsetzen können, daß die 19 Tanker in der Mitte des Konvois fuhren. Diese Schiffe hatten nicht nur die für den Krieg in Europa kostbarste Fracht, Öl, an Bord, sie waren auch am gefährdetsten. Die faschistischen U-Boot-Kommandanten wußten viel zu gut, daß jeder Tanker mit Benzin und Dieselöl, der nicht in England ankam, einen Schlag für die Royal Air Force und die Royal Navy bedeutete. Wurde aber ein Tanker getroffen, hatte in dem auslaufenden, brennenden Treibstoff die Besatzung geringe Chancen auf Rettung. Deshalb erhielten die Besatzungen und Kapitäne der Tanker auch die höchsten Prämien für eine geglückte Atlantiküberquerung.
Sich allmählich ordnend, steuert der Konvoi in die Massachusetts Bay hinaus. Die Schwierigkeiten des Anfangs, wenn einer der Kapitäne nicht aufgepaßt hat und nicht rechtzeitig auf seinem zugewiesenen Platz war, sind überwunden. Der Geleitzugführer läßt Signal setzen, die vorgesehene Marschgeschwindigkeit von 9 Knoten einzunehmen. Auf einem Hilfskreuzer, einem umgebauten, schnellaufenden Frachter, befindet er sich im Geleitzug ziemlich weit vorn. Über mehrere Seemeilen erstreckt sich der Konvoi. An den Flanken, voraus und achteraus, haben insgesamt 18 Bewachungsfahrzeuge ihre Positionen bezogen. Sie dampfen neben dem Geleitzug auf und ab.
Einar Kijellsen steht auf dem eisernen Deck an der Reling und sieht auf das gewaltige Schauspiel der in langen Kolonnen marschierenden Schiffe. Er stammt aus der malerischen Kleinstadt Drammen bei Oslo, seine Frau und seine beiden Kinder leben dort. Als die faschistische Wehrmacht in Norwegen einfiel, befand er sich mit seinem Tanker gerade in La Guaira in Venezuela. Es ist nicht die erste Atlantiküberquerung, die er nun für die Alliierten in Kriegszeiten macht. Mehreremal hätte er inzwischen Gelegenheit gehabt, von diesem gefährlichen »Spriteimer« auszusteigen, irgendwo in Mexiko oder in den USA, aber

er blieb als Decksmann an Bord. Es gab für ihn keine andere Entscheidung. Seine Familie war in Norwegen, und dort war eine faschistische Besatzung, da konnte und wollte er nicht in irgendeinem Hafen ein geruhsames Leben führen.

Wie Einar Kijellsen hatte sich die Mehrheit der norwegischen Seeleute der alliierten Konvoifahrt zur Verfügung gestellt. Das traf auch auf holländische, französische, dänische und viele Seeleute anderer Nationen zu. Die Seeleutegewerkschaften der alliierten Länder verzichteten während des Krieges auf Streiks und forderten ihre Mitglieder auf, sich für diese gefahrvollen Transporte in den Heuerbüros zu melden. Die Solidarität unter den Seeleuten aller Länder zeigte sich auch in dem Bestreben, den Faschismus niederzuringen.

Mit dem Hinweis, es sei Vorschrift, reicht der brasilianische Steward Einar Kijellsen eine Schwimmweste. Dieser bedankt sich mit einem Lächeln, aber das Lächeln ist sehr vage, selbst dann noch, als er sie umbindet. Mechanisch, ohne besonders darauf zu achten, zurrt er die Schnallen fest, als habe das alles wenig Sinn, auf einem Tanker eine Schwimmweste umzubinden.

Einar Kijellsen geht langsam nach achtern. Von der Pantry her ist das Klappern von Kaffeegeschirr zu hören. In der Art des erfahrenen Fahrensmanns hebt er die Nase und riecht in den Wind. Es briest langsam auf. Der Konvoi zackt das erstemal. Die See kommt von dwars, und das Schiff beginnt sich leicht zu wiegen.

Das fahle Tageslicht stirbt. Eine dichte Wolkendecke färbt die Nacht, anfangs dunkelgrau, dann pechschwarz. Leichter Dunst steigt aus dem Wasser wie so oft um diese Jahreszeit vor der nordamerikanischen Küste.

U 503 versucht mit geringer Fahrt, die gerade noch Ruderwirkung hat, Kurs zu halten. Der Kommandant, Korvettenkapitän Gerhicke, meint zum II WO auf der Brücke: »Hoffentlich kommt kein Nebel auf.«
Lange Zeit herrscht Schweigen. Nur das Platschen des Wassers, wenn es glucksend über Deck wäscht, und der um den Turm pfeifende Wind sind zu hören.
Einer der Ausgucks glaubt die Stimmung heben zu müssen und kramt eine Erinnerung hervor. »War auf der letzten Reise anders, Herr Kapitän!«
»Weiß Gott«, gibt Gerhicke mit einem Seufzer zurück.

Das macht den Ausguck mutiger. »Unten in der Karibik! Dienst in Badehose und mit Strohhut. Ein Dampfer nach dem andern lief vor die Rohre!«

Gerhickes Gedanken fliegen zurück. Sieben Abschüsse innerhalb von vier Tagen damals. Und kein lästiger Zerstörer, keine Wasserbomben.

Der LI kommt auf die Brücke, er will frische Luft schöpfen.

»Wie lange noch?« fragt unvermittelt Gerhicke den LI. Dieser hat sich noch gar nicht an die Dunkelheit gewöhnt, nur an der Stimme erkennt er den Kommandanten, so daß er in irgendeine Richtung hin antwortet: »Bei dieser Fahrt zwei, höchstens noch drei Tage. Wenn uns kein Rückmarschierer ein paar Tonnen abgeben kann.«

»Von den vier oder fünf Booten, die in dieser Gegend hier sind, hat sich keiner verschossen. Da kann keiner einen Tropfen Öl abgeben.«

Plötzlich ruft laut der backbord-achtere Ausguck: »Da, Herr Kapitän!« Ein mächtiger Schatten zieht schräg hinter dem Boot vorbei. Doch da ruft auch der steuerbord-vordere Ausguck: »Schatten voraus!« Im selben Augenblick meldet auch der nächste Ausguck: »Querab ein Tanker!«

»Auf Gefechtsstation!« schreit Gerhicke hastig.

Der LI fällt Hals über Kopf ins Luk hinunter.

»Wir stehen mitten im einem Geleitzug«, stellt der Kommandant aufgeregt fest.

Der I WO ist schon auf der Brücke erschienen und hantiert am Nachtzielgerät.

»Hart Steuerbord! Volle Fahrt! Auf den Tanker zu!« befiehlt Gerhicke.

Da kracht es schon an Steuerbord. Eine ungeheure Brandfackel steigt in die Nacht. Die Augen werden geblendet. Immer breiter wächst die Fackel, rasend schnell breitet sich das aus dem torpedierten Tanker laufende brennende Öl aus. Die Nacht wird gespenstisch erhellt, doch weitab, U 503 bleibt im Dunkeln. Ein anderes Boot ist zum Schuß gekommen.

»Ruder stütz«, befiehlt Gerhicke. »Haben Sie das Ziel?« fragt er den I WO.

»Noch einen Strich weiter steuerbord halten!«

»Rohr eins und zwei klar!«

»Ziel erfaßt!«

»Rohr eins und zwo los!«

»Hart Backbord! Auf den nächsten! Den da! Seht ihr denn nicht? Noch ein Tanker!«

Das Boot schwenkt herum. Weg von der gefährlichen Nähe des Schiffes, auf das zwei Torpedos zulaufen.

Rrrumms! Ein für die Augen schmerzend greller Feuerball steuerbord vor dem Boot. Erbarmungslos den Tod bringend, steht die grausige Fackel in der Nacht. In der auseinanderquellenden Feuerglut ist von dem Tanker nichts zu sehen, nur Feuer, Rauch und dichte, schwelende Wolken. Die See brennt, ein schwappendes, glühendes und beißenden Rauch verbreitendes Inferno. Um U 503 ist es taghell.

Der nächste Tanker ist immer deutlicher in dem sich weitenden Lichtschein zu sehen. Immer näher an das Boot heran kommt die brennende See.

»Ein Zerstörer! Da an Backbord!« Aller Augen fliegen herum. Mit hoher Fahrt, einen Schaumbart vor sich herschiebend, prescht ein Zerstörer heran. Ein Scheinwerfer flammt auf. Das ist ganz unnötig bei der durch das brennende Öl taghell erleuchteten See.

»Alarm!«

Mit dem lauten Zischen des Wassers in die Tauchtanks zählt jeder an Bord in bangem Unterbewußtsein die Sekunden. Alle kennen die Zeitspanne, die das Boot braucht, bis es unter Wasser ist.

Das Schraubengeräusch des Zerstörers. Deutlich ist es zu hören, mit bloßem Ohr. Immer näher kommt es.

»Zehn Meter!« ruft der LI aus. »Fünfzehn Meter!«

Rrradang! Rrradang! Rrradang! Die erste Wasserbombenserie.

Das Boot wird hin und her geschüttelt.

»Zwanzig Meter!«

Rrradang! Rrradang! Rrradang! Die nächste Serie hämmert mit Riesenfäusten auf das U-Boot ein. Manometergläser zerspringen. Das Licht fällt aus. Die Notbeleuchtung flammt auf. »Die Schäden melden!«

»Fünfundzwanzig Meter!«

Rrradang! Ein widerliches Krächzen und Klirren. Die Notbeleuchtung erlischt sofort. Ruckartig fliegt das Boot zur Seite.

»Wasser!«

Eine Taschenlampe blitzt auf in der Zentrale. Bleiche Gesichter. Aufgerissene Augen.

»Tiefenruder reagiert nicht mehr!«
»Auf Handbetrieb umstellen!«
Keuchend und ächzend zerren die Rudergänger an dem Gestänge. Der E-Maschinist wird von einem Wasserstrom in die Zentrale geschleudert. Halb irr schreit er: »Die Batteriezellen sind zersprungen!«
In den Lichtkegeln der Taschenlampen sind die Gesichter zu verzerrten und von der Angst überwältigten Fratzen geworden. »Hoch!« schreien alle durcheinander und immer wieder. Von Entsetzen gepackt, greifen sie zum Tiefenruder, sogar der Kommandant. Von einem einzigen Gedanken sind alle erfaßt: das Boot hochdrücken, an die Oberfläche, solange noch Fahrt im Boot ist. Verbissen und nahezu um die Tiefenruder balgend, greifen Hände nach den Handrädern und Hebeln. Unartikulierte, keuchende Laute sind alles, was sie von sich geben.
Ein leichter Schwall ist zu vernehmen.
»Wir sind 'raus!«
Alle greifen zur Eisenleiter. Jeder will zuerst hinauf.
Jammern und Fluchen. Umsichschlagen. Immer mehr drängen heran. Schon reicht das Wasser bis zum Knie. »Laßt micht 'raus!« — »Ich bin verheiratet!« — »Hilfe!« Wer die meiste Kraft hat, stößt rücksichtslos andere zurück und klettert nach oben.
Das Luk auf der Brücke springt auf. Dem ersten verschlägt es den Atem. Und schon ist sein Kopf in Feuer getaucht. Er zögert. Die nächsten drängen nach. Als brennende Fackel klettert er über die Verschanzung, taub, geblendet, irr. Er erkennt nichts, ohnmächtig fällt er in die brennende See. Der nächste fällt über die Verschanzung der Brücke. Der übernächste. Noch einige wenige. Dann sackt das Boot in die Tiefe des Ozeans.

Menetekel der Niederlage

Mit dem späten Frühjahr 1942 gingen die Überraschungserfolge vor der nordamerikanischen Küste zu Ende. Am 23. Mai mußte Dönitz befehlen, die U-Boote aus dem unmittelbaren Küstenvorfeld zurückzuziehen. Die amerikanische Marine hatte gelernt, diesen Raum gegen angreifende U-Boote zu sichern.
Entsprechend den britischen Erfahrungen wurde an der langen Küste ein Geleitsystem aufgebaut. Die Luftstreitkräfte wurden in starkem

Maße zur U-Boot-Bekämpfung eingesetzt. Um den Einsatz von Flugzeugen wirkungsvoller zu machen, wurden in aller Eile und mit einfachen Mitteln große Frachtschiffe zu Hilfsflugzeugträgern umgebaut. Das amerikanische Ortungsgerät, das sogenannte Sonar-Gerät, wurde auf einen leistungsfähigen Stand gebracht. Alle verfügbaren seetüchtigen kleinen Schiffe wie Motorjachten, Fischtrawler und bereits außer Dienst gestellte Marinefahrzeuge wurden mit Wasserbombenwerfern ausgerüstet und zur U-Boot-Jagd eingesetzt. Das Wichtigste aber war, in immer größerem Umfang wurden in amerikanischen Häfen Geleitzüge zusammengestellt, die mit starken Sicherungskräften auf der kürzesten Großkreisroute Material nach Großbritannien brachten, bald auch Flugzeugstaffeln und ihr Personal, die später immer spürbarer in den Luftkrieg über Deutschland eingriffen.

Der überraschende Angriff der faschistischen U-Boote vor der amerikanischen Küste hatte die Alliierten beträchtliche Verluste gekostet. Von dem Eintritt der USA in den Krieg bis zum Frühjahr 1942 wurden nach alliierten Angaben insgesamt 495 Schiffe mit mehr als 2,5 Millionen Bruttoregistertonnen versenkt, darunter 142 Tanker. Das war natürlich sowohl für die USA wie auch für Großbritannien schwerwiegend, weil nicht nur dieser Schiffsraum für den Transport des ständig steigenden Materialbedarfs ausfiel, sondern weil es auch auf Grund der hohen Menschenverluste für die Handelsschiffsreedereien immer schwieriger wurde, ihre Besatzungen komplett zu halten. Dennoch hatte der U-Boot-Krieg auch in dieser Phase keinen kriegsentscheidenden Charakter angenommen. Der Tonnageverlust der USA und Großbritanniens wurde nicht nur durch die Einbeziehung der großen unter den Flaggen Panamas und Liberias fahrenden Kauffahrteiflotten und der meisten lateinamerikanischen Länder — sie gehörten vielfach nordamerikanischen Reedereien — ausgeglichen, sondern würde sich bald beträchtlich erhöhen, da der amerikanische Kongreß ein riesiges Schiffbauprogramm beschlossen hatte. Das berühmte »Liberty«-Schiff wurde geboren. Es war ein mittelgroßer, voll geschweißter und leicht ausgerüsteter Frachter, der in der billigen Serienbauweise hergestellt wurde. Die Bauzeit betrug von der Kiellegung bis zur Auslieferung nur wenige Monate. Alle amerikanischen Werften beteiligten sich an dem Projekt. Die Dimensionen dieses Bauprogramms waren so riesig, daß es für die daran beteiligten Monopole zum größten Geschäft des zweiten Weltkrieges wurde.

Die faschistische U-Boot-Führung jubelte noch. Die Abschußziffern waren zu Beginn des Jahres 1942 sprunghaft angestiegen. Es regnete Ritterkreuze für die Kommandanten und Eiserne Kreuze für die Besatzungen. In der Presse und im Rundfunk wurden diese Erfolge der »grauen Wölfe« in allen Tonarten aufgebauscht. Für die Propagandamacher war es ja ungemein schwer, die Niederlagen an der sowjetisch-deutschen Front zu bagatellisieren und Siege vorzutäuschen. Deshalb kamen die Abschußziffern der U-Boote wie gerufen. Aber es waren keine Siege. Das zeichnete sich im Frühjahr 1942 bereits ab. Es waren Überraschungserfolge, die auf den weiteren Verlauf des Krieges keinen bedeutenden Einfluß hatten und sich in dem Maße verringern mußten, wie die Gegenwehr erwachte. Seit dem Sommer 1940, seit der Inbesitznahme der französischen Atlantikküste mit ihren Stützpunkten, konnten zweifellos die faschistischen U-Boote vorteilhafter eingesetzt werden. Seit Mitte 1941 hatte sich ihre Zahl trotz zunehmender Verluste beträchtlich erhöht. Im April 1942 hatte sie die Menge überschritten, die Dönitz einst für ausreichend gehalten hatte, Großbritannien von seinen Zufuhren abzuschneiden; im Mai verfügte das faschistische Deutschland über 316 Boote. Dennoch war die Abschußtonnage insgesamt nicht in diesem Maße gestiegen, wenn sie sich auch beträchtlich erhöht hatte. Das wurde aber bereits zum Teil nur dadurch erreicht, daß der Krieg in bisher unberührt gebliebene Seegebiete getragen wurde, wo die Abwehr noch nicht so stark war. In den alten Kriegszonen vor den Eingängen der Irischen See, im Ostatlantik und vor der Küste der USA erzielten die U-Boote nur noch geringe Erfolge, während sie gerade hier die größten Verluste erlitten.
Die »erste Garnitur«, die Kommandanten, die zu Beginn des Krieges U-Boote befehligt hatten, waren entweder wie Prien gefallen oder wie Kretschmer in Gefangenschaft geraten. Die wenigen Überlebenden bildeten in der Ostsee neue Besatzungen aus. Die Reihen der »zweiten Garnitur« — die einstigen Wachoffiziere waren inzwischen zu Kommandanten aufgerückt — waren bereits stark gelichtet. So fiel am 21. Dezember 1941 mit der gesamten Besatzung von U 567 Kapitänleutnant Endraß nordöstlich der Azoren. 1939 war er als I WO unter Prien in Scapa Flow gewesen. Ein halbes Jahr später fand der ehemalige II WO des Prien-Bootes, Oberleutnant zur See von Varendorf, als Kommandant von U 213 im Nordatlantik mit der gesamten Besatzung den Tod. Nunmehr befand sich bereits die »dritte Garnitur« von

Kommandanten auf den Frontbooten – Offiziere, die sich erst während des Krieges zur faschistischen U-Boot-Waffe gemeldet hatten oder zu ihr kommandiert worden waren. Unter dem Zeitdruck bei der Ausbildung litt natürlich die fachliche Qualifikation. Um die neuen Kommandanten einigermaßen frontfähig zu machen, gab man den Kommandanten einen Kommandantenschüler mit, den »Konfirmanden«, wie er allgemein genannt wurde.

Wie sich die U-Boot-Abwehr in dieser zweiten Phase des U-Boot-Krieges verbessert hatte, zeigen die Eintragungen im Kriegstagebuch des Kapitänleutnants Endraß: »10.45 Uhr, durch drei Flugzeuge überraschend mit Bomben angegriffen. 10.48 Uhr Alarm! Die Maschinen stürzen aus der Wolkendecke. Das erste Flugzeug warf vier Bomben. Das Heck wurde schwer beschädigt ...

Mit dem Boot zunächst auf Grund gelegt.

Der Wassereinbruch im Heckraum ist so stark, daß wir nicht gegenanlenzen können. Ich muß versuchen, auf geringere Tiefen zu gehen. Das Boot steigt nicht mehr. Wir blasen vorsichtig an. Das Boot rührt sich nicht – Druckluft auf alle Zellen. Nach langen Minuten löst sich das Boot und schießt 40° achterlastig an die Oberfläche.

Die Flieger sind weg ...

Das Wetter ist schlechter geworden. Windstärke 9–11. Große Seen überschütten das Boot. Ein Tanker kommt in Sicht. Geringe Schußentfernung kann auch bei diesem Wetter Erfolg bringen. Also Angriff. Das Boot läßt sich kaum auf Sehrohrtiefe halten ...

10.45 Uhr, Rohr III los. Detonation nach 34 Sekunden. Sehrohrblick ist wegen Seegang zunächst nicht möglich, es kommt aber einige Minuten später für Sekunden frei. Vor mir die Bordwand des Tankers in bedrohlicher Nähe. Der Tanker muß einen Kreis geschlagen haben. Schnell auf Tiefe. Zu spät. Das Boot wird auf 16 m gerammt. Der Druckkörper ist nicht beschädigt, aber beide Sehrohre sind ausgefallen. Wir laufen etwas ab, um dann aufzutauchen. Turmluk läßt sich nicht mehr öffnen. Ist festgeklemmt. Wieder 'runter, wir sind blind ...

Die ausgefallenen Sehrohre zwingen zum Rückmarsch.«

Mitten in der nach Meinung der U-Boot-Führung so erfolgreichen Zeit der U-Boote trat ein Ereignis ein, das für die faschistische Seekriegsleitung Anlaß zu mancherlei Sorge wurde.

U 570 befand sich auf dem Marsch ins Operationsgebiet. Es war eines der neuen Frontboote. Die Besatzung einschließlich des Kommandanten, Kapitänleutnant Rahmlows, war in einer der U-Boot-Lehrdivisionen in der Ostsee ausgebildet worden. Auf der Marschroute durch das Kattegat und das Skagerrak ging es zunächst zur Treibstoffergänzung in einen westnorwegischen Hafen, danach sollte das Boot weitausholend um die Britischen Inseln in den Atlantik hinein, um schließlich nach beendetem Einsatz einen Stützpunkt an der französischen Küste anzulaufen.

U 570 stand am Nachmittag des 27. August 1941 etwa 100 Meilen südlich Island. Einige britische Bewacher hatten das Boot unter Wasser gedrückt und mit ihren Wasserbomben großen Schaden im Boot verursacht. Es blieb zwar tauchfähig, doch die erstmals mit dem Gegner in Berührung gekommene Besatzung verfiel in eine Panik. Erschrocken über die nahe Todesgefahr, entstand ein chaotisches Durcheinander bei dem Versuch, die Schäden zu beseitigen. Es zeigte sich, daß der »Ernstfall« nun doch etwas ganz anderes war als die bei der Übung von dem Ausbildungsleiter angegebenen Ausfälle und seine Hinweise zur Beseitigung.

Nach längerer Tauchfahrt, bei der die Nerven der Besatzung in dem angeschlagenen Boot weit überfordert wurden, tauchte U 570 in den Abendstunden auf. Von den Bewachern war nichts mehr zu sehen. Plötzlich brauste jedoch ein Bomber heran, und ehe Rahmlow und die Brückenwache begriffen hatten, was vor sich ging, klatschten die ersten Bomben schon um das Boot ins Wasser. Das Boot wurde durch den Detonationsdruck hin und her geworfen. Die Besatzung, den ersten Schock noch nicht überwunden, fiel voll panischem Schrecken in den nächsten. Rahmlow schrie wie besessen einen Tauchbefehl nach dem anderen durchs Sprachrohr in die Zentrale hinunter. Als er sich schon im Luk befand, kam die Meldung des LI, daß das Boot tauchunklar wäre. Einige Tauchzellen wären leck und mehrere Ventile zersprungen. Rahmlow blieb auf der Brücke. Verängstigt drängte sich die Brückenwache unten im engen Turmraum zusammen. Der Bomber hatte inzwischen gewendet und flog erneut an. Rahmlow befahl die Flakbedienung an die Geschütze. Noch bevor die Geschütze feuerbereit waren, fielen die Bomben. Wieder schüttelte sich das Boot. Die Geschützbedienungen warfen sich flach aufs Deck. Als die leuchtenden Bahnen der MG-Geschosse aus dem Flugzeug aufblitzten und aus der Zentrale neue Schäden gemeldet wurden, war die Panik unter der

Besatzung vollständig. Heiser schrie Rahmlow nach einer weißen Flagge ins Luk hinunter. Hastig wurde etwas Weißes auf die Brücke gereicht. Und noch bevor der Bomber zum erneuten Angriff ansetzen konnte, hatte der Signalgast eilig die Kapitulationsflagge ans Sehrohr angeschlagen. Sie war eines der weißen Hemden des Kommandanten.

Jederzeit bereit, sich auf das Boot zu stürzen, kreiste das Flugzeug um das ruhig im Wasser liegende Boot. Nahezu die gesamte Besatzung von U 570 war inzwischen an Deck gekommen und verfolgte bang das Kurven des Bombers. Das Flugzeug war bemüht, mit Funkspruch so schnell wie möglich Schiffe herbeizurufen. Es sollten aber noch Stunden vergehen, bis die ersten U-Boot-Jäger eintrafen.

Die Besatzung wurde gefangengenommen und U 570 in den alliierten Stützpunkt Hvalfjord auf Island geschleppt. In der britischen Presse und im Rundfunk wurde die Aufbringung des faschistischen U-Bootes mitgeteilt. Für die Royal Navy war das eine Genugtuung für die Kaperung ihres U-Bootes »Seal« im Frühjahr 1940 im Skagerrak.

Kapitänleutnant Rahmlow, der Kommandant von U 570, hatte sein kampfunfähiges Boot nicht — wie in einem solchen Fall vorgesehen — selbst versenkt. Mag auch in den entscheidenden Minuten Verwirrung und Panik unter der Besatzung geherrscht, mag die Angst um das eigene Leben die Entscheidung des Kommandanten beeinflußt haben, ohne Zweifel aber hatte Rahmlow durch seine Tat — ob bewußt oder unbewußt — mit der faschistischen Kriegführung gebrochen.

Wie grundverschieden war diese Haltung von der anderer Kommandanten, von denen keiner den Mut für solch einen ersten Schritt aufbrachte, selbst wenn sie sich in ähnlichen Umständen befanden. Sie dachten höchstens an die Rettung des eigenen Lebens. Im Unterschied zu den Praktiken auf den anderen Schiffen befand sich bei der Versenkung eines U-Bootes naturgemäß fast immer der Kommandant unter den wenigen Überlebenden.

Deshalb traf Rahmlow und seine Besatzung die Rache faschistischer Marineoffiziere. Im Gefangenenlager mußten britische Soldaten Rahmlow mit Waffengewalt vor der über ihn verhängten Feme schützen.

Im Falle des I WO von U 570 gelang das nicht. Kein anderer als der berüchtigte Kretschmer, der in diesem schottischen Offiziersgefangenenlager in Grizedale Lagerältester war, organisierte gegen den ehemaligen Wachoffizier Berndt ein sogenanntes Ehrengericht. Der junge Offizier wurde verurteilt, »die Schmach zu tilgen«, indem er das U-Boot, das in einer Bucht an der Westküste Schottlands lag, versenken sollte. Nur durch eine nachträgliche Selbstversenkung wäre, nach Ansicht dieser unverbesserlichen Nazis, die »Ehre« der faschistischen Kriegsmarine wieder herstellbar. Es ist charakteristisch für die Erziehung vieler Marineoffiziere, daß der Wachoffizier nicht gründlich über die Haltung seines Kommandanten nachgedacht hatte und das Urteil des illegalen »Ehrengerichtes« annahm. Bei der Verwirklichung dieses Unternehmens wurde der aus dem Lager ausgebrochene Offizier erschossen.

Bei der Untersuchung des Falles durch britische Behörden redete sich Kretschmer damit heraus, daß er von alledem nichts gewußt hätte. Zu beweisen war ihm nichts.

Bemerkenswert für die Wertschätzung Kretschmers durch die faschistische Führung ist folgender Umstand: Im Januar 1942 verlieh ihm Hitler die »Schwerter zum Eichenlaub«, obwohl bekannt war, daß er sich seit über zehn Monaten in britischer Kriegsgefangenschaft befand ...

Die faschistische Seekriegsleitung wußte innerhalb weniger Tage, was südlich Islands vorgefallen war. Die Nazipropaganda stritt den Tatbestand im Ausland natürlich ab, in Deutschland selbst wurde er einfach verschwiegen. Zuerst hatte man befürchtet, daß mit der Kapitulation des Bootes auch der Funkschlüssel in englische Hände gefallen wäre. Eine völlige Umstellung des gesamten Funkverkehrs und die Einführung eines neuen Schlüsselsystems waren innerhalb weniger Monate nicht durchführbar, geschweige denn innerhalb weniger Wochen. Zwar bewahrheiteten sich diese Befürchtungen der faschistischen U-Boot-Führung nicht, aber ihre Sorgen wurden darum nicht geringer. Offensichtlich reichte die Zeit für die Ausbildung der U-Boot-Besatzungen für den kriegsmäßigen Einsatz nicht mehr aus. Am meisten befürchtete sie insgeheim, daß unter dem Eindruck der ständig zunehmenden Verluste die gerühmte Zuverlässigkeit der U-Boot-Besatzungen, ihr Fanatismus, ihre Bereitschaft, alle Entbehrungen und Strapazen auf sich zu nehmen und bedingungslos ihr Leben aufs Spiel zu setzen, gelitten haben könnte. Die Kapitulation von U 570 schien ihr hierfür ein erstes Anzeichen zu sein.

Dabei war dem Befehlshaber der U-Boote unbekannt geblieben, daß schon am 9. Mai 1941 eines seiner U-Boote, U 110, zur Übergabe gezwungen worden war, wobei die geheimen Bordunterlagen in britische Hände gefallen waren. Aber erst nach der Aufbringung von U 570 konnten die dabei gewonnenen Erkenntnisse praktisch ausgewertet werden, da U 110 kurz nach der Übergabe noch gesunken war.

Die britische Propaganda wertete selbstverständlich diese Fakten in ihren deutschsprachigen Rundfunkprogrammen aus. Um diesen psychologischen Angriff abzuwehren, behauptete die faschistische Seekriegsleitung, die Handlungsweise des Kommandanten und der gesamten Besatzung von U 570 sei nichts weiter als Feigheit vor dem Feind gewesen. Jede Gerüchteverbreitung um U 570, die nur von feindlichen Sendern stammen könne, sollte auf das entschiedenste mit kriegsgerichtlichen Mitteln geahndet werden. Die geringsten Anzeichen von Feigheit oder Zweifel am siegreichen Einsatz der U-Boote waren durch Tatbericht der Vorgesetzten dem Kriegsgericht bekanntzumachen.

Bereits nach dem mißlungenen Einsatz der U-Boote während des Überfalls auf Norwegen war eine große Zahl von U-Boot-Soldaten von Kriegsgerichten verurteilt worden. Mit rigorosen Strafen wurden in der Folgezeit jeder Disziplinverstoß und jede nicht exakte Befehlsausführung geahndet. Nur blinden Gehorsam konnte die faschistische Führung gebrauchen. Mehr und mehr aber zeigte sich, daß selbst drakonische Maßnahmen — das Gefängnis, die Marinestrafabteilung auf der Halbinsel Hela und das Marinestrafbataillon, das vor Leningrad eingesetzt war — nicht mehr ausreichen.

Die zweite Phase des U-Boot-Krieges ging zu Ende. Sie brachte für das faschistische Deutschland keine Entscheidung, keinen Sieg, trotz hoher Abschußerfolge. Sie brachte den Verlust der erfahrensten Kommandanten und Besatzungen.

Die U-Boot-Abwehr der Gegner verbesserte sich von Monat zu Monat, der ihnen zur Verfügung stehende Schiffsraum wurde trotz der Verluste nicht weniger. Einsatzgebiete und -räume der U-Boote wurden immer größer, ihre Einsatzdichte geringer. Immer neue und größere Schwierigkeiten türmten sich vor der faschistischen U-Boot-Führung auf.

Sturm der Vergeltung

(Sommer 1942 bis Frühjahr 1943)

Pyrrhussiege und Sondermeldungen

Im Nordatlantik sind die gewohnten Frühjahrsstürme vorüber. Weitausgedehnte Nebelfelder, von Neufundland und Grönland bis zu den Färöern, zeigen den nahenden atlantischen Sommer an. Diesen Nebel nutzend, überqueren zahlreiche Geleitzüge von Nordamerika nach den Britischen Inseln und umgekehrt den Atlantik; denn für ein U-Boot ist es schwierig, bei solchen Sichtverhältnissen einen Geleitzug zu finden. Außerdem muß es immer damit rechnen, daß plötzlich aus der Nebelwand auf kurze Entfernung ein Zerstörer auftaucht. Gerade der im Frühjahr vorherrschende Nebel hatte im vergangenen Jahr der faschistischen Seekriegsleitung noch die Möglichkeit gegeben, ihre Überwasserstreitkräfte im Atlantik einzusetzen. Im Schutze des Nebels konnten sie die stark überwachte Dänemarkstraße zwischen Grönland und Island passieren und die Weiten des Atlantiks erreichen. Die Panzerschiffe »Lützow«, »Admiral Scheer«, der schwere Kreuzer »Admiral Hipper«, die Schlachtschiffe »Gneisenau« und »Scharnhorst« versenkten Handelsschiffe. Darüber hinaus banden sie einen großen Teil der britischen Hochseeflotte, die Jagd auf sie machte. Mit dem Vorstoß des Schlachtschiffes »Bismarck« und des schweren Kreuzers »Prinz Eugen«, bei dem das Schlachtschiff versenkt wurde, brach die faschistische Überwasserkriegführung zusammen. Die britische Flotte kontrollierte mit starken Verbänden die Geleitzugwege. Nach dem Kriegseintritt der Vereinigten Staaten wurden diese Verbände von amerikanischen Einheiten unterstützt. Nach dem Verlust der »Bismarck« war im Stab der Seekriegsleitung kaum noch die Rede davon, schwere Schiffe zum Handelskrieg in den Atlantik zu schicken, ein paar vage Hoffnungen knüpfte man noch an die Nebelperiode des Frühjahrs 1942. Doch als der Nebel kam, war es vorbei. Raeder wagte nicht mehr, die kostbaren Schiffe im Atlantik aufs Spiel zu setzen. Mit knapper Mühe und Not gelang es gerade noch, die Schlachtschiffe »Scharnhorst«, »Gneisenau« und den schweren Kreuzer »Prinz

Eugen«, die fast ein Jahr im Hafen von Brest festgelegen hatten, im Februar 1942 durch den Kanal in ihre deutschen Heimathäfen zurückzuführen. Nach Beendigung der Fahrt erhielt das Schlachtschiff »Gneisenau« zwei so schwere Bombentreffer, daß es für immer kampfunfähig wurde.

Vorbei war es auch mit den Überraschungserfolgen der U-Boote. Vor der amerikanischen Küste und in der Karibischen See kamen die Boote kaum noch zum Schuß. Die Verluste nahmen dagegen ständig zu. Der faschistischen U-Boot-Führung blieb nichts weiter übrig, als die Boote wieder in den alten Einsatzgebieten, an den bekannten Geleitzugwegen, einzusetzen. Ein für die U-Boot-Waffe aussichtsloser und unerhört verlustreicher Kampf begann.

Im Stab des Befehlshabers der U-Boote mehrten sich die Sorgen. Mit der Zerschlagung der Sowjetunion im Jahre 1941 war es nichts geworden. Noch hoffte die faschistische Führung, mit einem neuen Anlauf im Sommer und Herbst 1942 dieses Ziel zu erreichen. Die Sowjetunion war nach wie vor das Haupthindernis auf dem Wege zur Weltherrschaft des deutschen Imperialismus, und die Lage an der deutsch-sowjetischen Front beeinflußte maßgebend die Entscheidungen zu allen strategischen Fragen, wenn man es auch in den Oberkommandos und Stäben nicht wahrhaben wollte. Die Zeiten der Blitzfeldzüge waren endgültig vorbei. Die Kampfhandlungen auf sowjetischem Boden waren zu einem kräftezehrenden Krieg geworden, dessen Ende nicht abzusehen war. Damit war auch der Absicht der deutschen Führung, in der Folge England niederzuwerfen und ein Kolonialreich in Afrika und im Nahen und Mittleren Osten zu schaffen, völlig die Grundlage entzogen. Eine neue Offensive in Richtung Wolga und Kaukasus sollte die Lage wenden und vor allem den Besitz der kaukasischen Erdölfelder bringen. Sie begann am 28. Juni, und etwa zwei Millionen Menschen nahmen auf beiden Seiten an den folgenden Kämpfen teil. Diese Offensive hatte weitreichende Ziele. Die deutschen Imperialisten rechneten nicht nur damit, die Sowjetunion in der nächsten Zeit endgültig militärisch zu besiegen, sondern träumten auch schon von einem Vorstoß nach Indien. Im Juli 1942 prahlte der faschistische Außenminister vor dem japanischen Botschafter: »Wenn es uns jedoch gelänge, Rußland als Hauptbundesgenossen für England und USA auszuschalten und über den Kaukasus nach Süden vorzudringen, während Rommel auf der anderen Seite über Ägypten in den Vorderen Orient vorstieße, so wäre der Krieg gewonnen.« Diese Offensive sollte die letzte der faschistischen Wehrmacht an der deutsch-sowjetischen Front werden.

Die Auswirkungen der veränderten Kriegslage bekam auch Dönitz zu spüren. War unmittelbar vor dem Überfall auf die Sowjetunion festgelegt worden, daß der Schwerpunkt der Rüstung auf die Kriegsmarine und die Luftwaffe gelegt würde, so wurde diese Weisung am 14. Juli 1941 bereits dahingehend präzisiert, daß das U-Boot-Bauprogramm zwar fortgeführt würde, aber mit einer Erweiterung in absehbarer Zeit nicht gerechnet werden könnte. Schließlich wurde zur Jahreswende angesichts der Niederlage vor Moskau angeordnet, daß die Rüstung in erster Linie auf die Bedürfnisse der Landstreitkräfte zu orientieren sei. Die Forderung der Seekriegsleitung und der U-Boot-Führung, den Bau von Unterseebooten zu forcieren, um den Wettlauf zwischen Handelsschiffsneubau und versenkter Tonnage zu gewinnen, war durch den ständig anwachsenden Bedarf des Heeres im Verlauf des Jahres 1942 nicht erfüllbar. Allein vom 1. November 1941 bis zum 31. März 1942 hatten die faschistischen Truppen 74 183 Kraftfahrzeuge und 2 340 Panzer verloren. Auch die im März 1942 beginnenden britischen Luftangriffe auf norddeutsche Städte beeinträchtigten die Leistungsfähigkeit der Werften, in denen die neuen U-Boote gebaut wurden.

Trotzdem erwarteten die Oberkommandos der Wehrmacht und der Kriegsmarine von den U-Booten 1942 strategische Erfolge. Da nach der Organisierung der amerikanischen Abwehr nicht mehr mit weiteren Überraschungserfolgen vor der Ostküste der USA zu rechnen war, griffen die Admiralstabsoffiziere beim BdU auf den alten Plan zurück, die gegnerische Schiffahrt im Südatlantik anzugreifen. Hier, zwischen der südamerikanischen Küste und Freetown, dem westafrikanischen Sammelplatz der Konvois, sollten die U-Boote, wie früher die Hilfskreuzer, die einzeln marschierenden Schiffe angreifen und versenken.

Die Mehrzahl der U-Boote wurde jedoch weiterhin gegen die Geleitzüge auf den bekannten Marschrouten im nördlichen Atlantik eingesetzt. Die Versenkungen im Südatlantik konnten die Verbindungen der westlichen Alliierten zwar nur wenig beeinträchtigen, aber die faschistische Führung wollte Abschußerfolge um jeden Preis erringen. So beantragte die Seekriegsleitung auf Drängen von Dönitz am 29. Mai 1942 die Freigabe des warnungslosen Einsatzes der U-Boote gegen die Schiffahrt des zu dieser Zeit noch neutralen Brasiliens. Der Stab des BdU begann bereits den Plan eines überraschenden U-Boot-Angriffs vor der brasilianischen Küste auszuarbeiten, der die Unterstützung Hitlers fand. In der ersten Augustwoche sollte eine Gruppe von zehn U-Booten in die Häfen von Santos, Rio de Janeiro, Bahia und Recife eindringen, die dort ankernden Schiffe versenken und anschließend die Hafeneinfahrten verminen. Doch Ende Juni wurde dieser Plan verworfen, da der erwartete militärische Erfolg in keinem Verhältnis zu den politischen Folgen dieses Unternehmens stehen würde. Die meisten der bis dahin noch neutralen Staaten Südamerikas hätte ein solcher brutaler Überfall zum offenen Anschluß an die Antihitlerkoalition geführt. So wurde am 4. Juli nur der warnungslose Angriff auf brasilianische Schiffe befohlen.

Mitte August drang U 507 in die brasilianischen Hoheitsgewässer ein und versenkte sechs Schiffe. Diese Aggressionshandlungen führten schließlich zur Kriegserklärung Brasiliens an Deutschland und Italien.

Wesentlich größere Ausmaße nahmen die Aktionen der faschistischen U-Boote im südlichen Atlantik vor der afrikanischen Küste besonders im Seegebiet vor Kapstadt an. Voraussetzung für die neuen Operationsgebiete war, daß die Boote mit zusätzlichem Treibstoff versorgt werden konnten.

Besonders durch die Veröffentlichung gleichbleibender Versenkungserfolge versuchte die faschistische Propaganda die Bevölkerung über die wirkliche Lage zu täuschen und der immer stärker auftretenden Frage nach der Tonnage, die den Alliierten weiterhin zur Verfügung stand, zu begegnen. Mit den ständigen Sondermeldungen über die U-Boote hatte man versucht, einen Siegestaumel zu schaffen, und ein moralischer Schock wäre zu befürchten, wenn die Sondermeldungsfanfare von der »Schlacht im Atlantik« in den Lautsprechern so sang- und klanglos verstummte.

Auch Dönitz ging es darum, daß sich die Zahl der versenkten feindlichen und neutralen Handelsschiffstonnage nicht verringerte. Ein die britische Küste ansteuerndes Schiff mit Kriegsmaterial an Bord zu versenken ist natürlich bedeutungsvoller als mit Lebensmitteln befrachtete Tonnage für Brasilien. Doch die Ziffer der Abschußtonnage galt als alleiniger Gradmesser militärischen Erfolges, und davon hing weitgehend ab, ob sich die von ihm und seinem Anhang vertretene

Konzeption einer Seekriegführung in der Folgezeit weiterhin behaupten konnte. Diesen Überlegungen lag das Motiv zugrunde, damit seinen Einfluß innerhalb der faschistischen Kriegsmarine auszubauen. So wurden die Boote in immer weiter entfernte Seegebiete geschickt, obwohl die Offiziere im Stab des BdU wußten, daß diese Einsätze militärisch wenig Sinn hatten. Wo die Abschüsse erfolgten, wurde gesagt, wäre gleich, Hauptsache, man käme zu Abschüssen.

Eifrig begannen die Admiralstabsoffiziere die Pläne für den Einsatz von U-Booten im Südatlantik auszuarbeiten.

Für den Einsatz von U-Booten vor Amerika waren zehn Boote zu U-Tankern umgerüstet worden. Doch der »große Run« im Westatlantik war zu Ende, bevor die U-Tanker vor Amerika so recht zur Wirkung kamen. Nun waren sie eine Voraussetzung für die neuen Einsatzpläne. Die Anmarschwege in den Raum vor Kapstadt betrugen über 6 000 Seemeilen, und bei dem relativ geringen Schiffsverkehr würde sich ein Boot lange im Einsatzgebiet aufhalten müssen, um die erwartete Versenkungsziffer zu bringen. Der Aktionsradius eines U-Bootes vom Typ VII C betrug etwa 3 000 Seemeilen, den Treibstoff für den ungewöhnlich langen Aufenthalt im Operationsgebiet sollten die »Milchkühe« liefern.

Die »Milchkühe« waren große Boote des Typs XIV von fast 1 700 Tonnen. Innerhalb des U-Boot-Bauprogramms waren immer neuere und größere Typen entwickelt worden. Grundsätzliche Neuerungen wiesen diese Boote jedoch nicht auf. Sie waren allerdings größer, konnten mehr Torpedos mitnehmen, länger in See bleiben und waren den Unbilden des Atlantiks gegenüber stabiler.

Der Typ XIV war eigentlich eine Fehlkonstruktion und hatte sich im Einsatz nicht bewährt. Infolge seiner Größe war das Boot zu langsam und zu schwerfällig. Deshalb wurde dieser Typ zu einem U-Tanker umgebaut. Man verzichtete weitgehend auf eine Bewaffnung, um soviel Treibstoff wie möglich bunkern zu können. Auch die Torpedorohre wurden ausgebaut. Die Armierung des Bootes bestand nur aus zwei leichten Luftabwehrgeschützen, einer 3,7-cm- und einer 2-cm-Flak. Jedes Boot konnte 700 Tonnen Treibstoff an Bord nehmen und, je nach der Entfernung vom Stützpunkt, 400 bis 600 Tonnen davon an andere Boote abgeben. So konnte ein U-Tanker fünf anderen Booten, die in Richtung Kapstadt fuhren, auf halbem Wege jedesmal 90 Tonnen Treibstoff abgeben. Darüber hinaus führten diese Versorgungsboote

Ersatzteile mit, damit Booten, die Schaden meldeten, ausgeholfen werden konnte.
Außerdem wurde neben einem Chirurgen, der ständig an Bord war, eine größere Zahl von Spezialisten, wie Funker, Maschinisten und Torpedomechaniker, mitgeschickt. Fiel auf einem der Frontboote jemand aus, so sprangen sie als Ersatz für ihn ein.

Weit südlich der Azoren kreuzt Tag und Nacht auf engem Raum U 459, seit über zwei Wochen nun schon. Träge schwappt eine glatte See gegen die Bordwand. Seit Tagen wäscht das Wasser nicht bis zum Deck hinauf. Im Sonnenglast färbt ein tiefblauer Himmel das Wasser des Atlantiks in liebliche, pastellfarbene Töne. Kaum ein Lufthauch ist wahrzunehmen, und die geringe Fahrt des Bootes verursacht auch kaum Fahrtwind. Stundenlang läßt der Kommandant, Korvettenkapitän von Wilamowitz-Möllendorf, die Diesel stoppen, um Treibstoff zu sparen. Das Leben an Bord verläuft eintönig, beinahe stur. Jeder möchte sich, wenn er Gelegenheit hat, an Deck aufhalten und sich angesichts der friedlichen Weite und Einsamkeit des Ozeans entspannen. Aber die ständige Unruhe hindert daran, jeden Augenblick kann am Horizont die Mastspitze eines feindlichen Schiffes auftauchen.
Den Korvettenkapitän von Wilamowitz-Möllendorf, einen älteren Mann mit bereits grauen Schläfen, hatte sein Ehrgeiz zur U-Boot-Flotte getrieben. Seines Alters wegen wollte man ihn zuerst nicht nehmen, aber er bestand darauf. So war ihm schließlich einer der U-Tanker anvertraut worden.
Da ein Versorgungs-U-Boot während des gesamten Einsatzes jeder Gefahr befehlsgemäß ausweichen muß, kompensierte er den eintönigen Tagesablauf, indem er den »U-Boot-Fahrer-Geist« exerzierte, wie er ihn Propagandafilmen entnommen hatte. Er veranstaltete immer irgend etwas. Entweder unternahm er mit seinem U-Tanker Seemanöver, als befände er sich auf einem Kreuzer, übte immer wieder Treibstoff- und Ersatzteilübergabe, oder er ließ einen Preisskat veranstalten, um den »atlantischen Sieger im Skaten« zu ermitteln. Besonders mit dem Chirurgen liebte er zu philosophieren, doch der Arzt suchte sich ständig diesen Gesprächen zu entziehen, denn es war in der Regel nichts weiter als ein Nazikauderwelsch, vermischt mit nicht verstandenem, angelesenem Zeug und Ehrbegriffen der kaiserlichen Marine.

U 459 hatte bereits drei Boote mit Treibstoff versorgt: einen Rückkehrer, der von Venezuela kam, und zwei auslaufende Boote, das eine ging nach Südamerika, das andere auf die Kapstadt-Route. Das nach der brasilianischen Küste laufende Boot wechselte außerdem einen Maschinisten aus. Der Mann hatte Tripper und wurde nun von dem Chirurgen mit Tabletten und dünnem Malzkaffee behandelt. In den Abendstunden erwartete man das nächste Boot. Der Funkspruch war bereits am Vortag aufgefangen worden. Auch dieses Boot wollte in Richtung Kapstadt weitermarschieren.

Der Kommandant herrscht alle paar Minuten die Ausgucks der Brückenwache an, aufzupassen und den Turm des Bootes an der Kimm auszumachen. Dabei ist es erst früher Nachmittag.

»Jawohl, Herr Kapitän, wir passen auf!« murmeln gelangweilt in regelmäßigen Abständen die Ausgucks.

Als der Korvettenkapitän in den Turm hinabsteigt, um sich eine Zigarette zu holen, meint einer der Ausgucks: »Können wir den Alten nicht so lange einsperren, bis das nächste Boot durch ist? Der macht das ganze Treiben verrückt!«

Am Horizont taucht ein kleiner Punkt auf. Der Kommandant gibt vorsichtshalber den Befehl: »Auf Tauchstation!«

Rasch näher kommend, entpuppt sich der Punkt als das erwartete Boot.

»Wir haben Sie gesucht und, nun ja, wie Sie sehen, gefunden«, ruft von Wilamowitz-Möllendorf mit der Blechtüte zu dem längsseits kommenden Boot hinüber.

Der Kommandant drüben winkt ab, er kennt den »alten Wilamowitz«. Schließlich hat er den U-Tanker ausfindig gemacht und direkt angesteuert.

Während die Schläuche montiert werden, kommandiert von Wilamowitz-Möllendorf auf seiner Brücke die Ölübergabe wie ein Befehlshaber eines Flottenverbandes. Keiner achtet weiter darauf.

Das Boot hat sich vollgetankt. Der LI hat sich noch ein paar Ventilmuttern geben lassen, und der Torpedomechaniker hat eine Zündpistole für einen G 7a-Torpedo ausgetauscht. Der Kochsmaat fragt nach Zeitungen. Sein »Kollege« reicht ihm einen Packen, die pornographischen Illustrierten, die er irgendwo in Brest aufgetrieben hat, liegen obenauf.

Noch einmal Händeschütteln, gute Wünsche, dann werden die Leinen

losgeworfen, und bald ist das Boot hinter der Kimm verschwunden.
Der Kommandant des U-Tankers sieht dem davonlaufenden Boot neidvoll hinterher.
Mit ihren hellen Strohhüten, die der Verwaltungsoffizier der Flottille für die nach der Südhalbkugel auslaufenden Boote aufgetrieben hat, versieht die Brückenwache des U-Bootes ihren Dienst. Das schwere Doppelglas klebt jedem der Ausgucks auf der schweißnassen nackten Brust. Die Bärte der meisten sind bereits wild wuchernde Filzmatratzen geworden, und Jünglinge von kaum zwanzig Jahren sehen mit dem Gestrüpp aus wie würdige Veteranen.
Der Kommandant auf der Brücke pfeift den amerikanischen Marinemarsch. Seit dem Amerikaeinsatz ist das seine Lieblingsmelodie. Zwei Fahrten zur amerikanischen Küste haben ihm das Ritterkreuz eingebracht. Sein Zynismus läßt ihn, gewissermaßen aus Dankbarkeit seinen Opfern gegenüber, nun immer, wenn er gute Laune hat, diesen Marsch pfeifen. Mit dem Einsatz im Südatlantik ist er im Grunde nicht unzufrieden, gegenüber dem Rudeleinsatz im Nordatlantik ist er seiner Meinung nach so etwas wie eine Erholung.
Im gleichlaufenden Rhythmus des Wachwechsels auf der Brücke und an den Geräten ging die Marschfahrt bisher vor sich. Einmal nur gab es eine Aufregung, die Kimm voraus wurde eine zappelnde, zerrissene Linie. Keiner konnte sich das zunächst erklären, der Kommandant wollte schon Alarm geben, für alle Fälle. Aber bald wurde dieses Sonderbare als ein riesiger Delphinschwarm ausgemacht. Einige Stunden lang fuhr das Boot durch die nach Tausenden zählenden und immer wieder hoch aus dem Wasser springenden großen Schweinsfische, wie der Seemann sie nennt.
»Wann rechnen Sie mit Sankt Helena?« fragt der Kommandant den Obersteuermann.
»In vier Stunden muß die Nordspitze dreißig Seemeilen backbord querab sein.«
Der Kommandant sieht flüchtig auf die Armbanduhr, überrechnet im Kopf die jetzige Entfernung zu dieser einsamen Insel und wendet sich dann an die Ausgucks. »Aufgepaßt! Es ist nicht ausgeschlossen, daß Patrouillenflugzeuge auftauchen!« Tags darauf liegt die Insel bereits weit achteraus.
Plötzlich ruft einer der Ausgucks: »Zwei Mastspitzen steuerbord voraus!«

Sofort reißt der Kommandant das Glas vor die Augen.
»Na endlich«, ist alles, was er sagt. Das Boot erhöht die Fahrt und hält genau auf die Mastspitzen zu. Bald heben sich die Aufbauten vom Horizont ab. Es ist ein Motorfrachter, das ist an dem dünnen Rauchschleier, der aus dem Schornstein aufsteigt, zu schließen. Das Schiff steuert, vom Kap der Guten Hoffnung kommend, genau auf der Route nach dem westafrikanischen Sammelplatz Freetown.
Dem Schiff den Weg verlegend, läßt der Kommandant in einer Entfernung von etwa 7 Seemeilen wegtauchen, nachdem er sich überzeugt hat, daß es im Kurs nicht zackt.
Schnell kommt das Schiff näher. Alle Augenblicke läßt der Kommandant kurz das Sehrohr ausfahren und manövriert so das Boot in Angriffsposition. Nach dem Schiffstypenkatalog, in dem der Steuermann die vom Kommandanten angegebenen Merkmale vergleicht, gehört das 8000 BRT große Schiff der britischen Glen Line Limited.
Alles läuft wie einexerziert ab. Ruhig zieht das Schiff seine Bahn. Der Kommandant stellt mit Befriedigung fest, daß es in diesen Regionen noch möglich ist, am hellichten Tage einen Angriff zu fahren.
»Rohr eins bewässern!« Er schwankt einen Augenblick, ob er zwei Torpedos abfeuern soll, entschließt sich dann doch für nur einen.
Der I WO ermittelt am Torpedorechner die Schußwerte.
»'raus mit dem Spargel!« Das Sehrohr durchstößt die Wasseroberfläche. »Draußen lassen!« befiehlt der Kommandant. Durch die Zähne zischt er halblaut den amerikanischen Marinemarsch, während er aufgeregt am Sehrohrtisch sitzt.
»Rohr eins fertig?«
»Ist fertig!«
»Los!«
Nach 42 Sekunden steigt hinter dem Schornstein des Schiffes die Wassersäule auf. Kurz darauf ist der dumpfe Knall zu hören. Während das Schiff zur Seite rutscht, die Besatzung hastig in die Boote drängt, läßt der Kommandant mit ausgefahrenem Sehrohr das Boot einen Halbkreis um sein Opfer steuern. Als das Schiff umkippt, achtern schnell wegsackt und der Bug fast senkrecht im Wasser steht, gibt der Kommandant den Befehl zum Auftauchen.
Die Brückenwache sieht noch, wie der Bug nach unten zieht. Nach wenigen Augenblicken ist nichts mehr von dem Schiff zu sehen, nur die Blasen der entweichenden Luft gurgeln noch an die Oberfläche.

»Was ist denn das? Das Wasser sieht ja ganz rot aus!« ruft einer.
»Mensch, das sind Apfelsinen! Der hatte Apfelsinen als Decksladung!«
Schon läßt der Kommandant das Ruder herumlegen, und das U-Boot steuert mitten hinein in das sich immer weiter ausbreitende Feld von zerborstenen Kisten und Tausenden Apfelsinen.
»Los, ein paar Kisten auffischen!« kommandiert er.
Sofort kommen einige Männer aus dem Boot auf den Turm, springen aufs Deck hinunter und angeln mit Bootshaken und Wurfleinen nach heil gebliebenen Kisten. Mit großem Hallo wird Kiste um Kiste vor dem Turm an Deck gestapelt.
Auf die zwischen den Apfelsinen treibenden Rettungsboote, in denen die Männer der Besatzung des Frachters verstört und hilfebittend zu dem U-Boot hinüberwinken, wird nicht weiter geachtet. Lediglich der Kommandant fragt sie kurz nach dem Namen des Schiffes. Er braucht ihn als Beweis für seinen Versenkungserfolg. Dann wendet er sich wieder seiner lachenden Besatzung zu. Den Stapel Kisten vor dem Turm betrachtend, meint er: »So, das genügt! Alle Kisten durchs Deckluk im Boot verstauen!«
Während er sich eine Orange auf der Brücke abschält, hat das Boot bereits wieder Südkurs aufgenommen. Die Rettungsboote mit der Besatzung des versenkten Schiffes werden immer kleiner, bis sie nicht mehr auszumachen sind. Nur das Wasser um die Boote leuchtet noch lange in dem flimmernden Sonnenlicht merkwürdig rot und schließlich durch den atmosphärischen Dunst fast violett.
Tage sind seit der Versenkung des Schiffes vergangen. Die Apfelsinen sind bereits aufgegessen. Das heißt, die letzten Kisten hat der Kommandant außenbords werfen lassen, denn bei der Besatzung ist durch den übermäßigen Genuß von Frischobst nach der wochenlangen Konservennahrung eine unangenehme Hautkrätze aufgetreten, bei einigen entwickelt sich sogar eine Art Furunkulose. Die Salbenvorräte gehen bereits zur Neige. Dazu kommt, daß über die Hälfte der Besatzung in der engen, feuchten Stahlröhre an Erkältung leidet. Der südliche Wendekreis ist bereits überschritten, und die kühleren Temperaturen hier vor Südafrika setzen nach der Tropenfahrt allen zu. Für diesen Fall hat man eine ganze Kiste von Prontosiltabletten, die den Urin blutig rot färben, mitgenommen.
Zwischen dem Südkap Afrikas und dem 20. Breitengrad stampft das

Boot auf und ab. Die See ist durchweg unfreundlich. Ein Schiff zeigt sich nicht. Deshalb läßt der Kommandant das Boot dicht unter Land gehen, bis ihm vor der Saldanha-Bai ein Walfänger vor die Rohre läuft. Aber das kleine Fahrzeug mit einem Torpedo anzugreifen ist wenig aussichtsreich und lohnt auch nicht. Zum Artillerieangriff kann sich der Kommandant nicht entschließen.

Schließlich — sechs Wochen ist das Boot nun schon unterwegs — kommt es zum Schuß. Ein Frachter von 4 000 BRT wird versenkt, direkt vor Kapstadt. Das Schiff bricht auseinander, und der vordere Teil treibt noch lange, bevor er wegsackt. Da der Tag anbricht, sucht der Kommandant mit dem Boot schleunigst das Weite, um möglichen Fliegerangriffen zu entgehen. Was für ein Schiff er versenkt hatte, konnte er nicht feststellen.

Die Furunkulose unter der Besatzung nimmt immer üblere Formen an, fast alle leiden daran. Bei den primitiven Verhältnissen — kaum Waschwasser, immer in derselben Kleidung — wird sie für alle eine Qual.

Noch über eine Woche kreuzt das Boot vergebens vor der südafrikanischen Küste. Dann kommt der Rückmarschbefehl. Die Stimmung an Bord hebt sich etwas. Es geht in Richtung Heimat! Je näher das Boot dem Äquator kommt, um so unerträglicher werden die Beschwerden auf der zerbeulten Haut. Alle an Bord verfluchen diese Südatlantikfahrt. Jeder fällt nach der Wachablösung auf seine Koje und döst stumpfsinnig vor sich hin.

Der Kommandant ist mit dem Abschußergebnis nicht zufrieden. Seine schlechte Laune bessert sich auch nicht, als er einen Glückwunsch vom BdU erhält. Er kann ja nicht wissen, daß seine 12 000 BRT ausreichen, um eine neue Sondermeldung ans Führerhauptquartier zu komplettieren. Dönitz bringt sich damit regelmäßig in Erinnerung.

Auf dem U-Tanker, der zur Treibstoffergänzung auf dem Rückmarsch angesteuert wird, erschrickt der Arzt, als er die von Schwären bedeckte Besatzung zu Gesicht bekommt. Aber er kann ihnen nichts weiter als einige Töpfe mit schwarzer Salbe und einige Kartons mit Mullbinden geben.

Als nach zehnwöchiger Feindfahrt das Boot wieder in Brest einläuft, hält der Flottillenchef vor der angetretenen Besatzung die übliche Rede und beglückwünscht sie für ihr tapferes Verhalten und für die Schläge, die sie dem Feind versetzt hätten. Nachdem der Flottillenchef seine Ansprache beendet hat, verzichtet er darauf, die bärtige und höchst unansehnliche, übelriechende Reihe entlangzugehen und jedem die Hand zu schütteln.

Geschlossen marschiert die Besatzung nach der Rede ins Flottillenrevier.

»Flakfallen«

»Alarm!«

Der Lukendeckel über dem Kopf des Kommandanten knallt zu. »Fluten!« befiehlt der LI, und alles, was nicht an Geräten gebraucht wird, läuft ohne Aufforderung in den Bugraum, um das Boot schneller nach unten zu drücken. Es sind nur Sekunden vergangen seit dem Ausruf »Feindliches Flugzeug in dreihundertzwanzig Grad!« Alles läuft in schnellem Tempo ab, kein Handgriff ist zuviel, jeder Schritt, jeder Hebelzug, jede Drehung, jedes Ab-, Um- und Einschalten vollzieht sich in äußerster Perfektion. Das Boot verschwindet unter der Wasseroberfläche. Schon klatschen die Bomben aufs Wasser, im Boot ist das deutlich zu hören. Kurz darauf das metallische Krachen der verzögerten Detonationen, in dichter Folge ertönt eine Detonation nach der anderen.

Das Boot wird hin und her geschüttelt. Schäden werden in die Zentrale gemeldet, die sofort mit Befehlen zur Behebung beantwortet werden. Gleichmäßig summt die E-Maschine. Hier und da in der engen Stahlröhre begegnen sich Blicke, die Furcht verraten.

Nach einer dreiviertel Stunde wird aufgetaucht, nicht ohne den obligatorischen Rundblick des Kommandanten durchs Sehrohr. Das grüne Wasser der Biscaya wäscht in harmlosen und spielenden Wellen das Boot entlang.

»Verflucht! Das war das achtemal!« wettert der IWO neben dem Kommandanten.

»Abwarten! Wir sind noch nicht in Brest«, gibt der Kommandant zurück, und der Ton, wie er es sagt, läßt erkennen, daß er mit weiteren Angriffen rechnet.

So nimmt es jeder auf der Brücke schon nahezu abgestumpft hin, als Minuten später einer der Ausgucks ruft: »Flugzeug!«

Wieder geht das Boot auf Tiefe. Für alle an Bord ist jeder Handschlag Routine. Der LI vergleicht mit der Stoppuhr in der Hand das Tauchmanöver mit dem vergangenen. Schneller geht es kaum noch, bis die Bomben wieder krachen.

Die Besatzung empfindet auf einmal den wochenlangen, nervenaufreibenden Einsatz im Atlantik gegenüber den zermürbenden Angriffen aus der Luft fast als Erholung. Zwei oder drei Sekunden Verzögerung können der Tod für alle sein.

Zunehmend kreisen britische Flugzeuge vor den U-Boot-Stützpunkten an der Atlantikküste, selbst in der Nacht: Bomber, auch Flugboote und Aufklärer, die außer Schnellfeuerwaffen eine große Zahl leichter Bomben an Bord haben. Sie bekämpfen die Boote, die vom Einsatz zurückkommen oder gerade erst den Stützpunkt verlassen haben. Bei der Empfindlichkeit der U-Boote genügt es, wenn eine Bombe einige Meter neben der Bootswand explodiert.

Dönitz beklagt sich nervös bei der Seekriegsleitung. Die Verlustzahl der Boote stieg seit Ende 1940 an, und sie konnte nur dadurch ausgeglichen werden, daß allmählich Ersatzboote in größerer Zahl aus dem Bauprogramm an die Front kamen. Die U-Boot-Führung verlangte, daß die Luftwaffe das Seevorfeld der Atlantikstützpunkte freihielt, und forderte einen sicheren Jagdflieger- und Flakschutz für die U-Boot-Stützpunkte selbst, die in zunehmendem Maße von Bomberverbänden angegriffen wurden.

Bei Luftangriffen auf den Hafen Brest im Frühjahr 1941 wurden sogar kurz nacheinander das Schlachtschiff »Gneisenau« und der Kreuzer »Prinz Eugen« getroffen. Beide Schiffe hatten starke Verluste und waren längere Zeit nicht einsatzfähig.

Die Seekriegsleitung wurde beim Oberkommando der Luftwaffe mehrfach vorstellig. Dönitz, der ein Fliegerkommando forderte, das seine ein- und auslaufenden Boote nicht nur schützen, sondern auch exaktes Aufklärungsmaterial für ihren Einsatz liefern sollte, wurden eine große Anzahl der in der Fertigung befindlichen Fernaufklärer FW 200 wie auch starke Jagdflieger- und Flakverbände versprochen. Schließlich erreichte er noch die Zusicherung, daß ihm eine Fernkampffliegergruppe taktisch unterstellt werde. Doch diese Zusicherung konnte nicht erfüllt werden. Die Kämpfe an der deutsch-sowjetischen Front banden den größten Teil der faschistischen Luftwaffe. Allein bei ihrer großangelegten Offensive im Sommer 1942 setzte die faschistische Führung die Hälfte ihrer Fliegerverbände ein. Die Jagdflugzeuge wurden fast ausschließlich zur Unterstützung der Bodentruppen in der

Sowjetunion und bei der Luftverteidigung der Industriezentren in Deutschland benötigt. Für die Luftsicherung der U-Boot-Stützpunkte und ihrer Zufahrtswege waren kaum Mittel vorhanden. Aussicht auf eine Änderung dieser Situation bestand angesichts der zunehmenden Verluste an Flugzeugen und fliegerischem Personal an der deutsch-sowjetischen Front kaum.

Deshalb bedrängte die U-Boot-Führung die verantwortlichen Stellen im OKM, möglichst viele Marineflakeinheiten für die Atlantikstützpunkte zur Verfügung zu halten. Das war zwar ein Tropfen auf den heißen Stein, aber immerhin sollte die Moral der U-Boot-Fahrer gehoben werden, wenn sie zumindest im Stützpunkt über ihren Köpfen die Wölkchen explodierender Flakgranaten erblickten. Die Flakbatterien konnten jedoch die immer massierter werdenden Luftangriffe auf die Stützpunkte nicht verhindern, und auch das Einnebeln des Hafengebietes hatte keinen Erfolg. In einer Nacht wurde die Stadt Lorient von britischen Bombern völlig zerstört, die Hafenanlagen und die Reparaturwerft stark beschädigt.

In dieser Lage glaubte die U-Boot-Führung den Ausweg gefunden zu haben — Bunker für die U-Boote. Es gelang ihr, die faschistische Führung von der Zweckmäßigkeit einer solchen Maßnahme zu überzeugen, und mit Hilfe der »Organisation Todt« wurde in den U-Boot-Stützpunkten am Atlantik ein riesiges Heer von Zwangsarbeitern aus Frankreich und anderen von den Faschisten okkupierten Ländern zusammengetrieben, die Bunker für ganze U-Boot-Flottillen bauen sollten. Gleichzeitig dienten diese »Betongiganten am Atlantik« der Goebbelspropaganda als Anschauungsmaterial für den »Atlantikwall«, der das »neugeordnete« Europa zuverlässig vor eventuellen Angriffen schützen würde.

Zwar waren die U-Boote in den Küstenbunkern verhältnismäßig gut geschützt, aber damit war das Problem eines Schutzes der Zufahrtswege noch nicht gelöst. Die wenigen dafür einsetzbaren Maschinen waren längst durch verstärkten Einsatz der RAF-Flugzeuge aufgewogen. Kehrten die Boote nach wochenlangem Atlantikeinsatz zurück, den schützenden Hafen schon vor Augen, fielen die Flugzeuge über sie her, die in zunehmender Zahl Boote mit der gesamten Besatzung versenkten. Im Stab des BdU griff Nervosität um sich.

Verzweiflungsmaßnahmen waren es, die Dönitz nach langen Besprechungen mit den Flottillenchefs schließlich befahl.

Beim Ein- und Auslaufen in die Atlantik-Stützpunkte sollten die Boote nicht mehr einzeln marschieren, sondern in Gruppen, um so durch eine Massierung von Flakgeschützen die angreifenden Flugzeuge besser abzuwehren. Doch die Royal Air Force hatte diese neue Taktik durch ihre ausgezeichnete Luftaufklärung bald erkannt und griff die U-Boote ebenfalls in Gruppen an. Die Verlustziffern auf faschistischer Seite stiegen noch schneller an. Der Befehl, die Biscaya gruppenweise zu passieren, wurde schnell widerrufen. Doch der Gedanke, Abwehrerfolge durch Massierung von Flak zu erzielen, war damit nicht aufgegeben. So kamen die verantwortlichen Offiziere im Stab des BdU auf die Idee, den angreifenden Flugzeugen eine Falle zu stellen und einzelne U-Boote als »Flakfallen« auszurüsten. Das Boot sollte beim Anflug eines Flugzeuges nicht wegtauchen, sondern es mit starken Flakwaffen bekämpfen. Zu diesem Zweck wurde auf einigen Booten hinter der Brücke das bisherige 2-cm-Schnellfeuergeschütz weggenommen und dafür eine 2-cm-Vierlingslafette aufgebaut. Auf dem Turm wurde an jeder Seite ein Fla-MG montiert, vor dem Turm eine 8,8-cm-Flak.

Der Flottillenchef steht an der Pier und winkt der auslaufenden »Flakfalle« seiner Flottille zu, Worte fliegen hin und her.
»Vergeßt die Aale in den Rohren nicht, wenn ihr laufend ›Blenheims‹ 'runterholt!«
Ein Matrosengefreiter schielt zu dem Flottillenchef hinüber und brummt zu seinem Vordermann: »Hoffentlich fällt mal eine von den ›Blenheims‹ auf den Bunker, wo er seinen Bierarsch in Deckung gebracht hat.«
Die immer bewegte Biscaya nimmt das Boot auf, die weitausholende Dünung des Atlantiks wiegt es sanft. Die Seewachen sind aufgezogen und durch die Flakbedienungen verstärkt. Der I WO leitet die Wache und der II WO die bereitstehenden Flakbedienungen. Es herrscht Gedränge auf der Brücke und auf dem »Blumengarten«, der Flakplattform hinter der Brücke.
Der Bootsarzt, ein Assistenzarzt — neuerdings werden viele Boote mit Ärzten ausgerüstet —, steht vergnügt in dem Gedränge auf der Brücke. Es ist sein erster Einsatz, und er findet diesen ersten Tag durchaus erregend, wenn bisher auch noch nichts passiert ist. Aber das gedämpfte Reden der Ausgucks, die dabei nicht die Augen von ihrem zugewiesenen Sektor lassen, die kurzen Befehle und das unter seinen Füßen vi-

brierende Boot wirken in besonderer Weise auf seine Sinne ein. Zudem ist er ein Sportsegler, also in jeden seemännischen Vorgang nahezu verliebt. Das war ja auch der Grund gewesen, weshalb er zur Kriegsmarine wollte, als er im Wehrbezirkskommando einen diesbezüglichen Wunsch äußern durfte.

»Verdammt nochmal, dauernd steht jemand auf meinen Füßen«, schimpft der Kommandant. Die ungewohnte Enge auf der Brücke paßt ihm nicht. Zweifellos meint er damit den Doktor, der hier oben nach seiner Meinung ganz und gar nichts zu suchen hat. Er möchte ihm ja nicht direkt befehlen hinunterzusteigen, er hofft vielmehr, daß er es auch so begreift. Und der Doktor versteht den Wink. Mit einer Geste, als fröre er, taucht er bald in das Luk.

Plötzlich ruft der vordere Steuerbordausguck: »Angreifendes Flugzeug zwanzig Grad voraus! Steht genau in der Sonne!«

»Fliegeralarm!«

Der Kommandant läßt den Kurs etwas nach Backbord abfallen, damit das Flugzeug von allen Flakwaffen als Ziel besser erfaßt werden kann.

Die Maschine donnert heran.

Die Achtacht fängt an zu bellen. Auch die Vierling rattert los. Bei dem schwankenden und vibrierenden Boot ist es für die Richtschützen nicht einfach, das Ziel ins Fadenkreuz zu bekommen.

An den Tragflächen der Maschine blitzt es auf.

Da schreit einer auf an der Achtacht. Dann sackt er zusammen, neben ihm lautlos ein zweiter. An der Vierling fallen zwei Männer blutüberströmt um. Der Kommandant knickt ein, schlägt die Hände vors Gesicht, Blut und weiße Gehirnmasse sickern durch die Finger. Die ersten Schreie ersticken im Entsetzen. Nur leises Wimmern ist noch zu hören. Alle Waffen schweigen.

Das Flugzeug ist über das Boot hinweggebraust, wendet schnell und kommt schon zurück. Wieder blitzt es an den Tragflächen auf.

Ein heiseres Brüllen der Getroffenen ist eine Sekunde lang zu hören. Dann fallen stöhnend und röchelnd Körper übereinander. Blut klebt an Händen und Lederjacken.

Der Geschützführer der Achtacht rennt wie irr von seiner Kanone weg, sein linker Unterarm hängt merkwürdig baumelnd aus dem Lederjackenärmel heraus, ein Blutstrom platscht aufs Deck. Er rennt nach vorn, am Bug des Bootes kehrt er um, stolpert zum Turm. Mitten auf

dem Vordeck bleibt er stehen. Entgeistert starrt er auf das neuerlich anfliegende Flugzeug. Da bekommt er einen Schlag vor die Brust, er fällt hintenüber. Er merkt noch, daß er stürzt und kühles, wohltuend kühles Wasser um ihn ist ...
Noch dreimal überfliegt die Maschine das dahintreibende Boot. Die Bordwaffen rattern, bis sich auf Deck des Bootes nichts Lebendes mehr regt. Der Pilot mag einen Fluch zwischen den Zähnen haben, daß er nicht eine einzige Bombe im Wurfschacht hat.
Im Boot hat man anfangs überhaupt nicht mitbekommen, was sich oben auf der Brücke und auf Deck abgespielt hat. Alle wundern sich nur, daß die Flakwaffen so schnell wieder verstummt sind. Haben sie das angreifende Flugzeug etwa schon abgeschossen?
Der Arzt, aufgefordert vom LI, klettert endlich durch den Turm auf die Brücke hinauf. Das Bild ist grausig, selbst für ihn als Arzt. Alle, die auf der Brücke oder vor den Geschützen standen, sind tot.
Jetzt wird dem Arzt bewußt, daß ihm jene unhöfliche Aufforderung des Kommandanten, über die er sich so ärgerte, das Leben gerettet hat. Was ihn aber sogleich wieder in Bestürzung fallen läßt, ist der Umstand, daß niemand mehr da ist, der das Boot und den Rest der Besatzung in den Stützpunkt zurücknavigieren kann. Alle Seeoffiziere sind gefallen, auch der Obersteuermann und das gesamte seemännische Personal.
Es gibt keinen anderen Weg, der Bootsarzt muß seine dürftigen nautischen Kenntnisse, die er bei seinen Segelpartien auf irgendeinem See erwarb, zusammenkratzen und versuchen, den rettenden Stützpunkt zu finden. Der LI hilft, so gut er kann.
Einige Maschinengasten klettern auf das Deck hinauf.
Kreidebleich im Gesicht, zerren sie die Leichen zum Rand des Decks und lassen sie über die gewellte Außenbordwand ins Wasser gleiten.
Die schützende Nacht nimmt das Boot auf.
Im Morgengrauen läuft das Boot in den Stützpunkt ein.
Der Flottillenchef steht wieder an der Pier. Kein Scherzwort fliegt von ihm zum Boot hinüber. Er war ein eifriger Verfechter der »Flakfallen« ...

Radar und »Lut«

In der Nähe von Rotterdam verließen Flakkanoniere ihre Batteriestellung und rannten zur Aufschlagstelle eines britischen Bombers, den sie abgeschossen hatten. Mit Siegermiene standen sie zwischen den weitverstreuten Trümmerteilen des Flugzeugs. Bald kamen Kraftwagen angefahren, und einige Offiziere des B-Dienstes der Luftwaffe machten sich daran, nach Papieren, Chiffreschlüsseln, Karten und unter Umständen erhalten gebliebenen Geräten zu suchen. Sie fanden in den verbrannten Trümmerteilen nicht allzuviel. Bestimmte Teile eines ihnen unbekannten Gerätes klaubten sie jedoch zusammen, viel Wert maßen sie ihnen nicht bei, es war zuwenig heil geblieben. Außerdem vermuteten einige von ihnen, die Reste eines Höhenflugmessers vor sich zu haben, und das schien ihnen nicht weiter interessant zu sein. Dennoch nahmen sie diese Bruchstücke mit, und auf dem umständlichen Dienstweg gelangten sie schließlich nach geraumer Zeit ins Luftwaffenzeugamt nach Berlin. Hier rätselte man lange herum, was für ein Gerät es wohl sein könnte, dem Fundort entsprechend wurde es »Rotterdam-Gerät« genannt. Funkmeßspezialisten, denen man es auch zur Untersuchung übergab, lüfteten schließlich das Geheimnis. Mit diesen Bruchstücken war eine wertvolle Beute gemacht worden. Sie stammten von jenem rätselhaften Funkmeßgerät, das der Gegner nach widerspruchsvollen Spionageberichten und auch nach Angaben der U-Boot-Kommandanten, deren Boote bei völliger Dunkelheit, ja sogar bei Nebel in der Biscaya von Flugzeugen angegriffen worden waren, besitzen sollte.

Diese Geräteteile brachten für die faschistische Führung Aufklärung und Bestürzung zugleich. Es stand nun fest, die britischen Streitkräfte verfügten über ein handliches Funkmeßgerät, das sogar in ein Flugzeug eingebaut werden konnte. Da brauchte man sich nicht zu wundern, wenn britische Flugzeuge See- und Landziele selbst bei ungünstigen Sichtverhältnissen genau anflogen. Dönitz und sein Stab waren ebenfalls bestürzt. Seit dem Frühjahr 1942 berichteten Kommandanten, daß ihre Boote während der nächtlichen Marschfahrt durch die Biscaya von Flugzeugen mit Bomben belegt wurden. Am Tage waren gewöhnlich die anfliegenden Flugzeuge frühzeitig auszumachen, so daß rasch weggetaucht werden konnte, nachts aber waren sie der laut ratternden Diesel wegen nicht zu hören. Aus 80 Meter Höhe griffen die Maschinen das Boot von hinten an. Auf etwa 100 Meter Entfernung schalteten sie starke Scheinwerfer ein. Bevor noch einer zur Flak springen konnte, klatschten die Bomben schon um das Boot. Die U-Boot-Verluste stiegen infolge dieser neuen Taktik im zweiten Halbjahr 1942 sprunghaft an. Gingen von Januar bis Juni monatlich 3 bis 4 Boote im Durchschnitt verloren, so betrug die Verlustzahl von Juli bis Dezember 10 bis 11 Boote im Monat. Allein die Anzahl der 1942 durch Flugzeuge versenkten U-Boote war größer als die Gesamtverluste des Vorjahres. In den zwölf Monaten des Jahres 1942 gingen insgesamt mehr Boote verloren, als das faschistische Deutschland im Januar 1941 besessen hatte. Zwar waren diese Verluste bisher noch immer ausgeglichen worden — das große Bauprogramm zeigte seine Auswirkungen —, aber eine gefährliche Tendenz war offenbar geworden. Das Funkmeßgerät konnte, konsequent angewandt, den Vorteil der U-Boote in Zukunft aufheben.

Das Funkmeßverfahren war in Deutschland ebenfalls entwickelt worden. Auch in den Vereinigten Staaten, in der Sowjetunion, in Italien und in einigen anderen Ländern beschäftigten sich seit Jahren Wissenschaftler und Waffentechniker damit. Kurz vor Kriegsbeginn war innerhalb der faschistischen Kriegsmarine das erste funktionierende Funkmeßgerät eingeführt worden, allerdings seiner Kompliziertheit und seiner großen Ausmaße wegen nur auf großen Überwassereinheiten und zur Küstensicherung. Im Marinejargon nannte man die Antenne dieses Gerätes ihrer großen Ausmaße wegen »Matratze«. Dieses Gerät wurde auf Grund seiner Ortungserfolge, die es auf den Schlachtschiffen während der Atlantikeinsätze erzielte, im wesentlichen für ausgereift gehalten, deshalb waren die Arbeiten daran nicht weiter verfolgt worden. Hinzu kommt, daß die Entwicklung der Waffentechnik in Deutschland seit langem auf einen Angriffskrieg orientiert worden war und die Verantwortlichen den Geräten für eine defensive Kriegführung, zu denen sie das Funkmeßgerät rechneten, weniger Aufmerksamkeit geschenkt hatten.

Die britische Führung dagegen erkannte frühzeitig die Bedeutung des Funkmeßverfahrens für die U-Boot-Abwehr. In den weiten Wasserwüsten des Atlantiks machte es den Angehörigen ihrer Streitkräfte große Schwierigkeiten, die U-Boote aufzuspüren. Bisher konnten nur die Funksprüche der U-Boote angepeilt werden, was aber anfangs durch die Einführung von Kurzsignalen nur schwer gelang. Das besserte sich zwar mit der Zeit, als man ein immer weitere Räume erfassendes Funkpeilnetz aufbaute, aber die Peilung blieb nur eine Notlösung. Deshalb war die Admiralität froh, daß bei Kriegsausbruch ein brauchbares Gerät vorhanden war, das speziell zum Auffinden der gefährlichen und deshalb verhaßten U-Boote weiterentwickelt werden konnte.

Die faschistische U-Boot-Führung war zunächst ratlos. Was war da zu tun? Ein Gegenmittel schaffen, das die ausgestrahlten Funkimpulse absorbierte? Wie lange sollte das dauern? Noch stieg die Zahl der einsatzbereiten Boote, trotz der anwachsenden Verluste. Aber wenn das so weiterging, war der Zeitpunkt bald abzusehen, an dem eine rückläufige Tendenz eintreten würde. Noch wurde auf britischer Seite das Radargerät nur in Langstreckenaufklärern und in wenige Sicherungsfahrzeuge eingebaut. Was aber, wenn alle Maschinen auf den Flugzeugträgern, die bereits einzelne Geleitzüge begleiteten, dieses Gerät besaßen? Was, wenn es jeder Zerstörer an Bord hatte? Jedes aufgetauchte U-Boot konnte in dunkler Nacht geortet werden. Jede Überwasserfahrt, um die Akkumulatoren aufzuladen, brachte dann dem Boot zusätzliche Gefahr.

Das »Rotterdam-Gerät« war nur eines der vielen neuen gegnerischen Abwehrmittel, die dem Stab des BdU große Sorgen bereiteten. Dazu kam, daß die Alliierten neue, wirkungsvollere Waffen zur Bekämpfung der U-Boote einsetzten. Ein neu entwickelter Wasserbombenwerfer, »Hedgehog«, konnte Salven bis zu 24 15-Kilo-Geschosse in Zehntelsekundenabstand auf das getauchte U-Boot abfeuern. Ferner hatten sie einen hochwirksamen Explosivstoff für Bomben, »Torpex« genannt, erfunden, dessen Brisanzkraft gegenüber den bisher verwendeten Sprengmitteln dreifach größer war. Ein ausgemachtes U-Boot hatte immer weniger Chancen, der Vernichtung zu entgehen.

So grübelten die verantwortlichen Offiziere in der faschistischen U-Boot-Flotte darüber nach, wie für die Aufklärung ein gutfunktionierendes Funkmeßgerät, ähnlich der »Matratze« der großen Kampfschiffe, entwickelt werden konnte. Das Prinzip war zwar bekannt, ein brauchbares Gerät für den U-Boot-Einsatz mußte aber klein und handlich sein.

Infolge der niedrigen Sichthöhe des U-Bootes war es, zumal in der Dunkelheit, ungemein schwer, ein gegnerisches Schiff zu finden. In dunkler Nacht standen nicht selten U-Boote plötzlich im Schein-

werferkegel eines feindlichen Zerstörers, weil sie diesen bei schwerem Wetter einfach nicht ausmachen konnten.
Als Gegenmittel empfahl der Stab des BdU den ausfahrenden Kommandanten neue Aufklärungsmethoden, die aber alle reichlich primitiv waren. So sollte auf dem U-Boot das Sehrohr ausgefahren und an dessen oberen Ende ein Bootsmannsstuhl befestigt werden, wo ein Mann Platz nehmen und Ausschau halten sollte; oder es sollte ein Drachen — ähnlich dem bekannten Kinderspielzeug — gebaut werden, der einen Ausguck hoch in die Luft tragen konnte. Derlei Dinge trugen zwar anfangs zum Gaudium der Besatzung bei, aber für den Ernstfall waren sie natürlich nicht zu gebrauchen. Es dauerte viel zu lange, wenn bei Gefahr die Ausgucks wieder eingeholt werden mußten, daß man wegtauchen konnte, abgesehen davon, daß es in der Dunkelheit ohnehin nichts nutzte, und gerade da war die Aufklärung am nötigsten. Wirklich ernst zu nehmende Ortungsmöglichkeiten für die U-Boote gab es nicht.
Unter den Besatzungen sprach sich allmählich herum, daß der Gegner ein ausgezeichnetes Anpeilgerät besaß. Die Stimmung, die ohnehin nicht mehr so gut war wie in der ersten Zeit des Krieges, fiel unter den Nullpunkt.
Die faschistische Führung mußte schließlich etwas unternehmen. Zunächst wurde ein improvisiertes Warngerät entwickelt, mit dem die in See gehenden Boote ausgerüstet wurden. Dieses Gerät zeigte an, allerdings nicht sehr zuverlässig, wenn das U-Boot von Radarimpulsen getroffen wurde. Das Boot konnte dann rechtzeitig wegtauchen. Doch wenn der Aufklärer das U-Boot einmal aufgestöbert hatte, rief er U-Jäger herbei, die das weggetauchte Boot mit ihren Asdic-Geräten orteten und Wasserbomben warfen oder es so lange unter Wasser drückten, bis die leeren Batterien es zwangen aufzutauchen.
Ab August 1942 wurden alle Boote mit diesem neuen Gerät, man nannte es »Metox«-Gerät, es war ursprünglich eine französische Entwicklung, ausgerüstet. Bald wurde es durch das Funkmeßbeobachtungsgerät (FuMB) ersetzt, das eine Ortung durch Radar feststellen sollte. Es zeigte sich aber bald, daß das FuMB keine Lösung war, da es eine elektromagnetische Eigenstrahlung besaß. Die gegnerischen Radaroperateure schalteten, wenn sie diese Gegenstrahlung empfingen, ihr Gerät ab, und so verrieten die Gegenimpulse den genauen Standort des U-Bootes. Nach dem ersten Schrecken über die nicht beabsichtigte

entgegengesetzte Wirkung des Funkmeßbeobachtungsgeräts entwikkelten die Waffentechniker der faschistischen Kriegsmarine eine Reihe verschiedenartiger Täuschungsmittel. Nach dem Beispiel der Luftwaffe setzten die U-Boote Ballons mit Stanniolstreifen aus, die die gegnerische Ortung stören sollten. »Aphrodite« wurden diese Ballons genannt. Außerdem gab es »Bolde«, die während der Unterwasserfahrt durch die Torpedorohre ausgestoßen wurden und durch die Erzeugung von Bläschenwolken als Scheinziel für die Asdic-Impulse wirkten.

Sehr erfolgreich waren diese Maßnahmen aber nicht. Die Alliierten hatten mit dem Radar ein wirksames Mittel gefunden, die U-Boote aufzustöbern.

Doch wäre es falsch anzunehmen, daß das Radar die »große Wende« im U-Boot-Krieg herbeigeführt hätte. Tatsächlich war das Radar nur eines von vielen Mitteln, die den Alliierten zur Verfügung standen. Ohne die Riesenzahl von Flugzeugen und Kriegsschiffen zur Aufklärung und Geleitsicherung wäre ein technisch noch so vollkommenes Radargerät niemals zu dieser Bedeutung gelangt. In diesen Zahlen zeigt sich das ungeheure Kriegspotential der Länder der Antihitlerkoalition, dem das faschistische Deutschland hoffnungslos unterlegen war.

Dagegen konnten die faschistischen U-Boote ab Sommer 1942 mit einem funktionssicheren E-Torpedo ausgerüstet werden, dem sogenannten »Lut«. Damit waren die Schwierigkeiten mit dem E-Torpedo behoben. Dieser Torpedo arbeitete so, wie die Inspektion vor drei Jahren, zu Beginn des Krieges, bereits behauptet hatte.

Auf der Suche nach neuen Methoden entwickelte das Torpedolaboratorium ein weiteres Torpedoprojekt, den »Zaunkönig«. Dieser Torpedo besaß eine Geräuschmembrane, die die Steuerung beeinflußte. Das Geräusch, das eine Schiffsschraube verursachte, würde diesen Torpedo in das Ziel lenken, und Ausweichmanöver der Schiffe würden dadurch erfolglos bleiben. Der »Zaunkönig« verfolgte sein Ziel, bis er es erreichte und detonierte.

Dieser Torpedo war jedoch noch nicht einsatzbereit, und es verging noch geraume Zeit, bis er den auslaufenden Booten übergeben werden konnte. Mit ihm gab es später zwar einige Überraschungserfolge, die aber keine größere Bedeutung erlangten. Der Gegner fand das Arbeitsprinzip dieses Torpedos bald heraus und entwickelte wirkungsvolle Abwehrmethoden. Seine Schiffe hängten an einer langen Leine eine »Klapper« achteraus, die stärkere Geräusche als die Schiffsschraube verursachte, oder wenn im Asdic-Gerät ein abgefeuerter Torpedo geortet wurde, stoppten sie sofort die Maschinen und stellten die übrigen Aggregate an Bord ab. Nicht selten kam dadurch das U-Boot, das den »Zaunkönig« abgefeuert hatte, selbst in große Bedrängnis, weil dieser nun, einen Bogen laufend, die Schraube des U-Bootes ansteuerte.

Der Einsatz des »Lut« fiel zeitlich mit dem höchsten U-Boot-Bestand zusammen. Es gelang den Faschisten noch einmal, die Tonnage versenkten alliierten und neutralen Handelsschiffsraumes durch einen verstärkten, rücksichtslosen Rudeleinsatz und durch die verbesserten Torpedos hochzutreiben, aber auf den alliierten Werften lagen bereits mehr Schiffe auf Kiel, als die U-Boote auf den Meeresgrund schickten. Im faschistischen Deutschland dagegen würden die Werften die Verluste an einsatzbereiten U-Booten bald nicht mehr ersetzen können. Die Leistungsgrenze der deutschen Werften war nahezu erreicht, schon traten die ersten Stockungen bei den Zulieferbetrieben ein. Anstatt des geplanten durchschnittlichen Ausstoßes von 22,5 Booten im Monat wurde 1942 ein Ausstoß von nur 18,5 Booten erreicht. Das waren 82 Prozent der gestellten Ziele. Für die faschistische U-Boot-Führung bedeutete diese Prozentzahl, daß 48 Boote im Verlaufe des Jahres 1942 nicht in Dienst gestellt werden konnten. 48 Boote, das waren fast 15 Prozent der Gesamtstärke der faschistischen U-Boot-Flotte!

An eine erhebliche Ausdehnung des U-Boot-Bauprogramms war nicht zu denken. Die Rüstungsindustrie im faschistischen Deutschland und in den von ihm okkupierten Ländern mußte die riesigen Verluste an Kriegsmaterial ersetzen, die die Naziwehrmacht an der deutsch-sowjetischen Front erlitten hatte. Allein die hier eingesetzten 16 Panzerdivisionen besaßen Ende März 1942 nur noch 140 kampffähige Panzer, 3 300 sollten sie bis zum Sommer, bis zur großen Offensive haben.

Bei der begrenzten Rohstofflage und der beschränkten industriellen Kapazität war es klar, welche Fertigungsprogramme zuerst zurückgestellt wurden. So war im Wettlauf zwischen Schiffsneubau und versenkter Tonnage die Entscheidung bald gefallen, und die Unterlegenheit des imperialistischen Deutschlands wurde immer offenbarer. Seit dem dritten Quartal 1942 war auf Seiten der Alliierten der Neubau wesentlich größer als der gesamte vernichtete Schiffsraum. Auch mit der Entwicklung und dem Einsatz des »Lut« konnte der Wettlauf nicht

gewonnen werden. Er war bereits verloren, noch ehe die ersten Versuche mit ihm in der Eckernförder Bucht unternommen wurden.
Als Befehlshaber der U-Boote spürte auch Dönitz an den Auswirkungen diese Tendenz, und alle Anstrengungen, die auf faschistischer Seite unternommen wurden, konnten nur die Folgen hinauszögern. Eine Wende herbeizuführen war nicht möglich. Die Raubgier des deutschen Imperialismus, die zum Kriege geführt hatte, wurde nun zur Ursache, daß er diesen Krieg verlieren würde.
Dönitz und seine Stabsoffiziere hofften jedoch noch immer, durch eine Vermehrung der U-Boot-Zahl und die Verbesserung der Waffen und Gefechtseigenschaften der U-Boote eine Wende im Kampf an den Verbindungsrouten der Alliierten im Atlantik herbeizuführen.
Eine dritte Phase im U-Boot-Krieg zeichnete sich ab.

Die Versenkung der »Laconia«

U 156 strebt mit normaler Marschfahrt seinem zugewiesenen Operationsgebiet im Südatlantik entgegen. Kurz vor Sonnenuntergang befindet sich das Boot etwa 600 Seemeilen südlich des westafrikanischen Kap Palmas. Die Sicht ist gut, der Himmel unbedeckt, und bei leichter Dünung bläst der Südostpassat mit Stärke drei. Außer den Flugzeugen in der Biscaya, an die man sich schon gewöhnt hat, und der Treibstoffergänzung durch einen U-Tanker vermeldet das Bordtagebuch keine wesentlichen Vorkommnisse. Die Stimmung an Bord ist, wie immer in der letzten Zeit, nicht besonders gehoben. Der Kommandant, Kapitänleutnant Hartenstein, macht ein nicht allzu zufriedenes Gesicht.
»Rauchfahne backbord voraus!« meldet ein Ausguck.
Hartenstein reißt das Doppelglas vor die Augen. In dem Dämmerlicht kann er im Glas gerade noch den Flaum einer dünnen Rauchwolke erkennen. Er braucht einige Augenblicke, um sich zu entscheiden. Auf dem Marsch ins Einsatzgebiet lohnt sich ein Angriff oft nicht. Damit warnt man den Gegner nur, und im eigentlichen Operationsgebiet findet man dann entweder kein Schiff mehr, oder, was noch viel schlimmer ist, der Gegner gewinnt Zeit, seine Abwehrkräfte zu verstärken. Hartenstein entschließt sich dennoch, näher heranzugehen. Die Fahrt wird erhöht und Alarmbereitschaft befohlen.

Bald ist trotz der aufkommenden Dunkelheit ein schnellaufendes Passagierfrachtschiff von etwa 20 000 BRT auszumachen. Hartensteins Entschluß steht fest: Angriff!
Er läßt mit äußerster Kraft einen Bogen schlagen, um in Schußposition zu kommen. Einige Male mißlingt der Anlauf angesichts der hohen Geschwindigkeit des Schiffes. Kurz nach Mitternacht ist es soweit.
Auf dem großen Schiff hat man keine Ahnung, daß man in den Zielfaden des 600 Meter entfernten Nachtzielgeräts eines faschistischen U-Bootes einläuft.
»Rohr eins und zwo los!«
Hartenstein läßt das Ruder hart nach Backbord legen, um nicht näher an das Schiff heranzukommen und bei Fehlschüssen von neuem in Schußposition gehen zu können.
Zwei Wassersäulen springen hoch, weit über die Aufbauten des hohen Schiffes hinauf, silbern glänzen sie in der hellen Nacht.
»Diesel halbe Kraft!« befiehlt Hartenstein. U 156 schlägt einen Bogen. Der Kommandant will jetzt näher heran, vielleicht kann er für seine Erfolgsmeldung erfahren, wie das torpedierte Schiff heißt.
In der Dunkelheit ist zu erkennen, wie sich der mächtige Leib des Schiffes zur Seite neigt. Was sich auf den Decks abspielt, ist nicht auszumachen. Hin und wieder blitzen kleine Lichtkegel von Taschenlampen auf.
Nach einer halben Stunde kippt der Schiffsleib um. U 156 schiebt sich noch etwas näher heran. Jetzt ist zu erkennen, daß ringsum unzählige Menschen im Wasser schwimmen. Auch mehrere Rettungsboote sind festzustellen. Hilferufe gellen.
»Was ist denn das?« wundert sich der I WO. »Das ist doch Italienisch?«
Tatsächlich hören die Ausgucks der Brückenwache in dem Gewirr der Schreie deutlich italienische Wortfetzen.
Hartenstein schickt einige Leute an Deck, um nach den Schiffbrüchigen zu sehen. Er weiß, daß er damit gegen den ständigen Kriegsbefehl verstößt, der bereits im Sommer 1940 erlassen worden ist. Den entscheidenden Passus kann er auswendig. Er lautet: »Keine Leute retten und mitnehmen. Keine Sorge um Boote des Dampfers. Wetterverhältnisse und Landnähe sind gleichgültig. Nur Sorgen um das eigene Schiff. Wir müssen hart in diesem Krieg sein.«
Wenn auch die meisten Kommandanten diesen verbrecherischen Befehl

strikt einhielten und sich nicht um die Schiffbrüchigen der von ihnen versenkten Schiffe kümmerten, so gab es andererseits auch einige, die sich bemühten zu helfen. Allerdings war ihre Hilfe, angesichts der Gefahren, die den Schiffbrüchigen in ihren kleinen Rettungsbooten drohten, lächerlich gering. Mitunter nahm der eine oder andere Kommandant einzelne Schiffbrüchige an Bord oder gab Wasservorrat, Proviant und Kleidungsstücke an die meist überfüllten Rettungsboote ab und wies an Hand der Seekarte die Richtung der nächstliegenden Küste.

Für Hartenstein gibt es keine Bedenken, als er feststellt, daß sich aller Wahrscheinlichkeit nach auf dem Schiff auch kriegsgefangene Italiener, also Bundesgenossen der faschistischen Wehrmacht, befunden haben.

Mit den ersten Schiffbrüchigen an Bord wird es zur Gewißheit.

Das von U 156 torpedierte Schiff war das 19 695 BRT große kombinierte Fracht-Fahrgast-Schiff »Laconia«, das sich mit 1 800 italienischen Kriegsgefangenen an Bord auf der Rückreise von Ägypten über Mombasa an der afrikanischen Ostküste nach einem britischen Hafen befunden hatte. Neben der Besatzung, den Kriegsgefangenen und ihrem Begleitkommando hatten sich 268 britische Fronturlauber und etwa 80 Frauen und Kinder an Bord befunden.

Hartenstein teilt 01.25 Uhr dem BdU in einem Funkspruch den Vorfall mit und erbittet weitere Befehle.

Er muß lange auf Antwort warten. Während dieser Zeit läßt er weiter im Wasser Treibende auffischen.

Endlich, 03.45 Uhr, fängt U 156 eine Nachricht von Dönitz auf, »Gruppe Eisbär, Schacht, Würdemann und Wilamowitz sofort zu Hartenstein gehen!«

Hartenstein ist sehr ungehalten. Bevor diese Boote eintreffen, werden die meisten Schiffbrüchigen ertrunken sein. Nach seiner Meinung müssen wirksamere Hilfsmaßnahmen eingeleitet werden. Noch unzufriedener macht ihn ein weiterer Befehl, der um 04.00 Uhr eintrifft. »Sofort melden: Hat Schiff gefunkt, sind Schiffbrüchige überwiegend in Booten oder treibend. Nähere Umstände auf Versenkungsplatz.«

Unverzüglich läßt Hartenstein zurückfunken, nicht nur die verlangten Angaben, sondern auch, was nach seiner Meinung sofort zu geschehen habe. »Schiff hat genauen Standort gefunkt. Habe an Bord 193 Mann, darunter 21 Briten, Hunderte von Schiffbrüchigen treiben nur mit

Schwimmweste. Vorschlage diplomatische Neutralisierung der Untergangsstelle. Nach Funkbeobachtung stand unbekannter Dampfer in Nähe. Hartenstein.«

Da auf diesen Funkspruch keine Antwort erfolgt, entschließt sich Hartenstein angesichts der verzweifelt um ihr Leben kämpfenden Schiffbrüchigen zum eigenmächtigen Handeln. Er bittet ab 06.00 Uhr in offenen Funksprüchen auf der 25-Meter- und der 600-Meter-Welle alle in der Nähe stehenden Schiffe um Hilfe.

Eine Stunde später, 07.20 Uhr, trifft von Dönitz folgender Befehl ein, der bereits deutlichen Unwillen über das eigenmächtige Verhalten des Kommandanten spüren läßt: »Hartenstein in Nähe Untergangsstelle bleiben, Tauchklarheit sicherstellen. Abgeteilte Boote nur so viel übernehmen, daß Boote tauchklar bleiben. Weiteres bezüglich Neutralisierung folgt.«

Die Besatzung von U 156 und ihr Kommandant sind mißgestimmt. Nicht nur wegen des Befehls von Dönitz, sondern auch deshalb, weil ihre Bemühungen, Schiffe zur Hilfe herbeizurufen, ergebnislos geblieben sind. Niemand meldet sich auf die Funkrufe des U-Bootes.

Sie fischen weiter Überlebende auf und verteilen sie auf die bereits überfüllten Rettungsboote, die immer wieder auseinandertreiben. Viele Schiffbrüchige sind schon ertrunken und treiben mit dem Gesicht im Wasser, nur von der Schwimmweste an der Oberfläche gehalten.

Erst am Abend erhält Hartenstein den nächsten Funkspruch von Dönitz: »1. Hartenstein, sämtliche Geretteten an erstes eintreffendes Boot, voraussichtlich Würdemann, abgeben. Dann Weitermarsch nach Süden. 2. Übernehmendes Boot auf Schacht beziehungsweise Würdemann und Italiener warten. Gerettete verteilen. 3. Abgabe aller Geretteten an französische Schiffe oder Hafen vorgesehen. Weiteres folgt.«

Auf den Vorschlag Hartensteins, die Untergangsstelle zu neutralisieren, ist Dönitz nicht eingegangen. Da die Schiffbrüchigen in der Mehrzahl Italiener, also Bundesgenossen, sind, weist er die ihm unterstehende italienische U-Boot-Flottille in Bordeaux an, Boote zur Rettung ihrer Landsleute in See zu schicken. Von den Vichybehörden, die inzwischen von dem Vorfall unterrichtet worden sind, werden von Dakar aus ein Kreuzer und zwei Fregatten zur Versenkungsstelle geschickt, die Überlebenden aufzunehmen.

Die meisten Schiffbrüchigen werden ertrunken sein, ehe die Schiffe und

U-Boote eintreffen können. Dönitz ist der Auffassung, daß sich U 156 und die herbeigerufenen anderen U-Boote nicht mit der Bergung von Schiffbrüchigen aufhalten sollen, sondern ihrem Kampfauftrag nachzugehen haben.

Am Morgen des 15. September trifft Würdemann mit U 506 an der Versenkungsstelle ein, wenig später Schacht mit U 507.

Sofort beginnen sie mit dem Rettungsmanöver. Sie sammeln die auseinandergetriebenen Boote, von den im Wasser Schwimmenden sind nur noch wenige am Leben, nur diejenigen, die sich an Wrackteilen festklammern konnten. Hartenstein bleibt mit seinem Boot trotz des Befehls, nach Eintreffen des ersten Bootes die Aufgefischten sofort abzugeben und seinen Marsch nach Süden fortzusetzen, an der Versenkungsstelle und hilft bei der Bergung. Der Korvettenkapitän Schacht schreibt in sein Bordtagebuch: »Von den von Hartenstein an der Untergangsstelle gemeldeten 22 Rettungsbooten mit etwa 1500 Menschen 7 Boote gleich $^{1}/_{3}$ gefunden mit 163 Italienern, 310 Engländern, 20 Polen. Danach zu urteilen, sind beim Untergang etwa 1300 Italiener umgekommen.« Die tatsächliche Zahl der Opfer liegt jedoch weit höher.

Am Morgen des 16. September, die U-Boote schleppen noch die Rettungsboote zum vereinbarten Sammelpunkt, wo die Überlebenden von den französischen Schiffen aufgenommen werden sollen, greift ein Flugzeug mit amerikanischem Erkennungszeichen die U-Boote an. Es mag dahingestellt bleiben, ob die amerikanische Flugzeugbesatzung nicht erkannte oder nicht erkennen wollte, was hier vor sich ging. Sicher werden der aufgespeicherte Haß auf die berüchtigten U-Boote des Feindes, die seit Jahren über die Handelsschiffahrt herfielen, und die Absicht, sie zu schlagen, wo sie angetroffen wurden, mit dazu beigetragen haben, daß die Flugzeugbesatzung ihre Bomben über den Booten ausklinkte. Es muß für die Amerikaner in der Luft ein aufreizender Anblick gewesen sein, gleich mehrere der verhaßten U-Boote unter sich zu sehen.

Die Boote an der Versenkungsstelle meldeten den Angriff unverzüglich an den BdU. Zu Schaden war keines der Boote gekommen. Ohne weiteren Zwischenfall konnten wenig später die U-Boote die Überlebenden an die französischen Schiffe übergeben und ihre Fahrt ins Operationsgebiet fortsetzen.

Der faschistischen U-Boot-Führung kam der Angriff des Flugzeugs

gelegen. Dieser Vorfall bot Dönitz einen Anlaß, den ständigen Kriegsbefehl Nr. 154 durch eine noch verwerflichere Weisung zu ersetzen, die von allen Eingeweihten bald als »Laconia«-Befehl bezeichnet wurde.
»Jeglicher Rettungsversuch von Angehörigen versenkter Schiffe, also auch Auffischen Schwimmender und Anbordgabe auf Rettungsboote, Abgabe von Nahrungsmitteln und Wasser haben zu unterbleiben. Rettung widerspricht den primitivsten Forderungen der Kriegführung nach Vernichtung feindlicher Schiffe und Besatzungen ...«
Mit diesem Befehl ging die faschistische U-Boot-Führung von einer wahnwitzigen Hoffnung aus. Sie hatte begriffen, daß die Alliierten weitaus mehr Schiffsraum zu bauen in der Lage waren, als die U-Boote versenken konnten. Deshalb faßte sie den barbarischen Entschluß, den Krieg in erster Linie gegen die Besatzungen der Handelsschiffe zu führen. Die Vernichtung der Besatzung war jetzt bald wichtiger als die Versenkung der Schiffe selbst.
Der Chef der 5. U-Boot-Flottille, Korvettenkapitän Moehle, erbat im Stab des BdU weitere Aufklärung über den »Laconia«-Befehl. Einer der Stabsoffiziere erläuterte ihm, daß während der Einsätze vor der amerikanischen Küste wohl beträchtliche Mengen Schiffsraum versenkt worden wären, aber auf Grund der Küstennähe hätte sich der überwiegende Teil der Besatzung retten können. Wären damals die Besatzungen mit vernichtet worden, dann hätten mit ihnen nicht die neugebauten Schiffe bemannt werden können.
Seitdem bestellte Moehle die Kommandanten der Boote vor dem Auslaufen zu sich, las ihnen nach der Einweisung den »Laconia«-Befehl vor und brachte als Erläuterung das ihm im Stab des BdU genannte Beispiel. Für die U-Boot-Kommandanten mußte also der Eindruck entstehen, daß ihr Vorgesetzter von ihnen die Tötung der Besatzung erwartete. Dieser Eindruck wurde noch verstärkt, da Moehle in der Regel hinzufügte: »Der BdU kann euch offiziell einen solchen Befehl nicht geben, das hat jeder mit seinem Gewissen zu vereinbaren.«
Bei einer Inspektion in der 2. U-Boot-Division hielt Dönitz im Oktober 1942 vor Offizieren und Unteroffizieren eine Rede, in der er zum Ausdruck brachte, daß er nicht verstehen könne, warum Marineangehörige immer noch die Besatzungen der von ihnen versenkten Schiffe zu retten versuchten. Die Schiffsbesatzungen wären für die U-Boote genauso ein Ziel wie die Schiffe selber.
Damit hatte sich die menschliche Haltung, die Kapitänleutnant Har-

tenstein zu zeigen versucht hatte, in ihr Gegenteil verkehrt. Es war unmöglich, menschlich zu handeln, ohne mit dem Faschismus zu brechen.

Höhepunkt und Wende

Unaufhörlich tobt der Sturm. Gewaltige Wellenberge türmt die kochende See auf. Regen- und Hagelböen prasseln immer wieder aus den tief hängenden Wolken auf das Wasser hernieder.
Seit Wochen zeigt sich kaum noch die Sonne. Eine dichte Wolkenwand färbt die Wasserwüste bleiern grau. Die Herbststürme im Nordatlantik heulen ohne Unterbrechung in den Winter hinein. Von den 140 Tagen des Herbstes und beginnenden Winters 1942 zählte man 116 Sturmtage. Die schweren Stürme und die schneidende Kälte bereiten den Besatzungen der eingesetzten U-Boote zusätzliche Strapazen.
Die Zahl der einsatzbereiten Boote war weiter angestiegen, und Dönitz befahl den Kommandanten, koste es, was es wolle, Erfolge zu erreichen. Im August hatten die U-Boote 108 Schiffe mit einer halben Million Tonnen versenkt. Im September waren es 98 Schiffe mit 485 000 BRT, im Oktober 94 Schiffe mit mehr als 600 000 BRT und im November sogar 119 Schiffe mit über 700 000 BRT. Das war nach britischen Angaben die höchste Versenkungsziffer des gesamten Krieges. Sie fiel zeitlich zusammen mit der Einschließung der 6. Armee in Stalingrad und der Landung amerikanischer und britischer Streitkräfte in Nordafrika.
Im Dezember waren wieder zahlreiche Boote gegen die Geleitzüge im Nordatlantik eingesetzt und sollten neue Erfolge bringen. In der letzten Woche des Jahres griffen 18 U-Boote in zwei Gruppen einen 46 Schiffe zählenden Neufundland-Geleitzug an, der von U 260 ausgemacht worden war.

»An Erwin! Frage Kurs?« Ein Matrosenobergefreiter drückt die Tasten des umgehängten Sprechfunkgerätes und wiederholt den Befehl des Kommandanten. Obwohl er sich auf der Brücke festgebunden hat, muß er die Knie gegen die Verschanzung stemmen, um nicht umzufallen. Das Boot schlingert, stampft unaufhörlich. Ständig wird das Deck von Brechern überwaschen.

Das Sprechfunkgerät ist die einzige Verbindung zwischen den Booten, die einen gemeinsamen Angriff führen wollen. Jeder Kommandant achtet darauf, den Kontakt zum Nebenmann nicht zu verlieren. Aus Tarnungsgründen rufen sich die Boote gegenseitig mit dem Vornamen des jeweiligen Kommandanten an.

»An Richard! Kurs dreihundertzwanzig Grad. Drehe in zwei Stunden auf dreihundertvierzig. Wie Wolfgang und Adalbert. Ende.«

»Verdammte Scheiße«, schimpft der Kommandant, »dann haben wir den Kuhsturm direkt von Backbord! Mir schaukelt jetzt schon der Magen zwischen den Rippen!«

Er sieht auf die Armbanduhr. Ein Brecher schlägt bis auf die Brücke und klatscht ihm voll ins Gesicht. Er taumelt. Wäre er nicht festgelascht gewesen, hätte ihn die Wucht des Wassers rückwärts an die Verschanzung geschleudert. Prustend, das Seewasser ausspuckend, richtet er sich wieder auf. Die Ausgucks, die sich rechtzeitig geduckt haben, lächeln schadenfroh.

Es ist kurz nach 14.00 Uhr. Der Kommandant weiß, wenn er vor Einbruch der Dunkelheit nicht an den Geleitzug heran ist, wird er ihn bei diesem Wetter nicht finden.

Er schnallt sich los, wendet sich, um sich greifend, zum Turmluk und sagt zum wachhabenden II WO: »Gibt's in der Sprechbüchse was Neues, sofort melden!«

Schon taucht er im Luk unter.

Zwei Stunden später dreht das Boot auf den neuen Kurs.

Von Backbord dwars heult nun der Sturm heran. Die anrollenden Wassermassen drücken das Boot nach Steuerbord. Der schiebenden See wegen bleibt es vorwiegend nach Steuerbord geneigt, und der Rudergänger muß seine ganze Kunst aufbieten, weil das fahrende Boot immer in den Wind hinein giert. Einige der Besatzung sind nicht seefest und müssen sich immer wieder erbrechen.

Nach einer guten Stunde kommt die erwartete Meldung.

»Hier Conny! An alle. Habe Geleitzug erreicht. Position dreiundvierzig Grad zweiundfünfzig Minuten Nord, einundvierzig Grad siebenunddreißig Minuten West. Spitze steuert achtzig Grad. Geschwindigkeit neun Knoten. Stark gesichert. Empfehle, Sprechfunkverkehr vorerst einzustellen. Quittung!«

Der Kommandant läßt sofort den Empfang dieser Meldung bestätigen. Dann klettert er in die Zentrale, um mit dem Obersteuermann den

Angriffskurs neu zu errechnen. Der Matrosenobergefreite hört im Funkgerät, wie die übrigen Boote die empfangene Meldung nacheinander bestätigen.
Das Boot schwenkt wenig später hart nach Steuerbord, und sein Kurs verläuft jetzt parallel zu dem des Geleitzugs. Ab und zu erkennen die Ausgucks weit an Backbord die Masten, die wie dünne Nadeln über die zerklüftete Kimm ragen.
Die See schiebt das Boot jetzt von achtern. Man mußte die Fahrt verringern, um den Geleitzug nicht zu überholen.
Allmählich setzt die Dämmerung ein.
Das Boot schiebt sich langsam an den Geleitzug heran. Die Besatzung steht auf Gefechtsstation. Mit den Nachtgläsern ist zu erkennen, wie die Geleitzerstörer mit erhöhter Fahrt sichernde Kreise an der Flanke des Konvois ziehen. Im Geleitzug hat man längst die Gefahr erkannt, wenn auch der groben See wegen die Radargeräte nicht einwandfrei arbeiten.
Die Dunkelheit nimmt zu. Nur das geübte Auge kann die feinen Schattenumrisse der Schiffe noch erkennen – aber bald auch das nicht mehr.
»Ruder hart Backbord!« befiehlt der Kommandant.
Schwerfällig schwankt das Boot in der schiebenden See herum. »Große Fahrt!«
Vom Sturm hin und her geworfen, strebt das Boot der Flanke des Konvois entgegen. Die vorderen Rohre sind bereits bewässert.
»Ein Frachter, backbord voraus!« schreit einer der Ausgucks.
»Ziel erfassen!« befiehlt der Kommandant dem I WO. Doch der hat seine Mühe damit, weil das Boot ständig schwankt.
»Beeilung doch!«
»Ziel erfaßt!«
Schnell werden Entfernung und Schußwinkel ermittelt.
»Rohr eins und zwei fertig!«
Da flammt vor dem Boot eine Leuchtgranate auf. Gespenstig zittert der helle Lichtschein unter der tief hängenden Wolkendecke im Sturm.
»Zerstörer steuerbord querab! Kommt mit hoher Fahrt auf uns zu!«
Fast gleichzeitig stellen die beiden Steuerbordausgucks das fest.
»Alarm!«
Hastig drängt die Brückenwache zum Luk. Der Kommandant treibt fluchend an, bis er sich hinunterfallen lassen kann.

Im Boot tritt Ruhe ein. Tiefer und tiefer fällt der Zeiger am Tiefenmesser. Bei 120 Meter läßt der LI einpendeln. Weitab detonieren Wasserbomben. Für die Besatzung ist die Unterwasserfahrt nach dem Stampfen und Rollen und nach dem heulenden Sturm beklemmend in ihrer Lautlosigkeit. Der Kommandant und sein Wachoffizier sind wütend, weil sie nicht zum Schuß gekommen sind.
Nach einer halben Stunde gibt der Kommandant Befehl zum Auftauchen. Der Leitende Ingenieur drückt das Boot vorsichtig nach oben. Plötzlich ist ganz nahe das Krachen einer Torpedodetonation zu hören, gleich darauf das widerliche Bersten und Knacken der vom Wasserdruck eingedrückten Schotten und Verschalungen eines untergehenden Schiffes. Achteraus dröhnen in dichter Folge die Explosionen von Wasserbomben.
In 30 Meter Tiefe läuft das Boot mit äußerster Kraft von der Versenkungsstelle ab, wo die Wasserbomben auf das andere U-Boot niedergehen.
Eine weitere halbe Stunde läßt der Kommandant verstreichen, ehe er aufzutauchen wagt.
Das Boot wird wieder vom Sturm erfaßt.
Kaum ist die Brückenwache wieder aufgezogen, die Augen der Männer sind durch das Tragen von Rotbrillen im Boot bereits an die Dunkelheit gewöhnt, schießt erneut ein Zerstörer heran. Der helle Schaumbart vor seinem Bug hebt sich deutlich vom dunklen Wasser ab.
»Alarm!«
Das Wasser zischt in die Tauchtanks. Die ersten Wasserbomben detonieren dicht am Boot. Schäden werden gemeldet. Diesmal geht der LI vorsichtshalber auf 150 Meter.
Die Wasserbombenexplosionen hören auf. Der Funker stellt am Horchgerät fest, daß sich der Zerstörer entfernt.
Nach fünfundvierzig Minuten ist das Boot wieder an der Oberfläche. In der Nacht wird kein Schiff ausgemacht. Nur weit im Osten ist ein merkwürdiger Schimmer zu sehen.
»Hinterher!« befiehlt der Kommandant immer wütender. Das Funksprechgerät wird eingeschaltet, der Gegner weiß ohnehin, daß U-Boote den Geleitzug angreifen.
»Hier Richard! Bin abgedrängt worden. Stehe hinterm Geleit. Wie ist die Lage?«
Erst nach mehrfacher Anfrage trifft die Antwort ein.

»Hier Willy! Anfrage von Richard verstanden. Geleit steuert jetzt hundertzehn Grad. Marschfahrt um einen Knoten erhöht. Herbert und Fred hatten Erfolg. Vermutlich auch Egon.«

Noch ehe das Boot den Konvoi einholt, wird es abermals durch einen Zerstörer abgedrängt. Der Geleitzug scheint vom Gegner lückenlos gesichert zu sein.

An einen neuen Angriff ist nicht zu denken, der Morgen graut bereits. In gemessenem Abstand läuft das Boot den ganzen Tag neben dem Geleitzug her. Unentwegt heult der Sturm. Die Besatzung bleibt in Alarmbereitschaft. Immer muß damit gerechnet werden, daß ein Bewacher das Boot ortet und angreift. Schließlich bricht die Dunkelheit herein.

Gegen 19.00 Uhr setzt das Boot zum zweiten Angriff an. Die dunklen Schatten der Schiffe sind kaum wahrzunehmen. Doch noch ehe das Boot ein Ziel erfaßt, wird es abgedrängt und unter Wasser gedrückt. Das gleiche Spiel wie in der Nacht zuvor wiederholt sich. Tauchen, Wasserbomben, Auftauchen, Anlaufen und erneutes Abdrängen. Keine Schußmöglichkeit.

Beim Morgengrauen ist die Besatzung dem Zusammenbruch nahe. Erfolgreichere Boote geben über Funk ihre Abschüsse bekannt. Verbissen nimmt es der Kommandant zur Kenntnis. Vier Boote melden je einen Abschuß.

Die dritte Nacht zieht herauf. Wieder versucht das Boot zum Schuß zu kommen. Ein Tanker ist es diesmal, der als Ziel ausgewählt wird.

»Entfernung fünfhundert Meter!«

»Ziel erfaßt!« Vor Aufregung keucht der I WO.

»Rohr eins und zwei fertig?«

»Rohr eins und zwei fertig!«

»Halt!« ruft der I WO am Nachtzielgerät. »Der Bursche wandert aus, er zackt ab.«

Der Kommandant tobt. Aber es nutzt nichts. Das Boot muß einen Bogen schlagen, um erneut in Schußposition zu kommen.

»Ziel erfaßt!«

»Zerstörer an Backbord!« ruft einer der Ausgucks.

»'raus die Dinger! Los doch! Es muß klappen!«

»Rohr eins und zwei los!«

»Alarm!«

Das Boot sackt in die Tiefe.

Wasserbomben, immer neue Detonationen hämmern auf das Boot ein. Ausfälle werden an die Zentrale gemeldet. Fieberhaft wird an der Behebung der Schäden gearbeitet.
Ein Maschinengefreiter beginnt auf einmal zu wimmern.
Bei offenem Mund zittert sein Unterkiefer, daß seine Zähne klappern. Die ständigen Strapazen haben seine Nerven überfordert, und nun packt ihn die Angst. Brutal bringt ihn sein Maschinenmaat mit einem gezielten Faustschlag zur Besinnung. Leise winselnd wie ein getretener Hund, arbeitet er weiter. Die Detonationen der Wasserbomben lassen nach, bis sie schließlich ganz aufhören. Jetzt erst wird dem Kommandanten bewußt, daß die beiden Torpedos nicht getroffen haben.
Der Kommandant versucht in dieser Nacht noch einen weiteren Angriff. Aber er wird von einem Bewacher abgedrängt, noch ehe er an das Geleit herankommt.
In aufreibender Sturmfahrt wird am nächsten Tag der Konvoi verfolgt.
Der Funker bringt die Funkkladde zum Kommandanten. Es sind in dieser Nacht drei Schiffe versenkt oder zumindest torpediert worden.
Kurz nach Mittag schiebt die See ein mit Wasser vollgeschlagenes Rettungsboot heran. Es schaukelt verloren auf den hohen Wellenbergen. Sicher hat die Besatzung eines getroffenen Schiffes versucht, in die Boote zu gehen, bei diesem Sturm ein aussichtsloses Unterfangen. Auf den torpedierten Schiffen hat kaum jemand die Chance, gerettet zu werden. Die Brückenwache betrachtet das vorbeitreibende Boot. Seeleute eines sinkenden Kauffahrteischiffes haben das Boot zu Wasser gelassen. Die sturmgepeitschte See hat sie überwältigt. Was hat diese Männer bewogen, die Heuerbüros in so vielen Ländern aufzusuchen, um sich auf eines der nach England gehenden Schiffe anheuern zu lassen? Für die Besatzungen auf den faschistischen U-Booten ist das alles höchst einfach. Sie erhielten Befehle, Schiffe im Atlantik zu versenken, Tod und Verderben zu bringen. Sie hatten sich damit abgefunden und hielten das für richtig. Die anderen Seeleute aber waren Zivilisten, denen man nicht befehlen konnte. Was ist das für eine Kraft, die diese Männer antreibt, solchen Gefahren zu trotzen und den Tod nicht zu scheuen? Ein dumpfes Ahnen ist für Sekunden um die Matrosen der Brückenwache, daß eine solche Kraft unüberwindbar ist, selbst durch noch so brutale Angriffe nicht besiegt werden kann.
Die vierte Nacht zeigt sich an. Der Konvoi hat die Mitte des Atlantiks

erreicht, und vom nächsten Tag an muß mit stärkerer Bewachung gerechnet werden, da er von Island aus weiteren Geleitschutz erhalten wird.
Vorsichtig schiebt sich das Boot nochmals an das Geleit heran, doch ein sichernder Zerstörer drängt es ab. Aber es braucht nicht getaucht zu werden, der Zerstörer setzt nicht nach. Vermutlich schwankte bei dem Wetter seine Radarantenne so sehr, daß er das U-Boot nicht erfaßt hat.
Ein zweiter Anlauf. Ein Frachter von etwa 7 000 BRT ist das Ziel.
Die beiden Torpedos laufen. Der Torpedomechaniker hält die Stoppuhr in der Hand. Auf die Sekunde genau ertönen kurz hintereinander die beiden Detonationen.
Die Brückenwache sieht die Wassersäulen deutlich aufsteigen. Die leeren Gesichter der Besatzung zeigen keinerlei Gefühlsregung. Der frenetische Jubel, der in früheren Zeiten jeden gelungenen Abschuß begleitete, ist verstummt: Die Zeiten haben sich gründlich geändert.
Das Boot taucht weg. Wie üblich detonieren Wasserbomben. Der Kommandant läßt Südkurs steuern. Nach einiger Zeit läßt er auftauchen. Nur die heulende, stürmische Nacht hüllt das Boot ein, das Kurs auf die französische Küste nimmt, während der Funker die »Erfolgsmeldung« an den BdU absetzt. Dort rechnete man die Meldungen der Boote zusammen – 20 versenkte Schiffe mit 106 000 BRT. In Wirklichkeit aber waren nur 14 Handelsschiffe versenkt worden. Die einzelnen Kommandanten hatten zu ihren Gunsten aufgerundet. Ein U-Boot kehrte nicht zurück.

Der Dezember brachte der faschistischen Führung 61 Versenkungen mit insgesamt 336 000 BRT. Dieses Ergebnis blieb weit hinter dem der vergangenen Monate zurück. Hatte der U-Boot-Krieg seinen Höhepunkt überschritten?
Von der faschistischen Führung war die sich anbahnende Wende im U-Boot-Krieg nicht zur Kenntnis genommen worden. Angesichts der 1942 erzielten Erfolge glaubte sie, den Wettlauf zwischen versenktem alliiertem Schiffsraum und Schiffsneubau zu gewinnen. Im Sommer 1942 hatte die Seekriegsleitung errechnet, daß die Gegner des faschistischen Blocks etwa 7 Millionen BRT neuen Schiffsraum in Dienst stellen würden, eine Menge, die sich nur unwesentlich von den tatsächlich erreichten Zahlen unterschied. Sollte sich der den Alliierten zur

Verfügung stehende Schiffsraum verringern, so mußten monatlich wenigstens 600 000 BRT versenkt werden. Eine Auswertung Anfang 1943 ergab, daß man im vergangenen Jahr 11 667 000 BRT Schiffsraum vernichtet hätte, demnach wäre die monatliche Versenkungsziffer um 400 000 BRT überschritten worden. Tatsächlich hatten die Alliierten aber nur 7 699 000 BRT Schiffsraum verloren, und sie würden 1943 mehr als 12 Millionen neu in Dienst stellen. Unabhängig von den sich ständig verbessernden Abwehrmethoden und der Waffentechnik war es nur eine Frage von Monaten, wann das veränderte Kräfteverhältnis sichtbar werden würde.

Wenn auch Dönitz, inzwischen zum Admiral befördert, die Chancen der U-Boote optimistisch beurteilte, so war er jedoch auch gezwungen, die Abwehrerfolge der alliierten Streitkräfte zur Kenntnis zu nehmen. Von den 304 U-Booten, die seit Kriegsbeginn zum Einsatz gelangten, waren bis August 1942 bereits 105 verlorengegangen. Monatlich vernichtete der Gegner etwa 5 Prozent des Gesamtbestandes an einsatzfähigen U-Booten. Wesentlich höher waren die Personalverluste der faschistischen U-Boot-Waffe zu bewerten, weil die Ausbildung einer U-Boot-Besatzung lange Zeit in Anspruch nahm. Sie betrugen 3 803 Mann, davon waren 1 959 gefallen, 696 vermißt und 1 148 in Gefangenschaft geraten. Das waren 38 Prozent der Kampfstärke. Zu dieser Zeit, im August 1942, überschritten die Verluste an der deutsch-sowjetischen Front bereits die Millionengrenze.

Nachdem das amerikanische Marineministerium seit Frühjahr 1942 die U-Boot-Abwehr vor der Küste erfolgreich organisiert hatte, war die U-Boot-Führung am 23. Mai gezwungen, die U-Boote von der amerikanischen Ostküste zurückzuziehen. Auch die nächsten Einsätze im Karibischen Meer und vor den Antillen brachten nur vorübergehende Erfolge. Im Juli führte die US Navy in diesem Gebiet das Konvoisystem ein und baute die Luftüberwachung aus. So konzentrierte die faschistische U-Boot-Führung die Boote wieder im Nord- und Mittelatlantik in den Gebieten ohne gegnerische Luftüberwachung.

Aber die Zeiten der Sorglosigkeit der britischen und amerikanischen Führung waren endgültig vorbei. Auf Vorschlag Churchills wurde im Sommer 1942 ein Koordinierungsausschuß, das Anti-U-boat Warfare Committee, gebildet, dem neben den zuständigen Ministern, den Stabschefs der Marine und der Luftstreitkräfte auch Wissenschaftler

angehörten. Dieser Ausschuß sollte der Bekämpfung der U-Boote neue Anregungen geben, einheitliche Grundsätze zur Abwehr ausarbeiten und dafür sorgen, daß Schiffe, Flugzeuge, Munition und Bedienungspersonal bereitgestellt wurden.
Solange die Geleitzüge nur durch wenige Sicherungsfahrzeuge geschützt werden konnten, war es nicht möglich, die flüchtenden U-Boote zu verfolgen. Doch es war notwendig, die angreifenden U-Boote nicht nur abzudrängen, sondern auch zu vernichten. So entstand der Plan, eine Gruppe von U-Jagd-Schiffen zu bilden, die unabhängig von einem bestimmten Geleitzug operieren sollte. Der Schiffsbestand erlaubte es der britischen Admiralität im September 1942, eine solche Gruppe unter Kapitän zur See Walker aufzustellen, die zum erfolgreichsten Bekämpfer der faschistischen U-Boote wurde.
Bereits gegen Ende 1942 waren die ersten Auswirkungen dieser aufeinander abgestimmten Abwehrmaßnahmen an den Verlustziffern deutlich abzulesen.
Dönitz sah bei den Lagebesprechungen in zunehmendem Maße nervöse Gesichter. Seine Befehle wurden ständig knapper, härter und eigensinniger. Er wollte nicht wahrhaben, daß die U-Boote keine Chance hatten, den Verlauf des Krieges zur See zu ändern. Mürrisch und oft unbeherrscht, schimpfte er auf Raeder und auf das Oberkommando der Kriegsmarine, als ob deren einstige Haltung zur U-Boot-Waffe schuld daran wäre, daß sich die gewaltige militärische und ökonomische Macht der Antihitlerkoalition immer breiter entfaltete.

Führungswechsel als Ausweg

Die persönliche Rivalität zwischen Dönitz und Raeder war nicht neu. Sie war bereits entstanden, als Dönitz zum Chef der ersten U-Boot-Flottille ernannt worden war, die den programmatischen Namen »Weddigen« erhalten hatte.
Diese Rivalität war Ausdruck interner Diskussionen innerhalb der faschistischen Marineführung über die wirkungsvollsten Methoden im Kampf um die Weltherrschaft. Zu Beginn des Krieges war noch keine endgültige Entscheidung gefallen. Der Erfolg oder Mißerfolg militärischer Unternehmungen würde beweisen, welche Auffassung über die

Führung des atlantischen Zufuhrkrieges richtig wäre. Jeder Erfolg, den Raeder oder Dönitz melden konnten, schürte naturgemäß die Spannungen zwischen beiden.
Die Überraschungserfolge der U-Boote in der ersten Phase des Krieges brachten Dönitz die Zustimmung der obersten faschistischen Führung für ein großangelegtes U-Boot-Bauprogramm, das ab Frühjahr 1941 wirksam wurde.
Doch nach dem erfolgreichen Überfall auf Norwegen gewann Raeder an Ansehen. Der Plan einer Invasion in Norwegen stammte von ihm, und er hatte maßgeblich an der Vorbereitung und Durchführung dieser Operation mitgearbeitet. Neben der Luftwaffe hatten die Überwassereinheiten zum Gelingen dieser Aggression beigetragen. Der massierte Einsatz der U-Boote gegen Schlachtschiffe, Kreuzer und Truppentransporter war dagegen ein völliger Fehlschlag gewesen.
Die Versenkung der »Bismarck« im Mai 1941 bedeutete einen schweren Schlag gegen das Prestige des Oberbefehlshabers Raeder. Offensichtlich reichten die Kräfte nicht aus, die von ihm vertretene Konzeption eines atlantischen Zufuhrkrieges mit großen Überwasserschiffen zum Erfolg zu führen. Der Widerspruch zwischen den maßlosen Eroberungsabsichten des imperialistischen Deutschlands und seinen militärischen Möglichkeiten spitzte sich noch zu, als die faschistischen Truppen die Sowjetunion überfielen. Noch war aber Raeder nicht bereit, den Bankrott der Kriegspläne der SKL und des OKM zuzugeben. Nutzen aus dem Prestigeverlust des Oberbefehlshabers zog Dönitz, der seine Positionen in dem Maße ausbauen konnte, wie die U-Boote feindlichen und neutralen Handelsschiffsraum versenkten. Allein im Jahre 1942 hatten die U-Boote fast das Zwanzigfache an Tonnage vernichtet wie die Überwasserstreitkräfte, das Zahlenverhältnis der versenkten Schiffe war 1 160 zu 87.
Doch auch Dönitz mußte die Grenzen der militärischen Macht zur Kenntnis nehmen. Trotz hoher Versenkungserfolge war es nicht gelungen, Großbritannien von seinen Zufuhren abzuschneiden. Für Dönitz und seinen Stab hing das in erster Linie davon ab, daß noch immer zu wenig Boote für den Angriff bereitgestellt werden konnten.
Der Ausstoß der Werften hatte sich 1942 gegenüber dem Vorjahr kaum erhöht. Waren schon 1941 die Aufträge nur zu 96 Prozent erfüllt worden, so betrug die Erfüllung 1942 82 Prozent, und für 1943 war mit einem noch weiteren Zurückbleiben zu rechnen. Als Ursache dafür

sah die U-Boot-Führung mangelndes Verständnis und hemmende Bürokratie in den zuständigen Marineämtern und Wirtschaftsstellen an. Tatsächlich fehlte es vor allem an Rohstoffen wie Blei für die Akkumulatoren oder Kupfer für die E-Maschinen.

Dönitz gab die Schuld allein dem Oberkommando der Kriegsmarine und besonders Raeder, der seiner Meinung nach die Forderungen der U-Boot-Führung nicht konsequent genug durchsetzte. Aus dieser Ansicht machte er kein Hehl, und bei passenden Gelegenheiten ließ er es in seinem Stab an Spitzen gegen das OKM nicht fehlen. Den Flottillenchefs und den U-Boot-Kommandanten blieb die Meinung ihres Befehlshabers natürlich nicht unbekannt, und sie unterstützten ihn dabei bereitwillig. Die von Dönitz geschürten Spannungen versuchten Raeder und das OKM mit Gelassenheit zu beantworten. Sie verkannten, daß die faschistische Kriegführung nicht nur zu Lande und in der Luft, sondern auch auf dem Wasser in einer tiefen Krise steckte.

So mußte Dönitz selbst Schritte unternehmen, um die internen Diskussionen zu seinen Gunsten zu beenden. Unter Ausnutzung seiner Sonderstellung lud er namhafte Marinekonstrukteure, Waffen- und Nachrichtenspezialisten sowie die Experten des U-Boot-Amtes beim OKM, das nach seinen jahrelangen Forderungen erst zu Beginn des Krieges geschaffen worden war, zu einer Besprechung in sein Hauptquartier nach Paris ein. Gegenstand der Besprechung bildete eine Denkschrift, die Kapitän zur See Meckel in seinem Auftrag angefertigt hatte. Ihre wichtigsten Punkte lauteten: Erstens solle der Oberbefehlshaber der Kriegsmarine befehlen, daß tatkräftiger als bisher alle Mittel eingesetzt werden, um Ortung und Ortungsabwehr in kürzester Zeit zu entwickeln, und zweitens müsse er sich mit dem ganzen Gewicht seiner Stellung dafür einsetzen, daß die Entwicklung zum totalen U-Boot-Krieg beschleunigt werde.

An der Besprechung nahm neben den bekannten Konstrukteuren Schürer und Bröckling auch Professor Walter teil, ein Mann, der in früheren Jahren reichlich belächelt worden war, weil man in ihm einen etwas skurrilen Erfinder sah.

In seinen einleitenden Bemerkungen stellte Dönitz fest, daß die bisher gebauten Bootstypen den gegenwärtigen Anforderungen des Seekrieges nicht mehr gewachsen seien. Ihre Ausrüstung sei mangelhaft und ihre Geschwindigkeit unter Wasser viel zu gering. Besonders durch die geringe Unterwassergeschwindigkeit und die sich ständig verbessernden gegnerischen Ortungsgeräte fielen die Boote immer mehr der Vernichtung anheim. Wenn der U-Boot-Krieg nicht in absehbarer Zeit vollends zum Erliegen kommen solle, müßten schnellere und besser ausgerüstete Boote eingesetzt werden. Zu diesem Zweck hätte er diese Besprechung angesetzt.

Als Dönitz geendet hatte, meldete sich Walter zu Wort und berichtete, das von ihm entwickelte Versuchsboot V 80 habe bei der Vorführung eine Unterwassergeschwindigkeit von 23 Knoten erreicht, während die kritisierten Typen nur 8 Knoten Höchstgeschwindigkeit schaffen. Der verbesserte Typ V 300 befinde sich in Vorbereitung, und es sei an der Zeit, nach Abschluß der Erprobung davon Großserien auf Kiel zu legen. Walter hatte bereits vor dem Kriege der Marineführung seine Erfindung einer neuen Antriebsart für U-Boote unterbreitet. Doch über die sensationellen Unterwassergeschwindigkeiten, die das Turbinen-U-Boot erreichen sollte, war vielfach gewitzelt worden. Kein anderer als Dönitz selbst hatte dieses »Wunderboot« als Utopie zurückgewiesen. Das Experiment hielt er für zu riskant. Der Krieg hatte vor der Tür gestanden. Das erforderte sehr rasch den Bau einer großen und schlagkräftigen U-Boot-Flotte, aber keine langwierigen Versuche. Trotz der Überschätzung der bisherigen Bootstypen hatte es Dönitz dem Konstrukteur ermöglicht, weiter an seiner Erfindung zu arbeiten.

Doch auch diesmal konnte sich niemand von den Versammelten dazu entschließen, die U-Boot-Waffe auf den neuartigen Bootstyp umzurüsten. Sicher war die Konstruktion noch nicht ganz ausgereift, aber der Hauptgrund war, daß die dadurch notwendig werdende grundlegende Umstellung des Produktionsprozesses vorübergehend zu einem starken Absinken des U-Boot-Ausstoßes überhaupt geführt hätte, was angesichts der steigenden Verluste an Frontbooten ein so großes Risiko bedeutete, daß niemand, und vor allem Dönitz nicht, es auf sich nehmen wollte. Walter wurde zugesagt, ihn bei der Konstruktion eines frontreifen Turbinen-U-Bootes nach Möglichkeit zu unterstützen. Dönitz wollte nur Verbesserungen auf der Grundlage der herkömmlichen Bautypen. Die Konstrukteure Schürer und Bröckling schlugen dazu vor, die Akkumulatoren der E-Maschinen wesentlich zu vergrößern. Das hätte allerdings zur Folge, daß die Boote größer würden. Auch die Waffenspezialisten und die Ortungsfachleute, deren Geräte immer größere Ausmaße annahmen, waren von einer Erhöhung der Tonnage eingenommen. Allerdings erforderte das bedeutend mehr Stahl, Blei und Kupfer als bisher. An den darauffolgenden Tagen faßte Dönitz die Ergebnisse der Besprechungen in einem umfassenden Bericht an das OKM zusammen, in dem er forderte, den Ausbau der U-Boot-Waffe als des wichtigsten Trägers des Seekrieges in beschleunigtem Tempo fortzusetzen. Er führte Materialmengen auf, die die Fachleute auf der Besprechung verlangt hatten. Dieser Bericht war in der Tat recht ungewöhnlich, er war im Grunde genommen eine unumstößliche und keinesfalls zurücknehmbare Forderung des Befehlshabers der U-Boote. Er bedeutete nicht weniger, als die von Dönitz vertretene Konzeption des atlantischen Zufuhrkrieges zur offiziellen Auffassung des OKM zu erheben.

Als Dönitz Tage später in Berlin eintraf, um über die einzuleitenden Maßnahmen zu sprechen, wurde er auf dem Flugplatz von Raeders Stabschef, Admiral Schulte-Mönting, empfangen oder vielmehr abgefangen. Raeder wollte Dönitz nicht sprechen. Schulte-Mönting versuchte Dönitz zu beschwichtigen. Das Oberkommando wäre noch bei der Prüfung seines Berichts, und eine Stellungnahme wäre deshalb nicht möglich. Selbstverständlich würde alles getan werden, um die U-Boot-Waffe noch schlagkräftiger als bisher zu machen. Der Oberbefehlshaber würde ihn in Kürze zu sich bitten.

Dönitz mußte wieder nach Paris zurückfliegen.

Tage, Wochen vergingen. Nichts geschah.

Schließlich traf die Antwort des Oberbefehlshabers ein. Sie enthielt keine Einladung nach Berlin, sondern einen in dürren Worten gehaltenen Befehl, in dem es hieß: »... da die U-Boot-Waffe in einer Hand zu groß ist, habe ich mich entschlossen, sie aufzuteilen ...« Die Neugliederung war einem beigefügten Schema zu entnehmen. Danach behielt der Befehlshaber der U-Boote nur die operative Kriegführung im Atlantik. Die Ausbildung der Besatzungen und die Bereitstellung neuer Boote wurden dem Kommandierenden Admiral der Ostsee unterstellt, und die ausrüstungstechnischen Fragen wurden zum alleinigen Ressort des U-Boot-Amtes beim OKM erklärt. Das bedeutete mehr als nur das Ende der Sonderstellung des Befehlshabers der faschistischen U-Boote. Dieser Befehl ließ erkennen, daß auch Raeder und das OKM wünschten, die internen Diskussionen über die Methoden des atlantischen Zufuhrkrieges zu beenden, ohne jedoch den weitgehenden Forderungen der U-Boot-Führung nachzugeben.

Alles hatte Dönitz erwartet, nur das nicht. Nach diesem Befehl blieb ihm eigentlich nur die Möglichkeit, um seinen Rücktritt zu bitten. So war es im preußischen Offizierskorps seit alters her üblich, und die Handlung Raeders zielte deutlich genug darauf hin. Die Entscheidung, die Dönitz zu fällen hatte, betrachtete dieser als eine politische Entscheidung. Er entschloß sich, nicht nachzugeben. Das Schicksal des deutschen Imperialismus stand in diesem Krieg auf dem Spiel. Er konnte sicher sein, Verständnis bei der obersten faschistischen Führung zu finden.

Dönitz beriet sich mit seinen engsten Mitarbeitern, dem Stabschef Godt, Konteradmiral von Friedeburg, dem Chef der Organisationsabteilung, und Kapitän zur See Rösing, dem FdU West, dem alle Flottillen in der Nordsee und im Atlantik unterstellt waren.

Der Rat, den ihm diese gaben, war ungewöhnlich. Sie empfahlen ihm, den Befehl als unsachlich und undurchführbar zurückzuweisen und auf seinen Forderungen zu bestehen. Beharrte Raeder auf der Durchführung seines Befehls, so sollte er um Ablösung bitten. Das aber würde der Oberbefehlshaber der Kriegsmarine nicht entscheiden können.

Auf diesen Rat hin begründete Dönitz in einem Brief an Raeder seine Entscheidung. Admiral Godt unterstützte die Handlungsweise seines Chefs, indem er unter Umgehung des Dienstweges Abschriften des Aufteilungsbefehls und der Antwort Dönitz' wie zuvor schon von dem Bericht der Pariser Beratung an den Marineadjutanten Hitlers, Kapitän zur See von Puttkammer, schickte.

So mußte nun Hitler in diese Auseinandersetzungen eingreifen. Die Forderung nach der Priorität des totalen U-Boot-Krieges vor allen anderen Formen des Seekrieges fand sofort seine Zustimmung. Schon lange war ihm die Untätigkeit der Großkampfschiffe ein Dorn im Auge, und er und seine Berater hielten sie politisch wie militärisch für nicht länger vertretbar. Hitler glaubte, dies würde sich ändern, wenn sich die personelle Zusammensetzung der Marineführung änderte. Dönitz und sein Anhang hatten sich nicht verrechnet.

Der Anstoß zur Entscheidung fiel am letzten Tag des Jahres 1942. Im Verlaufe der letzten Monate hatte die faschistische Führung die großen Überwassereinheiten in den norwegischen Stützpunkten konzentriert. Ursache war die Befürchtung gewesen, Großbritannien plane eine Landung in Nordnorwegen, um eine sichere Landverbindung mit der Sowjetunion herzustellen und um einen Ausgangsraum für eine Offensive nach Norddeutschland hinein zu gewinnen. Nun sollten die großen Schiffe gegen die Geleitzüge eingesetzt werden, die zwischen den sowjetischen Eismeerhäfen und der schottischen Küste verkehrten. Im Unterschied zum Atlantik wurde diese Route weniger oft von Konvois befahren, die zudem kleiner waren. Die Geleitzüge mußten einen breiten Sektor durchqueren, der im Aktionsbereich der faschistischen Bombenflugzeuge lag. Schließlich besaßen die angreifenden Einheiten der faschistischen Kriegsmarine den Vorteil eines kurzen Anmarschweges, der außerdem keine gegnerischen Sperriegel zu durchbrechen brauchte. Diese günstigen Möglichkeiten wollten die Seekriegsleitung und das OKM ausnutzen. Anders als an den anderen Fronten des See- und Landkrieges glaubten sie, im Nordmeer die militärische Überlegenheit zu besitzen. In maßloser Unterschätzung des Potentials der Sowjetunion glaubte die faschistische Führung, daß die Hauptkraft der Roten Armee von Lieferungen ihrer Verbündeten abhinge. Sie spekulierte, die Versenkung eines Geleitzuges werde der britischen Admiralität genug Vorwände liefern, die Seeverbindung zu der Sowjetunion über die Nordroute einzustellen. Angesichts der Landung in Nordafrika rechnete die faschistische Führung, daß der britischen Admiralität ein solcher Vorwand gelegen käme.

So wurde ein großangelegtes Unternehmen von U-Booten und Überwasserstreitkräften für den Spätherbst vorbereitet, das zunächst den Kodenamen »Silberstreifen« erhielt, der Anfang Dezember in »Regenbogen« geändert wurde.

Die Operation »Regenbogen« lief am Nachmittag des 30. Dezember an, nachdem am Vormittag U 354 einen Geleitzug gemeldet hatte. Es war der Geleitzug JW 51 B, der am 22. Dezember Loch Ewe verlassen hatte. Er bestand aus 14 Frachtschiffen, die von 6 Zerstörern und 5 kleineren Einheiten gesichert wurden.

Am Morgen des 31. Dezember erreichte der faschistische Verband — er setzte sich aus den beiden schweren Kreuzern »Hipper« und »Lützow« sowie 6 Zerstörern zusammen — den Geleitzug. Durch ständiges Einnebeln gelang es den britischen Zerstörern, den Geleitzug immer wieder der Sicht der angreifenden Schiffe zu entziehen, deren schwere Artillerie so kaum zum Schuß kam. Die Absicht des Geleitkommandos, das Gefecht so lange hinzuhalten, bis die Kreuzer »Sheffield« und »Jamaica« heran waren, die des schlechten Wetters wegen den Konvoi verloren hatten, führte zum Erfolg. Als die Kreuzer in das Gefecht eingriffen, brachen die deutschen Schiffe den Angriff

sofort ab. Der Führer des faschistischen Schiffsverbandes folgte strikt dem Befehl, annähernd gleich starken Streitkräften auszuweichen, um Verluste zu vermeiden.
Versenkt wurde der Zerstörer »Achates«, drei andere wurden beschädigt. Der Geleitzug erreichte vollständig seinen Bestimmungshafen. Auf faschistischer Seite hatte die »Hipper« schwere Treffer erhalten, ein Zerstörer war versenkt worden.
Der Mißerfolg des Kampfverbandes drückte den völligen Bankrott der Konzeption von der Störung der Seeverbindungswege mit großen Überwasserschiffen aus.
Am Silvestermorgen war Hitler von Admiral Kranke vom Beginn des Unternehmens »Regenbogen« unterrichtet worden. Den ganzen Tag warteten er und seine Umgebung auf Erfolgsmeldungen. Immer wieder fragte Hitler nervös nach dem Stand der Aktion. Nach dem Scheitern des Entsatzversuchs für die in Stalingrad eingeschlossene 6. Armee wäre die Vernichtung eines Geleitzuges propagandistisch sehr gelegen gekommen.
Als bis zum Abend noch keine Ergebnisse der Aktion vorlagen, verlangte Hitler vom Oberbefehlshaber der Kriegsmarine, er solle die Schiffe zur Berichterstattung auffordern. Doch das lehnte Raeder mit dem Hinweis ab, daß Funkstille gewahrt werden müßte.
Wenig später wurde eine englische Rundfunkmeldung aufgefangen, in der es hieß, daß ein Konvoi im hohen Norden mit deutschen Schiffen ein Gefecht gehabt hätte, wobei ein feindlicher Kreuzer beschädigt worden wäre. Der Geleitzug dagegen hätte seinen Bestimmungsort vollzählig erreicht.
Das Unternehmen »Regenbogen« war offensichtlich ein Reinfall geworden.
Wie sich bald herausstellte, war die Meldung der Schiffe, die bereits wieder in einem norwegischen Fjord ankerten, verzögert durchgegeben worden.
Der Oberbefehlshaber der Kriegsmarine wurde zur Berichterstattung über diesen Vorfall befohlen. Raeder, von Admiral Kranke unterrichtet, versuchte Zeit zu gewinnen. Er meldete deshalb, er müßte erst alle Unterlagen sichten, bevor er über die Operation »Regenbogen« Bericht geben könnte.
Am 6. Januar traf er in der »Wolfsschanze«, der ostpreußischen Befehlszentrale Hitlers, ein. Hitler ließ Raeder nicht zu Wort kommen.

Seine Ablösung war eine beschlossene Sache. In dem niedrigen Raum des Sprechzimmers befand sich außer dem Stenografen nur noch Keitel, der Chef des OKW.

Für den deutschen Imperialismus zeichnete sich die Niederlage ab. Das zurückliegende Jahr hatte keine »Blitzsiege« mehr gebracht, und an der deutsch-sowjetischen Front bahnte sich eine Wiederholung dessen an, was sich ein Jahr zuvor vor Moskau abgespielt hatte. Trotz aller Versicherungen, die Truppe sei diesmal besser auf den Winter vorbereitet, steckten eine ganze Armee und Teile einer weiteren im Kessel von Stalingrad. Hatte die faschistische Führung sich 1941 schon gescheut, den Verlust von drei U-Booten mitzuteilen, weil ihre Kommandanten zu bekannt waren, wie wollte sie sich angesichts der heraufziehenden Katastrophe an der Wolga verhalten? Man suchte nach Lösungen, und man glaubte, auch welche gefunden zu haben. Das sinnlose Sterben der in Stalingrad Eingeschlossenen wurde als Heldenkampf bis zur letzten Patrone und bis zum letzten Mann verherrlicht, und kühne Schreiberlinge zogen Vergleiche zum Kampf »an König Etzels Hof«.

Und nach der Misere der Überwasserkräfte glaubte man auch in der Ablösung Raeders den Ausweg für den Seekrieg gefunden zu haben. Raeder stand zu diesem Zeitpunkt nicht etwa im Gegensatz zu Hitler oder zu den Kriegszielen des deutschen Imperialismus. Er hätte auch weiter deren Interessen vertreten, wie er es bisher getan hatte; beim Überfall auf Polen, als die »Schleswig-Holstein« die Verteidiger der Westerplatte zusammenschoß, nachdem sie »zufällig« zu einem Flottenbesuch nach Danzig gekommen war. Er hätte auch weiter seine ganze Kraft in den Dienst des Raubkrieges gestellt, wie er das bei der Vorbereitung des Überfalls auf Dänemark und Norwegen getan hatte. Dafür und für andere Verbrechen, an denen er beteiligt war, die er vorbereitet, für die er die Befehle gegeben hatte, wurde er in Nürnberg zu lebenslanger Zuchthaushaft verurteilt. Nach seiner vorzeitigen Entlassung aus dem Kriegsverbrechergefängnis Spandau schilderte er die Vorgänge in Hitlers Hauptquartier an jenem 6. Januar 1943. Er brauchte sich keinen Zwang anzulegen, denn es gab keine Zeugen dieses Gespräches mehr. Hitler hatte durch Selbstmord geendet, Keitel war in Nürnberg gehängt worden, der Stenograf am 20. Juli 1944 umgekommen. Was lag also näher, als Hitler alle Verantwortung zuzuschieben und sich reinzuwaschen. Das hatten vor ihm schon

andere ehemalige Nazigenerale in Westdeutschland versucht.
Was Hitler sagte, sieht in der Darstellung Raeders folgendermaßen aus: »Der Führer spricht anderthalb Stunden über die Rolle, die die preußischen und deutschen Marinen seit ihrer Entstehung gespielt haben. Die deutsche Marine war ursprünglich nach dem Muster der englischen geplant und erwies sich in den Kriegen 1864, 1866 und 1870/71 als bedeutungslos ... Die U-Boote bildeten den wichtigsten Zweig der deutschen Marine während des letzten Krieges und müssen im gegenwärtigen als ebensowichtig angesehen werden. Die Hochseeflotte hat während des letzten Krieges nichts Nennenswertes geleistet ... Nicht die großen Schiffe geben den kleinen Schutz, sondern es ist eher das Gegenteil der Fall ... Es sollte daher nicht als Degradation aufgefaßt werden, wenn der Führer entscheidet, daß die großen Schiffe zu verschrotten sind.« Niedergeschlagen hätte er einen Einwand gewagt: »Die Außerdienststellung der Flotte wäre gleichbedeutend mit einem Sieg, der unseren Gegnern ohne eigene Anstrengung zufiele. Sie würde Freude im feindlichen Lager und tiefe Enttäuschung in dem unserer Verbündeten erwecken, besonders bei den Japanern. Man würde sie als ein Zeichen der Schwäche ansehen und als einen Mangel an Verständnis für die überragende Bedeutung, die der Seekriegführung in dem bevorstehenden Endstadium des Krieges zukommt ...«
Nach seiner Darstellung sei auch dieser Einwand auf Ablehnung gestoßen, und Raeder habe dann den Auftrag erhalten, seinen Nachfolger zu benennen.
Am nächsten Tag rief Raeder Dönitz in Paris an. Es war das zweite Telefongespräch, das beide seit September 1939 miteinander führten. Raeder teilte mit, daß ihn Hitler beauftragt habe, den Nachfolger für seinen bevorstehenden Rücktritt zu benennen, und fragte an, ob Dönitz mit der Nennung seines Namens einverstanden wäre. Er bat ihn, innerhalb vierundzwanzig Stunden seine Antwort zu übermitteln. Das Gespräch dauerte kaum eine Minute.
Mit einer so schnellen Wendung hatte Dönitz nicht gerechnet. Das war weitaus mehr, als er erwartet hatte. Die ersten Stunden war er wie benommen, dann aber gewann seine Machtbesessenheit Oberhand. Er triumphierte: Als neuer Oberbefehlshaber würde er durchdrücken können, daß die U-Boote zu solch entscheidenden Versenkungserfolgen kämen, daß Großbritannien und die USA ihre Haltung zum faschistischen Deutschland ändern müßten.

Vierundzwanzig Stunden später, auf die Minute genau, rief Dönitz Raeder in Berlin an und teilte sein Einverständnis mit. Raeder reichte seine Vorschläge ein. Er wußte, welchen Namen Hitler hören wollte — Dönitz. Trotzdem nannte er ihn erst an zweiter Stelle. Zuvor setzte er den Namen eines Mannes, der seiner Meinung nach die Tradition der deutschen Flotte am besten verkörperte — Generaladmiral Carls. Mit seinem Bart sah Carls aus wie der alte Hipper, Admiral Hipper, in dessen Stab Raeder an der Skagerrakschlacht teilgenommen hatte.
Wie nicht anders zu erwarten war, fiel die Wahl auf Dönitz. Am 30. Januar 1943 wurde er, einundfünfzigjährig, zum Großadmiral befördert und zum Oberbefehlshaber der Kriegsmarine und Chef der Seekriegsleitung ernannt. Den unmittelbaren operativen Befehl über die U-Boote gab er nicht aus den Händen.
Raeder wurde zum Admiralinspekteur der Kriegsmarine ernannt. Zu wichtigen Besprechungen lud man ihn nicht mehr ein.
Der Mann, der seit 1928 in entscheidender Position mit dazu beigetragen hatte, dem deutschen Imperialismus in Gestalt der Hochseeflotte eine Waffe für die Weltherrschaft zu schmieden, wurde nicht mehr gebraucht. Die Voraussetzungen für den Einsatz dieser Waffe konnten nicht geschaffen werden, da die Weltherrschaftspläne bereits am Widerstand des Sowjetvolkes gescheitert waren.
Der neue Herr am Tirpitzufer in Berlin hieß Dönitz. Von ihm erwartete man den Erfolg, der Raeder versagt geblieben war.

Murmansk bleibt offen

Nahezu zwei Jahre trug die Sowjetunion nun schon die Hauptlast des Krieges. Der Heldenmut der Bevölkerung, an der Front und in den Fabriken, wurde beseelt von der Liebe zur sowjetischen Heimat und dem abgrundtiefen Haß gegen die Eindringlinge. In diesem Ringen um Leben und Tod wurde den Sowjetmenschen das Letzte an Kraft und Opferbereitschaft abverlangt.
Als die faschistische Führung den Überfall auf die Sowjetunion vorbereitete, stellte sie ihren Armeen auch das Ziel, durch die schnelle Besetzung der wichtigsten Häfen an den Küsten der Ostsee und des Schwarzen Meeres sowie an der Murmanküste das Land von der Außenwelt abzuschneiden, um es so leichter zu besiegen. Bis zur

Jahreswende 1941/42 war dieses Ziel nicht erreicht worden. Die Schwarzmeerküste zwischen Noworossisk und Batumi, die Kronstädter Bucht mit dem Hafen von Leningrad und die Murmanküste wurden zäh von der Roten Armee verteidigt, und alle faschistischen Pläne, Leningrad und Murmansk zu erobern, scheiterten. Dennoch war die Lage für die Sowjetunion ernst. Die Ostsee und das Schwarze Meer wurden von der faschistischen Kriegsmarine gesperrt. Über die hier liegenden Häfen war vor dem Überfall der größte Teil des sowjetischen Seeverkehrs abgewickelt worden. Aber die Sowjetunion war auf Seeverbindungen angewiesen, wenn die gegenseitige Unterstützung der Hauptmächte der Antihitlerkoalition Wirklichkeit werden sollte. Gerade dagegen zielten die Pläne der faschistischen Führung. In dieser Lage gab es für die Sowjetunion drei Möglichkeiten von Seeverbindungen zu ihren englischen und amerikanischen Verbündeten: Von den Häfen an der Westküste der USA durch den Nordpazifik nach Wladiwostok konnten nach dem Überfall auf Pearl Harbor nur Schiffe unter sowjetischer Flagge fahren, die zudem einen großen Umweg machen mußten, um die Gebiete der Kampfhandlungen zu meiden. Eine weitere Verbindung existierte über die Häfen am Kaspischen Meer und am Persischen Golf, zwischen denen, quer durch den Iran, eine Eisenbahnlinie bestand. Dieser Weg war zwar der sicherste, hatte aber auch die meisten Nachteile. Die Güter mußten mehrmals umgeladen werden, ehe sie ihren Bestimmungsort erreichten. Außerdem lagen die Ausgangshäfen weit von den Industriezentren der hochentwickelten kapitalistischen Länder entfernt. Es verging oft ein halbes Jahr, bis eine Ladung vom Verschiffungshafen den Bestimmungsort an der Front oder im Hinterland erreichte. So wurden die Häfen an der Eismeerküste, Murmansk und Archangelsk, und ihre Zufahrtsrouten die wichtigste Verbindung zwischen der Sowjetunion und ihren Verbündeten. Diese Route war auch die kürzeste.

Am 12. August 1941 lief der erste Geleitzug von Großbritannien nach Archangelsk aus. Er bestand aus einem sowjetischen und 6 britischen Frachtschiffen, die von 3 Zerstörern und 3 Räumfahrzeugen begleitet wurden. Der Konvoi war in Loch Ewe, einer Bucht an der schottischen Westküste, zusammengestellt worden. Seine Route ging zunächst nach dem isländischen Hafen Reykjavik, wo die Schiffe Treibstoff ergänzten. Der weitere Weg führte die Schiffe durch die Dänemarkstraße, parallel zur Eisgrenze, bis auf die Höhe des 75. Breitengrades. Ihm folgten sie, bis sie eine Position zwischen dem 30. und 40. östlichen Längengrad erreichten und nach Süden in Richtung des Bestimmungshafens abbogen, den der Konvoi am letzten Augusttag vollzählig erreichte. Die Fahrt dieses Geleitzuges wurde von einer Abteilung Überwasserschiffe gedeckt, die sich aus 2 Kreuzern, 3 Zerstörern und einem Flugzeugträger zusammensetzte.

Bis Jahresende verkehrten noch 10 Geleitzüge auf diesem Seeweg, die 160 000 Tonnen Waffen und Versorgungsgüter in die Sowjetunion brachten und 145 000 Tonnen Waren und Rohstoffe von der Sowjetunion nach Großbritannien transportierten. Im Gegensatz zu den Atlantik-Geleitzügen, die bis zu 50 Handelsschiffen und mehr umfassen konnten, nahmen sich die Murmansk-Geleitzüge recht bescheiden aus. Die alliierten Lieferungen betrugen nie mehr als 4 Prozent der sowjetischen Produktion. Auf die vereinbarten Lieferungen mußte die Sowjetregierung außerdem ständig drängen, denn ihre Verbündeten suchten immer wieder nach Ausflüchten und Vorwänden, um sich ihren Verpflichtungen zu entziehen.

Ein günstiger Vorwand bot sich, als Anfang 1942 die Hauptkräfte der faschistischen Überwasserflotte nach Nordnorwegen verlegt wurden, da für sie ein Einsatz im Atlantik aussichtslos geworden war. Die faschistische Führung überschätzte das Ausmaß der englischen und amerikanischen Lieferungen an die Sowjetunion, ja sie glaubte, daß der sich immer mehr verstärkende Widerstand der Roten Armee zum beträchtlichen Teil auf diese Lieferungen zurückzuführen wäre. Deshalb sollte jeder Schiffsverkehr zwischen sowjetischen und britischen Häfen unterbunden werden. Die Seekriegsleitung hoffte, im Nordmeer noch einmal die Kampfkraft der Überwasserflotte nachzuweisen, zumal sie in diesem Operationsgebiet auf die Unterstützung von Fliegerkräften rechnen konnte. Aber auch die U-Boote wurden um 14 verstärkt. Seit März 1942 wurden die Geleitzüge systematisch mit U-Booten, Flugzeugen und Überwasserschiffen angegriffen.

Die britische und amerikanische Führung nutzten diese Schwierigkeiten aus, um die Zusammenstellung der Geleitzüge zu verzögern. Deckungskräfte wurden von der britischen Admiralität in den Atlantik abgezogen, da angeblich ohne sie die Versorgung der Britischen Inseln nicht mehr gewährleistet wäre. Zeitweise war die Sowjetregierung gezwungen, ihre Schiffe als Einzelfahrer auf die Nordroute zu schikken.

Die wirklichen Gründe indessen lagen nicht in der von faschistischen U-Booten ausgehenden Gefahr, sondern waren eindeutig politischer Art. Die herrschenden Kreise Großbritanniens und der USA waren sich zu dieser Zeit darin einig, zunächst den Kolonialbesitz Vichyfrankreichs in Nordafrika zu besetzen. Gegen die schwachen faschistischen Truppen in diesem Raum erhofften sie einen leichten Sieg. Erst wenn sich die beiden Hauptgegner, das faschistische Deutschland und die Sowjetunion, gegenseitig geschwächt hätten, würde sich eine Landung in Westeuropa lohnen. Wenn sie mit frischen Truppen in die Endkämpfe in Europa eingriffen, würden sie die eigentlichen Sieger dieses Krieges sein. Bis dahin dürfe man die Sowjetunion nur so weit unterstützen, daß sie keine Niederlage erlitt. Deshalb beeilten sie sich auch nicht, die Last der Roten Armee durch eine zweite Front in Westeuropa zu erleichtern.

Der sowjetischen Führung blieben diese Spekulationen bestimmter Kreise in den Vereinigten Staaten und Großbritannien nicht verborgen, so sehr sich Roosevelt und Churchill auch bemühten, darüber hinwegzutäuschen. Gleichsam als »Ersatz« für die zweite Front lieferten sie Kriegsmaterial und Versorgungsgüter in die Sowjetunion. Selbst auf diese vereinbarten Hilfssendungen mußte die Sowjetregierung ständig drängen.

Im März 1943 werden sogar die Geleitzüge für die nördlichen Häfen der Sowjetunion eingestellt, zu einer Zeit, da die Rote Armee den Faschisten bei Stalingrad die Niederlage beigebracht hat, die für alle unterjochten Völker in Europa zum Zeichen der Kriegswende wird.

Im September forderte die Sowjetregierung Großbritannien auf diplomatischem Wege auf, diese Geleitzugroute wieder zu befahren. In seiner Antwort suchte Churchill für die Einstellung die Aktionen der U-Boote verantwortlich zu machen. »Ich habe Ihre Bitte um Wiederaufnahme der Geleitzüge nach Nordrußland erhalten ... Das bringt große Schwierigkeiten mit sich. Erstens hat die Atlantikschlacht erneut begonnen. Die U-Boote sind mit einer neuen Art von akustischen Torpedos über uns hergefallen, die sich als wirksam gegen die die U-Boote angreifenden Begleitschiffe erwiesen hat. Zweitens sind wir im Mittelmeerraum außerordentlich angespannt, da wir in Italien eine Armee von über 600 000 Mann bis Ende November aufbauen und auch versuchen, aus dem italienischen Zusammenbruch im Gebiet der Ägäischen Inseln und auf der Balkanhalbinsel vollen Nutzen zu ziehen.

Drittens müssen wir unseren Teil zum Krieg gegen Japan beitragen, an dem die Vereinigten Staaten sehr interessiert sind, deren Volk es übelnehmen würde, wenn wir uns gleichgültig verhielten.«
In seiner Antwort schrieb der sowjetische Regierungschef:
»Ich muß sagen, daß ich mich mit einer solchen Behandlung der Frage nicht einverstanden erklären kann. Die Lieferung von Kriegsmaterial und anderen militärischen Gütern an die UdSSR durch die britische Regierung könne nicht anders betrachtet werden als eine Verpflichtung, die die britische Regierung in einem besonderen Abkommen zwischen unseren Ländern gegenüber der UdSSR eingegangen ist, auf deren Schultern bereits das dritte Jahr die gewaltige Last des Kampfes gegen den gemeinsamen Feind der Alliierten – gegen Hitlerdeutschland – liegt.«
Dieses Verhalten stand im Gegensatz zu der Tapferkeit und der Einsatzbereitschaft, die die Angehörigen der britischen Kriegsmarine und der Handelsschiffahrt zeigten, die an den Geleitzügen nach Murmansk und Archangelsk teilnahmen. Unter den schwierigen Bedingungen des nördlichen Kriegsschauplatzes setzten sie ihr ganzes Können ein, um die systematischen Angriffe der faschistischen Kriegsmarine und Luftwaffe abzuwehren und die Güter für die verbündete Sowjetunion ans Ziel zu bringen. Viele von ihnen wurden von der Sowjetregierung dafür mit hohen Auszeichnungen geehrt.
Für die britische Bevölkerung hatten diese Geleitzüge auch symbolischen Charakter, denn mit ihnen unterstützten sie die Kämpfer der Roten Armee und trugen aktiv dazu bei, den deutschen Faschismus niederzuringen. Sie wußte nichts von den Manövern der Churchillregierung und den politischen Hintergründen der Verzögerung der zweiten Front. Für die einfachen Menschen auf den Britischen Inseln war die Sachlage klar: Solange noch keine zweite Front errichtet war, mußte Großbritannien die allein an der Landfront in Europa kämpfende Sowjetunion mit allen zur Verfügung stehenden Mitteln unterstützen. Dazu beizutragen, waren sie bereit. So trugen die Schiffe der Eismeer-Konvois auch Ladungen, die aus Spenden gekauft worden waren.

Obwohl die Nordroute schwächer befahren wurde als die Linien im Atlantik, bereitete sie der faschistischen Seekriegsleitung dennoch beträchtliche Schwierigkeiten. Oft fehlten die Mittel, die Konvois auf dem Weg zu ihren sowjetischen Bestimmungshäfen abzufangen oder deren Sicherung aufzubrechen. Auf die Unterstützung durch die Luftwaffe konnte die Seekriegsleitung in manchen Monaten nicht rechnen. Vom Herbst bis weit in den Frühling, wo im hohen Norden die Polarnacht herrschte, konnten Flugzeuge ohne Radargerät nur schwer einen Geleitzug aufspüren und noch schwerer einzelne Schiffe angreifen. Auch dem Einsatz der U-Boote stellten sich größere Hindernisse in den Weg als im Atlantik. Der Sommer war ohne Nacht, der Winter ohne Tag. Das U-Boot aber brauchte den Wechsel von hell und dunkel — den Tag, um sein Opfer zu finden, die Nacht, um es anzugreifen und danach im Schutz der Dunkelheit in Überwasserfahrt die Batterien aufzuladen.

So unterstützte auch Dönitz, nachdem er Oberbefehlshaber geworden war, den Einsatz der Überwasserkampfschiffe im Nordmeer. In einem aussichtslosen Kampf schrumpfte die Hochseeflotte, die einst dem deutschen Imperialismus die Seeherrschaft bringen sollte, zusammen.

Am 26. Dezember 1943 griff die »Scharnhorst« den nach Murmansk fahrenden Geleitzug JW 55 B an, der aus 10 Schiffen bestand und ungewöhnlich stark gesichert war. Das Feuer der britischen Kriegsschiffe fügte dem Schlachtschiff schwere Beschädigungen zu, Torpedotreffer der Zerstörer versenkten es schließlich. Nur 26 der über zweitausend Mann zählenden Besatzung konnten gerettet werden. Die »Scharnhorst« war das letzte kampffähige Schlachtschiff der faschistischen Kriegsmarine gewesen.

Nachdem auch der Großteil der Fliegerkräfte aus dem Polargebiet an den Mittelabschnitt der deutsch-sowjetischen Front verlegt worden war, blieben für den Seekrieg im Nordmeer neben den leichten Seestreitkräften nur die U-Boote übrig. Ihre Aufgabe bestand vor allem in der Blockierung der sowjetischen Eismeerhäfen, unter den gegebenen Verhältnissen ein aussichtsloses Unterfangen. Niemals wurden die alliierten Seeverbindungen unterbrochen. Etwa 20 Boote wurden dem FdU Nord unterstellt. Als Flottillenzeichen trugen die Boote einen Eisbären am Turm — es sollte das Symbol für die Furcht des Gegners vor den Booten der Flottille sein. Der Eisbär wurde jedoch für die Besatzungen der Boote zum Sinnbild für die Bedingungen des Krieges im hohen Norden, zum Sinnbild für Polarnacht, Sturm und Kälte, Eis und Schnee. Von Bergen, Trondheim, Narvik und Kirkenes aus

operierten die U-Boote gegen die Geleitzugrouten. Die Zeiten der Überraschungserfolge waren auch hier lange vorbei. Ein gut eingespieltes alliiertes Abwehrsystem mit Peilstellen an den einsamen Küsten und kombinierten Überwachungspatrouillen von Flugzeugen und Schiffen, stark gesicherte Geleite und der Einsatz von Deckungsgruppen ließen den Booten nur geringe Chancen. In den Herbst- und Wintermonaten vereisten die Boote binnen weniger Stunden völlig, und sie mußten auf längere Zeit zum Abtauen tauchen.
Obwohl sie keine entscheidenden Erfolge erzielten, blieben die U-Boote in diesem Gebiet 1943 eine Gefahr für die Geleitzüge. Der Schutz der Konvois erforderte beträchtliche Kräfte. Auf ein Transportschiff kamen 2 bis 3 Kampfschiffe, die gewährleisteten, daß die Geleitzüge in der Regel vollzählig ihre Bestimmungshäfen erreichten.

Abschuß der »Milchkühe«

Das kleine Schachbrett mit den Steckfiguren steht auf der schmalen Bank des Feldwebelraumes. Auf den Kojen sitzen sich der E-Maschinist, ein dreißigjähriger Stabsoberfeldwebel, und die seemännische Nummer eins, ein Oberbootsmann, gegenüber.
»Mensch, das ist doch zum Auswachsen! Das sture ›Milchkuh‹-Schippern hängt mir zum Halse heraus! Wieviel Partien sollen wir denn noch spielen!« nörgelt der Oberbootsmann und weist flüchtig auf die Tür des schmalen Schapps. Sie ist von oben bis unten mit kleinen Bleistiftstrichen, fein nebeneinander, versehen.
Der E-Maschinist schiebt das Schachbrett zur Seite. Sein Gesicht bleibt gleichgültig. »Weißt du, lieber aus Langeweile einen Koller kriegen als wieder in die Mühle vor Gibraltar oder Neufundland geraten.«
Als der Oberbootsmann nicht darauf reagiert, kramt er zur Bekräftigung seiner Worte eine der Erinnerungen hervor. »Es war oben vor den Läuse-Bänken. In stockdusterer Nacht. Plötzlich steht wie eine Wand ein Zerstörer vor uns ...«
»... und rotzt euch mit der Ari den Laden voll, daß die Hälfte an Bord krepiert und ihr nur mit knapper Mühe nach Hause gekommen seid«, beendet fast brüllend der Oberbootsmann die Geschichte.
Der E-Maschinist gibt es auf. Er weiß nur zu gut, daß jeder die Gedanken, Erlebnisse und Witze des anderen kennt. Es gibt keine Ge-

heimnisse mehr zwischen den Besatzungsmitgliedern, wenn man wochenlang auf engem Raum zusammengepfercht ist. »Höchstens noch vier Wochen, dann sind wir leergelutscht.« »Ja, ja ... Ich bin am Zug.« Der Oberbootsmann greift zum Springer, der im Steckloch etwas klemmt ...
»Alarmtauchen!« Die Glocke schrillt durch die Stahlröhre. Die beiden sehen einander an. Nanu, es ist doch kein Boot zum Auftanken gemeldet?
Der Oberbootsmann wirft den Springer fluchend auf das Brett, und beide hasten auf ihre Gefechtsstation.
Eine ungewohnte Aufregung durchfliegt die Stahlröhre. Ein Flugzeug ist gesichtet worden. Das ist in der Tat ungewöhnlich und in dieser Gegend bisher noch nie vorgekommen. Der U-Tanker befindet sich zwischen den Azoren und den Bermudas, weit abseits jeder Geleitzugroute.
Am aufgeregtesten ist der Kommandant. Er weiß, was das bedeutet. Die Funkanfragen des BdU waren in den letzten Tagen besorgniserregend genug gewesen. Drei in See befindliche U-Tanker hatten sich auf Anfragen nicht mehr gemeldet. Außerdem hatte der Tanker regen Funkverkehr in unmittelbarer Nähe des Bootes festgestellt. Der Kommandant hatte dem Funker strikt verboten, auch nur die geringste Andeutung darüber durchsickern zu lassen.
Nun ist es soweit, denkt der Kommandant. Sie haben das Boot aufgestöbert. Mit der Ruhe ist es vorbei. Der Gegner will die Treibstoffergänzung der U-Boote verhindern und ihren Wirkungsbereich einengen. Er wundert sich auf einmal sogar, daß man die »Milchkühe« so lange ungeschoren gelassen hat. Sicher wird es nun bald mit den Operationen im Südatlantik und im Karibischen Meer vorbei sein. Wann wird die letzte »Milchkuh« zur Strecke gebracht sein?
Seit Stunden nun schon umkreisen die Schraubengeräusche das Boot. Das ist unheimlich, und die nahe Gefahr läßt alle verstummen, selbst jene, die auf die sture Fahrt geschimpft haben, wie der Oberbootsmann.
Nach einer halben Stunde läßt der Kommandant vorsichtig auftauchen. Die See ist leer. Keine halbe Stunde vergeht, als einer der Ausgucks ruft: »Mastspitze steuerbord achteraus!«
Sofort geht das Boot wieder auf Tiefe. Kurze Zeit später meldet der

Horcher Schraubengeräusche. Sie sind bald näher, bald weiter weg zu hören. Stunde um Stunde verrinnt. Die Nervosität unter der Besatzung steigt ständig. Die Berührung mit dem Gegner bringt jeden U-Tanker in eine hoffnungslose Lage.
Der Kommandant läßt sich laufend vom LI die Zeiten ansagen, die das Boot noch unter Wasser bleiben kann. Dessen Auskünfte werden immer einsilbiger. Fortwährend meldet der Horcher die Geräusche, ihre Entfernung und Richtung. Der Kommandant überfliegt im Kopf das Verhältnis zwischen den Stunden, in denen eine Unterwasserfahrt noch möglich ist, und denen bis zum Anbruch der Dunkelheit. Es ist knapp, sehr knapp sogar, aber es muß reichen. Nur drei Stunden Überwasserfahrt genügen, um die Akkumulatoren wieder aufzuladen. Er befiehlt dem LI, die Fahrt so weit herabzusetzen, daß gerade noch Ruderwirkung erreicht wird. Der LI winkt ab, längst hat er die E-Maschine drosseln lassen.
Es ist soweit. Das Boot läßt sich mit Hilfe der Tauchtanks und der Tiefenruder kaum noch balancieren. Die Batterien sind erschöpft. Das Boot muß hoch. Der Kommandant stellt nach einer nochmaligen Überrechnung erleichtert fest, daß die Dunkelheit inzwischen hereingebrochen ist. Auch meldet der Horcher, daß die Schraubengeräusche immer leiser werden.
Vorsichtig wird das Sehrohr ausgefahren. Gottlob, es ist dunkel!
»Auftauchen!«
Der Kommandant steht schon auf der Eisenleiter zum Turmluk, Preßluft zischt in die Tanks. Der Schwall, als das Boot die Wasseroberfläche erreicht, ist für alle im Boot zu hören. Das Turmluk fliegt auf. Der Kommandant zwängt sich hinaus. Noch bevor er in der Dunkelheit auf der Brücke steht und Umschau halten kann, kommt vom Horcher die Meldung: »Scharf anspringendes Schraubengeräusch steuerbord querab!«
»Hart Steuerbord!« schreit er zu dem Rudergänger hinunter.
Die Nachdrängenden lassen sich die schmale Eisenleiter wieder hinunter in den Turm fallen.
Das Boot bewegt sich nicht. Es liegt still im Wasser. Die Diesel sind noch nicht angesprungen, und so ist auch gar keine Ruderwirkung möglich.
Gerade in dem Augenblick, als die Kompressoren der Diesel aufheulen, trifft der Torpedo den U-Tanker genau unterhalb des Turms. Das Boot

bricht in der Mitte auseinander. Nur für einen Augenblick schwimmen die zerrissenen Teile, dann sacken sie weg. Der Explosionsdruck hat die meisten sofort getötet.
Die kreisförmigen Wellen der zusammenstürzenden Wassersäule verlieren sich bald in der Weite des Ozeans.
Der Kommandant der britischen Korvette, die mit geringster Fahrt neben dem getauchten U-Boot herlief und nur darauf wartete, bis es auftauchte, um es mit einem Torpedo zu vernichten, befiehlt nun, nach Überlebenden oder Wrackteilen Ausschau zu halten.
Die Ausgucks, so sehr sie sich auch anstrengen, finden jedoch nichts. Der U-Tanker hat seine Besatzung mit hinabgerissen. Das auf dem Wasser treibende Schachbrett mit den aufgesteckten Figuren ist viel zu klein, um in der Dunkelheit von einem der Ausgucks wahrgenommen zu werden.
Von den 10 Booten des Typs XIV, die gebaut wurden, gingen vom 15. Mai bis zum 4. August 1943 allein 7 verloren. Die letzten zwei Boote, U 488 und U 490, wurden im April und Juni 1944 vernichtet. Nur in zwei Fällen gab es Überlebende.

Jäger werden Gejagte

Im März 1943 scheinen sich die Winterstürme im Nordatlantik ausgetobt zu haben. Die faschistische U-Boot-Führung bereitet noch einmal einen neuen, großen Schlag vor. Sie weiß um die großangelegten Abwehrvorbereitungen des Gegners. Das neue Funkmeßverfahren, das Radar, sitzt den Booten im Nacken, und die anschwellende Tonnage der Alliierten kann für die nächste Zukunft besorgniserregend werden. Schon sind im Februar 19 Boote verlorengegangen. Das ist die bisher höchste monatliche Verlustziffer des Krieges, und sie entspricht der Zahl von U-Booten, die 1942 monatlich in den Werften fertig wurden. Und wann werden die weitgreifenden Abwehrmaßnahmen, besonders die Koordinierung zwischen den Marineministerien der USA und Großbritanniens, abgeschlossen sein? Die ihm noch verbleibende Zeit will Dönitz nutzen. Er braucht den Erfolg, um seine neue Stellung als Oberbefehlshaber zu festigen.
Die Situation für einen erfolgreichen Schlag scheint günstig. In der zweiten Februarhälfte ist eine große Zahl neuer U-Boote zum Einsatz

bereitgestellt und sofort in den Atlantik geschickt worden. Anfang März haben insgesamt 50 Boote in mehrfach gestaffelten Streifen Position bezogen, um die den Atlantik in West-Ost-Richtung überquerenden Konvois abzufangen. Das ist die bisher größte Anzahl von U-Booten, die gleichzeitig eingesetzt wurde.
So kommt es im März zu mehreren erbitterten Geleitzugschlachten.

In den Morgenstunden des 16. März spürt ein U-Boot einen 40 Schiffe umfassenden Konvoi auf der Position 48 Grad 50 Minuten Nord und 36 Grad West auf. Der BdU setzt daraufhin sofort die Gruppen »Raubgraf«, »Stürmer« und »Dränger« auf den Geleitzug an.
Gegen Mittag können die acht Boote der Gruppe »Raubgraf« Fühlung mit dem Konvoi aufnehmen. Sie laufen neben ihm her und warten auf das Anbrechen der Nacht. Die südlichen elf Boote der Gruppe »Stürmer« werden ihn am Morgen erreichen. Die Gruppe »Dränger« und sechs weitere »Stürmer«-Boote werden erst am Nachmittag auf den Geleitzug gehetzt, da dessen Generalkurs noch nicht erkannt worden ist.
Als die Dunkelheit auf das Wasser herniederfällt, lassen sich die Boote in den weit auseinandergezogenen Geleitzug hineinsacken. Der Angriff beginnt. Zuerst springt an dem 7 186 BRT großen amerikanischen Dampfer »William Eustis« eine Wassersäule auf. Das Schiff sinkt sofort. Das nächste Opfer ist der niederländische Dampfer »Zaanland«, ein 6 813-BRT-Fahrzeug.
Die Bewacher preschen nach allen Seiten auseinander, schlagen Kurven und werfen Wasserbomben. Der Konvoi erhöht seine Geschwindigkeit. Leuchtgranaten blitzen auf und schweben, brennendes Magnesium versprühend, an ihren kleinen Fallschirmen langsam herab. Die Strahlenfinger der Scheinwerfer huschen gespenstig über das Wasser, erfassen zuweilen eines der U-Boote, die wegzutauchen versuchen, bevor einer der Zerstörer heran ist und Wasserbomben werfen kann. Nacheinander versinken das norwegische Motorschiff »Elin K«, ein Fünftausendtonner, und der amerikanische 7 176-BRT-Dampfer »James Oglethorpe«. Torpedos ziehen ihre Bahnen inmitten des Konvois, treffen in vollbeladene Schiffsleiber. Gurgelnd sacken die Schiffe in die Tiefe oder bleiben mit Havarien ohne Fahrt liegen. Gegen Mitternacht ereilt den amerikanischen 6 366-BRT-Frachter »Harry Luckenbach« das Schicksal der anderen Schiffe. Der armierte britische

545-BRT-Trawler »Campobella«, der als Bewacher fährt, läuft in eine Torpedobahn und sackt nach dem Treffer in die Tiefe. Noch immer sind die beiden anderen U-Boot-Gruppen, die von der faschistischen U-Boot-Führung auf den Konvoi gehetzt wurden, weit von ihrem Ziel entfernt.

Mit einer gewaltigen Stichflamme beginnt der neue Tag. Kurz nach Mitternacht hat die »Southern Princess«, ein britischer 12 156-BRT-Tanker, zwei Torpedotreffer erhalten. Das auslaufende brennende Benzin erhellt mit seiner Riesenfackel die Nacht, und die aus dem Wasser ragenden Wrackteile glühen in dem lodernden Brand völlig aus, bis das Schiff endlich nach Tagesanbruch in den Fluten versinkt. Gegen Morgen werden zwei weitere Schiffe getroffen.

Im Osten kündigt sich der neue Tag mit einem kaum wahrnehmbaren grauen Streifen an, als die Gruppe »Stürmer« meldet, sie sei unterwegs auf einen weiteren Konvoi gestoßen, der denselben Kurs steuert. Dönitz befiehlt sofort, auch mit diesem Geleitzug Fühlung zu behalten und ihn nach eigenem Ermessen anzugreifen. Da der Tag schon heraufzieht, kommen die Boote nicht mehr zum Schuß. Im Laufe des Tages treffen auch die Boote der Gruppe »Dränger« ein. Der Abstand zwischen den beiden Konvois hat sich verringert. Anscheinend ist die britische Admiralität bemüht, beide Geleitzüge zusammenzuziehen, um eine bessere Abwehr organisieren zu können. Ohne Zweifel hat sie nicht mit einem so massierten Angriff gerechnet.

Als die Nacht anbricht, fallen die Gruppen erneut über die Konvois her, die sich im Laufe des Tages vereinigt haben. Die Abwehr ist spürbar stärker geworden. Dennoch gelingt es den Booten, im ersten Anlauf drei britische Schiffe zu versenken: »Kingsbury«, »King Gruffyd« und »Fort Cedar Lake« mit 4 898, 5 072 und 7 134 BRT.

Die Abwehr verstärkt sich immer mehr. Es wird für die Boote ständig schwieriger, in Schußposition zu kommen. Die Bewacher werfen ganze Kaskaden von Wasserbomben. U 336 wird durch eine Wasserbombe schwer beschädigt und muß abdrehen. Unter großen Schwierigkeiten erreicht es den Stützpunkt. Noch einmal gelingt es, einige Schiffe zu torpedieren.

In der zweiten Nachthälfte kommen die Boote dann überhaupt nicht mehr zum Schuß. Die Abwehr, durch weitere Sicherungsfahrzeuge verstärkt, hat sich eingespielt.

Mit dem Morgengrauen trifft unerwartet Luftsicherung aus Island und

Nordirland ein. »Liberator«-Maschinen suchen das Seegebiet ab und greifen die U-Boote an, die sich in diesem Gebiet bisher sicher gewähnt hatten. Immer wieder müssen die Boote wegtauchen. Zeitweilig verlieren sie die Fühlung mit dem Geleit.
In der Nacht vom 18. zum 19. gelingt es neun Booten, in den Konvoi einzudringen. Zwei von ihnen kommen zum Schuß. Als Ziele haben sie sich das britische 8 293-BRT-Motorschiff »Canadian Star« und den amerikanischen Dampfer »Walter Q. Gresham«, 7 191 BRT, ausgewählt. Beide werden von den Booten nach mehreren langwierigen Anläufen versenkt.
Die Führung des Geleitzuges ist entschlossen, keinen weiteren Angriff mehr zuzulassen. Die Fahrzeuge werden noch enger zusammengeschlossen, damit die Bewacher bessere Übersicht erhalten. Am Morgen des 19. März treffen aus Island weitere Sicherungsfahrzeuge ein. Ständig sind Flugzeuge in der Luft. Der Geleitzug befindet sich nun innerhalb der 600-Seemeilen-Zone, in der eine starke Luftsicherung von Landbasen aus möglich ist. U 384 kann nicht rechtzeitig genug wegtauchen und wird durch einen Bombentreffer versenkt. Keiner von der Besatzung wird gerettet. Sechs weitere Boote werden von den Flugzeugen angegriffen, die eines von ihnen schwer beschädigen. Die U-Boote melden, daß sie sieben Schiffe torpediert hätten. Tatsächlich waren es in dieser Nacht nur zwei.
Ein weiterer Angriff auf den Geleitzug ist aussichtslos geworden. Dönitz muß den Befehl geben, die Angriffe der U-Boote abzubrechen und schwächere Opfer zu suchen.

Dieser Angriff blieb die größte Geleitzugschlacht des zweiten Weltkrieges. Von den 100 Schiffen, die New York verlassen hatten, erreichten 69 am 22. März den Nordkanal, 21 Frachter waren den faschistischen U-Booten zum Opfer gefallen, die übrigen waren im Sturm gesunken oder hatten den Konvoi verlassen, um zur amerikanischen Küste zurückzukehren.
Der in diesen drei Nächten versenkte Schiffsraum, der fast die 150 000-Tonnen-Grenze erreichte, trug mit dazu bei, daß im März die Versenkungsziffer noch einmal anschwoll. Der März 1943 schien für die alliierte Schiffahrt der verlustreichste Monat zu werden. Bis zum 20. März waren über 500 000 BRT Schiffsraum versenkt worden, doch in den letzten Tagen des Monats gingen die Versenkungsergebnisse

stark zurück. Die Verlustziffer blieb mit 627 000 BRT beträchtlich unter der vom November 1942. Noch krasser war der Rückgang im April. Die faschistische U-Boot-Führung konnte nur noch 56 vernichtete Handelsschiffe mit 327 000 BRT registrieren. Der Höhepunkt des U-Boot-Krieges war zweifellos überschritten.

Die alliierten Marineführungen hatten im Atlantik ein wirksames U-Boot-Abwehrsystem aufgebaut, an dessen Vervollkommnung die Stäbe ständig arbeiteten. Sie setzten Flugzeugträger, deren Bordmaschinen ausnahmslos mit Radar ausgerüstet waren, zum Schutz der Geleitzüge ein. Die Fliegerkräfte in den Stützpunkten auf Island, Neufundland, auf den Bermudas und seit Oktober 1943 auch auf den Azoren wurden verstärkt. Die Frachtschiffe der Geleitzüge erhielten nicht nur Geschütze und Wasserbombenwerfer, sondern auch Asdic-Geräte zur Ortung. Aus Einheiten der britischen und kanadischen Hochseeflotte wurden besondere Geleitschutzgruppen gebildet. Ende April gab es 12 dieser Ocean Escort Group, 7 unter britischem und 5 unter kanadischem Kommando. Sie bestanden in der Regel aus 2 bis 3 Zerstörern, 4 bis 6 Korvetten und 1 oder 2 Fregatten. Schiffe dieser Gruppen waren auch mit französischen, norwegischen und polnischen Besatzungen bemannt, die auf diese Weise für die Befreiung ihrer Heimatländer kämpften. Der Nordatlantik wurde durch Patrouillen von Flugzeugen und Zerstörern in einem engmaschigen Netz kontrolliert.

Einen Schock gab es in der faschistischen U-Boot-Führung, als sie aus entzifferten amerikanischen Funksprüchen erfuhr, wie genau die alliierten Marinen über die jeweilige Verteilung der U-Boote informiert waren. Das war das Ergebnis der Arbeit der aus Wissenschaftlern gebildeten Sektionen, die alle Angaben über U-Boote sammelten und analysierten.

Auf jedes entdeckte U-Boot wurden spezielle Jagdgruppen angesetzt. Die U-Boote, die vor Wochen die Geleitzüge angriffen, wurden jetzt nicht nur abgedrängt, sondern bis zur Vernichtung verfolgt. Blieben sie unter Wasser, wurden sie mit Wasserbomben, tauchten sie auf, wurden sie mit Fliegerbomben oder Granaten vernichtet.

In der faschistischen U-Boot-Führung wollte man den Wandel nicht zur Kenntnis nehmen. Boot auf Boot wurde in die See geschickt. Ende April befanden sich 60 U-Boote im Atlantik, das war die höchste Anzahl, die im gesamten Krieg gleichzeitig eingesetzt werden konnte.

Im Stab des BdU hoffte man auf einen großen Erfolg, als am 4. Mai 41 Boote südlich Grönland einen Geleitzug angriffen.

Als Auftakt versenkte am Nachmittag ein kanadisches Flugboot U 630, das gerade einen Nachzügler angreifen wollte. In der Nacht gelang es 5 U-Booten, in den Konvoi einzudringen und 6 Schiffe zu versenken. Auch am folgenden Tag konnten die Sicherungsfahrzeuge die Angreifer nicht vom Geleitzug abdrängen, es waren zu viele. Nur der Korvette »Pink« gelang es, bei einer Nachzüglergruppe U 192 nach siebenmaligem Anlauf mit »Hedgehog«-Wasserbomben zu vernichten. Der Konvoi verlor weitere 5 Schiffe. Im Stab des BdU jubelte man, in der folgenden Nacht würden die U-Boote den schwach gesicherten Geleitzug vernichten.
Da setzte unerwartet kurz vor dem Dunkelwerden dichter Nebel ein. Jetzt kam die überlegene elektronische Ausrüstung der britischen Sicherungsfahrzeuge voll zur Wirkung. Wenn die U-Boote nach Horchpeilung einen Angriff versuchten, stießen sie immer wieder auf Korvetten und Zerstörer, die mit ihren Radargeräten die Angreifer rechtzeitig geortet hatten, ohne selbst entdeckt zu werden. U 638 hatte gerade einen Torpedo abgeschossen, als die Korvette »Loosestrife« aus dem Nebel auftauchte, das Boot zum Tauchen zwang und mit Wasserbomben vernichtete. U 125 wurde vom Zerstörer »Vidette« durch eine »Hedgehog«-Salve versenkt. Zur selben Zeit rammte der Zerstörer »Oribi« U 531. Die Verteidigung des Geleitzuges wurde verstärkt durch eine Gruppe von 5 Sicherungsfahrzeugen, die inzwischen am Gefechtsschauplatz eingetroffen war. Das Führungsboot dieser Unterstützungsgruppe, »Pelican«, ortete U 438 mit Radar, bekämpfte es mit Artillerie und versenkte schließlich das wegtauchende Boot mit Wasserbomben. U 267 dagegen konnte sich mit knapper Not der Verfolgung entziehen.
Im Stab des BdU ließen die eingehenden Meldungen die sich abzeichnende bedrohliche Lage erkennen. Nachdem 15 U-Boote Wasserbombenverfolgungen und 6 weitere Artillerie-Angriffe durch Sicherungsfahrzeuge gemeldet hatten und 6 Boote auf Anfragen nicht mehr antworteten, mußte Dönitz am Morgen des 6. Mai den Abbruch der Operation befehlen.
Der Angriff auf den Geleitzug ONS 5 war trotz Versenkung von 12 Handelsschiffen eine Niederlage für die faschistischen U-Boote

gewesen, denn auch 7 U-Boote gingen verloren. Doch selbst dieser sichtbare Wandel der Lage auf dem Atlantik veranlaßte die U-Boot-Führung zu keinen Konsequenzen, denn das hätte bedeutet, den Bankrott ihrer Kriegführung zuzugeben. Aus den übriggebliebenen U-Booten wurden neue Gruppen gebildet, die über die Geleitzüge herfielen. Die U-Boote kamen aber kaum noch zum Schuß. Sogar bei langsam fahrenden Geleitzügen, die bisher günstige Ziele geboten hatten, war infolge der ausgezeichnet operierenden Luftsicherung kein Erfolg zu sehen. Die U-Boote wurden immer wieder von den Frachtern abgedrängt und durch Flugzeuge und Sicherungsfahrzeuge vernichtet. Im Mai 1943 verlor die faschistische U-Boot-Waffe 41 Boote. Nun mußte auch Dönitz die Niederlage eingestehen, die er am 24. Mai im Kriegstagebuch der U-Boot-Führung mit den folgenden Worten umschrieb: »In den letzten Tagen sind Umstände eingetreten, die die augenblickliche Krise des U-Boot-Krieges besonders scharf erkennen lassen und zu einschneidenden Maßnahmen zwingen ... Nachdem im Februar im Atlantik 14, im März 13 und im April 12 Boote verlorengegangen sind, hat die Höhe der Verluste im Atlantik im Mai schon bis zum 22. Mai die Zahl von 31 verlorenen Booten erreicht ... Verluste, auch schwere Verluste, müssen getragen werden, wenn sie von entscheidenden Versenkungserfolgen begleitet sind. Im Mai aber mußte im Atlantik die Versenkung von etwa 10 000 BRT mit einem Bootsverlust bezahlt werden, während noch vor nicht langer Zeit erst auf etwa 100 000 BRT ein Verlust kam. Die Verluste im Mai haben somit eine untragbare Höhe erreicht ... Die untragbare Höhe der Verluste und die Erfolglosigkeit an den letzten Geleitzügen zwingen nunmehr zu entscheidenden Maßnahmen, bis die Boote wieder mit besseren Abwehr- und Angriffswaffen ausgerüstet sind.«

Die Konsequenz, die Dönitz aus dieser Einschätzung zog, war der Befehl, die Angriffe auf die Atlantik-Geleitzüge vorläufig einzustellen.

Die faschistische U-Boot-Führung glaubte, die U-Boote wären an einer Waffenfrage gescheitert, gegen die es Gegenmittel gäbe. Bis die technisch verbesserten Boote zum Einsatz gelangten, sollten die kampffähigen Boote in Gebiete geschickt werden, die noch nicht so gesichert waren wie der Nordatlantik. Der U-Boot-Krieg ging weiter.

Das Ausbleiben der Versenkungserfolge in den Nachrichten fiel jedem Nichteingeweihten auf. Darüber konnten auch die Goebbelspropagandisten nicht hinwegtäuschen. Das Jahr 1943 war nicht mehr das Jahr 1941, als die Nazipropaganda den Eindruck, den die Vernichtung der von Prien, Schepke und Kretschmer geführten Boote in der Bevölkerung hinterlassen hatte, durch neue Siegesmeldungen abzuschwächen versuchte. Am 24. Mai registrierte der faschistische Sicherheitsdienst in einem Geheimbericht, der auf der Grundlage von Spitzelmeldungen abgefaßt worden war: »Das Ausbleiben der schon zur Gewohnheit gewordenen U-Boot-Sondermeldungen im Monat Mai wird von den Volksgenossen lebhaft und beunruhigt erörtert, da gerade der Dauerwirkung des U-Boot-Krieges eine wichtige, wenn nicht sogar ausschlaggebende Bedeutung bisher beigemessen wurde. Vielfach wird angenommen, daß die Feindmächte ein neues, sehr wirksames Abwehrmittel zur Anwendung brächten.«

Jeder weiß, daß unter den Bedingungen des faschistischen Terrors sich die Menschen ihre Gesprächspartner genau ansahen, ehe sie solche Fragen erörterten. Die wahre Meinung der Bevölkerung in Deutschland über die Tatsache, daß kurz nach Stalingrad auch die Sondermeldungen über die U-Boote ausblieben, werden die Nazispitzel nicht erfahren haben.

Der U-Boot-Krieg war in seine letzte Phase eingetreten.

Triumph der Gerechtigkeit

(Sommer 1943 bis Kriegsende)

Keine zweite Fahrt

Der vierte Kriegssommer zeigte sich an. Der Winter war lang gewesen, aber dann hatten doch stürmische Winde den Frühling nach Europa gebracht, und die Natur holte das Versäumte wieder auf.
Die Nazipropaganda hatte die Bevölkerung an Siege gewöhnt. Nach der Katastrophe von Stalingrad setzte eine gewisse Ernüchterung ein, die sich noch vertiefte, als die versprochenen neuen Siege im Frühjahr und Sommer 1943 ausblieben.
An der deutsch-sowjetischen Front war seit Stalingrad die Initiative des Handelns an die sowjetische Führung übergegangen. Mit der Schlacht von Kursk im Sommer 1943 war die grundlegende Wende des zweiten Weltkrieges vollendet.
An einer über 2 000 Kilometer breiten Front ging im Sommer und Herbst die Rote Armee zu einer Offensive über, die bisher noch nie dagewesene Ausmaße erreichte. Bis Jahresende wurden über 200 faschistische Divisionen zerschlagen. In den Kämpfen verlor die faschistische Wehrmacht über 20 000 Flugzeuge, 25 000 Panzerkampfwagen und etwa 40 000 Geschütze. Das waren hohe und unersetzbare Verluste für das faschistische Deutschland. Bis zum Dezember 1943 gewann die Rote Armee fast eine Million Quadratkilometer sowjetischen Territoriums zurück. Millionen Sowjetmenschen wurden vom faschistischen Joch befreit. Der faschistischen Wehrmacht war das Rückgrat gebrochen.
Das alles wurde erreicht, obwohl die Regierungen der USA und Großbritanniens die Errichtung der zweiten Front in Westeuropa bewußt verzögerten und ihre als Mitglieder der Antihitlerkoalition gegebenen feierlichen Verpflichtungen brachen. Statt dessen verstärkten sie ihre Bemühungen im Mittelmeerraum. Sieben Monate nach der Landung der Alliierten in Nordafrika mußten die deutschen und italienischen Verbände im Mai in Tunesien kapitulieren. Zwei Monate darauf landeten die 8. britische und die 7. amerikanische Armee auf Sizilien.

Die britische und die amerikanische Armee waren zusammen 478 000 Mann stark, ihnen standen 300 000 auf faschistischer Seite gegenüber. Da die italienischen Verbände nur schwachen Widerstand leisten konnten — sie waren schlecht bewaffnet und ohne Luftunterstützung —, hatten die anglo-amerikanischen Streitkräfte nach einem Monat fast die gesamte Insel in ihrer Hand. Die vier Divisionen der faschistischen Wehrmacht mit etwa 70 000 Mann wurden Mitte August nach dem Festland evakuiert. Im Vergleich zu den Kampfhandlungen an der deutsch-sowjetischen Front war die Landung eine bescheidene Operation, und sie war auf keinen Fall die von der Sowjetregierung seit langem geforderte »zweite Front«.

Unter dem Eindruck der geglückten Landung wurde Mussolini am 25. Juli durch einen Staatsstreich gestürzt und verhaftet. Die neue Regierung Italiens unter Badoglio nahm Fühlung mit den westlichen Alliierten auf, verließ Anfang September das faschistische Lager und erklärte im Oktober dem faschistischen Deutschland den Krieg.

Die herrschenden Kreise Ungarns, Rumäniens und Finnlands begannen, unter dem Eindruck der veränderten Kriegslage geheime Fühler zur britischen und amerikanischen Regierung auszustrecken, um rechtzeitig das sinkende faschistische Schiff verlassen zu können. Selbst ein Teil der herrschenden Klasse des imperialistischen Deutschlands erkannte die sich abzeichnende totale Niederlage. Sie waren bereit, Hitler fallenzulassen, wenn dadurch ein Übereinkommen mit den Westmächten zustande käme. Sie setzten auf den gemeinsamen Antikommunismus, der ihrer Meinung nach stärker sein würde als alle von der amerikanischen und britischen Regierung mit der Sowjetunion eingegangenen Verträge. Der Griff nach der Weltherrschaft war gescheitert, man würde sich zunächst mit der Rolle eines Juniorpartners der stärksten imperialistischen Macht, der USA, begnügen müssen. Auch die faschistische Führung spekulierte in dem Maße, wie sich die militärische Lage für sie verschlechterte, auf eine Spaltung der Antihitlerkoalition. Hitler glaubte fest daran, daß diese Spaltung in absehbarer Zeit eintreten würde. Bis zu diesem Zeitpunkt müsse die faschistische Wehrmacht mit allen Mitteln verhindern, daß die britische und amerikanische Regierung in Westeuropa eine zweite Front errichteten. Die Kampfhandlungen im Mittelmeerraum schwächten zwar die Position des deutschen Imperialismus beträchtlich, doch sie bedrohten nicht unmittelbar seine Existenz. So trug auch noch Ende 1943 die Sowjetunion die Hauptlast des Krieges. Am 1. Januar 1944 waren allein 62,7 Prozent aller Landstreitkräfte der faschistischen Wehrmacht, nämlich 198 Divisionen und 6 Brigaden, an der deutsch-sowjetischen Front eingesetzt, und nur knapp ein Zehntel dieser Kräfte, 19 Divisionen und eine Brigade oder 6,2 Prozent der Heeresverbände, kämpften an den übrigen Fronten.

Eine wichtige Rolle in den Plänen zur Verhinderung der zweiten Front war der faschistischen U-Boot-Waffe zugedacht, die weiterhin den Seekrieg führen sollte.

Dönitz fühlte sich in seiner Würde als Oberbefehlshaber der Kriegsmarine berufen, die »Atlantikfront« zu halten, um die Westmächte von einer Landung in Westeuropa abzuschrecken. Dazu sollten neue Versenkungserfolge beitragen.

Waren die »grauen Wölfe« einst, Tod und Verderben verbreitend, erbarmungslos über die alliierten Geleitzüge hergefallen, so waren jetzt die Rollen vertauscht. Sie waren selber zu Gejagten geworden, chancenlos dem Wasser- und Fliegerbombenhagel eines immer stärker werdenden Gegners ausgeliefert. Der grauenvolle Tod in den Fluten des Ozeans, den sie einst Tausenden von Seeleuten alliierter und neutraler Länder bereitet hatten, ist nun selber ihre einzige Perspektive.

Britische Flieger warfen Flugblätter ab, in denen es hieß: »Die Versicherungsgesellschaften neutraler Länder schätzen die Lebensdauer eines deutschen U-Boot-Matrosen im Durchschnitt auf 50 Tage. Die U-Boote sind zu schwimmenden Särgen geworden, dabei wünscht Hitler, daß ihr, junge deutsche Männer, an Bord geht. Tut ihr das, so könnt ihr dem schnellsten, oft aber auch furchtbarsten Tode in der deutschen Wehrmacht entgegensehen.«

Angesichts der nahezu lückenlosen Radarüberwachung und Sicherung der alliierten Geleitzugwege hatte ein weiterer Einsatz der U-Boote keine nennenswerte Bedeutung für den Verlauf des Krieges. Doch die faschistische Führung und mit ihr der Oberbefehlshaber der Kriegsmarine, Dönitz, schickten immer wieder die Boote in See. Im September und Oktober wurden im Atlantik sogar die Angriffe der U-Boot-Rudel auf die Geleitzüge wieder aufgenommen. Meist waren es neue Boote mit neuen Besatzungen, denn die Reihen der faschistischen U-Boot-Flotte waren schon stark gelichtet. Es gab für die meisten keine zweite Fahrt.

Von den 2 468 Schiffen, die in 64 Geleiten während der beiden Monate

den Atlantik überquerten, wurden nur 9 versenkt. Jedoch 36 U-Boote gingen im September und Oktober verloren.
Die faschistische Propaganda verschwieg der Bevölkerung in Deutschland diese Niederlage. Da auf die Dauer auch Uneingeweihten auffallen mußte, daß die Versenkungsergebnisse stark abgesunken waren, setzten die Verantwortlichen im Goebbelsministerium frei erfundene Siegeszahlen in Umlauf. Im September 1943 wurden Briefe und Postkarten mit einem Stempelaufdruck versehen, der ein sinkendes britisches Schiff zeigte und die Inschrift trug: »Mehr als 32 Millionen BRT sind weg!« Die phantastische Zahl entsprach etwa der zweieinhalbfachen Summe der tatsächlich versenkten alliierten und neutralen Handelsschiffstonnage.
Als Oberbefehlshaber der Kriegsmarine kannte Dönitz realere Zahlen. Er wußte, daß das gegnerische Potential das eigene wesentlich übertraf und daß der Wettlauf zwischen versenkter Tonnage und Schiffsneubau 1943 endgültig verloren worden war. Der Handelsschiffsraum der USA und Großbritanniens hatte trotz Versenkungen um fast 11 Millionen BRT zugenommen. Trotzdem gaben sich Dönitz und seine Stabsoffiziere der selbsttrügerischen Hoffnung hin, durch den forcierten Bau technisch verbesserter U-Boote das Kriegsglück noch einmal zwingen zu können. Mit dem Gewicht seiner hohen Stellung setzte Dönitz ein neues Bauprogramm durch: Von der zweiten Jahreshälfte 1943 an sollte der Ausstoß der Werften auf monatlich 27 U-Boote gesteigert werden, zu denen von der zweiten Jahreshälfte 1944 an 3 Boot vom Typ XX hinzukommen sollten. Die Realisierung dieses Zieles — sie erforderte allein 4 500 Tonnen Stahl im Monat, weitere 1 500 Tonnen fielen durch die Steigerung der Torpedoproduktion zusätzlich an — war für die deutsche Kriegsindustrie ein gewaltiges Problem, das nur auf Kosten anderer wichtiger Vorhaben gelöst werden konnte. Angesichts der ungeheuren Verluste der faschistischen Truppen an der deutsch-sowjetischen Front war an eine stärkere Erweiterung des U-Boot-Baus nicht zu denken. Selbst das bestätigte Bauprogramm überschritt bereits die Möglichkeiten der faschistischen Kriegsindustrie. Der tatsächliche Ausstoß der Werften erreichte auch 1943 nur etwas über 80 Prozent der gestellten Ziele. Das waren 67 U-Boote, die 1943 nicht rechtzeitig in Dienst gestellt wurden.
Noch schwieriger war es, die Besatzungen für diese Boote bereitzustellen. Alle jüngeren Angehörigen der Kriegsmarine wurden auf

U-Boot-Tauglichkeit hin untersucht. Ganze Lehrgänge der Waffen- und Navigationsschulen wurden geschlossen zur U-Boot-Waffe kommandiert, auf das Prinzip der Freiwilligkeit wurde kaum noch Rücksicht genommen.

Die gefüllten Weingläser stoßen aneinander. Einen Augenblick lang herrscht Stille in der Offiziersmesse auf dem Wohnschiff. Nur das genießende »Ah« und »Hm« des einen oder anderen der anwesenden Offiziere ist zu hören. Es sind meist junge Kommandanten, die vor dem ersten Einsatz noch einmal zusammengekommen sind. Dichte Rauchschwaden durchziehen den niedrigen Raum. Es wird reichlich gelacht, die Stimmung der Anwesenden ist gehoben. Voller Tatendrang kramt jeder in seinen Erinnerungen nach heiteren Erlebnissen.
»Meine Herren!« versucht Kapitänleutnant Schröter das Stimmengewirr zu übertönen. »Die ›Gorch Fock‹ veranstaltete in Reykjavik ein Bordfest. Die isländischen Damen wollten tanzen. Doch wir standen wie die Muströppe umher. Da schnauzte ein Ausbilder los: ›Alle Kadetten über den Topp!‹ Die deutschsprechenden Damen mißverstanden das und kreischten sensationslüstern auf. Im Paradezeug stiegen wir in die Wanten. Hinterher schossen wir lachend Salut mit ›Henkel trocken‹. Der Tanz konnte beginnen.«
In dem einsetzenden Lachen ruft ein junger Kommandant: »Lieber Schröter, denn mal neuen Salut! Diesmal prickelnde Säulen aus Atlantikwasser und Torpedopulver. Die Damen sollen sehen, wie der Tommy über den Topp steigt!«

Tage später befindet sich Schröter mit U 752 zwischen den Färöern und Island. Das Wetter für den Durchbruch in den Atlantik ist günstig. Ein Nachzügler der Frühjahrsstürme läßt die See kochen. Gischtschleier und Nebelfetzen engen die Sicht ein.
U 752 muß einige Male wegtauchen, da der Horcher Schraubengeräusche meldet. Dann aber ist es geschafft, das Boot schwimmt im offenen Atlantik. Schröter atmet auf. Island und die Damen des einstigen Bordfestes sind vergessen, und an Reykjavik erinnert er sich nur insofern, als er bemüht ist, eine möglichst große Distanz zu diesem Hafen zu halten. Auch die Besatzung atmet auf, als sie die gefährliche Passage hinter sich gebracht haben. Es sind durchweg junge Leute, und wenige von ihnen sind zuvor auf anderen Booten im Einsatz gewesen.

Selbst ihr Kommandant ist nur einmal, als »Konfirmand«, vor über einem Jahr »draußen« gewesen. An Bord wird noch viel geredet, im Gegensatz zu den erfahrenen Besatzungen. Spekulationen, Gerüchte, Hoffnungen und auch ängstliche Voraussagen schwirren beim Backen und Banken hin und her. Alle sind sich darin einig, vom Kommandanten bis zum Kochsgasten, daß sie heil von ihrer ersten Fahrt in Lorient, dem zukünftigen Stützpunkt, eintreffen wollen.

Aufgeregt tritt der Funker in den Kommandantenraum. Er bringt den ersten Funkbefehl des BdU: »Geleitzug, Quadrat 1 328, Kurs 80 Grad, 10 Knoten, angreifen.«

Kapitänleutnant Schröter sitzt auf einmal ein Kloß im Hals. Es wird ernst. Er hat so viel gehört von den Kommandanten, die schon »draußen« gewesen sind. Ratschläge und Hinweise kommen ihm in den Sinn. Mit Mühe ringt er seine Erregung nieder. Die beiden Wachoffiziere, junge Leutnants, sind guter Dinge. Der LI, ein Oberleutnant, ebenfalls. Sie können sich noch nicht die Wirklichkeit des U-Boot-Krieges vorstellen.

Mit dem Obersteuermann, der vor kurzem erst die U-Boot-Schule beendet hat, legt der Kommandant den Kurs fest. Wenn nichts dazwischenkommt, werden sie am nächsten Morgen den Konvoi erreichen. Fast die ganze Nacht bringt Schröter auf der Brücke zu. Die Wachoffiziere und Brückenwachen wechseln, aber er kann sich nicht entschließen, nach unten zu gehen. Die See ist ruhiger geworden. Ein frischer Wind bläst aus Nordost. Er ordnet alle taktischen Maßnahmen, die er in der Danziger Bucht gelernt hat, und die »Ratschläge« der erfahrenen Kommandanten in seinem Kopf zu bestimmten Varianten. In den letzten Stunden hat ihm der Funker Befehle für die anderen Boote gebracht. Mindestens zwanzig U-Boote, denkt er, werden auf den Geleitzug gehetzt. Und er will nicht leer ausgehen, er darf es nicht. Fast gerät er ein wenig ins Träumen. Das Ritterkreuz gibt es ja jetzt schon ab 50 000 Tonnen ...

Der Morgen graut. Die bleiche Wolkenbank bekommt allmählich einen brandroten Schimmer im Osten. Schröter feuert die Ausgucks ständig an. Wenn der Geleitzug gesichtet ist, will er neben ihm hermarschieren. Kurz vor Einbruch der Dunkelheit wird er sein Boot vor den Konvoi setzen und sich dann in ihn hineinsacken lassen. Immer wieder läßt er sich die Koppelwerte vom Obersteuermann aus der Zentrale auf die Brücke geben. Nach den Berechnungen müßten die ersten Mastspitzen in wenigen Minuten in Sicht kommen. Taghell ist es inzwischen geworden.

»Mastspitzen steuerbord voraus, dreißig Grad!« schreit hastig ein Ausguck.

Doch noch ehe Schröter herumfahren kann, ruft ein anderer erschrocken: »Flugzeug backbord querab! Ganz niedrig!«

»Alarm!« Während Schröter die Brückenwache antreibt, hat er nicht einmal Zeit, nach dem Flugzeug zu sehen. Als letzter springt er ins Luk. Das Handrad des Deckels pfeift durch seine rechte Hand. Von unten ist das Zischen des Wassers in die Tauchtanks hörbar. Schwer atmend steht er endlich in der Zentrale. Der LI sagt gerade: »Boot taucht ein, Turm noch aus dem Wasser ...«

Ein ohrenbetäubendes Krachen beendet den Satz. Eine Riesenfaust schlägt auf das Boot. Das Licht fällt aus. Alle fallen durcheinander. Ein Wasserschwall spült heran. Erstickende Schreie.

Stille.

Lautlos gleitet das zerborstene Boot tiefer und tiefer.

Der mit Radar ausgerüstete Bomber zieht flach über dem Wasser enge Kreise. Seine Besatzung sieht, wie in dunklen Blasen Treiböl an die Oberfläche quillt.

Das Flugzeug kehrt zu seinem aus einem Handelsschiff hergerichteten Hilfsträger zurück und setzt zur Landung an.

Der »Buchhalter«, ein Admiralsoffizier, der den Stärkenachweis der U-Boote führt, setzt, als das Boot auf Anfragen nicht mehr antwortet, bei U 752 einen senkrechten Strich. Das Boot gilt als vermißt. Erst als die Zeit der Rückkehr längst verstrichen ist, fügt er einen Querstrich hinzu. Ein solches Kreuz bedeutet, daß das Boot als verlorengegangen gemeldet wird.

Längst wurden im Stab des BdU die bunten Kurven des Verhältnisses der versenkten feindlichen Schiffstonnage je Tag zu der Anzahl der in See befindlichen Boote nicht mehr angefertigt.

Verlustreiche Ostasienfahrten

Bis zum japanischen Überfall auf Pearl Harbor am 7. Dezember 1941 und zum Eintritt Japans in den Krieg war der Seekrieg im wesentlichen auf den Atlantik und seine nördlichen und östlichen Rand- und Nebenmeere beschränkt geblieben. Wiederholt hatten zwar Einheiten, vor allem einzelne Hilfskreuzer, auch im Indischen Ozean operiert, aber bedeutende Erfolge hatten sie nicht erfochten. Bis Dezember 1941 verlor Großbritannien in diesem Gebiet 45 eigene oder unter seiner Kontrolle stehende Schiffe mit 247 000 BRT. Die Lebensader des britischen Kolonialreichs, die Linie Suezkanal–Aden–Colombo konnte damit nicht gefährdet werden.

Die faschistische Seekriegsleitung schickte jedoch nicht nur Hilfskreuzer in den Indischen Ozean. Die Verhängung der Seeblockade zu Kriegsbeginn hatte in der faschistischen Kriegswirtschaft weniger Störungen verursacht als im ersten Weltkrieg. Durch die Produktion synthetischen Benzins und die Inbesitznahme der rumänischen Ölfelder war das faschistische Deutschland von der überseeischen Einfuhr des wichtigen strategischen Rohstoffs Erdöl unabhängig geworden. Trotzdem bestand dringender Bedarf an bestimmten Rohstoffen, der nicht durch Vorkommen in den okkupierten europäischen Ländern gedeckt werden konnte.

Das betraf vor allem Kautschuk, Wolfram, Molybdän, Zinn und Chinin. Diese Produkte gab es reichlich in den von Japan 1941 eroberten südostasiatischen Gebieten. Als Gegenleistungen verlangten die Japaner optische Geräte, Quecksilber, Konstruktionsunterlagen und Waffenmuster. Da die Seekriegsleitung nicht wie die Alliierten Geleitzüge zusammenstellen konnte, wurden Einzelfahrer als sogenannte Blockadebrecher in See geschickt.

Am 18. Januar 1942 hatten die Aggressoren die Welt in Operationszonen unter sich aufgeteilt. Der Bereich, in dem Japan um die Weltherrschaft kämpfen wollte, erstreckte sich vom 70. östlichen Längengrad bis zur Westküste des amerikanischen Kontinents. Die übrige Welt beanspruchten der deutsche Imperialismus und sein italienischer Achsenpartner. Großspurig hatten die Vertreter des faschistischen Deutschlands in dieser Vereinbarung versprochen, die anglo-amerikanischen Land-, Luft- und Seestreitkräfte im Atlantik zu vernichten, während Japan im westlichen Pazifik die Seeherrschaft erringen wollte. Ja, man hatte sogar daran gedacht, Teile der Kriegsflotten je nach der Lage zur Unterstützung des anderen Aggressionspartners einzusetzen. Schließlich hatte Japan zugesagt, im Pazifik und im Indischen Ozean den Handelskrieg gegen die USA und Großbritannien zu führen. Dieser Plan war indessen von der Wirklichkeit weit entfernt.

Dennoch dehnte die faschistische Führung ab Frühjahr 1942, als der Einsatz der U-Boote im Atlantik immer schwieriger wurde, die Operationen der Kriegsmarine schließlich bis in den südwestlichen Teil des Indischen Ozeans aus, weniger mit dem Ziel, die gegnerischen Verbindungslinien zu unterbrechen, sondern mehr mit der Absicht, die abfallenden Versenkungsziffern durch Überraschungserfolge aufzubessern. Vorübergehend glückte das auch, und vor der Südspitze Afrikas erzielten die Boote Erfolge, die für Sondermeldungen neuen Stoff boten. Dabei tat sich besonders U 181 unter Korvettenkapitän Lüth hervor, der während zweier Einsätze von September 1942 bis Januar 1943 und von März bis Oktober 1943 in diesem Gebiet 22 Schiffe mit insgesamt 106 633 BRT versenkte. Lüth war einer der am höchsten dekorierten faschistischen Marineoffiziere, er erhielt im August 1943 die »Brillanten« zum Ritterkreuz und wurde von der Nazipropaganda zum Nachfolger Priens gemacht. Berücksichtigt man jedoch die Dauer des Einsatzes seines Bootes, so kommen 319 BRT auf jeden Seetag.

Der Einsatz von U-Booten in so weit entfernten Seeräumen erforderte große Versorgungsschiffe, denn die begrenzte Ladekapazität der bisher üblichen U-Tanker reichte dazu nicht aus. Bis 1942 glückte es noch, Frachter als Versorgungsschiffe auf Positionen im Indischen Ozean zu bringen. Als die gegnerische Abwehr infolge der U-Boot-Gefahr auch in diesem Gebiet verstärkt wurde, war nicht nur das Ende der Versorgungsschiffe, sondern auch der »Blockadebrecher« abzusehen. Immer weniger »Gummischiffe« erreichten ihren Heimathafen, viele gingen schon auf der Hinreise verloren. Am schwierigsten für diese Schiffe war jedoch die Passage der Biscaya, die von der Royal Navy und der Royal Air Force kontrolliert wurde. Die faschistische Kriegsmarine und Luftwaffe konnten ihre Schiffe in diesem Gebiet nicht ausreichend sichern. 1943 war es unmöglich geworden, mit Überwasserschiffen den Blockaderiegel zu durchbrechen.

Wenn die für die Kriegswirtschaft des faschistischen Deutschlands so notwendige Verbindung nach Japan und nach den südostasiatischen Rohstoffgebieten nicht abreißen sollte, blieb nichts anderes übrig, als U-Boote für den Transport einzusetzen. Dönitz weigerte sich jedoch, U-Boote aus dem Fronteinsatz abzuziehen. Die Ansicht, daß die U-Boote im Atlantik nicht durch andere Aufgaben zersplittert werden durften, setzte sich durch.

So verhandelte man mit dem Chef der italienischen Seestreitkräfte, Admiral Riccardi, der fünf große U-Boote zur Verfügung stellte, von denen allerdings nur drei einen südostasiatischen Hafen erreichten. Kurz darauf wurde Mussolini gestürzt, und nach der italienischen Kapitulation wurden die Besatzungen dieser Boote interniert. Danach blieb Dönitz nichts weiter übrig, als einige U-Boote abzugeben.
Nach langwierigen Verhandlungen mit japanischen Stellen hatte Admiral Wennecker, der Marineattaché in Tokio, die Zusage erhalten, einige Stützpunkte im japanischen Machtbereich für U-Boote zu benutzen. In Tokio wurde ein Marinesonderstab gebildet, dessen Personal von den »Blockadebrecher«-Schiffen stammte. Dieser Sonderstab stellte auch die Kommandos für die Stützpunkte in Penang, Surabaja, Djakarta und Singapore zusammen. Von hier aus wurden die U-Boote im Indischen Ozean eingesetzt. In seiner Aussichtslosigkeit, das Geschehen im Atlantik bestimmen zu können, förderte Dönitz schließlich sogar die Einrichtung solcher Stützpunkte. Er hoffte in dem neuen Gebiet auf Erfolge, die im Atlantik versagt blieben.
Ursprünglich bestand die Absicht, für den Rohstofftransport spezielle U-Boote zu bauen. Die angespannte Lage in den Werften, das Bauprogramm der Boote vom Typ XX lief soeben an, verhinderte die Ausführung dieses Planes. Deshalb verfiel die U-Boot-Führung auf eine Notlösung, die gewissermaßen die zwei Aufgaben der U-Boote vereinen sollte. Die nach den südostasiatischen Häfen auslaufenden Boote, die »Monsun-Boote«, sollten zunächst für einige Zeit ihm Indischen Ozean eingesetzt werden und bei ihrer Rückkehr nach Europa die begehrten Rohstoffe mitbringen.
Zwischen dem 28. Juni und dem 7. Juli 1943 gingen von den französischen Atlantikstützpunkten aus 9 große U-Boote vom Typ IX in 3 Gruppen in See. Von Kiel aus wurden 2 weitere Boote auf die große Reise geschickt. Als Versorgungsschiff wurde ihnen U 462 unter Kapitänleutnant Vowe mitgegeben. Von diesen 11 Booten erreichten nur 5 ihr Ziel. Bereits unmittelbar nach dem Auslaufen vernichtete der Gegner 5 Boote. Ein Boot, U 516, wurde im Atlantik zurückgezogen, um es zur Versorgung anderer Boote einzusetzen, die dringend Treibstoff ergänzen mußten. Auch diese 5 hätten kaum Penang erreicht, wenn ihnen das Hilfsschiff »Brake« am Eingang des Indischen Ozeans nicht Treibstoff abgegeben hätte, zu diesem Zeitpunkt fast ein Wunder.

Die Erfolge, die diese U-Boote in den entfernten Seeräumen erzielten, hatten für das Kriegsgeschehen keine Bedeutung. Die Verluste an Booten auf der langen An- und Rückreise waren groß. Von den 45 »Monsun-Booten« gingen 34 verloren.

Schacher um einen Politiker

Im zweiten Weltkrieg fehlte es nicht an geheimnisvollen Unternehmungen durch U-Boote, zwei von ihnen fanden 1943 statt. Die hochgespannten Erwartungen, die die faschistische Führung im Januar 1942 von einer gemeinsamen Kriegführung mit Japan hegte, hatten sich nicht erfüllt. Die 7 deutschen und 8 japanischen U-Boote, die im Indischen Ozean operierten, blieben angesichts der ursprünglichen Vorstellungen mehr von symbolischer Bedeutung als ein Faktor der gemeinsamen Kriegführung. Mit Verstimmung registrierte die faschistische Führung, daß Japan den Handelskrieg mit U-Booten nicht in dem erwarteten Ausmaße führte. Die Japaner begründeten das damit, ihre Boote wären wenig für eine solche Kriegführung geeignet, und baten um entsprechende Konstruktionsunterlagen für den Nachbau. Hitler kam dieser Bitte nach und machte ein Boot vom Typ IX C dem japanischen Kaiser zum Geschenk.
Am 10. Mai 1943 verließ dieses Boot, es war U 511 unter Kapitänleutnant Schneewind, seinen Stützpunkt in Frankreich mit dem Ziel Japan. An Bord befand sich auch Vizeadmiral Namura, der japanische Verbindungsoffizier beim Oberkommando der Kriegsmarine. Am 7. August 1943 traf U 511 im Kriegshafen Kure ein und wurde unter der Bezeichnung RO 500 in die kaiserliche japanische Marine übernommen. Die Japaner beschäftigten sich zwar eingehend mit der Konstruktion, für einen Nachbau zeigten sie jedoch wenig Eile. Die eigenen Schwierigkeiten waren bereits so groß, daß sie an einen umfassenden U-Boot-Krieg gegen die alliierten Verbindungswege im Pazifik nicht mehr denken konnten.
Das zweite Unternehmen dieser Art lief dagegen unter äußerst geheimnisvollen Umständen an.

Lange liegt U 180 schon im Kieler Hafen. Der Auslauftermin ist immer wieder verschoben worden. Irgend etwas Besonderes scheint sich

vorzubereiten, das spürt jeder. Selbst der Kommandant, Korvettenkapitän Musenberg, beginnt unruhig zu werden. Als neuer Auslauftermin gilt der 9. Februar 1943. Seit Tagen schon befindet sich die Besatzung von U 180 in Auslaufbereitschaft an Bord.
Am Abend des 8. Februar fährt in der Dunkelheit ein Lastkraftwagen auf der Pier vor. Marinesoldaten entladen verlötete Blechkisten und mehrere Koffer, und ein Oberleutnant übergibt sie dem Wachhabenden, dem Obermaschinisten Wien, mit der Anweisung, sie im Offiziersraum zu verstauen und mit niemand über diesen Vorgang zu sprechen. Der Kommandant sei verständigt.
Dieser Vorfall bietet den Gerüchten an Bord neuen Stoff.
Am nächsten Morgen, Punkt 6.00 Uhr, erscheint der Kommandant und befiehlt: »Klar zum Ablegen!«
Halb acht erscheint der Flottillenchef zur Abschiedsmusterung. Dreißig Minuten später werden die Leinen losgemacht.
»Na, ist mal wieder allerhand gequasselt worden, und es ereignet sich doch nichts Besonderes«, meint der Obersteuermann zum Obermaschinisten, als das Boot ausläuft.
Hinter Friedrichsort, kurz vor Laboe, läßt Musenberg die Maschine stoppen. Eine Barkasse legt längsseits an. Bei nieseligem Wetter klettern zwei korrekt gekleidete Zivilisten an Bord. Der schmächtige und jüngere hält dem mittelgroßen, leicht dicklichen Begleiter, dessen auffallendstes Merkmal eine große Hornbrille ist, einen aufgespannten Regenschirm.
Der Kommandant, der die Gäste mit Handschlag begrüßt, weist einige Decksleute an, sie in den Offiziersraum zu geleiten. Die an Bord verstummten Gerüchte erhalten neue Nahrung, zumal allen die dunkle Hautfarbe der Fremden aufgefallen ist.
»Du, den einen kenn' ich. Den hab' ich schon irgendwo gesehen. Ich glaube, in der Wochenschau«, sagt ein Matrosenobergefreiter, daß es alle Umstehenden hören können.
»Mensch, hör auf«, meint sein Nachbar. »Oder willste 'ne neue Parole abfeuern?«
Doch der Matrosenobergefreite beharrte fest darauf, den einen zu kennen, auch als der Kommandant über die Bordsprechanlage mitteilt, daß die zwei Werftingenieure seien, die nach Norwegen reisten. Das glaubt natürlich niemand an Bord, wie Werftingenieure sehen die beiden nicht aus. Außerdem sprechen die Umstände dagegen – die

Geheimniskrämerei zuvor, die verlöteten Blechkisten und vor allem ihre Übernahme auf der Kieler Außenförde. Warum sind sie nicht einfach von der Pier aus an Bord gegangen? Der Kochsgast berichtet, daß er ihnen ungewöhnliche Gerichte aus Reis zubereiten müsse, und will gehört haben, daß sich der Kommandant mit ihnen englisch unterhielt. Die Gerüchte und Vermutungen finden immer neuen Stoff.
Die Ölergänzung in Bergen ist beendet, doch die beiden Passagiere machen keine Anstalten zum Verlassen des Bootes. Von der Besatzung darf niemand an Land, auch der Besuch durch Angehörige anderer Boote wird untersagt. Nach wenigen Stunden werden die Leinen losgeworfen, und U 180 steuert durch den Kors-Fjord in Richtung auf die Enge zwischen den Färöern und Island.
Jetzt erst kann Musenberg die Besatzung über den Auftrag des Bootes aufklären. »Kameraden! Die beiden Gäste, die wir an Bord haben, sind die Anführer der indischen Freiheitsbewegung, Herr Subhas Chandra Bose und sein Adjutant, Herr Doktor Habid Hasan. Wir werden beide Herren nach Südostasien bringen, von wo aus Herr Bose den indischen Freiheitskampf gegen die englischen Unterdrücker leiten wird. Von allen Besatzungsmitgliedern bitte ich mir Takt und Zuvorkommenheit unseren Gästen gegenüber aus.«
»Seht ihr«, legt sofort der Matrosenobergefreite im Mannschaftswohnraum los, »ich habe doch gleich gesagt, daß ich den in der Wochenschau gesehen habe.«
Subhas Chandra Bose hatte einst an der Seite Gandhis und Nehrus gestanden und war Anfang 1939 sogar zum Präsidenten des Allindischen Kongresses gewählt worden. Seine Ansicht, daß man im Kampf gegen die englischen Unterdrücker mit dem faschistischen Deutschland, mit Italien und Japan zusammengehen müsse, führte sehr bald zum Bruch mit der Kongreßführung. Noch im selben Jahr mußte er die Präsidentschaft niederlegen und ging nach Europa, wo er Bundesgenossen zu finden hoffte.
Die faschistische Führung glaubte, daß Bose bei einem Vorstoß nach Indien, der für die Zeit nach der Vernichtung der Sowjetunion vorgesehen war, von Nutzen sein könnte. Am 29. Mai 1941 — die Vorbereitung des Überfalls auf die Sowjetunion lief auf Hochtouren — wurde Bose auch von Hitler empfangen.
Bald mußte Bose erkennen, daß er von den Nazis keine Hilfe zu er-

warten hatte, sondern daß diese nur seinen Namen für die Organisierung einer »Fünften Kolonne« ausnutzen wollten.
Doch die faschistischen Pläne scheiterten am Widerstand der Roten Armee. Nach den Niederlagen vor Moskau und in Stalingrad gab es nicht die geringste Voraussetzung mehr, dieses neue Kriegsabenteuer zu verwirklichen. In den harten Kämpfen im Kaukasusgebiet wurden auch die Einheiten aufgerieben, die den Kern der faschistischen Expeditionsarmee für den Feldzug nach Indien bilden sollten. Bose, einst Schachfigur in den Weltherrschaftsplänen des deutschen Imperialismus, war wertlos geworden. Als sich japanische Kreise für Bose zu interessieren begannen, waren die faschistischen Führer bereit, ihnen den Mann zu überlassen. Auch Bose stimmte dem Vorschlag zu, nach Japan zu gehen und von dort aus zu wirken.

Die Fahrt von U 180 verläuft verhältnismäßig reibungslos.
Am Atlantikeingang sind einige gefährliche Punkte zu überwinden, doch schlechtes Wetter hilft dabei. Ohne weitere Zwischenfälle erreicht das U-Boot den Indischen Ozean, nachdem es vor Kapstadt am 18. April den 8 132-BRT-Tanker »Corbis« durch Torpedoschuß versenkt hat.
Am 23. April befindet sich das Boot am Treffpunkt, südöstlich von Madagaskar, wo Bose und sein Begleiter übernommen werden sollen. Auch das japanische Boot, ein U-Kreuzer, ist zur Stelle. Der Geheimhaltung wegen hat man ihn nur mit halber Besatzung bemannt.
Bose und sein Begleiter werden gegen zwei neue Passagiere ausgetauscht. Es sind zwei japanische Ingenieure, die in Deutschland den Bau von U-Booten studieren sollen, damit sie nach ihrer Rückkehr mit den übergebenen Unterlagen arbeiten können.
Außer den beiden Passagieren übernimmt U 180 eine Reihe von Geräten und Waffenmustern zum Nachbau, darunter eine Gasdruckschnellfeuerkanone. Es sind viele Kisten, die von Boot zu Boot gehen. Allein zwei Tonnen Gold, in 20-Kilogramm-Barren, werden zum Schluß U 180 übergeben. Diese Barren, die sich in versiegelten Holzkisten befinden, bereiten dem LI auf der Rückreise die meisten Kopfzerbrechen. Er löst das Problem, indem er das Gold, das für die japanische Botschaft in Berlin bestimmt ist, benutzt, um das Boot bei Tauchfahrten auszutrimmen. Drei Kisten in den Bugraum, vier mittschiffs, zwei in den Heckraum. Unentwegt hasten Besatzungsmitglieder

mit den schweren Kisten durch die Stahlröhre und verfluchen diese
Fracht in den drastischsten Ausdrücken.
Am 3. Juli trifft U 180 in einem westfranzösischen U-Boot-Stützpunkt
ein.
Subhas Chandra Bose und sein Begleiter erreichten ohne Zwischenfälle
Japan, wo Bose am 4. Juli 1943 eine Exilregierung bildete. Aber
offensichtlich waren auch die Japaner nicht mit seinen Auffassungen
einverstanden. Schließlich wollte Japan wie das faschistische Deutschland ein Kolonialreich erobern. Das Flugzeug, das Bose im August 1945
nach Burma bringen sollte, blieb vor der chinesischen Küste ver-
schollen.

Unmenschlichkeit

Im Herbst 1943 wurde ein zweite Gruppe der »Monsun-Boote« von
Norwegen und Westfrankreich aus nach Südostasien in Marsch gesetzt.
Diesmal waren es nur 4 Boote: U 510, U 848, U 849 und U 850. Doch
nur ein Boot, U 510, erreichte sein Ziel.
Die anderen gingen im Atlantik durch Fliegerbomben verloren, Überlebende gab es nicht.
Die Notwendigkeit, die Verbindung mit Japan und mit den südostasiatischen Ländern aufrechtzuerhalten, veranlaßte die U-Boot-
Führung, weitere Boote auf die »Monsun«-Route zu schicken. Nach
den Mißerfolgen der beiden ersten Gruppen sollten die U-Boote nun
als Einzelfahrer den Weg zum Zielhafen zurücklegen. In Abständen
verließen Anfang 1944 16 Boote ihre französischen und norwegischen
Stützpunkte.

U 852 überquert den Äquator mit südlichem Kurs. Der Kommandant,
Kapitänleutnant Heinz-Wilhelm Eck, läßt in bescheidenem Rahmen die
traditionelle Äquatortaufe durchführen. Auch diese Gegend des Atlantiks, knapp 300 Seemeilen vor der afrikanischen Küste, gilt schon
lange nicht mehr als ungefährlich. Gänzlich darauf verzichten, wie
manche übervorsichtige Kommandanten, wollte Eck aber auf keinen
Fall. Als Sohn eines Obersten gab er viel auf Tradition, auch auf
seemännische, zumal es in diesem Fall die meisten Besatzungsmitglieder
betraf. Nur er selbst, der Leitende Ingenieur, Kapitänleutnant (Ing.)

Lenz, der Bordarzt, Marineoberstabsarzt Weispfennig, und ein Obermaschinist hatten bereits die südliche Erdhälfte gesehen. Zum Gaudium aller müssen die Täuflinge einzeln in Sporthose an Deck erscheinen. Der Bordarzt und der Obermaschinist gießen ihnen einen Eimer Äquatorwasser über den Kopf, und patschnaß verschwindet der Getaufte im Luk, um seinen Dienst wieder aufzunehmen.
Am Abend, man schreibt den 13. März, wird an Backbord ein Dampfer gesichtet. Seine Silhouette ragt hoch aus dem Wasser heraus. Entweder ist es ein großes Schiff, oder es fährt ohne Fracht. Eck schwankt, ob er angreifen soll oder nicht. Sein Befehl lautet, das Operationsgebiet, den Indischen Ozean, möglichst unbemerkt zu erreichen, auf keinen Fall aber nach geglücktem Angriff Spuren zu hinterlassen. Nach einigem Zögern befiehlt er dem Gefechtsrudergänger: »Hart Backbord! Wir racken uns 'ran!«
Dem Ziel den Weg verlegend, wartet U 852 getaucht, bis dieses in die Schußbahn der Torpedorohre läuft.
Die Uhr zeigt 17.50 Uhr, als zwei Torpedos das Schiff treffen. In weniger als drei Minuten sinkt es. Der Angriff ist für die Besatzung des Dampfers so überraschend gekommen, daß sie weder den Notruf funken noch alle Rettungsboote fieren konnte. Die meisten Seeleute hat der Druck der Torpedodetonation getötet, einige andere, die sich auf Oberdeck oder auf der Brücke befunden haben, hat er samt den auf dem Deck bereitliegenden Rettungsflößen über Bord geschleudert. Verzweifelt klammern sie sich nun an den Rettungsflößen, Wrackteilen und den wenigen Booten fest.
Der Kommandant läßt auftauchen.
Von der Brücke aus sieht man, daß die leicht bewegte See weithin mit Wrackteilen, Booten, Rettungsflößen und Schiffbrüchigen übersät ist. Die Kompressoren der Diesel heulen auf, und U 852 nimmt langsam Fahrt auf. Eck gibt dem Rudergänger den Kursbefehl, das Boot schwenkt langsam herum und steuert auf eines der Rettungsflöße zu, auf das gerade ein Schiffbrüchiger geklettert ist. Der Mann sitzt verstört und erschöpft auf dem mit Segeltuch bespannten Korkbelag.
Eck ruft dem II WO, Leutnant Hoffmann, zu: »Fragen Sie den Mann nach dem Namen des Schiffes! Woher und wohin. Nach Ladung. Und ob andere Schiffe in der Nähe sind.«
Der Leutnant klettert mit zwei Matrosen von der Brücke auf das Deck hinab. Mit Bootshaken halten sie das Floß längsseits fest. Anfangs

ängstlich, aber dann doch über die Rettung erfreut, klettert der Mann mit Hilfe der zwei Matrosen von dem schwankenden Floß auf das Deck. Andere Überlebende, die weiter abseits in den wenigen Booten und auf den Rettungsflößen treiben oder sich an Wrackteile klammern, versuchen hoffnungsvoll in die Nähe des U-Bootes zu gelangen.
In fließendem Englisch verhört Leutnant Hoffmann den völlig Durchnäßten, der von einem der beiden Männer gestützt wird, wie es ihm befohlen ist. Kurz darauf kehrt er zur Brücke zurück und ruft zum Kommandanten hinauf. »Das Schiff war der in englischen Diensten fahrende griechische Dampfer ›Peleus‹. Er befand sich auf der Reise von Freetown nach der La-Plata-Mündung. Ohne Fracht. Ob weitere Schiffe in der Nähe sind, ist unbekannt. Der Mann ist der Dritte Offizier der ›Peleus‹.« Als sei Eck mit seinen Gedanken nicht ganz bei der Sache, nimmt er die Meldung mit abwesendem Gesichtsausdruck entgegen. »Danke, Hoffmann.«
Der Leutnant bleibt, mit dem Blick zur Brücke, stehen, weitere Befehle erwartend. Doch Eck schaut noch immer in Richtung der treibenden Schiffbrüchigen und Wrackteile. Plötzlich wendet er sich wieder an den Leutnant, und in seiner Stimme liegt eine Hast, als fürchte er die Bedeutung seiner eigenen Worte. »Lassen Sie dem Mann die Schwimmweste abnehmen und ihn wieder auf das Floß setzen!«
Der Leutnant glaubt, sich verhört zu haben. »Verzeihung, Herr Kaleu! Ich habe nicht ...«
Aber schon fällt dieser ihm schneidend ins Wort, ganz entgegen der Art, wie Offiziere, die in der Enge eines U-Bootes zusammenleben müssen, miteinander zu sprechen pflegen. »Haben Sie nicht gehört? Dem Burschen die Schwimmweste abnehmen und von Bord setzen!«
Leutnant Hoffmann fährt ordentlich zusammen, er nimmt sogar Haltung an, wie es auf U-Booten während der Fahrt nicht üblich ist. »Zu Befehl, Herr Kapitänleutnant!«
Als er nach vorn geht und den Befehl weitergibt, muß er die gleiche Schärfe anwenden wie zuvor der Kommandant. Eck indessen fordert einen Matrosenobergefreiten auf, daß er das Maschinengewehr klarmache. Gleichzeitig läßt er einige Karabiner und Munition auf die Brücke heraufreichen.
Verwirrt läßt der griechische Schiffsoffizier das Unvorstellbare mit sich geschehen. Ehe er richtig begriffen hat, kauert er wieder allein auf dem schaukelnden und vom U-Boot abtreibenden Floß.

Weispfennig, der Bordarzt, der den Vorgang von der Brücke mit angesehen hat, wendet sich jetzt verwundert an den Kommandanten. »Sie wollen doch nicht etwa ...« Er spricht nicht weiter.
Eck sieht ihm voll ins Gesicht. »Natürlich! Sehen Sie übers Wasser, was da alles schwimmt. Der nächste, der hier vorbeikommt, funkt in alle Welt, was passiert ist. Dann geht es uns an die Hammelbeine.«
Der Arzt versucht noch einen Einwand. »Aber das sind doch Schiffbrüchige!«
»Sie kennen den ›Laconia-Befehl‹ genauso gut wie ich, lieber Doktor!« Diese Antwort gibt Eck nur noch flüchtig. Seine Aufmerksamkeit gilt dem Matrosenobergefreiten Schwender, der noch immer nicht den Gurt ins MG eingelegt hat. »Was soll die Zottelei! Los doch! Auf alles, was im Wasser schwimmt, halten! Es darf nichts übrigbleiben!«
Jetzt erst begreift der Matrosenobergefreite völlig. Entgeistert sieht er seinen Kommandanten an. Er soll auf Wehrlose schießen? Auf Schiffbrüchige? Einen Augenblick lang ist er zu keinem Handgriff fähig.
»Verdammt noch mal! Hören Sie nicht, Mann?«
»Jawohl, Herr Kaleu!« Das Gewissen regt sich nur einige Sekunden lang. Er klemmt sich hinter das Maschinengewehr. Na gut, Befehl ist Befehl, denkt er. Ich muß es ja nicht verantworten. Sich mit diesem naiven Trost zufriedengebend, visiert er das erste Floß an.
Eck ahnt die Gedanken des Matrosen, deshalb fügt er lakonisch hinzu: »Sie brauchen ja nicht auf die Leute zu schießen. Halten Sie nur auf alle im Wasser treibenden Gegenstände. Wenn die Kerle nicht wegschwimmen und dabei getroffen werden, sind sie selbst schuld!«
Das MG rattert los. Einige Besatzungsmitglieder auf der Brücke und an Deck schießen ebenfalls mit ihren Karabinern. Nach allen Seiten wird gefeuert, und immer mehr Karabiner werden aus dem Luk herausgereicht. Auch Leutnant Hoffmann hält einen in der Hand. Lange kann er sich nicht entschließen, ihn in Anschlag zu bringen, doch als peitsche die wilde Schießerei seine Nerven auf, reißt auch er jetzt die Waffe hoch. Nach jedem Rückstoß lädt er hastiger durch.
Rettungsboote, Flöße und Wrackteile werden durchsiebt. Entsetzt starren die Schiffbrüchigen zu dem U-Boot. Noch bevor manch einer von ihnen den schrecklichen Vorgang begreift, fällt er in sich zusammen oder rutscht vom Floß in das Wasser. Wilde, verzweifelte Schreie sind zu hören. Einige springen von den Flößen ins Wasser, tauchen vor den aufzischenden Splittern weg. Schwer verwundet sacken sie in die Tiefe.

Auf U 852 feuern alle, die nicht an Motoren und Geräten gebraucht werden, auf die Überreste der »Peleus« und auf die noch Lebenden der Besatzung, als habe eine blutige Orgie die Männer erfaßt. Auch der Kommandant läßt sich einen Karabiner reichen. Selbst der Arzt, der einmal den Eid des Hippokrates geschworen hat, der ihn verpflichtet, allen Menschen jederzeit zu helfen, ergreift eine Waffe und schießt auf die wehrlos im Wasser schwimmenden Schiffbrüchigen.
Durch den Lärm an Deck angelockt, erscheint der LI auf der Brücke. Doch niemand der vom fanatischen Eifer Besessenen will ihm einen Karabiner abtreten, und so weist Lenz, um nicht untätig zu bleiben, schließlich den Feuernden die Ziele.
U 852 kurvt zwischen den auseinandertreibenden Wrackteilen. Von Geschoßgarben durchsiebt, schlagen die Rettungsboote voll Wasser und versinken mit den Toten und Schwerverwundeten. Die Flöße dagegen, so oft sie getroffen werden, sacken nicht weg. Sie sind mit Korkstücken gefüllt, sie bleiben schwimmfähig. Deshalb werden jetzt Handgranaten geworfen. Lachende und verzerrte Grimassen drücken sich nach jedem Wurf, vor den Splittern Schutz suchend, auf das eiserne Deck, um sich danach an der Treffgenauigkeit zu begeistern.
Erst die hereinbrechende Dunkelheit beendet das grausige Treiben. Weit und breit ist nichts mehr von dem einstigen Schiff zu sehen.
U 852 setzt seinen Marsch nach Süden fort, als hätte es diese Stunden der Unmenschlichkeit nie gegeben.
Kapitänleutnant Eck trägt zufrieden in das Bordtagebuch ein: »13. März, 17.50 Uhr, griechischen Dampfer ›Peleus‹ versenkt. Alle verräterischen Spuren an Versenkungsstelle vernichtet.« So nüchtern kann grausamer Mord umschrieben werden.
Dönitz kann mit seinem Zögling zufrieden sein.
Drei griechische Seeleute überlebten dieses Inferno. Die See hatte sie rechtzeitig weit abgetrieben, deshalb waren sie nicht bemerkt worden. Die einbrechende Dunkelheit schützte sie dann vor der Entdeckung. In der Nacht fanden sie die zerfetzten Reste eines Floßes, das ihre Rettung wurde. Tag um Tag und Nacht um Nacht trieben sie in den Weiten des tropischen Ozeans, bis sie nach 25 Tagen ein portugiesisches Schiff bergen konnte. Später gab der griechische Seemann Liossis zu Protokoll, was er an diesem schrecklichen 13. März erlebt und gesehen hatte. Dieses Protokoll wurde zu den Akten über noch ungeklärte Fälle in der britischen U-Boot-Abwehrzentrale gelegt.

U 852 befindet sich bereits im Indischen Ozean. Nach der Treibstoffergänzung durch einen von den Südostasienstützpunkten aus eingesetzten Tanker südöstlich Madagaskars steuert das Boot den Golf von Aden an. Sein Auftrag lautet, in diesem Gebiet den Handelsschiffsverkehr zum Roten Meer zu stören und anschließend in Penang einzulaufen.

In den Mittagsstunden des 3. Mai 1944 wird U 852 von britischen Bombenflugzeugen gestellt. Schäden machen ein Tauchen unmöglich. Um sein und der Besatzung Leben zu retten, gibt der Kommandant Befehl, die nahe Somaliküste anzulaufen und dort an Land zu gehen. Unter ständigem Beschuß und Bombenhagel der verfolgenden Flugzeuge gelingt es auch, das Boot dicht unter Land zu bringen. Mit Schlauchbooten flüchten die Überlebenden der Besatzung an die einsame, von der heißen Sonne ausgedörrte Küste. Vor dem Aussteigen hat der LI die Sprengladungen zur Selbstversenkung zünden lassen.

Von Land aus sehen die Überlebenden zu, wie eine Explosion ihr Boot auseinanderreißt und versenkt. Mit Schrecken stellt Eck, der mit allen Offizieren das rettende Ufer erreicht hat, fest, daß der Turm des Bootes nicht unter Wasser verschwindet. Sie sind zu weit unter Land gelaufen, das Wasser ist zu flach. Der zerborstene Bootsleib sitzt auf Grund, aber der Turm ragt kerzengerade aus dem Wasser heraus.

Noch vor ihrer Gefangennahme erleben sie, wie sich von den Flugzeugen herbeigerufene englische Kriegsfahrzeuge an den Turm heranmanövrieren, Matrosen in den Turm klettern und, mit Geräten und Papieren bepackt, wieder auftauchen. Kapitänleutnant Eck ist es nicht wohl in seiner Haut.

Zu der Beute, die aus dem Turm von U 852 geborgen wurde, gehörte auch das Bordtagebuch.

Im englischen Marineministerium, wo eine besondere Abteilung die erbeuteten Kriegstagebücher und Dokumente, die Aussagen von Seeleuten der verschiedensten Nationen und alle Meldungen über die Tätigkeit der feindlichen U-Boote auswertete, waren die Beweisstücke bald zusammengetragen. Es konnte kein Zweifel bestehen: Man hatte das U-Boot, dessen Besatzung die Seeleute der »Peleus« feige ermordet hatte, zur Strecke gebracht. Noch vor Kriegsende wurden die Ermittlungen, um alle Beteiligten an diesem Mord ausfindig zu machen, eingeleitet.

Im Oktober 1945 begann in Hamburg vor einem britischen Militärgericht der Prozeß gegen den ehemaligen Kommandanten von U 852, Eck, den ehemaligen Marineoberstabsarzt Dr. Weispfennig, den Leitenden Ingenieur Lenz, den einstigen Zweiten Wachoffizier Hoffmann und den Matrosenobergefreiten Schwender.

Alle Angeklagten erklärten sich für unschuldig und begründeten ihre Handlungsweise mit dem »Laconia«-Befehl. Eck machte außerdem geltend, daß seine Vorgesetzten ihn angewiesen hätten, alle Spuren einer Versenkung während des Marsches ins Operationsgebiet zu verwischen. Als ihm der britische Ankläger die Aussage des griechischen Seemanns Liossis vorlas, hatte Eck sogar die Stirn zu behaupten, daß er niemals einen solchen Befehl erteilt hätte. Er hätte nur befohlen, die schwimmenden Wrackteile zu vernichten, damit die Gefahr der Entdeckung des U-Bootes verhindert würde. Wenn dabei Besatzungsmitglieder der »Peleus« ums Leben gekommen wären, so wäre das zwar zu bedauern, aber dafür könnte man ihm doch letzten Endes keine Schuld geben.

Im Prozeß gegen die Hauptkriegsverbrecher in Nürnberg wurde Eck als Zeuge vernommen. Er begründete seine Haltung. Dönitz dagegen behauptete auf Befragen des Richters, er hätte niemals den Befehl erteilt, die Besatzungen versenkter Schiffe zu töten. Eck müsse den »Laconia«-Befehl falsch ausgelegt haben.

Es war ein erbärmliches Bild, wie sich beide Schuldigen bemühten, ihren Kopf zu retten.

In dem Hamburger Prozeß wurden alle Angeklagten für schuldig befunden. Eck, Weispfennig und Hoffmann wurden zum Tode durch Erschießen, Lenz zu lebenslänglicher Haft und Schwender als der von Befehlen Abhängige zu 15 Jahren Gefängnis verurteilt. Die Erschießung fand am 30. November 1945 auf dem Schießstand Borsteler Jäger bei Hamburg statt.

Später wurde und wird in Büchern, Artikeln und Gedenkreden westdeutscher Autoren behauptet, daß die faschistischen U-Boote im zweiten Weltkrieg stets ritterlich und nach dem geltenden Seerecht gekämpft hätten. Nur eine einzige, höchst bedauerliche Ausnahme wäre vorgekommen, der Fall Eck.

Diese Leute übersehen dabei geflissentlich, daß es viele derartige Fälle gab. Nur ist der Fall Eck der einzige, der bis ins einzelne aufgeklärt und belegt werden konnte.

Das Nachdenken regt sich

Die Lampe in der Flottillenschreibstube ist mit einem Zeitungsbogen abgeschirmt. Das Licht fällt nur auf den Tisch, der Maat hinter ihm ist im Halbdunkel ungenau zu erkennen. Wiederholt ist die Verwaltung der Flottille ausgebombt worden. Jetzt befindet sie sich in einem kleinen Miethaus am Rande von Brest. Da der Schreiber den Raum im Erdgeschoß mit dem Fourier teilen muß und das ständige Kommen und Gehen ihn in seiner Arbeit behindert, sitzt er mißmutig bis in den späten Abend hinein, um das Dringendste zu erledigen. Er tröstet sich damit, daß die Stadt ohnehin nicht mehr zum Ausgehen verlockt.
Ein Luftzug läßt die Lampe schaukeln. Ein Matrosenobergefreiter ist eingetreten und stellt sein Köfferchen ab. In kaum merklicher Andeutung einer militärischen Haltung sagt er: »Melde mich vom Heimaturlaub zurück!«
Der Schreibermaat steht auf, nimmt den Urlaubsschein entgegen und hält ihn unter den Lichtkegel. Beim Lesen stutzt er. »Menschenskind, bist du übergeschnappt? Zwei Tage zu spät!«
»Vom Wehrbezirkskommando in Köln verlängert. Steht auf der Rückseite«, antwortet der Matrosenobergefreite.
Der Schreibermaat prüft die Verlängerung und ahnt, was dem anderen widerfahren ist. So fragt er gedämpft: »Großer Mist, in Köln? Lauter Bomben, was?«
Der Obergefreite winkt ab, und das sagt genug.
Mit einem Unterton, der Mitgefühl ausdrücken soll, meint der Maat: »Hast Pech! Dein Boot ist noch nicht ausgelaufen. Die Besatzung liegt draußen in der Erholungsweide in Bereitschaft. In ein paar Minuten geht der Bus von hier. Ich telefoniere 'raus und sage Bescheid.«
Schweigend geht der Obergefreite hinaus, um im Dunkeln auf den Omnibus zu warten. Sein Empfinden ist tot, abgestorben seit jener schrecklichen Nacht in Köln. Er hatte sich so auf den Heimaturlaub gefreut, doch es waren die grausamsten Tage seines Lebens geworden. Das hilflose Gesicht seines Vaters ist das einzige, was in ihm haftengeblieben ist.
Ein älterer Soldat hatte ihn während der Rückfahrt, es muß wohl kurz vor Paris gewesen sein, aus seinem dumpfen Dahinbrüten gerissen. Der Obergefreite versucht, das Gespräch in seine Erinnerung zurückzurufen. Es will nicht gelingen. Er entsinnt sich nur an einen Zettel, den

ihm der Soldat beim Abschied zugesteckt hat. Er hat keine Ahnung, was auf diesem geheimnisvollen Papierblatt stehen könnte. Es interessiert ihn auch nicht. Ihm kann doch keiner helfen. Dennoch prüft er, ob er das Blatt noch in der Seitentasche trägt.
Der Autobus fährt vor. Beim Einsteigen merkt er, daß er in Gedanken das Blatt aus der Tasche gezogen hat. Er steckt es wieder weg, nimmt sich aber vor, es in der Unterkunft näher anzusehen.
Am nächsten Morgen meldet er sich beim Kommandanten seines Bootes zurück.
»Was war los in Köln?« erkundigt sich der Kommandant. »Der Schreiber hat mich unterrichtet, daß Ihr Urlaub um zwei Tage verlängert worden ist.«
Es braucht einige Zeit, bis der Matrosenobergefreite zu antworten vermag. Er schluckt erst, dann berichtet er, etwas unzusammenhängend, als wisse er nicht recht wie. »Meine Mutter und meine Schwester ... Ich war gerade erst ein paar Tage in Köln und nicht zu Hause. Bomben. Das Haus ist völlig zerstört. Nach Tagen erst fand ich meinen Vater wieder. Er hat schlapp ... Ja, er war völlig zusammengebrochen. Dann haben wir im Schutt nachgegraben. Bis wir gefunden hatten. Da verging viel Zeit. Und wegen der Massenverbrennung ... Wegen der Einäscherung erhielt ich vom Wehrbezirkskommando zwei Tage zusätzlich, bis alles erledigt war.«
Der Kommandant steht auf, sinnlos geht er ein paar Schritte hin und her. Dann bleibt er vor dem Obergefreiten stehen und legt die Hand auf dessen Schulter. In einer Mischung von Trost und Sorge um die Einsatzbereitschaft eines seiner Besatzungsmitglieder leiert er den Spruch herunter, den er sich — es ist ja nicht das erstemal — für solche Fälle zurechtgelegt hat. »Mein Beileid, Kamerad! Es trifft uns schwer, einen jeden von uns. Aber wir müssen hart sein in diesem Krieg. So wie es unser Oberbefehlshaber, Großadmiral Dönitz, gesagt hat. Schließen wir uns noch enger zusammen. Die ganze Besatzung. Wir werden es dem Feind heimzahlen! Ohne Erbarmen!«
»Jawohl, Herr Oberleutnant!« antwortet der Obergefreite.
»Wenn Sie Sorgen haben, Sie wissen, daß Sie immer zu mir kommen können«, fügt der Kommandant hinzu und wendet sich dabei von dem Obergefreiten ab. »Ruhen Sie sich aus. Sie sind vom Dienst befreit. Wir liegen in Bereitschaft. Es kann jeden Tag losgehen. Sie wissen, daß Sie dann Ihren Mann zu stehen haben, wie jeder von uns.«

Nachdem der Matrosenobergefreite den Raum verlassen hat, läßt der Kommandant den IWO kommen und berichtet ihm den Vorfall mit dem Bemerken, daß man fortan ein Auge auf den Obergefreiten haben müsse. Der Wachoffizier versteht sofort. Immer eindringlicher wird in den Offiziersbesprechungen darauf verwiesen — vor allem nach den großen Luftangriffen auf west- und norddeutsche Städte —, auf alle Äußerungen rückkehrender Urlauber zu achten. So wendet sich der Wachoffizier an den Oberbootsmaat. Er empfiehlt ihm, er solle am besten einen Mann beauftragen, sich des Matrosenobergefreiten anzunehmen und ihn auf »andere Gedanken« zu bringen. Etwaige defätistische Äußerungen des Obergefreiten seien aber sofort zu melden. Es könne nicht schaden, in dieser Richtung einmal vorzufühlen.
Der Oberbootsmaat versteht den Auftrag, und da ihm diese versteckte Art der Bespitzelung persönlich zuwider ist, gibt er ihn an einen Matrosengefreiten weiter. Dieses teuflische System der gegenseitigen Bespitzelung funktioniert durch die Furcht der Betroffenen.
Der Matrosenobergefreite liegt dösend auf seiner Koje. Seine Gedanken wirbeln durcheinander, und er findet nicht den Faden, an dem er sie aufreihen könnte. Ursache dafür ist das Stück Papier gewesen, das ihm der Soldat im Zug zugesteckt hatte. Es liegt jetzt unter seinem Kopfkissen, noch unter dem Laken hat er es versteckt. Es ist ein Flugblatt, ein »Aufruf an die deutsche Wehrmacht und an die Deutschen in Frankreich«. Unterschrieben hat es ein »Nationalkomitee ›Freies Deutschland‹ in Südfrankreich«. Die Sätze des Flugblatttextes drängen sich immer mehr in die Erinnerung an das zu Hause Vorgefallene. Wie unter einem inneren Zwang beginnen Fragen zu bohren: Warum muß er kämpfen? Was hat das alles noch für einen Sinn? Für wen soll er den Kopf hinhalten? Für den seelisch gebrochenen Vater etwa?
Vor drei Jahren, 1940, hatte er sich freiwillig zur Marine gemeldet. Es hatte ihn begeistert, was er von »U-Prien« und seinem U-Boot in der Zeitung las oder von ihm in der »Wochenschau« sah. Er war sogar glücklich gewesen, als er angenommen wurde und zur IV. Schiffsstammabteilung nach Wilhelmshaven einrücken mußte. Wo waren die Kameraden von der »vierten Schiffsstamm« geblieben? Fast die gesamte Abteilung hatte sich zur U-Boot-Waffe gemeldet. In der ersten Zeit traf man ab und zu den einen oder anderen. Doch die Abstände wurden immer größer, aber dafür hörte man immer häufiger, daß dieser oder jener »von Feindfahrt nicht zurückgekommen« sei. Von seinen

Schulfreunden in Köln lebten auch viele nicht mehr. Was sagte dazu das Flugblatt?
In einem Jahr, seit dem Sommer 1943, hat die Wehrmacht vier Millionen an Toten, Verwundeten und Gefangenen verloren. Vier Millionen! Diese Zahl beschäftigt ihn immer wieder. Dazu die Toten des Luftkrieges, wie seine Mutter und seine Schwester. Eine Stelle des Flugblattes hat er sich genau gemerkt. »Die deutsche Armee wird vernichtet werden, ein Trümmerhaufen die deutsche Heimat, in den Abgrund gestürzt das deutsche Vaterland, falls es nicht doch noch zu einer anderen Entscheidung des Krieges kommen sollte. Diese Entscheidung aber liegt in unseren Händen.« Aber wie?
»Komm', steh auf! Was soll das Dösen! Wir gehen aus.«
Dem Obergefreiten ist es recht. Vielleicht kann er dadurch den unbarmherzig bohrenden Fragen entgehen.
Ohne zu zögern, strebt sein Gefährte dem Bordellviertel von Brest zu. Er will helfen, den Kameraden aufzuheitern. Nach seiner Meinung gibt es dafür keinen besseren Ort als das Bordell. Dazu ist es ja da.
Diese jämmerlichen Viertel, die in allen Hafenstädten an der Atlantikküste in großem Stil aufgemacht worden sind und in denen wahrlich nicht das wirkliche Frankreich zu finden ist, sind ein Bestandteil der »Wehrmachtbetreuung«. Vor allem die U-Boot-Besatzungen sollen sich hier austoben, wie man das nennt, damit sie nicht auf verbotene Gedanken kommen.
Aus ganz Frankreich wurden die Mädchen herbeigebracht, viele unter Zwang. Marinesanitätsoffiziere sind verantwortlich für die Organisierung der Bordelle. Stadtviertel wurden abgeteilt, Wachen aufgestellt und Sanitätsstuben eingerichtet. Die Entwürdigung des Menschen braucht auch ihre Organisation.
Der Matrosenobergefreite sitzt gelangweilt in einer der Schankstuben. Es gelingt dem Begleiter nicht, ihn aufzuheitern. Nach mehreren vergeblichen Versuchen, ihn für eines der Bordellmädchen zu interessieren, rückt er näher an ihn heran.
»Du, da hat sich einer in der Flottille absichtlich bei einer den Tripper geholt, kurz vorm Auslaufen seines Bootes. Du weißt, dafür gibt's Tatbericht. Und er hat sich lieber auf drei Monate verknacken lassen, als wieder 'rausfahren zu müssen.«
Das scheint nun doch auf Interesse zu stoßen, findet der Gefreite. Er schmückt deshalb den Vorfall, den er gehört hatte, mit allerlei Details

aus. Dabei ist er sich selbst nicht sicher, ob er eine derartige Selbstentscheidung mit Sympathie oder mit Abneigung schildern soll.
Die Reaktion des Obergefreiten kommt für den Kameraden überraschend. »Das ist alles Quatsch! Man muß aufs Ganze gehen! Ich glaube, ich habe da was Besseres.«
Dem Gefreiten wird es unbehaglich. Er will kein schlechter Kerl sein und den Kameraden nicht in etwas hineinreißen. Mit erzwungener Heiterkeit stürzt er sich in das Treiben des Bordells.
Später, als sie wieder in der Unterkunft angelangt sind, siegt die Neugier. »Was meintest du mit dem Besseren, das du hättest?«
Der Angesprochene zögert. Doch dann holt er das Flugblatt hervor. Der Gefreite liest es.
»Nun?« fragt gespannt der Obergefreite.
»Wo hast du das her?«
»Irgendeiner, ein Landser, hat es mir im Zug gegeben.«
»Mit welcher Absicht?«
»Frag nicht so blöd, Mensch! Steht doch alles drin. Vielleicht ist nicht alles wahr. Aber immerhin. Das ist das Bessere, was ich meine. Und, wenn vielleicht alle ...«
»Halt die Schnauze! Mensch, wenn das einer erfährt!«
»Was?«
»Daß wir beide es gelesen haben.«
Die ganze Nacht wälzt sich der Matrosengefreite auf seiner Koje hin und her. Er hat Angst. Was geschieht, wenn der andere jemandem den Wisch zeigt und ihm erzählt, daß auch ich ihn gelesen habe? Mir hat er ja auch den Wisch gezeigt.
Gleich nach dem Wecken geht er zum Oberbootsmaat. Dieser nimmt mit gespielter Sachlichkeit die Meldung entgegen. Denunziant! Er empfindet Mitleid mit dem Matrosenobergefreiten. Soll er weitermelden? Was aber, wenn der Gefreite es weitererzählt? Dann ginge es ihm dreckig. Die Angst ist stärker als das Mitleid. Er geht zum Wachoffizier.
Am selben Tag noch wird der Matrosenobergefreite festgenommen und in die Wehrmachthaftanstalt Brest gebracht, bis das Kriegsgericht tagt. Der vom Kommandanten unterschriebene Tatbericht lautet: Wehrkraftzersetzung und Aufwiegelung zur Meuterei.
Vor der angetretenen Besatzung gibt der Kommandant den bedauerlichen Fall, wie er es nennt, bekannt. Er spricht von Demoralisierung,

wie der Feind sie will, die nur durch festgefügte Kameradschaft überwunden werden könne.
Die Disziplin der Besatzung ist gerettet. Sein Boot kann am nächsten Tag mit einer »zuverlässigen« Mannschaft auslaufen.

Bis Juni 1944 wurden 836 Todesurteile an Angehörigen der faschistischen Kriegsmarine vollstreckt. Die Gesamtzahl der kriegsgerichtlichen Verurteilungen betrug im selben Zeitraum 6 850. Auf 100 000 Angehörige der Kriegsmarine kamen also 874 Verurteilungen. Die entsprechenden Vergleichszahlen betrugen bei der Luftwaffe 695 und beim Heer 529 Verurteilungen.
Die Führung der faschistischen Kriegsmarine hatte noch zu gut den November 1918 in Erinnerung. Auf keinen Fall sollte sich das wiederholen. Dönitz ließ rücksichtslos auch nur das geringste Anzeichen eines Nachdenkens ausmerzen.
Mit noch drakonischeren Mitteln als in Luftwaffe und Heer wurde aufkeimender Widerstand, bereits der Zweifel an der »Glorie« des faschistischen Systems, blutig erstickt.

Der »Schnorchel«

Die Lage für die faschistischen U-Boote im Atlantik wurde immer aussichtsloser. Obwohl Dönitz seit April 1942 über mehr U-Boote verfügte, als er einst für ausreichend erachtet hatte, um Großbritannien von seinen Zufuhren abzuschneiden, blieben die Erfolge aus. Die Zahl der Boote stieg in der Folgezeit noch erheblich an. Im Mai 1943 waren es bereits 436. Doch dann sank der Bestand bis September um 20 ab. Erst im Dezember waren die Verluste aufgeholt, und in den folgenden Monaten vergrößerte sich der Bestand wieder, während die Kurve des vernichteten alliierten und neutralen Schiffsraumes steil abfiel. Waren im ersten Halbjahr 1943 noch 1 877 381 BRT Schiffsraum versenkt worden, so betrug diese Ziffer im zweiten Halbjahr 708 524 BRT.
Die Angriffe auf die Geleitzüge endeten in der Regel mit Mißerfolgen, oft wurden dabei mehr U-Boote vernichtet als Handelsschiffe. Überraschungserfolge waren auch dann kaum noch zu erzielen, wenn die U-Boote in neue Operationsgebiete geschickt wurden. Das alliierte Überwachungsnetz hatte keine Lücken mehr. Die mit Radargeräten

ausgerüsteten Patrouillenflugzeuge flogen in der Regel in 3 000 Meter Höhe, ihre Radargeräte erfaßten dabei eine Kreisfläche mit einem Radius von etwa 80 Seemeilen. Selbst die Wetterlage brachte keine Vorteile für die U-Boote mehr. Im Nordatlantik waren die »Rudel« nur noch 2 bis 3 Boote stark.

Monat für Monat gingen U-Boote in einer großen Anzahl verloren. Im Verlauf des Jahres 1943 kehrten 237 Boote nicht zurück, und diese Verlustziffer hatte eine steigende Tendenz. Die Boote waren den neuen Bedingungen in keiner Weise gewachsen, vor allem ihre Tauchdauer und ihre Unterwassergeschwindigkeit waren viel zu gering. Nach wie vor verfügten sie über kein brauchbares Radarwarngerät, obwohl Ortungs- und Funkmeßspezialisten fieberhaft nach neuen Lösungen suchten. In den engen Türmen der U-Boote tauchten neue Geräte mit klingenden Namen auf, die bald wieder anderen Platz machten: »Metox«, »Gradin«, »Warze 1«, »Warze 2«, »Hagenuk«, »Borkum«, »Naxos«, »Fliege«, »Mücke«, »Tunis«, »Gema« und schließlich »Hohentwiel«. Auch das »Hohentwiel«-Gerät löste nicht das Problem, es war nur ein Notbehelf. Die U-Boote wurden zwar gewarnt, aber nicht geschützt.

Bei den mit aller Eile betriebenen Versuchen hatte es sich herausgestellt, daß bestimmte Plaste und Kautschuk die Funkmeßstrahlen nur schwach reflektierten. Deshalb versah man einige Versuchsboote mit einer Kautschukhülle. Die Praxis zeigte jedoch bald, daß dies keine günstige Lösung war. Weitere Versuche in dieser Richtung wurden aufgegeben, zumal der Naturkautschuk recht knapp war.

Schließlich schienen die Waffentechniker der faschistischen Kriegsmarine ein wirksames Mittel gefunden zu haben – den »Schnorchel«.

Der Dieselmotor des U-Bootes benötigte zur Verbrennung des Treibstoffes Sauerstoff. Da die im Boot vorhandene Luftmenge zu gering war, konnte der Dieselmotor nur mit Außenluft arbeiten. Der sicherste Schutz vor dem Radar blieb die Unterwasserfahrt. Wenn nun das Boot einen Luftmast erhielte, so könnte Frischluft angesaugt werden, ohne daß es auftauchen mußte.

Eine solche Lösung der Frischluftzufuhr war indessen keine neue Erfindung. Schon 1897 hatten Techniker auf einem amerikanischen U-Boot zwei solcher Luftmasten eingebaut, doch hatte man diese Vorrichtung nicht für unbedingt notwendig gehalten. 1925 war auf einem italienischen U-Boot versuchsweise ein »Schnorchel« eingebaut worden. Ende der zwanziger Jahre wurde auf niederländischen U-Booten ein Luftmast eingebaut, der jedoch nur der besseren Frischluftzuführung bei Überwasserfahrt in den Tropen diente. Beim Überfall auf die Niederlande waren 3 solcher Boote erbeutet worden, hatten aber nicht das Interesse der U-Boot-Führung erringen können. Erst 1943, als man fieberhaft nach technischen Lösungen suchte, die lange Tauchfahrten ermöglichten, entsannen sich die verantwortlichen Offiziere dieser niederländischen Konstruktion, die sie nun für die Bedürfnisse der Unterwasserfahrt weiterentwickelten. U 58, ein Boot vom Typ II C, war das erste Versuchsboot, das einen festeingebauten »Schnorchel« erhielt. Die Versuche, die im Sommer 1943 durchgeführt wurden, brachten überraschende Ergebnisse. Bald danach konnte das erste U-Boot vom Typ VII C mit einer verbesserten »Schnorchel«-Konstruktion ausgerüstet werden. Um zu verhindern, daß Seewasser durch den Luftmast ins Boot schlug, besaß der Schnorchelkopf am Ende des Luftmastes, der aus dem Wasser ragte, ein Schwimmventil, das den Mast bei Seegang selbsttätig verschloß. Seiner geringen Größe wegen konnte der Kopf kaum von einem Radargerät erfaßt werden. Die Entfernung mußte schon sehr gering sein, wenn das herausragende Mastende auf dem Bildschirm des Radargeräts erscheinen sollte. Das war die Lösung, einfach und genial, wie man glaubte.

Sofort wurden alle Frontboote der Typen VII C und IX mit dem »Schnorchel« ausgerüstet. Bei den künftigen U-Booten vom Typ XXI und XXIII wurde ein ausfahrbarer »Schnorchel« bereits in der Konstruktion eingeplant.

Der Einsatz gefährdete die Boote jetzt weniger, vor allem dort, wo bisher die meisten Verluste verzeichnet wurden. Die U-Boote konnten jetzt die besonders gefährdeten Gebiete, wie die Biscaya, in Unterwasserfahrt passieren, ohne die Batterien zu erschöpfen.

Der Jubel um die neue Erfindung kam jedoch zu früh, neue Schwierigkeiten traten auf. Durch das Rattern der Diesel wurde das Boot gewissermaßen taub, das laute Dröhnen überlagerte im Horchgerät die anzupeilenden Geräusche, während gleichzeitig die gegnerischen Empfangsgeräte das Boot in größerer Entfernung ausmachen konnten. Besonders nachts, wo im ausgefahrenen Sehrohr der Dunkelheit wegen nichts zu sehen war, konnte das zum Verhängnis werden. Bald stellte sich heraus, daß beim »Schnorchel« die Diesel einer wesentlich größeren Beanspruchung ausgesetzt waren, die bei der Konstruktion des

U-Boot-Typs nicht vorauszusehen gewesen war. Auch die Erhöhung der physischen Belastung für die Besatzung erschwerte den Einsatz der U-Boote. Die Besatzungen der zu den Frontflottillen abgehenden Boote erhielten zwar im Winter 1944 in dem südnorwegischen Stützpunkt Horten eine mehrtägige Ausbildung im »Schnorcheln«, doch die meisten Besatzungen konnten nur kurze Versuche mit dem neuen Gerät in Hafennähe durchführen, bevor sie ausliefen.
Bei schwerem Wetter schlug die »Schnorchel«-Klappe oft zu oder Wasser drang in den Luftmast, die Luftzufuhr fiel aus. Liefen die Diesel weiter, und das war meist der Fall, so brauchten sie bald den im Boot vorhandenen Sauerstoffvorrat auf.
Bei schlechter Bedienung kam es vor, daß die Abgase ins Boot geleitet wurden. In kürzester Zeit war dann die Luft mit dunkelgrauem und rußigem Qualm durchsetzt. Wenn infolge der Unterbrechung der Frischluftzufuhr die Diesel abgewürgt wurden, stieg der Kohlenstoffdioxidgehalt der Atemluft schnell an. Dann half nur noch der »Tauchretter«, die Sauerstoffmaske. Aber gar zu oft ergriff sie einer zu spät, und die anderen mußten dem Bewußtlosen das unhandliche Gerät anlegen.
Die von der Einführung des »Schnorchels« erhoffte Wende blieb aus. Zwar wurde die Wirksamkeit des Radargeräts eingeschränkt, aber nicht die Unterwasserortung, an deren Verbesserung der Gegner weitergearbeitet hatte. Außerdem waren die Geleitzüge so gesichert, daß es für ein getauchtes Boot immer schwieriger wurde, in Schußnähe zu kommen. Die Anwendung der Taktik, sich in einen Geleitzug hineinsacken zu lassen und dann überraschend zum Angriff aufzutauchen, wie noch vor einem Jahr, kam einem Selbstmord gleich. Vom Januar bis März 1944 überqueren 3 360 Handelsschiffe in 105 Geleitzügen den Atlantik. Dabei gingen nur 3 Schiffe verloren, aber 29 der angreifenden U-Boote wurden vernichtet. In diesen drei Monaten büßte die faschistische U-Boot-Waffe insgesamt 51 Boote ein. Anfang Mai operierten nur noch 5 Boote im Nordatlantik, die in kurzer Zeit von den Sicherungsfahrzeugen der Geleitzüge vernichtet wurden.
Dennoch schickte die faschistische U-Boot-Führung die Boote weiterhin zum Einsatz. Sie sollten immer wieder schwache Stellen in der Abwehr finden und sofort ausnutzen. Dem einen oder anderen von ihnen glückte noch ein Abschuß, die meisten wurden jedoch bereits vorher aufgespürt und vernichtet. Dönitz setzte seine ganze Hoffnung auf die neuen U-Boote, die in Kürze die Werften verlassen würden.

Das »Wunderboot« bleibt Propaganda

Die Boote des neuen Bauprogramms sollten spätestens ab Herbst 1944 zum Einsatz gelangen, doch immer neue Schwierigkeiten hatten den Termin verzögert. Schließlich, gegen Ende 1944, lief der Serienbau der Boote vom Typ XXI und XXIII an, aus Zeitnot war auf die Erprobung von Versuchsbooten verzichtet worden. Die notwendigen Erfahrungen würde man auch so beim praktischen Einsatz sammeln und beim Weiterbau berücksichtigen können.

Da die Forderungen der U-Boot-Führung unerhört groß waren, bauten einige Werften die herkömmlichen Typen weiter. Nach kurzer Ausbildungszeit wurden die neuzusammengestellten Besatzungen mit diesen Booten in den Atlantik geschickt, »zum Verheizen«, wie die Matrosen es nannten.

Standardboot bis 1944 war der Typ VII C, eine Weiterentwicklung der Typen VII A und UB III. Es war ein reines Zweihüllenboot mit einer Wasserverdrängung von 671 Tonnen über Wasser und 719 unter Wasser. Es besaß je zwei Dieselmotoren und E-Maschinen. Zwischen 1940 und 1944 wurden 572 Boote dieses Typs gebaut. Während des Krieges wurden an diesem VII-C-Grundtyp Konstruktionsänderungen, besonders an der Tonnage und Bewaffnung vorgenommen. Die 87 Boote des Typs VII C/41 hatten mit 749 Tonnen (über Wasser) eine höhere Wasserverdrängung, die sich beim Typ VII F sogar auf 1 087 Tonnen (über Wasser) erhöhte. Dafür konnte dieses Boot bis zu 39 Torpedos an Bord nehmen.

Ein weiterer häufig vor 1944 gebauter U-Boot-Typ waren die Boote der Typen IX C und IX C/40. Das IX-C-Boot wies eine Wasserverdrängung (über Wasser) von 1 120 Tonnen auf. Beide Bootstypen besaßen 4 Bug- und 2 Hecktorpedorohre. Ihre Fahrstrecke betrug bei 12 Knoten über Wasser 11 000 Seemeilen, unter Wasser bei 4 Knoten Fahrt 63 Seemeilen. Von beiden Typen wurden insgesamt 161 Boote gebaut. Über den Typ IX D 1, von dem nur zwei Boote gebaut worden waren, entwickelte man von 1940 bis 1942 den Typ IX D 2, der eine Wasserverdrängung (über Wasser) von 1 616 Tonnen hatte. Dieses Boot war vor allem für weitreichende Operationen gedacht. Seine Fahrstrecke betrug nahezu 24 000 Seemeilen.

Der Typ XB, nur bis zum Jahre 1942 gebaut, mit 1 763 Tonnen Wasserverdrängung (über Wasser), war vor allem als Minenleger gedacht, doch wurde dieses U-Boot auch zu Angriffen und als Versorgungsschiff verwendet.

Der Typ XIV bewährte sich nicht im Einsatz. Das 1 688 Tonnen große Boot baute man bald zum U-Tanker um.

Ab 1944 wurde der Typ XX auf Kiel gelegt. Dieses Boot galt als Vorstufe des neuen U-Boot-Bauprogramms, das vor allem die Serienfertigung des Typs XXI umfaßte. Es war bereits ein sogenanntes Doppelstockboot, der Bootskörper hatte ein eingezogenes Zwischendeck.

Von diesen Bootstypen wurden noch verschiedene Varianten entwickelt, die aber keine besondere Bedeutung erlangten.

Nach der Pariser Besprechung im Herbst 1942 und seiner Ernennung zum Oberbefehlshaber der Kriegsmarine setzte Dönitz durch, daß der Bau der alten Typen zugunsten von Neuentwicklungen gestoppt wurde. Lediglich der VII-C-Typ wurde weiterhin gebaut, zunächst sogar in größerer Zahl.

Mit der Kiellegung des ersten Bootes vom Typ XXI im Dezember 1944 lief das neue Bauprogramm an. Die Bezeichnung »auf Kiel legen« traf eigentlich nur symbolisch zu, da das Boot in der Bauwerft nur noch aus den einzelnen Blocksektionen zusammengesetzt wurde, die in kleineren Zubringerwerften angefertigt worden waren. Ein solches Verfahren war völlig neu, es galt bisher für undurchführbar.

Der neue Typ war ein 1 621-Tonnen-Boot, in dessen unterer Kalotte eine gewaltige Akkumulatorenbatterie und die Motorenanlagen untergebracht waren, während den oberen Teil die Wohn- und Vorratsräume einnahmen. Die Energiemenge der Akkumulatoren erlaubte dem Boot, bei einer Geschwindigkeit von 6 Knoten 285 Seemeilen unter Wasser zurückzulegen. Beim VII-C-Typ betrug diese Strecke nur 90 Seemeilen.

Die Spitzengeschwindigkeit bei Unterwasserfahrt lag bei 17,5 Knoten. Die der älteren Bootstypen hatte zwischen 6 und 8 Knoten gelegen. Die gegen Kriegsende gebauten U-Boote vom Typ XVII und XVII B erreichten mit 25 Knoten sogar noch größere Spitzengeschwindigkeiten, doch reichte eine Unterwasserfahrt von 17 Knoten meist, einem verfolgenden Kriegsschiff davonzulaufen. Britische Korvetten vom Typ »Flower« und »Castle« erreichten nur Geschwindigkeiten von 16 Knoten. Fregatten und Zerstörer brachten zwar oft Geschwindigkeiten von über 25 Knoten, doch man war bei der Konstruktion der neuen U-Boote davon ausgegangen, daß die Mehrzahl der bei der Geleitsicherung eingesetzten Einheiten langsamere Schiffe, oft sogar nur umgerüstete Fischereifahrzeuge, wären, denen die U-Boote leicht davonlaufen konnten.

Das Horchgerät »Balkon« warnte das Boot unter Wasser vor Überraschungen, unter günstigen Umständen erfaßte es einen Horchbereich bis zu 40 Seemeilen. Der auf dem Wasser schwimmende »Schnorchel«-Kopf trug einen geriffelten Überzug aus synthetischem Kautschuk und war so nur äußerst schwer von Radargeräten zu erfassen. Für die Besatzung gab es wesentlich verbesserte Wohnverhältnisse. Der Bugtorpedoraum war nicht mehr zugleich Mannschaftsunterkunft, sondern fast eine Maschinenhalle. Die Reservetorpedos konnten mit wenigen Handgriffen maschinell in die leergeschossenen Rohre geschoben werden.

Dieser Typ war eine Weiterentwicklung der konventionellen U-Boote, eine prinzipielle Neuerung war er nicht.

Neben dem großen Boot wurde gleichzeitig der etwas langsamere Typ XXIII entwickelt. Dieses 200-Tonnen-Boot war für den Einsatz im küstennahen Seegebiet wie in der Nordsee und im Atlantik westlich der Britischen Inseln gedacht, wo die ankommenden Geleitzüge vor den Zielhäfen abgefangen werden sollten.

Das Boot erreichte eine maximale Unterwassergeschwindigkeit von 12,5 Knoten und war ungemein wendig. Es konnte bei einer Geschwindigkeit von 4 Knoten 175 Seemeilen in Unterwasserfahrt zurücklegen. Wenig Zeit genügte, um mit Hilfe des »Schnorchels« und der Dieselanlage die Batterien nachzuladen. Fast während seines ganzen Einsatzes, der nur wenige Tage dauerte, sollte das Boot getaucht fahren, um so den gegnerischen Flugzeugen entzogen zu sein, die das küstennahe Gebiet ständig unter Kontrolle hielten. Auch bei diesem Typ hatte man aus Zeitnot auf eine Erprobung verzichtet, er wurde sofort zum Fronteinsatz freigegeben.

Auf diese Bootstypen setzte die faschistische U-Boot-Führung neue Hoffnungen. Im Angesicht der unabwendbaren Niederlage auf allen Kriegsschauplätzen versuchte Dönitz mit waffentechnisch verbesserten U-Booten die Initiative im Seekrieg zu erringen oder zumindest solche Versenkungsziffern zu erreichen, daß die amerikanische und britische Regierung für Separatverhandlungen geneigt würden. Solche Vor-

stellungen des Oberbefehlshabers der Kriegsmarine und seiner engsten Vertrauten der Seekriegsleitung ordneten sich völlig in die Pläne der obersten militärischen und politischen Führung des imperialistischen Deutschlands ein, obwohl für die letztere die Weiterführung des U-Boot-Krieges nur ein Mittel zur Erreichung ihrer Ziele war. Weitaus größere Bedeutung maß das OKW der Abwehr einer Landung anglo-amerikanischer Streitkräfte an der Atlantikküste bei. Hitler meinte, daß der Schock bei einer solchen Niederlage so groß wäre, daß Separatverhandlungen die unmittelbare Folge sein müßten. Zumindest aber würde eine Wiederholung der Landung für lange Zeit nicht zu befürchten sein.
Erst Anfang 1945 wurden die ersten neuen Boote in Dienst gestellt. In aller Eile mußten sich frisch zusammengestellte Besatzungen mit ihnen bei Übungsschießen und Tauchmanövern in der südlichen Ostsee und im Kattegat vertraut machen. Erfahrene Mannschaften und Offiziere standen kaum zur Verfügung, nahezu alle Besatzungsmitglieder waren neu zu den U-Booten kommandiert worden.
Bis Ende April 1945 wurden 120 Boote vom Typ XXI und 61 vom Typ XXIII in Dienst gestellt. Von den letzteren wurden noch gegen Ende April einige an die englische Küste geschickt, Erfahrungen zu sammeln. Zu Versenkungserfolgen kam keines der Boote. Vom ersten Typ lagen kurz vor Kriegsende 20 einsatzbereite Boote in norwegischen Stützpunkten. Ende April – die Existenz des »Großdeutschen Reiches« konnte nur noch Stunden dauern – wurde eines von ihnen, U 2511, unter einem erfahrenen Kommandanten, Korvettenkapitän Schnee, zur Erprobung unter Kampfbedingungen ins Karibische Meer entsandt. Das Boot sollte alle Risiken wagen, damit sämtliche Mängel erkannt würden. Wie 1918 wollte die Seekriegsleitung ein Boot besitzen, das in einem neuen Krieg verwendet werden konnte. Obwohl der Krieg noch nicht beendet war, wurde für einen kommenden schon die Vorbereitung getroffen. Doch nur bis zu den Färöer Inseln kam U 2511, dann wurde es nach Norwegen zurückbeordert – das faschistische Deutschland kapitulierte bedingungslos.

All diese Maßnahmen waren im Grunde nichts anderes als ein letztes, verzweifeltes Aufbäumen des faschistischen Regimes, das sein unabwendbares Ende hinauszögern wollte. In dem Maße, wie sich die Armeen der Antihitlerkoalition dem Zentrum Deutschlands näherten,

klammerten sich die faschistischen Führer an die Hoffnung, durch die Entwicklung und den Einsatz neuer »kriegsentscheidender« Waffen ihre völlige militärische Niederlage abzuwenden. Die Idee von den »Wunderwaffen«, die in Kürze den Endsieg bringen würden, war geboren. Die Propagandamaschine des Goebbelsministeriums wurde nicht müde, die Hoffnung darauf zu nähren.
Das Ziel, das Dönitz — ebenso wie die anderen faschistischen Führer — mit den neuen Waffen erreichen wollte, sah nach dem Zeugnis seines Adjutanten Lüdde-Neurath etwa folgendermaßen aus: »Dann kann man mit verlängerten Fernwaffen und den neuen U-Booten wieder selbst Schläge austeilen, um England zwar nicht friedensreif, aber vielleicht doch friedensbereit zu machen. Denn irgendwann kommt für die kaufmännisch denkenden Engländer der Moment, wo die Opfer an Blut und Geld die Fortsetzung des langen Ringens nicht mehr lohnen. Dann haben wir eine Basis gewonnen, auf der Deutschland verhandeln kann und vor dem Schicksal der bedingungslosen Kapitulation bewahrt bleibt.«
Es dauerte nicht lange, und Gerüchte über ein »Wunderboot« begannen auch unter den Angehörigen der faschistischen Kriegsmarine zu kursieren. Die meisten waren sich darin einig, daß dieses »Wunderboot« nur eine Art U-Boot sein konnte, doch darüber, worin es sich von den herkömmlichen Booten unterschied, konnte niemand etwas Genaues sagen.
Nach dem Krieg wurde das Geheimnis des »Wunderbootes« gelüftet. Es war kein anderes als das in eingeweihten Kreisen bereits seit langem bekannte Walter-Boot, dessen 312 Tonnen großer Prototyp bereits Mitte November 1943 erstmalig in Dienst gestellt worden war und die Bezeichnung XVII erhalten hatte. Eine etwas größere Version kam als XVII B 1944 in Serie. Von ihm wurden bis Kriegsende nur 5 fertiggestellt.
Nach der Pariser Besprechung hatte der Konstrukteur mehr Mittel erhalten, um seine Entwicklung verbessern zu können. Im Herbst 1944 erreichten die Arbeiten daran einen Stand, der den Beginn eines umfangreichen Serienbaus ab Frühjahr 1945 erwarten ließ. Man gab der Weiterentwicklung die Bezeichnung Typ XXIV. Es war ein 900-Tonnen-Boot, das wie die anderen Walter-Boote unter Wasser 24 Knoten erreichen sollte. Nach 6 Stunden mußte es auftauchen. Es besaß 4 Bugtorpedorohre und an jeder Seite 3 nach achtern gerichtete

Rohre. Abgesehen von der beachtlichen Unterwassergeschwindigkeit waren das keine ungewöhnlichen Eigenschaften. Das Neue bestand in der Antriebsart. Herzstück des Bootes war eine Verbrennungsturbine, der der notwendige Sauerstoff in Form von achtzigprozentigem Wasserstoffsuperoxid beigegeben wurde. Damit brauchte kein Luftsauerstoff mehr zugeführt zu werden – das Walter-Boot war damit zu einem echten Unterseeboot geworden. Allerdings hatte der Konstrukteur auf die herkömmlichen Antriebsmittel – Diesel und E-Maschine – noch nicht verzichtet, die Arbeitsdauer der Turbine war zu gering.

Bei ihrem Einmarsch in Blankenburg im Harz, wo sich ein Konstruktionsbüro der Kriegsmarine befand, fielen der amerikanischen Armee die Konstruktionsunterlagen des Walter-Bootes in die Hände, während die britischen Truppen in Cuxhaven auf zwei unzerstörte Exemplare dieses Bootstyps stießen, die ein Ingenieuroffizier zwar befehlsgemäß auf Grund gelegt hatte, die aber wieder gehoben werden konnten. Beide Seiten erkannten bald, welch interessante Beute sie gemacht hatten, und suchten sie in ihren alleinigen Besitz zu bringen.
Zum Einsatz waren die vorhandenen Prototypen nicht mehr gekommen, und der Serienbau war durch das Kriegsende verhindert worden.

Ins »nasse Dreieck« zurück

»Es ist eine Nachricht an meine Frau.« Mit diesen Worten reicht ein Verwaltungsmaat im U-Boot-Bunker von Saint Nazaire dem Zentralemaaten eines auslaufenden U-Bootes einen Brief.
»Du kannst dich darauf verlassen, Kuddel! Ja, und haltet hier die Ohren steif!«
»Ich bin der zweiten Kompanie zugeteilt. Wir gehen morgen in Stellung.«
»Alles Scheiße!«
»Ja, alles, Erich!«
»Dann mach's gut. Den Brief gebe ich auf. Das heißt, wenn ...« Der Zentralemaat spricht nicht weiter.
»Ist doch klar«, antwortet gedrückt und zurückhaltend der Verwaltungsmaat, und beide denken das gleiche: Wenn das Boot Norwegen erreicht!

Plötzlich holt der Zentralemaat einen gefalteten Zettel aus der Tasche und drückt ihn dem Verwaltungsmaat hastig und verstohlen in die Hand.
»Was ist das?«
»Frag' nicht! Steck ein!«
Der Verwaltungsmaat dachte erst, sein Gegenüber wolle ihm als Trost noch einen Geldschein in die Hand drücken. Er wirft einen Blick auf den Zettel, und seine Augen weiten sich. »Aufruf an die deutschen Offiziere und Soldaten im Kessel von Lorient–St. Nazaire!
Kameraden! Hitlers Niederlage steht nun unmittelbar bevor. Jeder von Euch, der ernst über die Lage nachdenkt, wird zu der Einsicht kommen: Hitler hat uns in eine Sackgasse geführt. Euch ist der Rückzug abgeschnitten! Das O. K. W. hat Euch abgeschrieben. Für wen kämpft Ihr noch? Nehmt Verbindung auf mit den Frontbevollmächtigten der Bewegung ›Freies Deutschland‹.«
»Sag, bist du wahnsinnig?« stößt der Verwaltungsmaat hervor. »Nicht so laut!« zischt der Zentralemaat. »Ich dachte man bloß, es interessiert dich. Mir nützt es ja nicht mehr. Eines Morgens lag das Ding direkt auf der Stelling. Wäre bald darüber gestolpert, als ich aufs Boot wollte!«
Der Verwaltungsmaat zerknüllt das Flugblatt und wirft es verächtlich ins Wasser. Dabei denkt er, dieser feige Hund, gibt mir diesen Wisch und haut mit dem letzten Boot in die Heimat ab.
Der Zentralemaat zieht die Schultern hoch, und ohne noch ein Wort zu sagen, dreht er sich um und geht davon.
Langsam gleitet U 267 aus der großen Bunkerhalle. Die Kommandos und Rufe hallen unwirklich laut. Es ist das letzte Boot, das diesen westfranzösischen Stützpunkt verläßt.
Überall im auslaufenden Boot sind Postsäcke, Aktenbündel oder Kisten mit Dokumenten verstaut. Die Gesichter der Ausfahrenden sind heiterer als die der Zurückbleibenden. Dennoch klingen die Scherze gezwungen, die sie zur Rampe hinüberrufen. Und ihre Trostworte sind sogar eine Lüge, in der die Erleichterung mitschwingt, aus dieser Falle endlich herauszukommen. »Haltet aus, wir kommen wieder!«
Bald überschattet eine Sorge diese gekünstelte Heiterkeit: Wird das Boot ungeschoren um die Britischen Inseln nach Norwegen gelangen?
Nun ist die Bunkerhalle leer. Nur auf der Anlegerampe stehen noch

die Zurückbleibenden. An das einst laute Treiben gewöhnt, erschreckt sie jetzt die merkwürdige Stelle ringsum.
Der Verwaltungsmaat steht nachdenklich auf der Rampe, obwohl das U-Boot in der Abenddämmerung längst nicht mehr sichtbar ist. Seine Gedanken begleiten die Glücklichen, wie er sie nennt. Es ist die letzte Chance gewesen, aus Saint Nazaire ausgefahren zu werden, und er hat es nicht geschafft, trotz seiner Beziehungen als Fourier der Flottille. Der Flottillenchef, der Verwaltungsoffizier und alle die Herren vom Kapitänleutnant an aufwärts haben die Notwendigkeit ihrer Anwesenheit im neuen norwegischen Stützpunkt beweisen können und sind rechtzeitig ausgefahren worden.
Er will davongehen. Sein Blick fällt auf das zerknüllte Flugblatt im Wasser, das träge an der Betonpier auf und nieder schwappt. Er fühlt sich unsagbar verlassen. Ohne es zu wollen, denkt er an seine Frau. Als folge er einem Zwang, läßt er sich jetzt auf die Knie nieder, legt sich flach auf den Bauch und angelt mit einer Hand nach dem schwimmenden Papier. Rasch steht er auf, wischt das Flugblatt ab und steckt es ein.

Weit über hundert Bunkerplätze der U-Boote an der französischen Atlantikküste waren nun verwaist. Die riesigen Betonklötze, einst von einer großen Zahl von Zwangsarbeitern erbaut, dienten jetzt als bombensichere Materialspeicher und Befehlsstände der eingeschlossenen »Atlantikfestungen«. Die Schlupfwinkel der »Grauen Wölfe« waren nutzlos geworden, als am 6. Juni 1944 die Invasion begann. Amerikanische, britische und kanadische Truppen betraten in der Normandie das europäische Festland und bildeten mehrere Landeköpfe, die bald vereinigt wurden.
Die U-Boote hatten, ebenso wie die anderen Teile der faschistischen Wehrmacht, die Landung nicht verhindern können. Die gegnerische Luftsicherung war bereits so stark, daß zwischen dem 6. und 10. Juni 6 U-Boote auf dem Marsch von den Biscaya-Stützpunkten zum Kanal vernichtet und viele weitere schwer beschädigt wurden. Erst am 15. Juni erreichte ein einzelnes U-Boot die Landungsküste. Auch von Norwegen aus waren U-Boote zur Küste der Normandie in Marsch gesetzt worden, doch sie erlitten ebenfalls große Verluste durch britische Flugzeuge. Erst am 28. Juni gelangte ein mit einem »Schnorchel« ausgerüstetes U-Boot im Kanal zu einem größeren Erfolg. U 984 ver-

senkte 4 Schiffe eines Geleitzuges. Doch das blieb ein Einzelerfolg, der keinerlei Auswirkung auf die Kämpfe in Frankreich hatte. Ende Juli stieß eine amerikanische Armee von der Normandie aus nach Süden in Richtung Nantes, Saint Nazaire und Lorient vor. Die U-Boot-Stützpunkte am Atlantik wurden zu »Festungen«, die von der See- und der Landseite blockiert wurden. Das anglo-amerikanische Oberkommando legte keinen besonderen Wert darauf, diese schmalen Küstenstreifen zu erobern. Nachdem die Sowjetarmee die faschistischen Hauptkräfte bereits zerschlagen und sie vom Territorium der Sowjetunion vertrieben hatte, befürchteten die britische und amerikanische Führung, daß die Rote Armee auch allein in der Lage sei, das faschistische Deutschland endgültig niederzuringen und den Krieg siegreich zu beenden. So hatten sie es plötzlich sehr eilig vorzustoßen und beschränkten sich deshalb darauf, die von der faschistischen Propaganda hochgerühmten »Atlantikfestungen« sowohl von See als auch von Land her zu blockieren. Für den Seekrieg, vornehmlich als Stützpunkte für die faschistischen U-Boote, waren die westfranzösischen Häfen nicht mehr zu gebrauchen.

Mit dem Ausscheiden Italiens aus der faschistischen Kriegsachse hatte sich das Kräfteverhältnis im Mittelmeer weiter gewaltig zuungunsten des faschistischen Deutschlands verändert. Der Seekrieg im Mittelmeer war so gut wie zum Erliegen gekommen, als die italienische Flotte in den britischen Stützpunkt Malta einlief. Nur 13 U-Boote versuchten zu Ende des Jahres 1943 von La Spezia und Toulon aus noch in das Geschehen einzugreifen, ein Unterfangen, das zwar gelegentlich Erfolge brachte, aber auf die Dauer nur die Zahl der Boote schrumpfen ließ. Neue Boote konnten kaum noch ins Mittelmeer überführt werden, weil von Gibraltar, Malta, Mersel-Kebir und von anderen Stützpunkten aus die alliierten Streitkräfte das westliche Mittelmeer beherrschten. Nach der Versenkung der letzten Boote mußten Admiral Kreisch, der FdU Mittelmeer, und sein Stab nach Deutschland zurückkehren.

Auch im Schwarzen Meer, wohin einstmals auf dem Landwege einige 250-Tonnen-U-Boote gebracht worden waren, fand der U-Boot-Krieg sein Ende, als die Rote Armee im August 1944 die Heeresgruppe Südukraine zerschlug und Rumänien und Bulgarien befreite. Die übriggebliebenen U-Boote wurden in den rumänischen Häfen oder vor der türkischen Küste selbstversenkt, und ihre Besatzungen wurden

Alarmeinheiten des Heeres zugeteilt oder suchten die neutrale Türkei zu erreichen.
Im Atlantik nahmen die Geleitzüge zwischen den Vereinigten Staaten und den Britischen Inseln immer riesigere Ausmaße an. Konvois mit 150 Schiffen waren keine Seltenheit. Sie waren so gesichert, daß für angreifende U-Boote kaum eine Chance bestand, Erfolge zu erzielen. Die von Westfrankreich nach Norwegen evakuierten U-Boote suchten deshalb auch ihre Nähe zu meiden, obwohl die Kommandanten den Befehl hatten, den Gegner überall anzugreifen.

Die ständige »Schnorchelfahrt« zehrt an den Nerven der Besatzung von U 267. Keiner weiß, was außerhalb des Bootes vor sich geht. Die Dieselanlage erzeugt einen derartigen Lärm, daß mit dem Horchgerät keine Peilung aufzufangen ist. Auch mit dem Sehrohr, das ständig während der »Schnorchelfahrt« ausgefahren wird, ist nicht viel zu erkennen, die Sichtweite ist begrenzt und durch das Wetter meist behindert.
Die Stimmung der Matrosen ist gedrückt. Entweder liegen sie auf ihren Kojen oder verrichten schweigend ihren Dienst. Bei Wachwechsel trampeln alle über die Postsäcke achtlos hinweg.
Rrrumms! Rrrumms!
Zwei gewaltige Detonationen erschüttern das Boot. Der Zentralemaat fliegt von seiner Koje auf den Schlingerschutz schräg unter ihm. Sein Arm schmerzt. Er achtet nicht darauf. Er hastet auf seine Gefechtsstation in die Zentrale. Dabei muß er sich überall festhalten, so schaukelt das Boot.
An sein Ohr dringen Schreie. Aber Worte versteht er nicht. Der Diesel hört auf zu rattern. Das Summen der E-Maschine nimmt er befriedigt wahr. Gottlob, das Boot ist intakt! In der Zentrale angekommen, hört er die Befehle des LI an die Tiefenrudergänger. Jetzt erst merkt er, daß die Notbeleuchtung eingeschaltet ist.
»Fliegerbomben«, stellt irgend jemand fest.
Ein Luftwaffenoffizier, der es geschafft hat, mit ausgefahren zu werden, zittert vor Angst.
»Ein Bewacher hat uns geortet«, flucht der Kommandant, »und das herbeigerufene Flugzeug hat den ›Schnorchel‹ gefunden.« — »Wasser im Vorschiff!«
»Los, an die Lenzpumpen!« befiehlt der Kommandant.

»Bei dem Außendruck?« Der LI ist skeptisch. »Wir sind schon hundertachtzig Meter im Keller.«
»Wieder 'raufgehen, damit es die Lenzpumpen schaffen!«
Der LI hat Mühe, das Boot hochzudrücken, durch den Wassereinbruch wird es immer schwerer.
Endlich springen die Lenzpumpen an.
Von Minute zu Minute wird es schwieriger, das Boot auszupendeln. Es kurvt zwischen 40 und 30 Metern unter der Wasseroberfläche auf und ab.
Die Postsäcke auf den Bodenplatten sind ein zerweichter und zertrampelter Brei geworden. Die Briefe werden ihre Empfänger nicht mehr erreichen.
»Schraubengeräusche in siebzig Grad«, verkündet der Horcher. Gleich darauf sind Asdic-Impulse deutlich zu hören. Dann bricht das Unheil über das Boot herein. Krachen und Bersten von allen Seiten. Die Besatzung wird wild durcheinandergeschüttelt. Ausfall auf Ausfall wird gemeldet. Auch die Notbeleuchtung beginnt zu flackern, verlischt und flammt wieder auf. Ein Wunder, daß das Boot noch schwimmt und seine Schrauben sich drehen. Über den Bodenplatten steigt das Wasser immer höher. Die Postsäcke, Kisten und Aktenbündel sind bereits teilweise vom Wasser bedeckt. Und das Krachen der Wasserbomben hält an.
Die Besatzung arbeitet fieberhaft an den Lenzpumpen und den Tiefenrudern, die man längst auf Handbetrieb hat umstellen müssen, an der E-Maschine und an den Manometern, die immer wieder durch den Detonationsdruck zerspringen. Mancher verflucht auf einmal seine Freude, die er empfunden hat, als das Boot ausgelaufen ist. Die in Saint Nazaire haben es jetzt gut ...
Gegen Mitternacht verstummen die Explosionen. Es ist die höchste Zeit, die Spannung der Batterien ist stark abgesunken.
Das Boot geht dicht an die Wasseroberfläche und fährt den Luftmast aus. Auf gut Glück wird der Diesel angeworfen. Durch das Sehrohr ist in der Dunkelheit nichts erkennbar. In »Schnorchelfahrt« werden in aller Eile die Batterien aufgeladen, während sich die Besatzung ununterbrochen abmüht, das Boot schwimmfähig zu halten.
Das Boot erreicht den norwegischen U-Boot-Stützpunkt Bergen. Durchnäßt und erschöpft klettern die Insassen aus den Luken.
Während ein Prahm längsseits anlegt und die Lenzpumpenschläuche

ins Boot hineingesteckt werden, beginnt ein Arbeitskommando das zermatschte Postgut auf einen Leichter zu laden. Werftarbeiter fallen über das havarierte Boot her, um es so schnell wie möglich wieder einsatzbereit zu machen.
Der Zentralemaat, der dem Arbeitskommando zusieht, greift in die Brusttasche seines Arbeitspäckchens. Ein zerfleddertes Etwas, das in nichts an den Brief des Verwaltungsmaaten erinnert, zieht er heraus. Er wirft die Papiermasse über Bord.

Die meisten der faschistischen U-Boote waren in ihre Ausgangsstützpunkte zurückgedrängt worden und operierten vornehmlich im »nassen Dreieck«, wie die U-Boot-Besatzungen die Deutsche Bucht nannten. Nur von den verbliebenen norwegischen Stützpunkten liefen U-Boote zu größeren Unternehmen aus, ins Nördliche Eismeer, in den Atlantik oder in den Indischen Ozean, noch weniger kehrten zurück. 1944 wurden insgesamt 248 U-Boote vernichtet. Zuweilen gelang es den U-Booten, den sorglos gewordenen Gegner zu überrumpeln und bescheidene Erfolge zu erringen, so U 978 unter Oberleutnant Pulst im Kanal, U 1232 unter Oberleutnant Roth im Golf von Maine vor der amerikanischen Küste und U 1227 unter Oberleutnant Altmeier sogar vor Gibraltar. Den Propagandamachern reichten ihre Abschüsse für neue Sondermeldungen, es waren zu dieser Zeit auch die einzigen »Siege«, die die faschistische Wehrmacht noch zu verzeichnen hatte.
Ja, im März 1945 glaubte Dönitz, noch einmal die »Rudeltaktik« anwenden zu können, und schickte 6 große U-Boote in den Mittelatlantik. Sie wurden indessen schnell entdeckt und vernichtet.

Selbstversenken oder nicht?

Am letzten Tag des Januar überschreitet die Rote Armee nördlich Küstrin die Oder. Der neue Brückenkopf bei Wriezen ist nur 30 Kilometer vom Hauptquartier »Koralle« bei Bernau nördlich von Berlin entfernt, wo Dönitz den U-Boot-Krieg dirigiert. Das OKM bereitet die Räumung vor. Als erster Stab wird die U-Boot-Führung nach Sengwarden bei Wilhelmshaven, dem einstigen Hauptquartier des BdU, verlegt. Im sechsten Kriegsjahr kehrt der Stab an die Stätte früherer Verbrechen zurück. Als Oberbefehlshaber soll Dönitz in Berlin in der

Nähe Hitlers bleiben. Doch wie alle anderen führenden Faschisten sucht auch Dönitz nach einer Möglichkeit, Berlin, dem die Einschließung droht, zu verlassen. Hitler selbst gibt schließlich Dönitz die Möglichkeit dazu.
Der faschistische Machtbereich ist auf einen schmalen Streifen von Norwegen und Dänemark bis Norditalien zusammengeschrumpft, in dessen ungefährer Mitte Berlin liegt, auf das eine mächtige Offensive der Roten Armee zielt. Von Westen her drängen die anglo-amerikanischen Truppen nach Osten vor. Die Truppen der beiden Hauptmächte der Antihitlerkoalition scheinen das »Dritte Reich« an seiner schmalsten Stelle wie mit einer Zange zertrennen zu wollen. Deshalb erläßt Hitler am 15. April einen Befehl für den »Fall einer Unterbrechung der Landverbindung«, in dem er anordnet: »Für denjenigen abgetrennten Raum, in dem ich selbst nicht anwesend bin, führt die gesamten militärischen Operationen ein von mir bestimmter Oberbefehlshaber, dem alle in dem betreffenden Raum eingesetzten drei Wehrmachtsteile, aller Fronten, der Ersatzwehrmacht, der Waffen-SS, der Polizei und angegliederten Organisationen unterstellt werden.« Zum Oberbefehlshaber des Südraumes ernennt Hitler Kesselring, zum Oberbefehlshaber des Nordraumes — Dönitz. Während Kesselring seine Tätigkeit erst auf besonderen Befehl aufnehmen soll, erhält Dönitz eine zusätzliche Weisung Hitlers: »Ich beauftrage den Oberbefehlshaber der Kriegsmarine mit der sofortigen Vorbereitung zur restlichen Ausschöpfung aller persönlichen und materiellen Möglichkeiten für die Verteidigung des Nordraums im Falle einer Unterbrechung der Landverbindung in Mitteldeutschland. Ich erteile ihm die Vollmacht, die für diesen Zweck erforderlichen Befehle an allen Stellen von Staat, Partei und Wehrmacht in diesem Raum zu erteilen.«
Dönitz ist nun zweiter Mann des faschistischen Deutschlands.

Am 20. April 1945 trifft Dönitz mit Hitler an dessen sechsundfünfzigstem Geburtstag zusammen. Himmler, Göring, Goebbels, Ribbentrop, nahezu die gesamte Naziprominenz, sind noch einmal versammelt. Die meisten von ihnen haben — wie Dönitz — nur einen Wunsch, die Gratulationscour möge rasch zu Ende gehen, damit sie Berlin wieder verlassen können. Als »Geburtstagsgeschenk« belegt sowjetische Artillerie gegen Abend das Stadtgebiet mit Feuer. Bis in die Bunker unter der Reichskanzlei ist ihr dumpfes Grollen zu hören.

Dönitz steht vor seinem obersten Kriegsherrn. Hitlers Gesicht ist bleich und aufgedunsen. Sein Kopf schwankt unablässig, und seine rechte Hand, mit der er sich fortwährend übers Gesicht wischt, zittert. Tiefliegende und glanzlose Augen sehen den Großadmiral an. Dönitz, die Nähe der gegnerischen Armeen ignorierend, beteuert, daß er bis zum letzten Augenblick ihm die Treue halten und den Endsieg erzwingen werde. Hitlers schlaffes Gesicht belebt sich für Sekunden. Dieser Augenblick mag der Abschluß einer Entscheidung gewesen sein, die sehr bald größte Bedeutung für Dönitz erlangen wird.

In der Nacht vom 21. zum 22. April fliegt Dönitz mit seinem Adjutanten in sein neues Hauptquartier, Lager »Forelle« bei Plön in Holstein. Von hier aus erläßt er Befehle, die zum Widerstand auffordern, an Heeresverbände in Mecklenburg und Brandenburg, die bereits nicht mehr bestehen. Einsatzbereite Kampfflugzeuge sind überhaupt nicht mehr vorhanden. Selbst die Verbindung zum OKW reißt ständig ab. Schließlich übersiedeln Teile des OKW nach Schleswig-Holstein, in Dönitz' Machtbereich, der sich ständig verkleinert. Am 23. April besetzen britische Truppen Harburg an der Elbe. Als selbst der faschistische Gauleiter von Hamburg die Sinnlosigkeit der Weiterführung des Krieges einsieht und die Großstadt kampflos übergeben will, schickt ihm Dönitz einen strengen Durchhaltebefehl. »Durch rücksichtslose Unterstützung der Kampfaufgaben können Sie und die Stadt Hamburg den besten Beitrag zum Schicksalskampf unseres Volkes leisten.«

Auch der U-Boot-Krieg wird weitergeführt. Dönitz befiehlt Admiral von Friedeburg, einen seiner langjährigen Mitarbeiter und Kommandierenden Admiral der U-Boote, von Sengwarden zu sich nach Plön. Friedeburg soll von norwegischen und den noch verbliebenen deutschen Nordseehäfen aus die U-Boote zum Angriff an die britische Ostküste schicken. Währenddessen setzt Dönitz Transporter und Überwasserfahrzeuge ein, um die von den Nazis inszenierte Massenflucht der Bevölkerung und der Truppen aus Ostpreußen und Pommern auf dem Seewege zu unterstützen.

Den Ring um Berlin hat die Rote Armee am 24. April geschlossen, am darauffolgenden Tag vereinigen sich bei Torgau sowjetische und amerikanische Einheiten. In der »Festung Berlin« sitzen Hitler, Goebbels und Bormann in der Falle, die anderen faschistischen »Größen« haben es vorgezogen, Berlin zu verlassen. Während sich die einen, wie

Göring und Kaltenbrunner, in die »Alpenfestung« zu retten versuchen, glauben andere, besseren Schutz unter Dönitz zu finden. Neben Keitel und Jodl treffen Speer und der faschistische Finanzminister Graf Schwerin von Krosigk ein. Auch Himmler ist in diesen Tagen ein häufiger Gast bei Dönitz. Sie alle sehen in Dönitz einen geeigneten Mann, den imperialistischen deutschen Staat durch eine Übereinkunft mit den USA und Großbritannien zu retten. Speer, der Vertrauensmann führender Kreise des Monopolkapitals, und Dönitz führen in den Abendstunden des 30. April eine Besprechung, als Korvettenkapitän Lüdde-Neurath eintritt und Dönitz aufgeregt einen Funkspruch aus Berlin vorlegt. »FRR Großadmiral Dönitz. An Stelle des bisherigen Reichsmarschalls Göring setzte der Führer Sie, Herr Großadmiral, als seinen Nachfolger ein. Schriftliche Vollmacht unterwegs. Ab sofort sollen Sie sämtliche Maßnahmen verfügen, die sich aus der gegenwärtigen Lage ergeben. Bormann.«
Dönitz ist überrascht. Er weiß nicht, daß Speer, der ihm jetzt als erster gratuliert, es gewesen ist, der Hitler diesen Vorschlag unterbreitet hat. Doch bald verdrängt das Gefühl der Macht die Angst vor der Verantwortung. Dönitz verfolgt schon seit einiger Zeit aufmerksam die Pläne einflußreicher Monopolkreise, die Hebel zu ihrer Durchsetzung befinden sich nun in seiner Hand. Der Krieg muß weitergeführt werden — wenn auch nicht gegen die Vereinigten Staaten und Großbritannien, aber auf alle Fälle gegen die Rote Armee. In einer Besprechung mit seinen engsten Mitarbeitern erklärt Dönitz: »Es ist klar, daß wir mit den Westmächten zusammengehen müssen, denn nur durch Zusammenarbeit mit ihnen können wir hoffen, später unser Land von den Russen wiederzuerlangen.«
Am Nachmittag des 1. Mai trifft ein neuer Funkspruch von Bormann ein. »Führer gestern 15 Uhr 30 verschieden. Testament vom 29. April überträgt Ihnen das Amt des Reichspräsidenten, Reichsminister Dr. Goebbels das Amt des Reichskanzlers, Reichsleiter Bormann das Amt des Parteiministers, Reichsminister Seiß-Inquart das Amt des Reichsaußenministers ...«
Was Bormann ihm da über die Zusammensetzung der neuen Regierung mitteilt, hält Dönitz für eine Zumutung. Wie sollen Goebbels und Bormann ihre Geschäfte als Minister führen? Er wird sich doch nicht mit solchen Personen belasten, wo ihm doch genügend »Fachleute« wie Speer und Schwerin von Krosigk, die gute Verbindungen zu führenden

Kreisen der Vereinigten Staaten und Großbritanniens haben, zur Verfügung stehen.

Am selben Tag noch läßt Dönitz über den Rundfunksender der Stadt Flensburg einen Aufruf an die Bevölkerung verbreiten. Darin gibt er den westlichen Alliierten indirekt zu verstehen, wie er sich den Fortlauf des Krieges denkt: »Meine erste Aufgabe ist es, deutsche Menschen vor der Vernichtung durch den vordrängenden bolschewistischen Feind zu retten ... In der kommenden Notzeit werde ich bestrebt sein, unseren tapferen Frauen, Männern und Kindern, soweit dies in meiner Macht steht, erträgliche Lebensbedingungen zu schaffen. Zu alledem brauche ich Eure Hilfe. Schenkt mir Euer Vertrauen ...«

Seine wirklichen Absichten getraut er sich jedoch den Menschen, die nur einen Wunsch haben, daß der Krieg endlich aufhört, nicht zu offenbaren. Lange sucht Dönitz nach dem geeigneten Vertreter zur Kontaktaufnahme mit der britischen Führung, bis er dazu seinen engsten Mitarbeiter, Admiral von Friedeburg, bestimmt. Um den kommenden Verhandlungen entsprechenden Nachdruck zu verleihen, ernennt er ihn zum Oberbefehlshaber der Kriegsmarine und befördert ihn zum Generaladmiral. Am 3. Mai, die Berliner Garnison hat am Vortage kapituliert, erscheint eine Abordnung unter Leitung Friedeburgs in Montgomerys Hauptquartier und bietet die Teilkapitulation des Nordraums an. Die Delegation trifft auf einen kompromißbereiten Montgomery, der durchblicken läßt, daß er »keine Gefangenen den Russen ausliefern« werde und daß die Kapitulation der Kriegsmarine nicht bedeute, daß die militärischen Transporte in der Ostsee eingestellt werden müßten.

Dönitz sieht die Pläne seiner Hintermänner Wirklichkeit werden. Wenn sich die amerikanischen Repräsentanten ebenso verhalten, würde der Bruch der Antihitlerkoalition unvermeidlich sein. Vielleicht läßt sich sogar ein Bündnis mit den Westmächten erzielen, jetzt, nachdem Hitler tot ist. Eine intakte Wehrmacht ist ein gutes Faustpfand, deshalb müssen so viel Einheiten wie möglich in den Nordraum gebracht werden. So stimmt er dem Verhandlungsergebnis zu, obwohl er erst die Kriegsmarine von der Kapitulation hat ausklammern wollen.

Die Verhandlung über die Teilkapitulation war natürlich keine Eigenmächtigkeit Montgomerys. Der Feldmarschall stand in ständigem Kontakt mit London. Von Churchill erhielt er sogar die geheime Weisung, alle erbeuteten Waffen zu sammeln und pfleglich zu be-

handeln, da man sie möglicherweise noch brauche. Indessen warten viele Schiffskommandanten, denen die politischen Spekulationen ihres neuen Staatsoberhauptes nicht bekannt sind, daß ihnen der für den Fall der Niederlage vorgesehene Befehl zur Selbstversenkung gegeben wird. Das Stichwort dafür heißt »Regenbogen«. Da läßt Dönitz den Kommandanten plötzlich mitteilen: »Regenbogen entfällt!«
Um unbequemen Fragen zu begegnen, nimmt Dönitz in allerdings unklaren Kommentaren dazu Stellung. Weil er noch nicht wagen kann, über eine Spaltung der Antihitlerkoalition offen zu reden, ohne das Gegenteil zu erreichen, greift er die Parolen von Goebbels auf und verkündet: »Es geht darum, so viel wie möglich Menschen aus dem Osten mit Hilfe aller verfügbaren Schiffe zu retten. Deshalb muß eine Selbstversenkung unterbleiben!«
Doch die sowjetische Führung hat das Spiel zwischen Montgomery und Dönitz aufmerksam verfolgt und protestiert beim Oberkommandierenden der alliierten Expeditionsstreitkräfte in Europa, General Eisenhower. Das Sowjetvolk hat die Hauptlast des Krieges getragen, und die Rote Armee ist es gewesen, die der faschistischen Wehrmacht in den Schlachten zwischen Wolga und Elbe das Rückgrat gebrochen hat, und nicht die Armeen der Westmächte. Diese können unter diesen Umständen nicht wagen, ihre in Teheran und Jalta der Sowjetregierung gegebene Zusage zu brechen, den Krieg bis zur bedingungslosen Kapitulation der faschistischen Aggressoren zu führen.
Es bleibt Dönitz und seinen Ratgebern nichts anderes übrig, als dieser Forderung unverzüglich nachzukommen. Er schickt am 6. Mai Jodl, den Chef des Wehrmachtführungsstabs im OKW, nach Reims in Eisenhowers Hauptquartier. Jodl versucht noch ein letztesmal, Bedingungen auszuhandeln oder wenigstens mit einer Teilkapitulation den Schein eines Bruches unter den Verbündeten zu erwecken. Aber Eisenhower hat andere Weisungen, und jedes weitere Hinauszögern der Kapitulation verschlechtert nur die Lage der Dönitzregierung. An Stelle einer Teilkapitulation muß Jodl am 7. Mai eine Vorkapitulation abschließen, die am nächsten Tag durch Keitel, Friedeburg und Stumpff in Berlin-Karlshorst offiziell vollzogen wird – vollständig und bedingungslos. Die Stunden der Dönitzregierung in der Marineschule Flensburg-Mürwik sind gezählt, wenn sie auch mit allen Mitteln Anerkennung zu erreichen sucht. Zunächst sind die britischen Besatzungsbehörden auch recht entgegenkommend. So darf sich Dönitz als »amtierender

Reichspräsident« sogar noch nach der Kapitulation vom 8. Mai ein Wachbataillon halten, dessen Soldaten sich zum großen Teil aus den Besatzungen von U-Booten rekrutieren. Zum Kommandeur dieses Bataillons ist Lüth, der Idol-Nachfahre Priens, ernannt worden. Als dieser von einem Posten versehentlich erschossen wird, erhält er am 18. Mai 1945 ein Staatsbegräbnis, obwohl zu diesem Zeitpunkt der faschistische Staat bereits nicht mehr existiert.
Schließlich wird nach Abwicklung der Kapitulation die Dönitzregierung verhaftet, er selbst muß den Weg nach Nürnberg antreten.

Zu fragen bleibt nur, wie kam es, daß gerade Dönitz ausersehen wurde, die Nachfolge Hitlers anzutreten? War er einer der getreuesten Gefolgsmänner des Faschismus, der bereit war, nur in soldatischem Gehorsam letztlich auch all die Scheußlichkeiten und Verbrechen zu bejahen? Das ist entschieden zurückzuweisen. Er war kein Gefolgsmann schlechthin und ein pflichtbewußter Soldat schon gar nicht. Er war selbst eingefleischter Faschist, der bis zum letzten Befehl seine hohe Stellung benutzte, den nazistischen Geist durchzusetzen und zu erhalten. Er kannte keine Skrupel, auch gegenüber den gemeinsten Verbrechen nicht. So ist es gar nicht verwunderlich, daß jene Kreise des deutschen Monopolkapitals, die einst Hitler die Macht einräumten, nun in Dönitz den Mann sahen, der mit seinem zur Schau getragenen soldatischen Biedermannsimage retten sollte, was zu retten war. Doch die Völker der Antihitlerkoalition ließen sich nicht täuschen, wenn sich auch bestimmte Kreise westlicher Länder bereit fanden, mit Dönitz zu verhandeln, er mußte auf die Anklagebank der Kriegsverbrecher.
Wenn Dönitz im Nürnberger Kriegsverbrecherprozeß für seine Verbrechen nur zu 10 Jahren Gefängnis verurteilt wurde, so ist dieses milde Urteil in der Tat einzig und allein dem Betreiben jener westlichen Kreise zuzuschreiben, die auf den Antikommunismus eingeschworen waren.
Auf Dönitz trifft voll und ganz zu, was die sowjetische Prozeßführung in Nürnberg wegen der Weigerung, das Oberkommando der Wehrmacht zur verbrecherischen Organisation zu erklären, nochmals als Protest ausführte, wie es in der allgemeinen Urteilsbegründung hieß: »... Ohne ihre militärische Führung wären die Angriffsgelüste Hitlers und seiner Nazikumpane akademisch und ohne Folgen geblieben ... Viele dieser Männer haben mit dem Soldateneid des Gehorsams gegen-

über militärischen Befehlen ihren Spott getrieben. Wenn es in ihrer Verteidigung zweckdienlich ist, so sagen sie, sie hatten zu gehorchen ... Die Wahrheit ist, daß sie an all diesen Verbrechen rege teilgenommen haben oder in stillschweigender Zustimmung verharrten, wenn vor ihren Augen größer angelegte und empörende Verbrechen begangen wurden, die die Welt je zu sehen das Unglück hatte.«

Zur selben Zeit, als in Reims über die Kapitulation verhandelt wird, trifft eine Abordnung von U-Boot-Kommandanten in der Marineschule Flensburg-Mürwik ein. Sie wollen eine eindeutige Auskunft haben, warum das Stichwort »Regenbogen« entfällt, und erklären nicht eher zu gehen, bevor sie wüßten, was mit ihren Booten geschehen solle.

Dönitz läßt sich verleugnen mit der Begründung, daß er sich zur Ruhe begeben habe, und schickt seinen Adjutanten, Korvettenkapitän Lüdde-Neurath.

Lüdde-Neurath, über die nicht erfüllten Hoffnungen wie sein Chef enttäuscht, gibt den Offizieren zu verstehen, daß es für einen U-Boot-Kommandanten nur eine Handlungsweise gebe, doch das wäre eine Sache der Ehre und nicht die eines Befehls. Was verlangten sie von ihrem Oberbefehlshaber, der als Reichspräsident Rücksicht auf die Politik nehmen müßte?

Das genügt den Kommandanten. Sie kehren auf ihre Boote zurück.

U 2365, unter Oberleutnant Christiansen, liegt in der Geltinger Bucht vor Anker. Am Morgen des 4. Mai, um 06.00 Uhr, trifft der Befehl ein, mit zwei weiteren Booten durch den Kleinen Belt nach Kristiansand in Südnorwegen zu marschieren. Im Kalundborg-Fjord am Eingang zum Kattegat soll für sie Geleitsicherung bereitstehen. Bei Fredericia greifen britische Zerstörerflugzeuge die drei U-Boote an. Eines, U 2338 unter Oberleutnant Kaiser, erhält einen Volltreffer. Kein Mann der Besatzung wird gerettet. Das andere Boot wird bei diesem Angriff beschädigt und läuft im Hafen von Fredericia ein. U 2365 fährt allein weiter.

Christiansen ist es unbehaglich. Jeder in Deutschland weiß, daß der Krieg verloren ist. Deshalb will es ihm nicht recht in den Kopf, weshalb sein Boot nach Norwegen verlegt wird. Eigentlich hat er das Stichwort »Regenbogen« erwartet. So ist er verwundert gewesen, daß ein entgegengesetzter Befehl eingetroffen ist: Selbstversenkung untersagt! Die politische Manipulation von Dönitz, mit den noch einsatzbereiten

Teilen der faschistischen Kriegsmarine ein Faustpfand gegenüber den westlichen Alliierten zu haben, um in letzter Stunde die Antihitlerkoalition doch noch aufzuspalten, ist ihm verborgen geblieben.
Am 5. Mai, gegen 23.00 Uhr, geht das U-Boot im Kalundborg-Fjord vor Anker, wo auch U 806 liegt. Da am nächsten Morgen die zugesagte Geleitsicherung nicht eingetroffen ist, entschließt sich Christiansen, eine Alleinfahrt zu wagen. Bevor er den Befehl zur Weiterfahrt geben kann, erfährt er von Kapitänleutnant Horn-Bostel, dem Kommandanten von U 806, eine Abordnung von U-Boot-Kommandanten sei bei Dönitz vorstellig geworden, um den Befehl zur Selbstversenkung der Boote zu erhalten. Doch Dönitz sei nicht zu sprechen gewesen, und sein Adjutant habe durchblicken lassen, daß dieser Befehl nicht offiziell gegeben werde. Horn-Bostel, an Befehle gewohnt, paßt diese zweideutige Art nicht. Er ist ungehalten und weiß nicht, was er machen soll. Er hat Angst, daß ihn entweder Dönitz oder die Alliierten zur Verantwortung ziehen könnten.
Auch Christiansen ist unschlüssig. Mißmutig läßt er das Boot in den Zwangsweg entlang der jütischen Küste einlaufen. Immer wieder greifen Flugzeuge an und zwingen zum Tauchen. Kurz nach Mittag bringt er das Boot auf Ostkurs, um zwischen Anholt und Läsö den Zwangsweg zum Skagerrak zu erreichen. Nordwestlich von Anholt greifen wieder Flugzeuge an, dabei wird die Sehrohranlage beschädigt. Auf der Höhe von Göteborg läßt Christiansen das Boot auf Grund legen. Er will Zeit gewinnen, seine Entscheidung kann er gegebenenfalls mit notwendigen Reparaturen begründen. Nach 24 Stunden läßt er auftauchen und die Überwasserfahrt fortsetzen. Unmittelbar vor Kristiansand erfährt er durch Funkspruch, daß die faschistische Wehrmacht in Norwegen kapituliert hat. Sofort befiehlt er Gegenkurs, er will zurück zur deutschen Küste. Jetzt ist er zur Selbstversenkung entschlossen, aber im Skagerrak ist sie ihm zu gefährlich. Er hätte am liebsten eine Gegend ausgewählt, wo man Land in der Nähe hätte. Als das Wachtschiff 01, das nordöstlich von Anholt den Eingang des Zwangsweges durchs Kattegat markiert, in Sicht kommt, steht sein Entschluß fest.
Unmittelbar neben dem Wachtschiff gibt er den Befehl zur Versenkung des Bootes. Es ist der 8. Mai 1945, 17 Uhr. Von Bord des Wachtschiffes werden Rettungsboote zu Wasser gelassen, die die Besatzung vollzählig aufnehmen. An Bord des Wachtschiffes kommen Christiansen doch

wieder Bedenken über die Folgen seines Handelns. Als Offizier weiß er, daß die Versenkung eines U-Bootes nach der Kapitulation verboten ist. Da er sich nicht offen zu seiner Tat bekennen will, meldet er mit dem Einverständnis des Kommandanten des Wachtschiffes über Funk der Seekriegsleitung, die »schiffbrüchige« Besatzung von U 2365 sei vom Wachtschiff 01 »gerettet« worden. Er will den Eindruck entstehen lassen, das Boot sei durch Feindeinwirkung verlorengegangen. Damit glaubt sich Christiansen genügend gedeckt. Sollte es dennoch zu einer Befragung kommen, gleichviel von welcher Seite, würde er zu beweisen versuchen, daß das Boot durch die vorhergegangenen Luftangriffe nicht mehr schwimmfähig gewesen sei.

Den Vorbildern der Nazifilme wie »Morgenrot« entsprach eine solche Haltung nicht gerade, aber Christiansen wollte die Rettung der »Ehre« der faschistischen U-Boot-Waffe mit der Rettung der eigenen Haut verbinden. Wem nützte es noch, wenn er selbst in den Tod ging.

So wie Christiansen dachten viele U-Boot-Kommandanten. 219 Kommandanten versenken in den Stützpunkten oder in Küstennähe ihre Boote. Damit brechen sie, begünstigt durch ihre Vorgesetzten, bewußt eine wichtige Bedingung der Kapitulation, die das Zerstören von Kriegsmaterial verbietet.

Der Adjutant von Dönitz berichtet später, daß dieser mit Genugtuung vermerkte, daß die britische Regierung diese Aktion mit Stillschweigen überging. Beide gewannen den Eindruck, daß die Versenkung der U-Boote im Interesse der Westmächte lag, da dadurch die Übergabe neuer Bootstypen an die Sowjetunion verhindert worden war.

Die antikommunistische Spekulation von Dönitz erfüllte sich. Die britische und amerikanische Regierung verzichteten im Nürnberger Kriegsverbrecherprozeß darauf, Dönitz für seine Haltung bei der Selbstversenkung zur Verantwortung zu ziehen.

Ein zeitiges Frühjahr bläst launige Wölkchen über den Himmel des Atlantiks. Die Stürme haben sich gelegt. Eine weitausholende Dünung kündigt den Sommer an. Die Luft ist feucht und mild. Seit Tagen schwimmt U 320 unter Wasser. Gleich nachdem es den norwegischen Stützpunkt verlassen hatte, war es weggetaucht. Das Navigieren unter Wasser ist nicht leicht. Den Tag über ließ der Kommandant, Oberleutnant Emmrich, meist den »Schnorchel« einfahren, weil er Sorge hatte, daß der ballgroße »Schnorchelkopf« von tieffliegenden Flugzeugen geortet würde. In langsamer Schleichfahrt wurde mit der E-Maschine marschiert. In »Schnorchelfahrt« wurde dann nachts die E-Maschine wieder aufgeladen. So kurvte U 320 meist blind einher, denn in den wenigen Nachtstunden war durch das Sehrohr nichts zu erkennen. Seit Tagen hatte deshalb der Funker auch keinen Funkspruch mehr auffangen können. Das beunruhigte Emmrich besonders. Nur zu gut wußte er, wie schlecht es um das faschistische Deutschland stand. Als er von dem Stützpunkt auslief, lautete der Befehl für sein Boot: Angreifen, koste es, was es wolle!

Tiefe Zweifel packten zuweilen Emmrich angesichts der Aussichtslosigkeit, zum Erfolg zu kommen. Mehr als einmal erwog er, einen Funkspruch aufzugeben mit der Bitte um einen Rückmarschbefehl. Aber er getraute sich nicht. Der eingedrillte Gehorsam steckte ihm zu sehr in den Knochen.

Die Besatzung war von der ständigen Unterwasserfahrt erschöpft. Das, was sie aufrecht hielt, war der Wille zum Überleben: Lange konnte der Krieg ja nicht mehr dauern!

Den Gegner hatte weder der Kommandant noch einer der Besatzung zu Gesicht bekommen. Nur das metallische Knacken detonierender Bomben zeugte von seiner Anwesenheit. Glücklichen Umständen war es nur zuzuschreiben, daß das Boot einer Vernichtung immer wieder entgangen war.

»Starke Schraubengeräusche an Backbord«, meldet der Horcher in die Zentrale.

Der LI blickt den Kommandanten an, und dieser Blick bedeutete bisher immer: Sofort auf große Tiefe gehen.

Doch Emmrich gibt den bereits gewohnten Befehl nicht. Glimmt noch einmal der Ehrgeiz in ihm auf? Oder glaubt er, die Lethargie der Besatzung durch einen Abschußerfolg noch einmal niederringen zu können? Oder ist es ganz einfach die Verzweiflung über die bisherige Erfolglosigkeit?

»Auf Sehrohrtiefe gehen!« befiehlt er kurz.

Alle Männer in der Zentrale sehen ihn entsetzt an. Es ist gegen Abend und noch taghell.

»Auf Sehrohrtiefe, habe ich befohlen!« Seine Stimme hat etwas Unwirkliches an sich.

Der LI gibt die nötigen Befehle.

Das Sehrohr wird ausgefahren. Kein Wort fällt, in der ganzen Stahl-

röhre nicht. Nur das Summen der E-Maschinen ist zu hören. Emmrich setzt sich an den Sehrohrbock.
»Ein Geleitzug!« kreischt er.
Seine Besessenheit scheint sich sogar für Augenblicke auf die Besatzung zu übertragen. Die lähmende Angst und das blinde Umherkurven brauchen ein Ventil.
»Alle Bugrohre klar!« schreit Emmrich, und, als gelte es die Besatzung anzustacheln, gleich hinterher, ohne die Augen vom Okular zu nehmen: »Eine riesige Mahalla! Wo bleibt die Klarmeldung?«
»Rohr eins bis vier klar!« kommt die Rückmeldung vom Bugraum.
Mehrere Bombenflugzeuge, die den Geleitzug sichern, brausen heran. Schon kracht und splittert es im Boot ...
Nur wenige Überlebende von U 320 können in den Abendstunden des 7. Mai 1945 geborgen werden.
U 320 war nicht das einzige Boot, das noch in den letzten Kriegstagen vernichtet wurde. Am 6. Mai wurden U 853, U 881, U 1 008 und U 2 534 versenkt. Nur in einem Fall, bei U 1 008, gab es Überlebende.
Tage nach der Kapitulation traf U 287 unter Oberleutnant Meyer in der Elbmündung ein. Kommandant und Besatzung waren überrascht, als sie erfuhren, daß der Krieg längst zu Ende war. Aus Angst, man könnte sie zur Verantwortung ziehen, versenkten sie am 16. Mai ihr Boot und gingen an Land.

Die Besatzungen von 153 faschistischen U-Booten kapitulierten bei Kriegsende, und entsprechend den Kapitulationsbedingungen wurden die Boote in bestimmte alliierte Häfen übergeführt. Angesichts der brutalen, unter Verletzung des Völkerrechts vorgetragenen Angriffe der faschistischen U-Boote auf die Handelsschiffahrt verlangte die britische Admiralität von den Booten, die ihre Stützpunkte anliefen, die schwarze Flagge zu hissen. Die Piratenflagge war in der Tat eine treffende Kennzeichnung für die faschistischen U-Boote, wenn man bedenkt, für welche räuberischen Ziele die Besatzungen der 820 zum Fronteinsatz gelangten U-Boote buchstäblich bis fünf Minuten nach zwölf gekämpft hatten. Würden die siebentausend Überlebenden der faschistischen U-Boot-Waffe die vollständige militärische und politische Niederlage des deutschen Imperialismus zum Anlaß nehmen, um über den Sinn dieses Krieges nachzudenken und vor allem — die Lehren daraus ziehen?

Mit 57 U-Booten hatte das faschistische Deutschland den Handelskrieg gegen seine imperialistischen Konkurrenten, besonders gegen die britische Schiffahrt, 1939 begonnen. Erstaunliche Überraschungserfolge wurden erzielt. Das veranlaßte die oberste faschistische Führung, nachdem mit dem vorhandenen Bestand an Schlachtschiffen und Kreuzern kein wirkungsvoller Zufuhrkrieg gegen die Britischen Inseln geführt werden konnte, sich mehr und mehr auf die U-Boote zu konzentrieren. Ziel des Zufuhrkrieges war es, Großbritannien und später auch die USA so lange vom aktiven Eingreifen ins Kriegsgeschehen fernzuhalten, bis das faschistische Deutschland seine »Neuordnung« in Europa vollendet und vor allem die Sowjetunion zerschlagen hatte. So wurden insgesamt 1 153 U-Boote gebaut, von denen 820 zum Einsatz gelangten.

Doch die »Neuordnung« blieb ein faschistischer Traum. Die Rote Armee zerschlug in schweren Kämpfen vom Winter 1941 bis zum Mai 1945 das Rückgrat der gewaltigen faschistischen Kriegsmaschinerie.

Indem die Sowjetunion die Hauptlast des Kampfes trug, erleichterte sie es damit Großbritannien und den USA, die angreifenden U-Boote abzuwehren und die versenkte Tonnage durch Neubauten zu ersetzen.

Vor allem die USA konnten den ganzen Krieg hindurch ungestört das Bauprogramm der U-Boot-Abwehrmittel durchführen. Neben der großen Zahl neugebauter Handelsschiffe wurden in den USA und Großbritannien folgende U-Boot-Abwehrschiffe gebaut: 145 Geleitträger, 1 140 Geleitzerstörer und Torpedobootzerstörer, 570 Fregatten und Korvetten, über 1 000 U-Jäger (sogenannte Sloops), 1 563 U-Abwehrschiffe verschiedenster Art, insgesamt also 4 418 Schiffe, mit den Einheiten der anderen Verbände weit über 4 500. Ab Sommer 1941 ging die durch U-Boote versenkte alliierte Handelsschifftonnage pro eingesetztem U-Boot und Seetag schlagartig zurück, und die vorherigen Durchschnittsergebnisse wurden niemals wieder erreicht. Zwar stieg die absolute Versenkungsziffer in der Folgezeit durch die steigende Zahl eingesetzter U-Boote noch einmal an, aber die Zeit arbeitete gegen das faschistische Deutschland. Die Niederlagen an der deutsch-sowjetischen Front in den Jahren 1942 und 1943 wirkten sich auch auf den U-Boot-Krieg aus. Der Anteil der Rüstungsausgaben für den Schiffbau ging 1943 von 12,1 Prozent auf 9,7 Prozent zurück.

Der Neubau von U-Booten konnte mit den Verlusten nicht mehr Schritt halten. Seit Sommer 1943 war faktisch der U-Boot-Krieg zu Ende. Seine Weiterführung sollte nur das unvermeidliche Ende des deutschen Imperialismus mit hinauszuzögern.

Von den 820 eingesetzten U-Booten gingen 718 verloren. Von ihren rund 39 000 Mann zählenden Besatzungen sind 32 000 gefallen. Auf den alliierten Handelsschiffen fand annähernd die gleiche Zahl an Seeleuten den Tod auf allen Meeren. Die faschistischen U-Boote versenkten rund 14,5 Millionen BRT alliierten und neutralen Handelsschiffsraum. Das war nur eine halbe Million BRT mehr als im ersten Weltkrieg, wobei hier die Zahl der eingesetzten U-Boote etwa die Hälfte betrug.

Diese Zahlen zeigen die wahren Ausmaße des U-Boot-Krieges. In den 2 194 Tagen des zweiten Weltkrieges gingen mindestens 32 Millionen Menschen allein auf den Schlachtfeldern zugrunde. Etwa 11 Millionen Menschen wurden in den faschistischen Konzentrationslagern ermordet. Das heißt, pro Kriegstag starben 20 000 Menschen. In diese Zahlen eingeordnet, entsprechen die gesamten Opfer des U-Boot-Krieges etwa denen von drei Tagen des Gesamtkrieges.

Allein dieser Zahlenvergleich zeigt, daß der U-Boot-Krieg bei all seiner Aufwendigkeit und seinem Grauen nur ein Teilgeschehen des gesamten Krieges war und niemals auch nur annähernd den Charakter von »Entscheidungsschlachten« hatte.

Kein Epilog

Die letzte Wasserbombenserie des zweiten Weltkrieges wurde vor Jahrzehnten geworfen, die Ereignisse sind Geschichte. Wozu nach so vielen Jahren noch ein Buch über den U-Boot-Krieg?

Die Geschichte ist nicht schlechthin eine Registratur, die alle Begebenheiten, alle Fakten erfaßt und aufbewahrt. Sie ist eine aktive Kraft bei der Meisterung der Gegenwart und der Gestaltung der Zukunft; wenn ihre Lehren beherzigt werden. So haben Erfahrungen der älteren Generationen auch Gültigkeit in der Gegenwart. An diesem Buch wurde einige Jahre gearbeitet.

Es erwies sich als unmöglich, mit dem Bericht über die faschistische U-Boot-Waffe im September 1939 oder 1935 (Indienststellung von U 1) zu beginnen. Es mußte auf das Jahr 1920 zurückgegriffen werden, ja sogar auf den ersten Weltkrieg. So ist es nur folgerichtig, wenn der Bericht auch nicht mit der Auslieferung der U-Boote an die britische Marine im Mai 1945 endet, also mit der bedingungslosen Kapitulation des faschistischen deutschen Staates. Mit dem Sieg über den deutschen Imperialismus hatten die Völker der antifaschistischen Koalition auch die Voraussetzungen dafür geschaffen, die Bedrohung der Weltmeere und der Schiffahrt durch Seestreitkräfte des deutschen Imperialismus für immer zu bannen. Wie weit das gelang, hing von den Machtverhältnissen in Deutschland selbst ab. Gelang es hier dem Volk, die Verantwortlichen für zwei Weltkriege — und damit auch für den »uneingeschränkten« und »totalen« U-Boot-Krieg — zu entmachten, bestanden reale Aussichten, daß aus dem Wunsch der Völker Wirklichkeit würde. Aber nur den Werktätigen im Osten Deutschlands gelang es mit Hilfe der sowjetischen Besatzungsmacht, eine Ordnung zu errichten, die allen imperialistischen Weltherrschaftsplänen den Boden entzog. Viele Menschen in den damaligen Westzonen glaubten, 1945 würde auch in diesem Gebiet der Kreislauf zwischen maßlosen Forderungen, Krieg und ernster Niederlage durchbrochen werden. Wer aus der Vergangenheit gelernt hatte, konnte jedoch bald schon erste Anzeichen feststellen, daß die Kräfte des Gestern in der BRD nur zurückgedrängt, nicht aber vernichtet waren. Mit der einsetzenden Remilitarisierung traten sie wieder in den Vordergrund, während die demokratisch gesinnten Kräfte systematisch unterdrückt wurden und werden.

Im Dezember 1952 konstituierte sich unter anderem aufs neue die aus der Vergangenheit bekannte Militaristenorganisation »Der Deutsche Marinebund«. Sein Präsident wurde im Juni 1954 der ehemalige U-Boot-Kommandant Kretschmer. Ist es nicht symbolisch für die Rolle, die die imperialistischen Westmächte bei der Restaurierung des deutschen Imperialismus und Militarismus spielten, daß in dieser Funktion Kretschmer die Schlüssel des sogenannten Marineehrenmals von Laboe aus den Händen von Offizieren dieser Länder entgegennahm? Dieser hochaufragende Denkmalsturm an der Einfahrt zur Kieler Förde war in der Vergangenheit Zeuge unzähliger chauvinistischer und revanchistischer Veranstaltungen gewesen. Und er ist es heute wieder. Er ist zum Symbol der Aggressivität und des Revanchismus geworden. Von Jahr zu Jahr werden die Reden aggressiver, wenn, dem Rufe des Marinebundes folgend, sich seit 1955 Angehörige der kaiserlichen Marine, der faschistischen Kriegsmarine und der Bundesmarine zu ihrem jährlichen Treffen vor diesem Denkmal zusammenfinden. Zwar ist dieses Bauwerk — den Inschriften nach — dem Andenken der gefallenen Matrosen der beiden imperialistischen Weltkriege geweiht, doch in allen Reden, die jemals hier gehalten wurden, war nur etwas vom Denken an die alten Ziele, aber nicht vom Nachdenken zu spüren.

Als das Jahr 1955 zu Ende geht, trägt Kretschmer — und nicht nur er — wieder Uniform. Am 1. Dezember ist der Präsident des Marinebundes als Fregattenkapitän in die neue Marine übernommen worden — als verantwortlicher Leiter des Offiziersnachwuchses. In welchem Geist dieser Nachwuchs ausgewählt wird, zeigt eine Forderung Kretschmers vom Juni 1956: »Die Bemühungen um die Freilassung des ehemaligen Großadmirals Dönitz sollten bis zum letzten Tag fortgesetzt werden, auch wenn die Gefängnisstrafe schon in vier Monaten abläuft.« Wer erinnert sich dabei nicht an das Geschrei der Militaristenorganisationen wegen des U-Boot-Prozesses im Jahr 1921. Der Wunsch dieses unverbesserlichen Nazioffiziers und seiner Gleichgesinnten geht nicht in Erfüllung. Dönitz muß seine zehnjährige Haftstrafe für Kriegsverbrechen bis auf den letzten Tag in Spandau absitzen, ehe er in den Genuß seiner Monatspension gelangt. Und es scheint, als fühle Dönitz seiner Umwelt eine Gegenleistung dafür schuldig zu sein, denn er sorgt durch sein Auftreten in der Folgezeit für eine ganze Reihe von politischen Skandalen, die dem Ausland zeigen, wie schnell die Refaschisierung in der BRD voranschreitet. Schon sein erstes Auftreten in der Öffentlichkeit im August 1958 war charakteristisch. Als Ehrengast der »U-Boot-Kameradschaft Groß-Hamburg« läßt er sich von 2 000 Unbelehrbaren der 7 000 Überlebenden der faschistischen U-Boot-Waffe feiern. Reporter stellten fest, daß auf dieser »Wiedersehensfeier« 24 Ritterkreuz-, 5 Eichenlaub-, ein Schwerter- und ein Brillantenträger anwesend waren!

Doch nicht nur vor den »Ehemaligen«, auch vor den »Zukünftigen« hielt Dönitz Reden. Im Februar 1963 berichtete die Presse, daß Dönitz in Geesthacht vor Gymnasiasten aufgetreten war. Im Lokalblatt schrieb darüber ein begeisterter Augenzeuge: »Aufrecht, wie in seiner Soldatenzeit, stand dieser Offizier vor über 300 Mädchen und Jungen der oberen Klassen des Geesthachter Gymnasiums. Und genauso, wie er im Kriege seine U-Boot-Soldaten begeisterte und zu höchsten Leistungen anspornte, zog er auch diese Jugend schnell in seinen Bann.« Fünf

Jahre später wird man die Gegend, in der Geesthacht liegt, als Hochburg der Neonazis bezeichnen. Als im November 1966 der Durchhalteadmiral und Hitlernachfolger auf einer CDU-Veranstaltung in Düsseldorf unter stürmischem Beifall ausrief: »Ich bin in Wahrheit zu Unrecht verurteilt worden!«, sprang ein empörter Zuhörer mit dem Zwischenruf auf: »Jetzt hat der Kriegsverbrecher Dönitz gesprochen, zwei Tage nach dem NP-Erfolg in Hessen, aber wir Opfer der Hitlerbarbarei dürfen hier nicht reden!« Dönitz ist kein Außenseiter, wie manch eilfertiger Journalist es gern darzustellen versucht, sondern paßt durchaus in die Bonner Landschaft. Schon zehn Jahre früher hatte der Inspekteur der Bundesmarine, Zenker, im Beisein seines zuständigen Ministers offiziell ausgesprochen: »Wir Alten, die wir in der alten Marine unter den Großadmiralen Raeder und Dönitz dienten, haben unter ihnen ehrenhaft gekämpft.« Dieser Satz blieb unwidersprochen. Von 1956 bis heute haben die »Alten«, unter ihnen viele U-Boot-Offiziere, fast alle führenden Positionen der Bundesmarine inne. Manche Namen sind dem Leser aus dem vorliegenden Tatsachenbericht bekannt — andere nicht. Kretschmer (U 99), Topp (U 2 513), Schreiber (U 95), Lange (U 711), Freiwald (U 181) und Meentzen (U 3 016) avancierten zu renommierten Admiralen. Sie sorgten für den »alten U-Boot-Geist« in der Bundesmarine. Der einstige Kommandant von U 103, Gustav-Adolf Janssen, wurde Militärattaché in Dänemark und Schweden. Zum Kommandeur der Marine-Überwasserwaffen-Schule Kiel-Holtenau wurde der ehemalige U-Bootkommandant Klaus Horn-Bostel berufen. Konteradmiral Guggenberger (U 513) gehört zum Führungsstab Streitkräfte Bonn. Einer der einflußreichsten Repräsentanten des »alten Geistes« ist Konteradmiral Günter Poser (U 202). Er ist Leiter des Ressorts Geheimdienst (Intelligence) im Internationalen Military Staff der NATO in Brüssel, nachdem er zuvor als Leiter des militärischen Nachrichtenwesens beim Bonner Führungsstab (Fü S II) seine »Fähigkeiten« nachgewiesen hat. Interessant ist auch zu wissen, daß die Leitung der Schule für Innere Führung im Mai 1966 im turnusmäßigen Wechsel ein ehemaliger U-Bootkommandant und Admiralstabsoffizier unter Dönitz übernahm — Flottillenadmiral Collmann.

Diese Liste ist bei weitem umfangreicher und ließe sich noch hinlänglich fortsetzen. Auch wenn einige der »Alten« im Ruhestand sind, so bedeutet das nicht, daß ihr Geist ausstirbt. Im Gegenteil. An ihre Stelle tritt der von ihnen herangebildete Nachwuchs. Das zeigt die Führungsspitze der Bundeswehr ganz deutlich. So ist zum Beispiel Otto Ites (U 94) Chef des Stabes der Bundesmarine, von Schröter (U 123 und U 2 506) Kommandeur der Abteilung Marine an der Führungsakademie der Bundeswehr in Hamburg-Blankenese, und Thomsen (U 1 202) ist Kommandeur der Marine-Division Nordsee. Zur Weiterführung der Arbeit im Sinne der »Alten« gehört auch der Aufbau einer schlagkräftigen U-Boot-Flotte in der BRD. Das geschah zwar in aller Öffentlichkeit, aber doch mit einiger Zurückhaltung in der Presse. Es muß für viele Seeleute in aller Welt, die die Angriffe der faschistischen U-Boote überlebt hatten, ein bitteres Gefühl gewesen sein, als sie im September 1966 durch Schlagzeilen über einen Unglücksfall zur Kenntnis nehmen mußten, daß die BRD U-Boote besitzt. In Zeitungsartikeln lasen sie, daß ein gesunkenes U-Boot, »U-Hai« genannt, bereits nahezu 10 Jahre zur Ausbildung von U-Boot-Besatzungen gedient hatte. Einst hatte »U-Hai« die Nummer U 2 365 getragen und sollte noch »fünf Minuten nach zwölf« den Krieg gegen die alliierte Schiffahrt führen. Die bedingungslose Kapitulation der faschistischen Wehrmacht hatte den Einsatz jedoch verhindert. Elf Jahre lag das auf Befehl seines Kommandanten, Oberleutnant Christiansen, selbstversenkte Boot auf dem Meeresgrund. Nach der Bergung wurde es für 800 000 DM von der Regierung der BRD angekauft, in der Kieler Howaldtwerft überholt und am 15. August 1957 als erstes U-Boot der Bundesmarine in Dienst gestellt. »U-Hai« folgte »U-Hecht«, und während beide Boote als »Lehrgruppe« für die Ausbildung der Kader verwendet wurden, waren schon die Bauaufträge für die ersten 12 U-Boote vergeben. Am 20. Oktober 1966 lief in der Howaldtwerft ein 430-t-Boot mit der Nummer 9 vom Stapel, und die Presse wies aus diesem Anlaß auf U 9 des ersten Weltkrieges hin. Die 12 Boote der zweiten Bauserie sind mit 450 t veranschlagt, und schon wird der Bau von sechs 1 000-t-Booten für den Einsatz innerhalb der NATO geplant. Von der ursprünglichen Tonnagegrenze von 350 t wird in Bonn, Kiel und Wilhelmshaven längst nicht mehr gesprochen. Und am Bau profitieren wieder die alten Interessenten. Im Mai 1968 ging die Meldung durch die Presse, daß die Walter-Werke in Kiel – ein Unternehmen jenes von Dönitz protegierten Konstrukteurs Walter – ein U-Boot für »Forschungszwecke« bauen werden. Die NATO-Partner der BRD haben – ungeachtet ihrer bitteren Erfahrungen in beiden Weltkriegen – diese Entwicklung nicht nur geduldet, sondern sogar gefördert. Der gemeinsame Haß auf die Länder des Sozialismus ist stärker als die Rücksicht auf das eigene Sicherheitsbedürfnis. Deshalb geben sie den Imperialisten der BRD Waffen, darunter auch U-Boote, in die Hände, die sie befähigen sollen, die ihnen in der Globalstrategie der USA zugedachte Rolle zu erfüllen. Die Imperialisten sehen darüber hinaus eine Chance, ihre Machtstellung in NATO-Europa auf Kosten ihrer »Partner« zu verstärken.

Nun klafft bekanntlich schon seit jeher zwischen dem Wollen und dem Können der deutschen Imperialisten eine große Lücke. Sie auf dem Gebiet der maritimen Rüstung zu schließen, gelang weder dem kaiserlichen Großadmiral Tirpitz noch den faschistischen Großadmiralen Raeder und Dönitz. Und ihre Nachfolger in der Bundesmarine werden im Falle einer Aggression ebenso scheitern. Dem Traum von der »unzerstörbaren Rollbahn Ostsee« stehen harte Realitäten gegenüber: die Baltische Rotbannerflotte, die Seekriegsflotte der Volksrepublik Polen und die Volksmarine der Deutschen Demokratischen Republik. Gemeinsam mit den Land- und Luftstreitkräften werden sie den Ostseeraum wirksam zu schützen wissen und jeden Aggressor vernichtend schlagen.

Diesen Aggressor soll dieser Bericht entlarven, ihn und seine Methoden der Kriegsvorbereitung, ihn und seine verbrecherische Kriegführung, die kein Gewissen und keine Skrupel kennt.

Die U-Boote der faschistischen Kriegsmarine und ihr Verbleib

Boots-nummer	Typ	Letzter Kommandant	Verlust bzw. Außerdienststellung		Ursache
			Datum	Ort	
U1	II A	Korv. Kpt. Jürgen Deeke	15.4.40	Südnorwegen	×
U2	II A	Oblt. Wolfgang Schwarzkopf	8.4.44	vor Pillau (Baltisk)	×
U3	II A	Lt.n. Hermann Neumeister	31.7.44	Gdynia	außer Dienst gestellt und ausgeschlachtet
U4	II A	Oblt. Hubert Rieger	31.7.44	Gdynia	außer Dienst gestellt und ausgeschlachtet
U5	II A	Lt.n. Hermann Rahn	19.3.43	vor Pillau (Baltisk)	×
U6	II A	Oblt. Erwin Jestel	7.8.44	Gdynia	außer Dienst gestellt, wahrscheinlich später gesprengt
U7	II B	Oblt. Günther Loeschke	18.2.44	vor Pillau (Baltisk)	×
U8	II B	Oblt. Jürgen Kriegshammer	Mai 45	Kiel	S
U9	II B	Oblt. Heinrich Klapdor	20.8.44	Constanţa	×
U10	II B	Oblt. Kurt Ahlers	Juli 44	Danzig (Gdańsk)	außer Dienst gestellt, später gesprengt
U11	II B	Oblt. Günther Dobenecker	14.12.44	Gdynia	außer Dienst gestellt
U12	II B	Kpt. Dietrich von der Ropp	8.10.39	vor Dover	×
U13	II B	Kpt. Max Schulte	31.5.40	nordöstlich Newcastle	×
U14	II B	Oblt. Hans-Joachim Dierks	2.5.45	Wilhelmshaven	S
U15	II B	Oblt. Peter Frahm	1.2.40	Nordsee	×

Zeichenerklärung: +: vernichtet ohne Überlebende (Totalverlust), S: selbstversenkt, ×: vernichtet mit Überlebenden

Boots-nummer	Typ	Letzter Kommandant	Verlust bzw. Außerdienststellung		Ursache
			Datum	Ort	
U16	II B	Kplt. Horst Wellner	24.10.39	vor Dover	×
U17	II B	Oblt. Friedrich Baumgärtel	Mai 45	Wilhelmshaven	S
U18	II B	Oblt. Karl Fleige	25.8.44	Constanta	S
U19	II B	Oblt. Willy Ohlenburg	10.9.44	vor der türkischen Küste	S
U20	II B	Oblt. Karl Grafen	10.9.44	vor der türkischen Küste	S
U21	II B	Oblt. Wolfgang Schwarzkopf	5.8.44	Pillau (Baltisk)	außer Dienst gestellt
U22	II B	Kplt. Karl-Heinrich Jenisch	25.4.40	Jammerbugt. (Skagerrak)	×
U23	II B	Oblt. Rudolf Arendt	10.9.44	vor der türkischen Küste	S
U24	II B	Oblt. Dieter Lenzmann	25.8.44	Constanta	S
U25	I A	Korv. Kpt. Heinz Beduhn	3.8.40	Nordsee	×
U26	I A	Korv. Kpt. Heinz Scheringer	1.7.40	Nordatlantik	×
U27	VII A	Korv. Kpt. Johannes Franz	20.9.39	nordwestlich der Hebriden	×
U28	VII A	Oblt. Dietrich Sachse	4.7.44	Ostsee	Unglücksfall, außer Dienst gestellt
U29	VII A	Oblt. Ulrich Philipp Graf zu Arco-Zinneberg	5.5.45	Flensburger Förde	S
U30	VII A	Oblt. Ludwig Fabricius	5.5.45	Flensburger Förde	×
U31	VII A	Kplt. Wilfried Prellberg	2.11.40	nordwestlich Irland	×
U32	VII A	Kplt. Hans Jenisch	30.10.40	nordwestlich Irland	×
U33	VII A	Kplt. Hans-Wilhelm von Dresky	12.2.40	vor dem Firth of Clyde	nach Kollision außer Dienst gestellt
U34	VII A	Ltn. Eduard Aust	8.9.43	Memel (Klaipėda)	
U35	VII A	Kplt. Werner Lott	29.11.39	Europäisches Nordmeer	×

Boots-nummer	Typ	Letzter Kommandant	Verlust bzw. Außerdienststellung		Ursache
			Datum	Ort	
U 36	VII A	Kplt. Wilhelm Frölich	4.12.39	Nordsee	×
U 37	IX A	Kplt. Eberhard von Wenden	3.5.45	Sonderburger Bucht	S
U 38	IX A	Korv. Kpt. Georg Peters	2.5.45	Wesermünde	S
U 39	IX A	Kplt. Gerhard Glattes	14.9.39	westlich der Hebriden	×
U 40	IX A	Kplt. Wolfgang Barten	13.10.39	Kanal	+
U 41	IX A	Kplt. Gustav-Adolf Mugler	5.2.40	Nordatlantik	+
U 42	IX A	Kplt. Rolf Dau	13.10.39	Nordatlantik	+
U 43	IX A	Kplt. Hans-Joachim Schwandtke	30.7.43	südwestlich der Azoren	×
U 44	IX A	Kplt. Ludwig Mathes	20.3.40	Europäisches Nordmeer	+
U 45	IX A	Kplt. Alexander Gehlhaar	14.10.39	östlich Irland	+
U 46	VII B	Oblt. Erich Jewinski	Mai 45	Flensburg	S
U 47	VII B	Korv. Kpt. Günther Prien	8.3.41	südlich Island	+
U 48	VII B	Oblt. Diether Todenhegen	Mai 45	Neustadt	S
U 49	VII B	Kplt. Curt von Goßler	15.4.40	bei Narvik	×
U 50	VII B	Kplt. Max-Hermann Bauer	10.4.40	nordöstlich der Shetland-Inseln	+
U 51	VII B	Kplt. Dietrich Knorr	20.8.40	Golf von Biscaya	×
U 52	VII B	Oblt. Ernst-August Racky	Mai 45	Kiel	S
U 53	VII B	Korv. Kpt. Harald Grosse	21.2.40	vor dem Nordkanal	+
U 54	VII B	Kplt. Günter Kutschmann	Febr. 40	Nordsee	Ursache unbekannt, Wrackteile gefunden
U 55	VII B	Kplt. Werner Heidel	30.1.40	Kanal	×
U 56	II C	Ltn. Heinrich Miede	28.4.45	Kiel	×

lation mußten die faschistischen U-Boote auftauchen (oben:
Stützpunkte anlaufen. Britische Korvetten bewachten den
nelpunkten (unten)

Boots-nummer	Typ	Letzter Kommandant	Verlust bzw. Außerdienststellung		Ursache
			Datum	Ort	
U 57	II C	Oblt. Peter Kühl	Sept. 40	Kiel	nach Zusammenstoß gesunken, aber wieder gehoben
U 58	II C	Oblt. Richard Schulz	Mai 45	Kiel	S
U 59	II C	Lm. Herbert Walther	3.5.45	Kiel	S
U 60	II C	Oblt. Herbert Giesewetter	April 45	Wilhelmshaven	außer Dienst gestellt
U 61	II C	Lm. Werner Zapf	2.5.45	Wilhelmshaven	S
U 62	II C	Lm. Hans-Eckart Augustin	2.5.45	Wilhelmshaven	S
U 63	II C	Oblt. Günter Lorentz	25.2.40	südlich der Shetland-Inseln	×
U 64	IX B	Kplt. Wilhelm Schulz	13.4.40	Narvik	+
U 65	IX B	Kplt. Joachim Hoppe	28.4.41	südöstlich Island	+
U 66	IX C	Kplt. Gerhard Seehausen	6.5.44	westlich der Kapverdischen Inseln	×
U 67	IX C	Kplt. Günther Müller-Stöckheim	16.7.43	Mittelatlantik	×
U 68	IX C	Oblt. Albert Lauzemies	10.4.44	bei Madeira	+
U 69	VII C	Kplt. Ulrich Gräf	17.2.43	Nordatlantik	+
U 70	VII C	Kplt. Joachim Matz	7.3.41	südöstlich Island	×
U 71	VII C	Kplt. Emil Ranzau	2.5.45	Wilhelmshaven	S
U 72	VII C	Oblt. Karl-Theodor Mayer	30.3.45	Bremen	×
U 73	VII B	Kplt. Horst Deckert	16.12.43	nördlich Oran	×
U 74	VII B	Oblt. Karl Friedrich	2.5.42	östlich Cartagena	+
U 75	VII B	Kplt. Helmuth Ringelmann	28.12.41	vor Marsa Matruk	×
U 76	VII B	Oblt. Friedrich von Hippel	5.4.41	südlich Island	×

287

Boots-nummer	Typ	Letzter Kommandant	Verlust bzw. Außerdienststellung		Ursache
			Datum	Ort	
U77	VII C	Kplt. Otto Hartmann	28.3.43	östlich Cartagena	x
U78	VII C	Oblt. Horst Hübsch	16.4.45	Pillau (Baltisk)	x
U79	VII C	Kplt. Wolfgang Kaufmann	23.12.41	vor Sollum	x
U80	VII C	Oblt. Hans Keerl	28.11.44	westlich Pillau (Baltisk)	x
U81	VII C	Obld. Johann-Otto Krieg	9.1.44	Pola (Pula)	+
U82	VII C	Kplt. Siegfried Rollmann	6.2.42	nördlich der Azoren	+
U83	VII B	Kplt. Ulrich Börishoffer	4.3.43	südöstlich Cartagena	+
U84	VII B	Kplt. Horst Uphoff	24.8.43	Mittelatlantik	+
U85	VII B	Obld. Eberhard Greger	14.4.42	bei Kap Hatteras	+
U86	VII B	Kplt. Walter Schug	29.11.43	östlich der Azoren	+
U87	VII B	Kplt. Joachim Berger	4.3.43	Nordatlantik	+
U88	VII C	Kplt. Heino Bohmann	14.9.42	südlich Spitzbergen	+
U89	VII C	Korv. Kpt. Dietrich Lohmann	12.5.43	Nordatlantik	+
U90	VII C	Kplt. Hans-Jürgen Öldörp	24.7.42	östlich Neufundland	x
U91	VII C	Kplt. Heinz Hungerhausen	25.2.44	Nordatlantik	+
U92	VII C	Kplt. Wilhelm Brauel	12.10.44	Bergen	außer Dienst gestellt
U93	VII C	Kplt. Horst Elfe	15.1.42	nordöstlich Madeira	x
U94	VII C	Obld. Otto Ites	28.8.42	südwestlich Haiti	x
U95	VII C	Kplt. Gerd Schreiber	28.11.41	südwestlich Almeria	x
U96	VII C	Obld. Robert Rix	30.3.45	Wilhelmshaven	x
U97	VII C	Kplt. Hansgeorg Trox	16.6.43	westlich Haifa	x
U98	VII C	Obld. Kurt Eichmann	19.11.42	westlich Gibraltar	+

Das Ende der faschistischen U-Boot-Waffe: Ausgelieferte U-Boote erwarten in einem alliierten Stützpunkt die Versenkung

Boots-nummer	Typ	Letzter Kommandant	Verlust bzw. Außerdienststellung		Ursache
			Datum	Ort	
U165	IX C	Korv. Kpt. Günther Hoffmann	Sept. 42	Golf von Biscaya	+
U166	IX C	Oblt. Hans-Günther Kuhlmann	1.8.42	Golf von Mexiko	+
U167	IX C	Korv. Kpt. Kurt Sturm	6.4.43	bei den Kanarischen Inseln	S (+)
U168	IX C	Kplt. Helmuth Pich	6.10.44	Java-See	×
U169	IX C	Oblt. Hermann Bauer	27.3.43	Nordatlantik	+
U170	IX C	Oblt. Hans-Gerold Hauber	Mai 45		ausgeliefert
U171	IX C	Kplt. Günter Pfeffer	9.10.42	Golf von Biscaya	+
U172	IX C	Oblt. Hermann Hoffmann	12.12.43	westlich der Kanarischen Inseln	×
U173	IX C	Oblt. Hans-Adolf Schweiche	16.11.42	vor Casablanca	+
U174	IX C	Oblt. Wolfgang Gradefeld	27.4.43	südlich Neufundland	×
U175	IX C	Kplt. Heinrich Bruns	17.4.43	südwestlich Irland	×
U176	IX C	Korv. Kpt. Rainer Dierksen	15.5.43	Floridastraße	+
U177	IX D 2	Korv. Kpt. Heinz Buchholz	6.2.44	Südatlantik	+
U178	IX D 2	Kplt. Wilhelm Spahr	20.8.44	Bordeaux	Bombentreffer
U179	IX D 2	Fr. Kpt. Ernst Sobe	8.10.42	vor Kapstadt	+
U180	IX D 1	Oblt. Rolf Riesen	22.8.44	Golf von Biscaya	+
U181	IX D 2	Fr. Kpt. Kurt Freiwald	6.5.45		von Japan übernommen
U182	IX D 2	Korv. Kpt. Nicolai Clausen	16.5.43	Südatlantik	+
U183	IX C 40	Kplt. Fritz Schneewind	24.4.45	Java-See	+
U184	IX C 40	Kplt. Günter Dangschat	20.11.42	Mittelatlantik	+
U185	IX C 40	Kplt. August Maus	24.8.43	Mittelatlantik	×
U186	IX C 40	Korv. Kpt. Siegfried Hesemann	14.5.43	Nordatlantik	+
U187	IX C 40	Kplt. Ralph Münnich	4.2.43	Nordatlantik	×

Boots-nummer	Typ	Letzter Kommandant	Verlust bzw. Außerdienststellung		Ursache
			Datum	Ort	
U 188	IX C 40	Kplt. Siegfried Lüdden	20. 8. 44	Bordeaux	Bombentreffer
U 189	IX C 40	Korv. Kpt. Hellmut Kurrer	24. 4. 43	östlich Kap Farvel	+
U 190	IX C 40	Oblt. Hans-Edwin Reith	Mai 45	Halifax	nach Auslieferung versenkt
U 191	IX C 40	Kplt. Helmut Fiehn	25. 4. 43	südöstlich Kap Farvel	+
U 192	IX C 40	Oblt. Werner Happe	5. 5. 43	Nordatlantik	+
U 193	IX C 40	Oblt. Dr. Ulrich Abel	28. 4. 44	vor Nantes	+
U 194	IX C 40	Korv. Kpt. Hermann Hesse	24. 6. 43	südwestlich Island	+
U 195	IX D 1	Oblt. Friedrich Steinfeldt	Mai 45		von Japan übernommen
U 196	IX D 2	Oblt. Johannes Werner Striegler	Nov. 44	südlich Java	+
U 197	IX D 2	Korv. Kpt. Robert Bartels	20. 8. 43	südlich Madagaskar	+
U 198	IX D 2	Oblt. Burkhard Heusinger von Waldegg	12. 8. 44	Indischer Ozean	+
U 199	IX D 2	Kplt. Hans-Werner Kraus	31. 7. 43	vor Rio de Janeiro	×
U 200	IX D 2	Korv. Kpt. Heinrich Schonder	24. 6. 43	südwestlich Island	+
U 201	VII C	Oblt. Günther Rosenberg	17. 2. 43	östlich Neufundland	+
U 202	VII C	Kplt. Günter Poser	2. 6. 43	vor Kap Farvel	×
U 203	VII C	Kplt. Hermann Kottmann	25. 4. 43	südöstlich Kap Farvel	×
U 204	VII C	Kplt. Walter Kell	19. 10. 41	Straße von Gibraltar	+
U 205	VII C	Kplt. Friedrich Bürgel	17. 2. 43	östliches Mittelmeer	×
U 206	VII C	Kplt. Herbert Opitz	30. 11. 41	Golf von Biscaya	+
U 207	VII C	Oblt. Fritz Meyer	19. 9. 41	Südausgang der Dänemarkstraße	+
U 208	VII C	Oblt. Alfred Schlieper	11. 11. 41	westlich Gibraltar	+
U 209	VII C	Kplt. Heinrich Brodda	19. 5. 43	vor Grönland	+

Boots-nummer	Typ	Letzter Kommandant	Verlust bzw. Außerdienststellung		Ursache
			Datum	Ort	
U210	VII C	Kplt. Rudolf Lemcke	6.8.42	südlich Kap Farvel	×
U211	VII C	Kplt. Karl Hause	19.11.43	östlich der Azoren	+
U212	VII C	Kplt. Helmut Vogler	21.7.44	Kanal	+
U213	VII D	Oblt. Amelung von Varendorf	31.7.42	Nordatlantik	+
U214	VII D	Oblt. Gerhard Conrad	26.7.44	Kanal	+
U215	VII D	Kplt. Fritz Höckner	3.7.42	Nordatlantik	+
U216	VII D	Kplt. Karl-Otto Schultz	20.10.42	südwestlich Irland	+
U217	VII D	Kplt. Kurt Reichenbach-Klinke	5.6.43	Mittelatlantik	+
U218	VII D	Kplt. Rupprecht Stock			
U219	X B	Korv. Kpt. Walter Burghagen	Mai 45		ausgeliefert und versenkt
			Mai 45		von Japan übernommen
U220	X B	Oblt. Bruno Barber	27.10.43	Mittelatlantik	+
U221	VII C	Kplt. Hans Trojer	27.9.43	südwestlich Irland	+
U222	VII C	Kplt. Ralf von Jessen	2.9.42	Danziger Bucht	×
U223	VII C	Oblt. Peter Gerlach	29.3.44	nördlich Palermo	×
U224	VII C	Oblt. Hans-Carl Kosbadt	13.1.43	vor der algerischen Küste	×
U225	VII C	Oblt. Wolfgang Leimkühler	21.1.43	Nordatlantik	+
U226	VII C	Oblt. Albrecht Gange	6.11.43	östlich Neufundland	+
U227	VII C	Oblt. Jürgen Kuntze	30.4.43	nördlich der Färöer	+
U228	VII C	Kplt. Herbert Engel	29.9.44	Bergen	Bombentreffer
U229	VII C	Oblt. Robert Schetelig	22.9.43	südöstlich Kap Farvel	+
U230	VII C	Oblt. Hein Eugen Eberbach	21.8.44	Toulon	S
U231	VII C	Kplt. Wolfgang Wenzel	13.1.44	nordöstlich der Azoren	×
U232	VII C	Kplt. Ernst Ziehm	8.7.43	vor der portugiesischen Küste	+

Boots-nummer	Typ	Letzter Kommandant	Verlust bzw. Außerdienststellung		Ursache
			Datum	Ort	
U 233	X B	Kplt. Hans Steen	5.7.44	vor der kanadischen Küste	x
U 234	X B	Kplt. Johann-Heinrich Fehler	Mai 45		ausgeliefert
U 235	VII C	Kplt. Friedrich Huisken	14.4.45	Kattegat	+
U 236	VII C	Oblt. Herbert Mumm	4.5.44	Schleimündung	x
U 237	VII C	Kplt. Karl-Heinz Menard	4.4.45	Kiel	x
U 238	VII C	Kplt. Horst Hepp	9.2.44	südwestlich Irland	x
U 239	VII C	Oblt. Ulrich Vöge	24.7.44	Kiel	außer Dienst gestellt
U 240	VII C	Oblt. Günther Link	16.5.44	nordwestlich der Färöer	+
U 241	VII C	Oblt. Arno Werr	18.5.44	nordöstlich der Färöer	+
U 242	VII C	Oblt. Heinrich Riedel	April 45		+
U 243	VII C	Kplt. Hans Märtens	8.7.44	westlich Nantes	x
U 244	VII C	Oblt. Hans Peter Mackeprang	Mai 45		ausgeliefert und versenkt
U 245	VII C	Korv. Kpt. Friedrich-Wilhelm Schumann-Hindenberg	Mai 45		ausgeliefert und versenkt
U 246	VII C	Kplt. Ernst Raabe	29.3.45	Kanal	+
U 247	VII C	Oblt. Gerhard Matschulat	1.9.44	Kanal	+
U 248	VII C	Oblt. Johann-Friedrich Loos	16.1.45	Nordatlantik	+
U 249	VII C	Kplt. Uwe Kock	8.5.45		ausgeliefert
U 250	VII C	Kplt. Karl Werner Schmidt	30.7.44	Finnischer Meerbusen	x
U 251	VII C	Oblt. Frans Sächs	19.4.45	Kattegat	x
U 252	VII C	Kplt. Kai Lerchen	14.4.42	südwestlich Irland	+
U 253	VII C	Kplt. Adolf Friedrichs	23.9.43	nordöstlich Island	+
U 254	VII C	Kplt. Hans Gilardone	8.12.42	vor Grönland	x

Boots-nummer	Typ	Letzter Kommandant	Verlust bzw. Außerdienststellung		Ursache
			Datum	Ort	
U255	VII C	Oblt. Helmut Heinrich	Mai 45		ausgeliefert und versenkt
U256	VII C	Korv. Kpt. Heinrich Lehmann-Willenbrock	5.10.40	Bergen	außer Dienst gestellt
			Mai 45		ausgeliefert
U257	VII C	Kplt. Heinz Rahe	24.2.44	Nordatlantik	×
U258	VII C	Kplt. Wilhelm von Mäszenhausen	21.5.43	Nordatlantik	×
U259	VII C	Kplt. Klaus Köppke	15.11.42	nördlich Algier	+
U260	VII C	Oblt. Klaus Becker	12.3.45	südlich Irland	S
U261	VII C	Kplt. Hans Lange	15.9.42	westlich der Shetland-Inseln	+
U262	VII C	Kplt. Karl-Heinz Laudahn	1944		außer Dienst gestellt
U263	VII C	Korv. Kpt. Kurt Nölke	20.1.44	vor La Rochelle	+
U264	VII C	Kplt. Hartwig Looks	19.2.44	Nordatlantik	×
U265	VII C	Oblt. Leonhard Auffhammer	3.2.43	südlich Island	+
U266	VII C	Kplt. Ralf von Jessen	14.5.43	Nordatlantik	×
U267	VII C	Oblt. Bernhard Knieper	5.5.45	Flensburger Förde	S
U268	VII C	Oblt. Ernst Heydemann	19.2.43	westlich Nantes	+
U269	VII C	Oblt. Georg Uhl	27.6.44	Kanal	×
U270	VII C	Oblt. Heinrich Schreiber	12.8.44	Golf von Biscaya	×
U271	VII C	Kplt. Curt Barleben	28.1.44	westlich Irland	×
U272	VII C	Kplt. Horst Hepp	12.11.42	bei Hela (Hel)	×
U273	VII C	Oblt. Hermann Roßmann	19.5.43	südwestlich Island	+
U274	VII C	Oblt. Günther Jordan	23.10.43	südwestlich Island	+
U275	VII C	Oblt. Helmut Wehrkamp	10.3.45	Kanal	×
U276	VII C	Kplt. Ralf Borchers	29.9.44	Neustadt	außer Dienst gestellt

Boots-nummer	Typ	Letzter Kommandant	Verlust bzw. Außerdienststellung		Ursache
			Datum	Ort	
U277	VII C	Kplt. Robert Lübsen	Mai 45	südlich Spitzbergen	ausgeliefert
U278	VII C	Kplt. Joachim Franze	1.5.44		+
U279	VII C	Kplt. Otto Finke	Mai 45	südwestlich Island	ausgeliefert und versenkt
U280	VII C	Oblt. Walter Hungershausen	4.10.43	Nordatlantik	+
U281	VII C	Kplt. Heinrich von Davidson	16.11.43		ausgeliefert und versenkt
U282	VII C	Oblt. Rudolf Müller	Mai 45		
U283	VII C	Oblt. Günter Ney	29.10.43	Nordatlantik	+
U284	VII C	Oblt. Günter Scholz	11.2.44	südwestlich der Färöer	+
U285	VII C	Kplt. Konrad Bornhaupt	21.12.43	Nordatlantik	×
U286	VII C	Oblt. Willi Dietrich	15.4.45	südwestlich Irland	+
U287	VII C	Oblt. Heinrich Meyer	29.4.45	vor Murmansk	+
U288	VII C	Oblt. Willy Meyer	16.5.45	Elbmündung	S
U289	VII C	Kplt. Alexander Hellwig	3.4.44	Nördliches Eismeer	×
U290	VII C	Oblt. Heinz Bauch	31.5.44	Nördliches Eismeer	+
U291	VII C	Oblt. Hermann Neumeister	5.5.45	Geltinger Bucht	S
U292	VII C	Oblt. Werner Schmidt	Mai 45		ausgeliefert und versenkt
U293	VII C	Kplt. Leonhard Klingspor	27.5.44	westlich Trondheim	+
U294	VII C	Oblt. Heinz Schütt	Mai 45		ausgeliefert und versenkt
U295	VII C	Oblt. Günter Wieboldt	Mai 45		ausgeliefert und versenkt
U296	VII C	Kplt. Karl-Heinz Rasch	Mai 45		ausgeliefert und versenkt
U297	VII C	Oblt. Wolfgang Aldegarmann	22.3.45	Nordkanal	+
U298	VII C	Oblt. Heinrich Gehrken	6.12.44	Pentland Firth	+
			Mai 45		ausgeliefert und versenkt

Boots-nummer	Typ	Letzter Kommandant	Verlust bzw. Außerdienststellung		Ursache
			Datum	Ort	
U 299	VII C	Oblt. Bernard Emde	Mai 45		ausgeliefert und versenkt
U 300	VII C	Oblt. Fritz Hein	22.2.45	vor Cadiz	×
U 301	VII C	Kplt. Willy-Roderich Körner	21.1.43	westlich Korsika	+
U 302	VII C	Kplt. Herbert Sickel	6.4.44	nordwestlich der Azoren	+
U 303	VII C	Kplt. Karl Franz Heine	21.5.43	südlich Toulon	×
U 304	VII C	Oblt. Heinz Koch	28.5.43	südöstlich Kap Farvel	+
U 305	VII C	Kplt. Rudolf Bahr	17.1.44	südwestlich Irland	†
U 306	VII C	Kplt. Claus von Trotha	31.10.43	nordöstlich der Azoren	+
U 307	VII C	Oblt. Erich Krüger	29.4.45	vor Murmansk	×
U 308	VII C	Oblt. Karl Mühlenpfordt	4.6.43	nordöstlich der Färöer	+
U 309	VII C	Oblt. Herbert Loeder	16.2.45	vor dem Moray Firth	+
U 310	VII C	Oblt. Wolfgang Ley	10.5.45	Trondheim	ausgeliefert
U 311	VII C	Kplt. Joachim Zander	24.4.44	südwestlich Irland	+
U 312	VII C	Oblt. Jürgen von Gaza	Mai 45		ausgeliefert und versenkt
U 313	VII C	Kplt. Friedhelm Schweiger	Mai 45		ausgeliefert und versenkt
U 314	VII C	Kplt. Georg-Wilhelm Basse	30.1.44	südöstlich der Bären-Insel	+
U 315	VII C	Oblt. Herbert Zoller	Mai 45		ausgeliefert
U 316	VII C	Oblt. Gottfried König	2.5.45	vor Travemünde	S
U 317	VII C	Oblt. Peter Rahlf	26.6.44	nordöstlich der Shetland-Inseln	+
U 318	VII C	Oblt. Josef Will	Mai 45		ausgeliefert und versenkt
U 319	VII C	Oblt. Johannes Clemens	15.7.44	vor der norwegischen Küste	×
U 320	VII C	Oblt. Emmrich	7.5.45	westlich Bergen	×
U 321	VII C	Oblt. Fritz Berends	2.4.45	südwestlich Irland	+

Boots-nummer	Typ	Letzter Kommandant	Verlust bzw. Außerdienststellung		Ursache
			Datum	Ort	
U 322	VII C	Oblt. Gerhard Wysk	25.11.44	westlich der Shetland-Inseln	+
U 323	VII C	Oblt. Hans-Jürgen Dobinsky	3.5.45	Nordenham	S
U 324	VII C	Oblt. Joachim Sauerbier	Mai 45		ausgeliefert und versenkt
U 325	VII C	Oblt. Erwin Dohrn	April 45	Kanal	+
U 326	VII C	Kplt. Peter Matthes	April 45	britische Gewässer	+
U 327	VII C	Kplt. Hans Lemcke	27.2.45	Kanal	+
U 328	VII C	Oblt. Hans-Erich Scholle	Mai 45		ausgeliefert und versenkt
U 329	VII C		30.3.45	Bremen	Bombentreffer
U 330	VII C				sistiert
U 331	VII C	Kplt. Hans-Dietrich Freiherr von Tiesenhausen	13.11.42	nordwestlich Algier	×
U 332	VII C	Oblt. Eberhard Hüttemann	2.5.43	Golf von Biscaya	+
U 333	VII C	Kplt. Hans Fiedler	31.7.44	Nordatlantik	×
U 334	VII C	Oblt. Hans Ehrich	14.6.43	südwestlich Island	+
U 335	VII C	Kplt. Hans-Hermann Pelkner	3.8.42	nordöstlich der Färöer	×
U 336	VII C	Kplt. Hans Hunger	4.10.43	südwestlich Island	+
U 337	VII C	Oblt. Kurt Ruwiedel	15.1.43	südwestlich Island	+
U 338	VII C	Kplt. Manfred Kinzel	20.9.43	südwestlich Island	+
U 339	VII C	Oblt. Werner Remus	3.5.45	Wilhelmshaven	S
U 340	VII C	Oblt. Hans-Joachim Klaus	1.11.43	Atlantik/Gibraltar	×
U 341	VII C	Oblt. Dietrich Epp	19.9.43	südwestlich Island	+
U 342	VII C	Oblt. Albert Hossenfelder	17.4.44	südlich Island	×
U 343	VII C	Oblt. Wolfgang Rahn	10.3.44	südlich Sardinien	×

Boots-nummer	Typ	Letzter Kommandant	Verlust bzw. Außerdienststellung		Ursache
			Datum	Ort	
U 344	VII C	Kplt. Ulrich Pietsch	24. 8. 44	Barentssee	+
U 345	VII C	Oblt. Ulrich Knackfuß	17. 12. 43	Kiel	außer Dienst gestellt
U 346	VII C	Oblt. Arno Leisten	20. 9. 43	bei Hela (Hel)	infolge Schadens beim Tauchen gesunken +
U 347	VII C	Oblt. Johann de Buhr	17. 7. 44	westlich Narvik	×
U 348	VII C	Oblt. Hans Norbert Schunk	März 45	Hamburg	Bombentreffer
U 349	VII C	Oblt. Udo-Wolfgang Dähne	5. 5. 45	Geltinger Bucht	S
U 350	VII C	Oblt. Erich Niester	März 45	Hamburg	Bombentreffer
U 351	VII C	Oblt. Hugo Strehl	5. 5. 45	Geltinger Bucht	S
U 352	VII C	Kplt. Hellmut Rathke	9. 5. 42	Nordatlantik	×
U 353	VII C	Oblt. Wolfgang Römer	16. 10. 42	Nordatlantik	×
U 354	VII C	Oblt. Hans-Jürgen Stahmer	25. 8. 44	Barentssee	+
U 355	VII C	Kplt. Günter La Baume	1. 4. 44	Nördliches Eismeer	+
U 356	VII C	Oblt. Günter Ruppelt	27. 12. 42	Nordatlantik	+
U 357	VII C	Kplt. Adolf Kellner	26. 12. 42	nordwestlich Irland	+
U 358	VII C	Kplt. Rolf Manke	1. 3. 44	nördlich der Azoren	×
U 359	VII C	Oblt. Heinz Förster	28. 7. 43	Karibisches Meer	+
U 360	VII C	Kplt. Klaus Becker	2. 4. 44	nordwestlich Hammerfest	+
U 361	VII C	Kplt. Hans Seidel	17. 7. 44	westlich Narvik	+
U 362	VII C	Oblt. Ludwig Franz	6. 9. 44	Kara-See	+
U 363	VII C	Kplt. Werner Ness	Mai 45		ausgeliefert und versenkt
U 364	VII C	Oblt. Paul-Heinrich Sass	30. 1. 44	Golf von Biscaya	+
U 365	VII C	Oblt. Diether Todenhagen	13. 12. 44	Nördliches Eismeer	+

Boots-nummer	Typ	Letzter Kommandant	Verlust bzw. Außerdienststellung		Ursache
			Datum	Ort	
U366	VII C	Oblt. Bruno Langenberg	5.3.44	nördlich Hammerfest	+
U367	VII C	Oblt. Hasso Stegemann	15.3.45	vor Hela (Hel)	+
U368	VII C	Oblt. Herbert Geisewetter	Mai 45		ausgeliefert
U369	VII C	Kplt. Ludwig Schaafhausen	Mai 45		ausgeliefert und versenkt
U370	VII C	Oblt. Karl Nielsen	5.5.45	Geltinger Bucht	S
U371	VII C	Oblt. Horst-Arno Fenski	4.5.44	Mittelmeer	×
U372	VII C	Kplt. Heinz-Joachim Neumann	5.8.42	vor Jaffa	×
U373	VII C	Oblt. Detlef von Lehsten	8.6.44	vor Brest	×
U374	VII C	Oblt. Unno von Fischel	12.1.42	Mittelmeer	×
U375	VII C	Kplt. Jürgen Koenenkamp	30.7.43	nordwestlich Malta	+
U376	VII C	Kplt. Friedrich Marks	10.4.43	Golf von Biscaya	+
U377	VII C	Oblt. Gerhard Kluth	Jan.44	Atlantik	+
U378	VII C	Kplt. Erich Mäder	20.10.43	Nordatlantik	×
U379	VII C	Kplt. Paul-Hugo Kettner	8.8.42	südlich Kap Farvel	+
U380	VII C	Kplt. Albrecht Brandi	11.3.44	Toulon	×
U381	VII C	Kplt. Wilhelm-Heinrich Graf von Pückler und Limpurg	19.5.43	südöstlich Kap Farvel	+
U382	VII C	Oblt. Hans-Dietrich Wilke	Jan. 45	Wilhelmshaven	×
U383	VII C	Kplt. Horst Kremser	1.8.43	südwestlich Irland	+
U384	VII C	Oblt. Hans-Achim von Rosenberg-Gruszczynsky	19.3.43	südwestlich Island	+
U385	VII C	Kplt. Hans Guido Valentiner	11.8.44	Golf von Biscaya	×
U386	VII C	Oblt. Fritz Albrecht	19.2.44	Nordatlantik	×

Boots-nummer	Typ	Letzter Kommandant	Verlust bzw. Außerdienststellung		Ursache
			Datum	Ort	
U 387	VII C	Kplt. Rudolf Büchler	9.12.44	vor Murmansk	+
U 388	VII C	Oblt. Peter Sues	20.6.43	südöstlich Grönland	+
U 389	VII C	Kplt. Siegfried Heilmann	5.10.43	Dänemarkstraße	+
U 390	VII C	Oblt. Heinz Geißler	5.7.44	Seine-Bucht	×
U 391	VII C	Oblt. Gert Dültgen	13.12.43	Golf von Biscaya	+
U 392	VII C	Oblt. Henning Schümann	16.3.44	vor Gibraltar	+
U 393	VII C	Oblt. Friedrich-Georg Herrle	4.5.45	Kleiner Belt	S
U 394	VII C	Kplt. Wolfgang Borger	1.9.44	Europäisches Nordmeer	+
U 395 Boot nicht fertiggestellt					
U 396	VII C	Kplt. Hilmar Siemon	23.4.45	südwestlich der Shetland-Inseln	+
U 397	VII C	Kplt. Gerd Groth	5.5.45	Flensburger Förde	S
U 398	VII C	Oblt. Wilhelm Cranz	Mai 45	Europäisches Nordmeer	+
U 399	VII C	Oblt. Heinz Buhse	26.3.45	Kanal	×
U 400	VII C	Kplt. Horst Creutz	17.12.44	südlich Irland	+
U 401	VII C	Kplt. Gero Zimmermann	3.8.41	südwestlich Irland	+
U 402	VII C	Korv. Kpt. Siegfried Freiherr von Forstner	13.10.43	Nordatlantik	+
U 403	VII C	Kplt. Karl Franz Heine	7.8.43	Mittelatlantik	×
U 404	VII C	Oblt. Adolf Schönberg	28.7.43	Golf von Biscaya	+
U 405	VII C	Korv. Kpt. Rolf-Heinrich Hopmann	1.11.43	Nordatlantik	+
U 406	VII C	Kplt. Horst Dieterichs	18.2.44	Nordatlantik	×
U 407	VII C	Oblt. Hans Kolbus	19.9.44	Mittelmeer	×

Boots-nummer	Typ	Letzter Kommandant	Verlust bzw. Außerdienststellung		Ursache
			Datum	Ort	
U 408	VII C	Kpt. Reinhard von Hymmen	5.11.42	Dänemarkstraße	+
U 409	VII C	Kpt. Hans Ferdinand Maßmann	16.7.43	nordöstlich Algier	×
U 410	VII C	Oblt. Horst-Arno Fenski	11.3.44	Toulon	×
U 411	VII C	Kpt. Johann Spindlegger	28.11.42	westliches Mittelmeer	+
U 412	VII C	Kpt. Walther Jahrmärker	22.10.42	nordöstlich der Färöer	+
U 413	VII C	Oblt. Dietrich Sachse	20.8.44	Kanal	×
U 414	VII C	Oblt. Walter Huth	25.5.43	Mittelmeer	+
U 415	VII C	Oblt. Herbert Werner	14.7.44	Brest	+
U 416	VII C	Oblt. Eberhard Rieger	12.12.44	Ostsee	×
U 417	VII C	Oblt. Wolfgang Schreiner	11.6.43	südöstlich Island	+
U 418	VII C	Oblt. Gerhard Lange	1.6.43	Golf von Biscaya	+
U 419	VII C	Kpt. Dietrich Giersberg	8.10.43	Nordatlantik	+
U 420	VII C	Oblt. Hans-Jürgen Reese	26.10.43	Nordatlantik	+
U 421	VII C	Oblt. Hans Kolbus	29.4.44	bei Toulon	×
U 422	VII C	Oblt. Wolfgang Peschel	4.10.43	nördlich der Azoren	+
U 423	VII C	Oblt. Klaus Hackländer	17.6.44	nordöstlich der Färöer	+
U 424	VII C	Oblt. Günter Lüders	11.2.44	südwestlich Irland	+
U 425	VII C	Kpt. Heinz Bentzien	17.2.45	vor Murmansk	×
U 426	VII C	Kpt. Christian Reith	8.1.44	Nordatlantik	+
U 427	VII C	Oblt. Karl-Gabriel Graf Gudenus	Mai 45		ausgeliefert und versenkt
U 428	VII C	Oblt. Hans Ulrich Hanitsch	3.5.45	Nord-Ostsee-Kanal	S
U 429	VII C	Oblt. Martin Kuttkat	März 45	Wilhelmshaven	×
U 430	VII C	Oblt. Ulrich Hammer	30.3.45	Bremen	×

Boots-nummer	Typ	Letzter Kommandant	Verlust bzw. Außerdienststellung		Ursache
			Datum	Ort	
U 431	VII C	Obslt. Dietrich Schöneboom	30.10.43	vor Toulon	+
U 432	VII C	Kplt. Hermann Eckhardt	11.3.43	Nordatlantik	×
U 433	VII C	Kplt. Hans Ey	16.11.41	südlich Malaga	×
U 434	VII C	Kplt. Wolfgang Heyda	18.12.41	nördlich Madeira	×
U 435	VII C	Kplt. Siegfried Strelow	9.7.43	westlich von Lissabon	+
U 436	VII C	Kplt. Günter Seibicke	26.5.43	Nordatlantik	+
U 437	VII C	Kplt. Hermann Lamby	4.10.44	Bergen	bei Luftangriff beschädigt und außer Dienst gestellt
U 438	VII C	Kplt. Heinrich Heinsohn	6.5.43	nordöstlich Neufundland	+
U 439	VII C	Oblt. Helmut von Tippelskirch	3.5.43	Nordatlantik	×
U 440	VII C	Oblt. Werner Schwaff	31.5.43	Golf von Biscaya	+
U 441	VII C	Kplt. Klaus Hartmann	18.6.44	vor Brest	×
U 442	VII C	Korv. Kpt. Hans-Joachim Hesse	12.1.43	Nordatlantik	+
U 443	VII C	Kplt. Konstantin von Puttkamer	23.2.43	vor Algier	+
U 444	VII C	Oblt. Albert Langfeld	11.3.43	Nordatlantik	×
U 445	VII C	Oblt. Rupprecht Fischer Graf von Treuberg	24.8.44	vor Brest	+
U 446	VII C	Oblt. Helmut-Berr Richard	3.5.45	Ostsee	S
U 447	VII C	Oblt. Friedrich-Wilhelm Bothe	7.5.43	westlich Gibraltar	+
U 448	VII C	Oblt. Helmut Dauter	14.4.44	nordöstlich der Azoren	×
U 449	VII C	Kplt. Hermann Otto	24.6.43	Nordatlantik	+
U 450	VII C	Kplt. Kurt Böhme	10.3.44	Tyrrhenisches Meer	+
U 451	VII C	Korv. Kpt. Eberhart Hoffmann	21.12.41	vor Tanger	×

Boots-nummer	Typ	Letzter Kommandant	Verlust bzw. Außerdienststellung		Ursache
			Datum	Ort	
U452	VII C	Kplt. J. Marck	25.8.41	südöstlich Island	+
U453	VII C	Oblt. Dierk Lührs	21.5.44	Ionisches Meer	x
U454	VII C	Kplt. Burkhard Hackländer	1.8.43	Nordatlantik	+
U455	VII C	Kplt. Hans Martin Scheibe	6.4.44	Mittelmeer	+
U456	VII C	Kplt. Max-Martin Teichert	13.5.43	Nordatlantik	+
U457	VII C	Korv. Kpt. Karl Brandenburg	16.9.42	Barentssee	+
U458	VII C	Kplt. Kurt Diggins	22.8.43	Mittelmeer	x
U459	XIV	Korv. Kpt. von Wilamowitz-Möllendorf	24.7.43	Nordatlantik	x
U460	XIV	Kplt. Heinrich Schnorr	4.10.43	Nordatlantik	x
U461	XIV	Korv. Kpt. Wolf-Harro Stiebler	30.3.43	Nordatlantik	x
U462	XIV	Kplt. Bruno Vowe	30.7.43	Golf von Biscaya	x
U463	XIV	Korv. Kpt. Wolfbauer	15.5.43	Golf von Biscaya	+
U464	XIV	Kplt. Otto Harms	20.8.42	Europäisches Nordmeer	x
U465	VII C	Kplt. Heinz Wolf	5.5.43	Atlantik	+
U466	VII C	Kplt. Gerhard Thater	19.8.44	Toulon	S
U467	VII C	Kplt. Heinz Kummer	29.5.43	südöstlich Island	+
U468	VII C	Kplt. Clemens Schamong	11.8.43	vor Bathurst	x
U469	VII C	Oblt. Emil Claussen	27.3.43	südlich Island	+
U470	VII C	Oblt. Günter Grave	16.10.43	südwestlich Island	x
U471	VII C	Kplt. Friedrich Kloevekorn	6.8.44	bei Toulon	x
U472	VII C	Kplt. Wolfried Freiherr von Forstner	4.3.44	Europäisches Nordmeer	x

Boots-nummer	Typ	Letzter Kommandant	Verlust bzw. Außerdienststellung		Ursache
			Datum	Ort	
U 473	VII C	Kplt. Heinz Sternberg	5.5.44	Nordatlantik	×
U 474	VII C		1944		bei Luftangriff auf Helling zerstört
U 475	VII C	Kplt. Otto Stoeffler	3.5.45	Kiel	S
U 476	VII C	Oblt. Otto Niethmann	24.5.44	nordwestlich Trondheim	×
U 477	VII C	Oblt. Karl-Joachim Jenssen	3.6.44	westlich Trondheim	+
U 478	VII C	Oblt. Rudolf Rademacher	30.6.44	nordöstlich der Färöer	+
U 479	VII C	Oblt. Friedrich Sons	Dez. 44	Finnischer Meerbusen	+
U 480	VII C	Oblt. Hans-Joachim Förster	24.2.45	Kanal	+
U 481	VII C	Oblt. Klaus Andersen	Mai 45		ausgeliefert und versenkt
U 482	VII C	Kplt. Hartmut Graf von Matuschka	15.1.45	Nordatlantik	+
U 483	VII C	Kplt. Hans-Joachim von Morstein	Mai 45		ausgeliefert und versenkt
U 484	VII C	Korv. Kpt. Wolff-Axel Schäfer	9.9.44	südlich der Hebriden	+
U 485	VII C	Oblt. Friedrich Lutz	Mai 45		ausgeliefert und versenkt
U 486	VII C	Oblt. Gerhard Meyer	12.4.45	nordwestlich Bergen	+
U 487	XIV	Oblt. Constantin Metz	13.7.43	Mittelatlantik	×
U 488	XIV	Oblt. B. Studt	26.4.44	Mittelatlantik	+
U 489	XIV	Oblt. Schmandt	4.8.43	Nordatlantik	×
U 490	XIV	Oblt. W.3 W. Gerlach	12.6.44	nordwestlich der Azoren	×
U 491 bis U 500 zum Teil noch vor Baubeginn Aufträge sistiert					
U 501	IX C	Korv. Kpt. Hugo Förster	10.9.41	Dänemarkstraße	×
U 502	IX C	Kplt. Jürgen von Rosenstiel	5.7.42	Golf von Biscaya	+

Boots-nummer	Typ	Letzter Kommandant	Verlust bzw. Außerdienststellung		Ursache
			Datum	Ort	
U 503	IX C	Korv. Kpt. Otto Gerhicke	15. 3. 42	südöstlich Neufundland	+
U 504	IX C	Kplt. Wilhelm Luis	30. 7. 43	Nordatlantik	+
U 505	IX C	Oblt. Harald Lange	4. 6. 44	nordwestlich Dakar	von US Navy aufgebracht
U 506	IX C	Kplt. Erich Würdemann	12. 7. 43	Nordatlantik	×
U 507	IX C	Korv. Kpt. Harro Schacht	13. 1. 43	Südatlantik	+
U 508	IX C	Kplt. Georg Staats	12. 3. 43	Golf von Biscaya	+
U 509	IX C	Kplt. Werner Witte	15. 7. 43	nordwestlich Madeira	+
U 510	IX C	Kplt. Alfred Eick	8. 5. 45	La Pallice	ausgeliefert
U 511	IX C	Kplt. Fritz Schneewind	Juli 43		an Japan übergeben
U 512	IX C	Kplt. Wolfgang Schultze	2. 10. 42	nördlich von Cayenne	×
U 513	IX C	Kplt. Friedrich Guggenberger	19. 7. 43	Südatlantik	×
U 514	IX C	Kplt. Hans-Jürgen Auffermann	8. 7. 43	Golf von Biscaya	+
U 515	IX C	Kplt. Werner Henke	9. 4. 44	nördlich Madeira	×
U 516	IX C	Oblt. Friedrich Petras	Mai 45		ausgeliefert und versenkt
U 517	IX C	Kplt. Paul Hartwig	21. 11. 42	südwestlich Irland	×
U 518	IX C	Oblt. Hans Offermann	22. 4. 45	Nordatlantik	+
U 519	IX C	Kplt. Günter Eppen	4. 2. 43	südwestlich Irland	+
U 520	IX C	Kplt. Volkmar Schwartzkopf	30. 10. 42	Nordatlantik	+
U 521	IX C	Kplt. Klaus Bargsten	2. 6. 43	vor der Ostküste der USA	×
U 522	IX C	Kplt. Herbert Schneider	23. 2. 43	südwestlich Madeira	+
U 523	IX C	Kplt. Werner Pietzsch	25. 8. 43	Nordatlantik	×
U 524	IX C	Kplt. Walther Freiherr von Steinaecker	22. 3. 43	südlich Madeira	+

Boots-nummer	Typ	Letzter Kommandant	Verlust bzw. Außerdienststellung		Ursache
			Datum	Ort	
U 525	IX C	Kplt. Hans-Joachim Drewitz	11. 8. 43	Nordatlantik	+
U 526	IX C	Kplt. Hans Möglich	14. 4. 43	vor Lorient	×
U 527	IX C	Kplt. Herbert Uhlig	23. 7. 43	südlich der Azoren	×
U 528	IX C	Kplt. Georg von Rabenau	13. 5. 43	südwestlich Irland	×
U 529	IX C	Kplt. Georg-Werner Fraatz	15. 2. 43	Nordatlantik	+
U 530	IX C	Oblt. Otto Wermuth	Mai 45		ausgeliefert
U 531	IX C	Kplt. Herbert Neckel	6. 5. 43	nordöstlich Neufundland	+
U 532	IX C	Fr. Kpt. Ottoheinrich Junker	Mai 45		ausgeliefert und versenkt
U 533	IX C	Kplt. Helmut Hennig	17. 10. 43	Golf von Oman	×
U 534	IX C	Kplt. Herbert Nollau	5. 5. 45	Kattegat	×
U 535	IX C	Kplt. Helmut Ellmenreich	5. 7. 43	Golf von Biscaya	+
U 536	IX C	Kplt. Rolf Schauenburg	20. 11. 43	Nordatlantik	×
U 537	IX C	Kplt. Peter Schrewe	9. 11. 44	Java-See	+
U 538	IX C	Kplt. Hans-Egbert Goßler	21. 11. 43	Nordatlantik	+
U 539	IX C	Kplt. Hans-Jürgen Lauterbach-Emden	Mai 45		ausgeliefert und versenkt
U 540	IX C	Kplt. Lorenz Kasch	18. 10. 43	östlich Kap Farvel	+
U 541	IX C	Kplt. Kurt Petersen	Mai 45		ausgeliefert und versenkt
U 542	IX C	Oblt. Christian Brandt-Coester	28. 11. 43	nördlich Madeira	+
U 543	IX C	Kplt. Hans-Jürgen Hellriegel	2. 7. 44	südwestlich Teneriffa	+
U 544	IX C	Kplt. Willy Mattke	17. 1. 44	Nordatlantik	+
U 545	IX C	Kplt. Gert Mannesmann	11. 2. 44	Nordatlantik	×
U 546	IX C	Kplt. Paul Just	24. 4. 45	nordwestlich der Azoren	×

Boots-nummer	Typ	Letzter Kommandant	Verlust bzw. Außerdienststellung		Ursache
			Datum	Ort	
U 547	IX C	Oblt. Peter Niemeyer	Nov. 44	Ostsee	versenkt
U 548	IX C	Oblt. Erich Krempl	30.4.45	östlich Kap Hatteras	+
U 549	IX C	Kplt. Detlev Krankenhagen	29.5.44	südwestlich Madeira	+
U 550	IX C	Kplt. Klaus Hänert	16.4.44	östlich von New York	versenkt
U 551	VII C	Kplt. Karl Schrott	23.3.41	südöstlich Island	+
U 552	VII C	Oblt. Günter Lube	Mai 45	Wilhelmshaven	S
U 553	VII C	Korv. Kpt. Karl Thurmann	Jan. 43	Mittelmeer	+
U 554	VII C	Kplt. Karl Hartwig Siebold	3.5.45	Wilhelmshaven	S
U 555	VII C	Oblt. Detlev Fritz	März 45	Hamburg	außer Dienst gestellt
			Mai 45		ausgeliefert
U 556	VII C	Kplt. Herbert Wohlfahrt	27.6.41	südwestlich Island	versenkt
U 557	VII C	Kplt. Ottokar Paulßen	16.12.41	Saronischer Golf	+
U 558	VII C	Kplt. Günter Krech	20.7.43	Golf von Biscaya	×
U 559	VII C	Kplt. Hans Heidtmann	30.10.42	östliches Mittelmeer	+
U 560	VII C	Oblt. Paul Jacobs	5.3.45	Kiel	S
U 561	VII C	Oblt. Fritz Henning	12.7.43	Straße von Messina	×
U 562	VII C	Kplt. Horst Hamm	19.2.43	vor der libyschen Küste	×
U 563	VII C	Oblt. Gustav Borchardt	31.5.43	südwestlich Brest	+
U 564	VII C	Kplt. Hans Fiedler	14.6.43	Golf von Biscaya	×
U 565	VII C	Kplt. Fritz Henning	24.9.44	Saronischer Golf	S
U 566	VII C	Kplt. Hans Hornkohl	24.10.43	Nordatlantik	×
U 567	VII C	Kplt. Engelbert Endraß	21.12.41	nordöstlich der Azoren	+
U 568	VII C	Kplt. Joachim Preuß	28.5.42	östliches Mittelmeer	+

Boots-nummer	Typ	Letzter Kommandant	Verlust bzw. Außerdienststellung		Ursache
			Datum	Ort	
U 569	VII C	Oblt. H. Johannsen	22.5.43	Nordatlantik	×
U 570	VII C	Kplt. Hans-Joachim Rahmlow	27.8.41	südlich Island	von der Royal Navy aufgebracht
U 571	VII C	Oblt. Gustav Lüssow	28.1.44	westlich Irland	+
U 572	VII C	Oblt. Heinz Kummetat	3.8.43	nordöstlich Trinidad	+
U 573	VII C	Kplt. Heinrich Heinsohn	1.5.42	nordwestlich Algier	versenkt
U 574	VII C	Kplt. Dietrich Gengelbach	19.12.41	Nordatlantik	×
U 575	VII C	Oblt. Wolfgang Boehmer	13.3.44	nördlich der Azoren	×
U 576	VII C	Kplt. Hans-Dieter Heinicke	15.7.42	Nordatlantik	×
U 577	VII C	Kplt. Herbert Schauenburg	9.1.42	Mittelmeer	+
U 578	VII C	Korv. Kpt. Ernst-August Rehwinkel	9.8.42	Golf von Biscaya	+
U 579	VII C	Oblt. Hans-Dietrich Schwarzenberg	5.5.45	Kleiner Belt	+
U 580	VII C	Oblt. Hans-Günter Kuhlmann	11.11.41	vor Memel (Klaipėda)	×
U 581	VII C	Kplt. Werner Pfeiffer	2.2.42	südwestlich der Azoren	×
U 582	VII C	Kplt. Werner Schulte	6.10.42	südwestlich Island	+
U 583	VII C	Kplt. Heinrich Ratsch	15.11.41	Ostsee	×
U 584	VII C	Kplt. Joachim Deecke	31.10.43	Nordatlantik	+
U 585	VII C	Kplt. Bernhard Lohse	29.3.42	vor Murmansk	+
U 586	VII C	Oblt. Heinz Götze	5.7.44	bei Toulon	×
U 587	VII C	Kplt. Ulrich Borcherdt	27.3.42	Nordatlantik	+
U 588	VII C	Kplt. Victor Vogel	31.7.42	Nordatlantik	+

Boots-nummer	Typ	Letzter Kommandant	Verlust bzw. Außerdienststellung		Ursache
			Datum	Ort	
U 679	VII C	Oblt. Eduard Aust	10.1.45	Ostsee	+
U 680	VII C	Oblt. Max Uhler	Mai 45		ausgeliefert und versenkt
U 681	VII C	Oblt. Werner Gebauer	11.3.45	Kanal	×
U 682	VII C	Oblt. Tienemann	13.3.45	Hamburg	bei Luftangriff versenkt
U 683	VII C	Kplt. Günter Keller	12.3.45	Kanal	+
U 684 bis U 700 vor Baubeginn Auftrag sistiert					
U 701	VII C	Kplt. Horst Degen	7.7.42	Nordatlantik	×
U 702	VII C	Kplt. Wolf-Rüdiger von Rabenau	4.4.42	Nordsee	+
U 703	VII C	Oblt. Joachim Brünner	Sept. 44	Europäisches Nordmeer	+
U 704	VII C	Oblt. Erhard Nolte	3.5.45	Vegesack bei Bremen	S
U 705	VII C	Kplt. Karl-Horst Horn	3.9.42	Golf von Biscaya	+
U 706	VII C	Kplt. Alexander von Zitzewitz	20.8.43	Golf von Biscaya	×
U 707	VII C	Oblt. Günter Gretschel	9.11.43	östlich der Azoren	+
U 708	VII C	Oblt. Herbert Kühn	3.5.45	Wilhelmshaven	S
U 709	VII C	Oblt. Rudolf Ites	1.3.44	Nordatlantik	+
U 710	VII C	Oblt. Dietrich von Carlowitz	24.4.43	südlich Island	+
U 711	VII C	Kplt. Hans-Günter Lange	4.3.45	Harstad	×
U 712	VII C	Oblt. Eberhard Freiherr von Ketelhodt	Mai 45	Kristiansand	ausgeliefert und versenkt
U 713	VII C	Oblt. Henri Gosejacob	24.2.44	bei den Lofoten	+
U 714	VII C	Kplt. Hans-Joachim Schebcke	14.3.45	Nordsee	+
U 715	VII C	Kplt. Helmut Röttger	13.6.44	nordöstlich der Färöer	×
U 716	VII C	Oblt. Hans Thieme	Mai 45		ausgeliefert und versenkt

Boots-nummer	Typ	Letzter Kommandant	Verlust bzw. Außerdienststellung		Ursache
			Datum	Ort	
U717	VII C	Oblt. Siegfried von Rothkirch und Panthen	2.5.45	bei Glücksburg	S
U718	VII C	Oblt. Helmut Wieduwilt	18.11.43	nordöstlich Bornholm	x
U719	VII C	Kplt. Klaus-Dietrich Steffens	26.6.44	westlich Irland	+
U720	VII C	Oblt. Erhard Wendelberger	Mai 45		ausgeliefert und versenkt
U721	VII C	Oblt. Ludwig Fabricius	Mai 45	Geltinger Bucht	S
U722	VII C	Oblt. Kurt Reimers	27.3.45	bei den Hebriden	+
U723 bis U730 vor Baubeginn Auftrag sistiert					
U731	VII C	Oblt. Alexander Graf Keller	15.5.44	vor Tanger	+
U732	VII C	Oblt. Claus-Peter Carlsen	31.10.43	Straße von Gibraltar	x
U733	VII C	Oblt. Ulrich Hammer	5.5.45	Geltinger Bucht	S
U734	VII C	Oblt. Hansjörg Blauert	9.2.44	südwestlich Irland	+
U735	VII C	Kplt. Hans-Joachim Börner	29.12.44	Horten	x
U736	VII C	Oblt. Reinhard Reff	6.8.44	Golf von Biscaya	x
U737	VII C	Oblt. Friedrich-August Gréus	19.12.44	vor Narvik	x
U738	VII C	Oblt. Gerhard Hoffmann	14.2.44	Gdynia	versenkt
U739	VII C	Oblt. Fritz Kosnick	Mai 45		ausgeliefert und versenkt
U740	VII C	Kplt. Günter Stark	9.6.44	Nordatlantik	+
U741	VII C	Oblt. Gerhard Palmgren	15.8.44	nordwestlich Le Havre	+
U742	VII C	Kplt. Heinz Schwaßmann	18.7.44	bei den Lofoten	+
U743	VII C	Oblt. Helmut Kandzior	9.9.44	nordwestlich Irland	+
U744	VII C	Oblt. Heinz Blischke	6.3.44	Nordatlantik	x
U745	VII C	Oblt. Wilhelm von Trotha	Febr. 45	Finnischer Meerbusen	+

Boots-nummer	Typ	Letzter Kommandant	Verlust bzw. Außerdienststellung		Ursache
			Datum	Ort	
U746	VII C	Oblt. Ernst Lottner	5.5.45	Geltinger Bucht	S
U747	VII C	Oblt. Günther Zahnow	April 45	Hamburg	×
U748	VII C	Oblt. Hans-Friedrich Puschmann	3.5.45	Rendsburg	S
U749	VII C	Oblt. Huisken	4.4.45	Kiel	×
U750	VII C	Oblt. Fritz Grauert	5.5.45	Geltinger Bucht	S
U751	VII C	Kplt. Gerhard Bigalk	17.7.42	Nordatlantik	+
U752	VII C	Kplt. Karl-Ernst Schröter	23.5.43	Nordatlantik	+
U753	VII C	Korv. Kpt. Alfred Manhardt von Mannstein	Mai 43	Nordatlantik	+
U754	VII C	Kplt. Hans Oestermann	31.7.42	vor Neuschottland	+
U755	VII C	Kplt. Walter Göing	28.5.43	nordwestlich Mallorca	×
U756	VII C	Kplt. Klaus Harnay	3.9.42	südwestlich Island	+
U757	VII C	Kplt. Friedrich Deetz	8.1.44	südwestlich Irland	+
U758	VII C	Oblt. Hans-Arndt Feind	Mai 45		ausgeliefert und versenkt
U759	VII C	Kplt. Rudolf Friedrich	26.7.43	östlich Jamaica	+
U760	VII C	Kplt. Otto-Ullrich Blum	8.9.43	Spanien	interniert
U761	VII C	Oblt. Horst Geider	24.2.44	vor Tanger	×
U762	VII C	Oblt. Walter Pietschmann	8.2.44	Nordatlantik	+
U763	VII C	Oblt. Karlheinz Schröter	24.1.45	bei Königsberg (Kaliningrad)	×
U764	VII C	Oblt. Hanskurt von Bremen	Mai 45		ausgeliefert und versenkt
U765	VII C	Oblt. Wendt	6.5.44	Nordatlantik	×
U766	VII C	Oblt. Hans-Joachim Wilke	Aug. 44		ausgeliefert
U767	VII C	Oblt. Dankleff	18.6.44	Kanal	×

Boots-nummer	Typ	Letzter Kommandant	Verlust bzw. Außerdienststellung		Ursache
			Datum	Ort	
U 768	VII C	Oblt. Johann Buttjer	20.11.43	Ostsee	× während des Baus durch
U 769	VII C		Mitte 43	Wilhelmshaven	Luftangriff vernichtet
U 770					×
U 771	VII C	Oblt. Gert Block	11.11.44	Europäisches Nordmeer	+
U 772	VII C	Kplt. Ewald Rademacher	30.12.44	Kanal	+
U 773	VII C	Oblt. Hugo Baldus	Mai 45		ausgeliefert und versenkt
U 774	VII C	Oblt. Werner Sausmikat	April 45	südwestlich Irland	+
U 775	VII C	Oblt. Erich Taschenmacher	Mai 45		ausgeliefert und versenkt
U 776	VII C	Oblt. Lothar Martin	Mai 45		ausgeliefert und versenkt
U 777	VII C	Oblt. Günther Ruperti	15.10.44	Wilhelmshaven	×
U 778	VII C	Oblt. Ralf Jürs	Mai 45		ausgeliefert und versenkt
U 779	VII C	Oblt. J. Stegemann	Mai 45		ausgeliefert und versenkt
U 780 bis U 791 vor Baubeginn Auftrag sistiert bzw. nicht mehr vergeben					
U 792	XVII	Oblt. Hans Duies	Mai 45	Flensburger Förde	S
U 793	XVII	Oblt. Friedrich Schmidt	3.5.45	Kiel	S
U 794	XVII	Oblt. Ph. Becker	3.5.45	Geltinger Bucht	S
U 795	XVII	Oblt. Horst Selle	3.5.45	Kiel	S
U 796 bis U 800 vor Baubeginn Auftrag sistiert bzw. nicht mehr vergeben					
U 801	IX C 40	Kplt. Hans-Joachim Brans	17.3.44	Mittelatlantik	×
U 802	IX C 40	Kplt. Helmut Schmoeckel	Mai 45		ausgeliefert und versenkt
U 803	IX C 40	Kplt. Karl Schimpf	27.4.44	vor Swinemünde (Świnoujście)	×
U 804	IX C 40	Oblt. Harald Meyer	9.4.45	Kleiner Belt	×

Boots-nummer	Typ	Letzter Kommandant	Verlust bzw. Außerdienststellung		Ursache
			Datum	Ort	
U 805	IX C 40	Korv. Kpt. Richard Bernadelli	Mai 45		ausgeliefert und versenkt
U 806	IX C 40	Kplt. Klaus Horn-Bostel	Mai 45		ausgeliefert und versenkt
U 807 bis U 820 Auftrag vor Baubeginn sistiert oder nicht mehr vergeben					
U 821	VII C	Oblt. Ulrich Knackfuß	10. 6. 44	Golf von Biscaya	×
U 822	VII C	Oblt. Elsinghorst	3. 5. 45	Wesermünde	S
U 823 } U 824 }	vor Baubeginn Auftrag sistiert				
U 825	VII C	Oblt. Stölker	Mai 45		ausgeliefert und versenkt
U 826	VII C	Oblt. Olaf Lübcke	Mai 45		ausgeliefert und versenkt
U 827	VII C	Kplt. Kurt Baberg	Mai 45	Geltinger Bucht	S
U 828	VII C	Oblt. Alfred John	3. 5. 45	Wesermünde	S
U 829 bis U 840 nicht gebaut					
U 841	IX C	Kplt. Werner Bender	17. 10. 43	östlich Kap Farvel	×
U 842	IX C	Korv. Kpt. Wolfgang Heller	6. 11. 43	Nordatlantik	+
U 843	IX C	Kplt. Oskar Herwartz	9. 4. 45	Kattegat	×
U 844	IX C	Oblt. Günther Möller	16. 10. 43	südwestlich Irland	+
U 845	IX C	Korv. Kpt. Werner Weber	10. 3. 44	Nordatlantik	×
U 846	IX C	Oblt. Erich Hashagen	4. 5. 44	Golf von Biscaya	×
U 847	IX D 2	Kplt. Herbert Kuppisch	27. 8. 43	Sargassosee	+
U 848	IX D 2	Korv. Kpt. Wilhelm Rollmann	5. 11. 43	Südatlantik	+
U 849	IX D 2	Kplt. Heinz-Otto Schultze	25. 11. 43	westlich der Kongomündung	+
U 850	IX D 2	Fr. Kpt. Klaus Ewerth	20. 12. 43	westlich Madeira	+
U 851	IX D 2	Korv. Kpt. Hannes Weingaertner	März 44	südöstlich Neufundland	+

Boots-nummer	Typ	Letzter Kommandant	Verlust bzw. Außerdienststellung		Ursache
			Datum	Ort	
U 852	IX D 2	Kplt. Heinz-Wilhelm Eck	3. 5. 44	Golf von Aden	×
U 853	IX C	Oblt. Helmut Frömsdorf	6. 5. 45	vor New York	+
U 854	IX C	Kplt. Horst Weiher	4. 2. 44	Ostsee	×
U 855	IX C	Oblt. Prosper Ohlsen	24. 9. 44	westlich Bergen	+
U 856	IX C	Oblt. Friedrich Wittenberg	7. 4. 44	östlich von Philadelphia	×
U 857	IX C	Oblt. Rudolph Premauer	7. 4. 45	vor Boston	+
U 858	IX C	Kplt. Thielo Bode	Mai 45		ausgeliefert
U 859	IX D 2	Kplt. Johann Jebsen	23. 9. 44	Malakkastraße	+
U 860	IX D 2	Fr. Kpt. Paul Büchel	4. 7. 44	vor Südafrika	×
U 861	IX D 2	Fr. Kpt. Jürgen Oesten	Mai 45		ausgeliefert und versenkt
U 862	IX D 2	Korv. Kpt. Heinrich Timm	Mai 45		von Japan übernommen
U 863	IX D 2	Kplt. Dietrich von der Esch	29. 9. 44	Südatlantik	+
U 864	IX D 2	Korv. Kpt. Ralf-Raimar Wolfram	9. 2. 45	westlich Bergen	+
U 865	IX C	Oblt. Stellmacher	19. 9. 44	nordwestlich Bergen	+
U 866	IX C	Oblt. Peter Rogowsky	18. 3. 45	Golf von Maine	+
U 867	IX C	Kpt. z. S. Arved von Mühlendahl	18. 9. 44	nordwestlich Bergen	+
U 868	IX C	Oblt. Eduard Turre	Mai 45		ausgeliefert und versenkt
U 869	IX C	Kplt. Helmuth Neuerburg	28. 2. 45	vor Rabat	+
U 870	IX C	Korv. Kpt. Ernst Hechler	30. 3. 45	Bremen	bei Luftangriff vernichtet
U 871	IX D 2	Kplt. Erwin Ganzer	26. 9. 44	nordwestlich der Azoren	+
U 872	IX D 2	Kplt. Peter-Ortmar Grau	29. 7. 44	Bremen	bei Luftangriff vernichtet
U 873	IX D 2	Kplt. Friedrich Steinhoff	Mai 45		ausgeliefert
U 874	IX D 2	Kplt. Theodor Petersen	Mai 45		ausgeliefert und versenkt

Boots-nummer	Typ	Letzter Kommandant	Verlust bzw. Außerdienststellung		Ursache
			Datum	Ort	
U 875	IX D 2	Kplt. Georg Preuß	Mai 45	Eckernförder Bucht	ausgeliefert und versenkt
U 876	IX D 2	Kplt. Rolf Bahn	5.5.45		S
U 877	IX C	Kplt. Eberhard Findeisen	27.12.44	Nordatlantik	×
U 878	IX C	Kplt. Johannes Rodig	10.4.45	westlich Saint Nazaire	+
U 879	IX C	Kplt. Erwin Machen	19.4.45	Golf von Maine	+
U 880	IX C	Kplt. Gerhard Schötzau	16.4.45	Nordatlantik	+
U 881	IX C	Oblt. Heinz Frischke	6.5.45	südöstlich Neufundland	+
U 882 Auftrag vor Baubeginn sistiert					
U 883	IX D 2	Oblt. Übel	Mai 45		ausgeliefert und versenkt
U 884	IX D 2	Kplt. Konrad Lüders	30.3.45	Bremen	bei Luftangriff auf Helling zerstört
U 885 Auftrag vor Baubeginn sistiert					
U 886	IX D 2		30.3.45	Bremen	durch Luftangriff zerstört
U 887 } U 888		Auftrag nach bzw. vor Baubeginn sistiert			
U 889	IX C 40	Kplt. Friedrich Bräuker	Mai 45		ausgeliefert
U 890 bis U 900 Auftrag vor Baubeginn sistiert					
U 901	VII C	Oblt. Hermann Schrenk	Mai 45		ausgeliefert und versenkt
U 902 Auftrag vor Baubeginn sistiert					
U 903	VII C	Oblt. Otto Fränzel	3.5.45	Kiel	S
U 904	VII C	Oblt. Günter Stührmann	4.5.45	Eckernförde	×
U 905	VII C	Oblt. Herbert Schwarting	20.3.45	südöstlich der Färöer	×

Boots-nummer	Typ	Letzter Kommandant	Verlust bzw. Außerdienststellung		Ursache
			Datum	Ort	
U 906	VII C		31.12.44	Hamburg	bei Luftangriff auf Helling zerstört
U 907	VII C	Oblt. Servais Cabolet	Mai 45		ausgeliefert und versenkt
U 908	VII C		31.12.44		bei Luftangriff auf Helling zerstört
U 909 bis U 920 Auftrag vor Baubeginn sistiert bzw. nicht mehr vergeben					
U 921	VII C	Oblt. A. Werner	30.9.44	nordwestlich Hammerfest	+
U 922	VII C	Oblt. Erich Käselau	3.5.45	Kiel	S
U 923	VII C	Oblt. Heinz Frömmer	Febr. 45	vor Kiel	+
U 924	VII C	Oblt. Hansjürg Schild	3.5.45	Kiel	S
U 925	VII C	Oblt. Knoke	Sept. 44	Nordatlantik	+
U 926	VII C	Oblt. Helmut Rehren	Mai 45		ausgeliefert
U 927	VII C	Kplt. Jürgen Ebert	24.2.45	Kanal	+
U 928	VII C	Kplt. Helmut Stähler	Mai 45		ausgeliefert und versenkt
U 929	VII C	Oblt. W. Schulz	3.5.45	vor Warnemünde	S
U 930	VII C	Oblt. Kurt Mohr	3.5.45		ausgeliefert und versenkt
U 931 bis U 950 Auftrag vor Baubeginn sistiert bzw. nicht mehr vergeben					
U 951	VII C	Oblt. Otto Pressel	7.7.43	Nordatlantik	+
U 952	VII C	Kplt. Oscar Curio	6.8.44	Toulon	×
U 953	VII C	Oblt. Erich Steinbrink	Mai 45		ausgeliefert
U 954	VII C	Kplt. Udo Löwe	19.5.43	Nordatlantik	+
U 955	VII C	Oblt. Baden	7.6.44	Golf von Biscaya	+
U 956	VII C	Oblt. Heinz-Dieter Mohs	Mai 45		ausgeliefert und versenkt

Boots-nummer	Typ	Letzter Kommandant	Verlust bzw. Außerdienststellung		Ursache
			Datum	Ort	
U957	VII C	Oblt. Gerhard Schaar	19.10.44	bei den Lofoten	×
U958	VII C	Oblt. Friedrich Stege	3.5.45	Europäisches Nordmeer	S
U959	VII C	Oblt. Friedrich Weitz	2.5.44	Europäisches Nordmeer	+
U960	VII C	Oblt. Günther Heinrich	19.5.44	nordwestlich von Algier	×
U961	VII C	Oblt. Klaus Fischer	29.3.44	östlich Island	+
U962	VII C	Oblt. Ernst Lieseberg	8.4.44	Nordatlantik	+
U963	VII C	Oblt. Rolf-Werner Wentz	10.5.45	vor der portugiesischen Küste	S
U964	VII C	Oblt. Johann Emmo Hummer	16.10.43	südwestlich Island	×
U965	VII C	Oblt. Günter Unverzagt	27.3.45	nördlich Schottland	+
U966	VII C	Oblt. Ekkehard Wolf	10.11.44	Golf von Biscaya	×
U967	VII C	Oblt. Heinz-Eugen Eberbach	11.8.44	Toulon	S
U968	VII C	Oblt. Otto Westphalen	Mai 45		ausgeliefert und versenkt
U969	VII C	Oblt. Dobbert	6.8.44	Toulon	×
U970	VII C	Kpt. Hans Heinrich Kettels	7.6.44	westlich Bordeaux	×
U971	VII C	Oblt. Walter Zeplin	24.6.44	Kanal	×
U972	VII C	Oblt. Klaus-Dietrich König	Jan. 44	Nordatlantik	+
U973	VII C	Oblt. Klaus Paepenmöller	6.3.44	nordwestlich Narvik	×
U974	VII C	Kpt. Heinz Wolff	19.4.44	vor Stavanger	×
U975	VII C	Kpt. Wilhelm Brauel	Mai 45		ausgeliefert und versenkt
U976	VII C	Oblt. Raimund Tiesler	25.3.44	Golf von Biscaya	×
U977	VII C	Oblt. Heinz Schaeffer	Mai 45		ausgeliefert und versenkt
U978	VII C	Oblt. Günther Pulst	Mai 45		ausgeliefert und versenkt
U979	VII C	Kpt. Johannes Meermeier	3.5.45	Nordsee	S

Boots-nummer	Typ	Letzter Kommandant	Verlust bzw. Außerdienststellung		Ursache
			Datum	Ort	
U 980	VII C	Kptl. Hermann Dahms	11.6.44	nordwestlich Bergen	+
U 981	VII C	Oblt. Günther Keller	12.8.44	Golf von Biscaya	x
U 982	VII C	Oblt. Curt Harmann	April 45	Hamburg	x
U 983	VII C	Oblt. Kurt Reimers	8.9.43	Ostsee	x
U 984	VII C	Oblt. Heinz Sieder	20.8.44	Golf von Biscaya	+
U 985	VII C	Kptl. Heinz Wolff	Mai 45		ausgeliefert und versenkt
U 986	VII C	Oblt. Karl-Ernst Kaiser	17.4.44	südwestlich Irland	x
U 987	VII C	Oblt. Hilmar Schreyer	15.6.44	westlich Narvik	+
U 988	VII C	Oblt. Erich Dobberstein	29.6.44	Kanal	+
U 989	VII C	Kptl. Hardo Rodler von Roithberg	14.2.45	bei den Färöern	+
U 990	VII C	Kptl. Hubert Nordheimer	25.5.44	Europäisches Nordmeer	x
U 991	VII C	Kptl. Diethelm Balke	Mai 45		ausgeliefert und versenkt
U 992	VII C	Oblt. Hans Falke	Mai 45		ausgeliefert und versenkt
U 993	VII C	Oblt. Karl-Heinz Steinmetz	4.10.44	Bergen	nach Bombenangriff außer Dienst gestellt
U 994	VII C	Oblt. V. Melzer	Mai 45		ausgeliefert und versenkt
U 995	VII C	Oblt. Hans-Georg Hess	8.5.45		ausgeliefert
U 996	VII C		Aug. 44	Hamburg	während des Baus auf der Helling durch Luftangriff zerstört
U 997	VII C	Kptl. Hans Lehmann	Mai 45		ausgeliefert und versenkt
U 998	VII C	Oblt. Gerhard Fiedler	27.6.44		außer Dienst gestellt
U 999	VII C	Oblt. Wolfgang Heibkes	5.5.45	Geltinger Bucht	S

Boots-nummer	Typ	Letzter Kommandant	Verlust bzw. Außerdienststellung		Ursache
			Datum	Ort	
U 1000	VII C	Oblt. Müller	29. 4. 44		außer Dienst gestellt
U 1001	VII C	Kplt. Ernst Blaudow	8. 4. 45	Nordatlantik	×
U 1002	VII C	Oblt. Richard Boos	Mai 45		ausgeliefert
U 1003	VII C	Oblt. W. Strübing	23. 3. 45	Nordkanal	S
U 1004	VII C	Oblt. Rudolf Hinz	Mai 45	Bergen	ausgeliefert und versenkt
U 1005	VII C	Oblt. Hermann Lauth	Mai 45		ausgeliefert
U 1006	VII C	Oblt. Horst Voigt	16. 10. 44	südwestlich der Färöer	×
U 1007	VII C	Kplt. Ernst von Witzendorff	2. 5. 45	nördlich Wismar	×
U 1008	VII C	Oblt. Hans Geßner	6. 5. 45	bei Skagen	×
U 1009	VII C	Oblt. Klaus Hilgendorf	Mai 45		ausgeliefert und versenkt
U 1010	VII C	Kplt. Günter Strauch	Mai 45		ausgeliefert und versenkt
U 1011 } U 1012	VII C			Hamburg	während des Baus auf Helling bei Luftangriff vernichtet
U 1013	VII C	Oblt. Gerhard Linck	17. 3. 44	Ostsee	Kollision
U 1014	VII C	Oblt. Wolfgang Glaser	4. 2. 45	bei den Hebriden	+
U 1015	VII C	Oblt. Richard Boos	19. 5. 44	westlich Pillau (Baltisk)	×
U 1016	VII C	Oblt. Walter Ehrhardt	5. 5. 45	Großer Belt	S
U 1017	VII C	Oblt. W. Rinken	29. 4. 45	nordwestlich Irland	+
U 1018	VII C	Oblt. Walter Burmeister	27. 2. 45	Kanal	×
U 1019	VII C	Oblt. Rink	Mai 45		ausgeliefert und versenkt
U 1020	VII C	Oblt. Otto Eberlein	Jan. 45	nordwestlich Schottland	+
U 1021	VII C	Oblt. William Holpert	30. 3. 45	bei den Hebriden	+
U 1022	VII C	Oblt. Hans-Joachim Ernst	Mai 45		ausgeliefert und versenkt

Boots-nummer	Typ	Letzter Kommandant	Verlust bzw. Außerdienststellung		Ursache
			Datum	Ort	
U 1023	VII C	Kplt. Heinrich Schroeteler	Mai 45		ausgeliefert und versenkt
U 1024	VII C	Kplt. Hans-Joachim Gutteck	12. 4. 45	Irische See	×
U 1025	VII C	Kplt. Oskar Curio	5. 5. 45	Geltinger Bucht	S
U 1026 bis U 1050 Auftrag vor Baubeginn sistiert bzw. nicht vergeben					
U 1051	VII C	Oblt. Heinrich von Holleben	27. 1. 45	St.-Georgs-Kanal	+
U 1052	VII C	Oblt. Günther Scholz	Mai 45		ausgeliefert und versenkt
U 1053	VII C	Oblt. Helmut Lange	15. 2. 45	vor Bergen	+
U 1054	VII C		16. 9. 44	Rostock	außer Dienst gestellt, später ausgeliefert
U 1055	VII C	Oblt. Rudolf Meyer	30. 4. 45	westlich Brest	+
U 1056	VII C	Oblt. Gustav Schröder	5. 5. 45	Geltinger Bucht	S
U 1057	VII C	Oblt. Dr. Günter Lüth	Mai 45		ausgeliefert und versenkt
U 1058	VII C	Oblt. Hermann Bruder	Mai 45		ausgeliefert und versenkt
U 1059	VII F	Oblt. Günter Leupold	19. 3. 44	südwestlich der Kapverdischen Inseln	×
U 1060	VII F	Oblt. Herbert Brammer	27. 10. 44	Europäisches Nordmeer	+
U 1061	VII F	Oblt. Heinz-Gerhard Jäger	Mai 45		ausgeliefert und versenkt
U 1062	VII F	Oblt. Karl Albrecht	30. 9. 44	südwestlich der Kapverdischen Inseln	+
U 1063	VII C	Kplt. Stephan	15. 4. 45	Kanal	×
U 1064	VII C	Fr. Kpt. Karl-Herm. Schneidewind	Mai 45		ausgeliefert und versenkt
U 1065	VII C	Oblt. J. Panitz	9. 4. 45	Kattegat	+
U 1066 bis U 1100 Auftrag vor Baubeginn sistiert bzw. nicht erteilt					

Boots-nummer	Typ	Letzter Kommandant	Verlust bzw. Außerdienststellung		Ursache
			Datum	Ort	
U1101	VII C	Oblt. Rudolf Dübler	5.5.45	Geltinger Bucht	S
U1102	VII C	Oblt. G. Soll	Mai 45		ausgeliefert und versenkt
U1103	VII C	Oblt. Jürgen Iversen	Mai 45		ausgeliefert und versenkt
U1104	VII C	Oblt. Rüdiger Perleberg	Mai 45		ausgeliefert
U1105	VII C	Oblt. Hans-Joachim Schwarz	Mai 45		ausgeliefert
U1106	VII C	Oblt. Erwin Bartke	29.3.45	Nordatlantik	+
U1107	VII C	Oblt. Fritz Parduhn	25.4.45	Golf von Biscaya	+
U1108	VII C	Oblt. Wiegand	Mai 45		ausgeliefert
U1109	VII C	Oblt. F. van Riesen	Mai 45		ausgeliefert
U1110	VII C	Oblt. Joachim-Werner Bach	Mai 45		ausgeliefert und versenkt
U1111 bis U1130 Auftrag vor Baubeginn sistiert bzw. nicht erteilt					
U1131	VII C	Oblt. Günter Fiebig	April 45	Kiel	bei Luftangriff versenkt
U1132	VII C	Oblt. Walter Bruno Koch	15.5.45	Geltinger Bucht	S
U1133 bis U1160 Auftrag vor Baubeginn sistiert bzw. nicht erteilt					
U1161	VII C	Oblt. Bruno Schwalbach	5.5.45	Geltinger Bucht	S
U1162	VII C	Oblt. Klaus Euler	5.5.45	Geltinger Bucht	S
U1163	VII C	Oblt. Ernst-Ludwig Balduhn	Mai 45		ausgeliefert und versenkt
U1164	VII C		24.7.44	Kiel	nach Bombenangriff außer Dienst gestellt
U1165	VII C	Oblt. Helmut Hamann	Mai 45		ausgeliefert und versenkt
U1166	VII C	Oblt. Sarto Ballert	22.7.44	Kiel	nach Torpedoexplosion außer Dienst gestellt
U1167	VII C	Oblt. Karl-Hermann Bortfeld	30.3.45	Hamburg	bei Luftangriff versenkt

Boots-nummer	Typ	Letzter Kommandant	Verlust bzw. Außerdienststellung		Ursache
			Datum	Ort	
U 1168	VII C	Kplt. Hans-Hugo Umlauf	5.5.45	Geltinger Bucht	S
U 1169	VII C	Oblt. H. Godbeck	5.4.45	St.-Georgs-Kanal	+
U 1170	VII C	Oblt. Friedrich Justi	3.5.45	Travemünde	S
U 1171	VII C	Oblt. W. Koopmann	Mai 45		ausgeliefert
U 1172	VII C	Oblt. Jürgen Kuhlmann	26.1.45	Irische See	+
U 1173 bis U 1190 Auftrag vor Baubeginn sistiert					
U 1191	VII C	Oblt. Peter Grau	25.6.44	Kanal	+
U 1192	VII C	Oblt. Karlheinz Meenen	3.5.45	Kiel	S
U 1193	VII C	Oblt. Joachim Guse	5.5.45	Geltinger Bucht	S
U 1194	VII C	Oblt. Franz Conen	Mai 45		ausgeliefert und versenkt
U 1195	VII C	Kplt. Ernst Cordes	6.4.45	Kanal	×
U 1196	VII C	Oblt. René Ballert	Aug. 44	Travemünde	nach Torpedoexplosion außer Dienst gestellt
U 1197	VII C	Oblt. Kurt Lau	3.5.45		S
U 1198	VII C	Oblt. Gerhard Peters	Mai 45		ausgeliefert und versenkt
U 1199	VII C	Oblt. R. Stollmann	21.1.45	Kanal	ausgeliefert und versenkt
U 1200	VII C	Oblt. Heinrich Mangels	11.11.44	Nordatlantik	+
U 1201	VII C	Oblt. Reinhold Merkle	Mai 45		ausgeliefert
U 1202	VII C	Kplt. Rolf Thomsen	10.5.45	Bergen	außer Dienst gestellt
U 1203	VII C	Oblt. Sigurd Seeger	Mai 45		ausgeliefert und versenkt
U 1204	VII C	Oblt. Erwin Jestel	5.5.45	Geltinger Bucht	S
U 1205	VII C	Oblt. Hermann Zander	2.5.45	Kiel	S

Boots-nummer	Typ	Letzter Kommandant	Verlust bzw. Außerdienststellung		Ursache
			Datum	Ort	
U 1206	VII C	Kplt. Karl-Adolf Schlitt	14.4.45	Nordsee	×
U 1207	VII C	Oblt. Kurt Lindemann	5.5.45	Geltinger Bucht	S
U 1208	VII C	Korv. Kpt. Georg Hagene	20.2.45	St.-Georgs-Kanal	+
U 1209	VII C	Oblt. Ewald Hülsenbeck	18.12.44	Kanal	×
U 1210	VII C	Oblt. P. Grabert	3.5.45	vor Eckernförde	×
U 1211 bis U 1220 Auftrag vor Baubeginn sistiert					
U 1221	IX C	Oblt. Paul Ackermann	3.4.45	Kiel	bei Luftangriff versenkt
U 1222	IX C	Kplt. Heinz Bielfeld	11.7.44	westlich La Rochelle	+
U 1223	IX C	Oblt. Albert Kneip	28.4.45	vor Wesermünde	×
U 1224	IX C		1944		an Japan übergeben
U 1225	IX C	Oblt. Ernst Sauerberg	24.6.44	nordwestlich Bergen	+
U 1226	IX C	Oblt. A. Wilhelm Claußen	Okt. 44	Nordatlantik	+
U 1227	IX C	Oblt. Fritz Altmeier	April 45	Kiel	bei Luftangriff vernichtet
U 1228	IX C	Oblt. Friedrich-Wilhelm Marienfeld	Mai 45		ausgeliefert
U 1229	IX C	Korv. Kpt. Armin Zinke	20.8.44	südöstlich Neufundland	+
U 1230	IX C	Kplt. Hans Hilbig	Mai 45		ausgeliefert und versenkt
U 1231	IX C	Oblt. Helmuth Wicke	Mai 45		ausgeliefert
U 1232	IX C	Oblt. Götz Roth	Mai 45		ausgeliefert
U 1233	IX C	Oblt. Peter Niemeyer	Mai 45		ausgeliefert und versenkt
U 1234	IX C	Oblt. Hans-Christian Wrede	5.5.45	Geltinger Bucht	S
U 1235	IX C	Oblt. Franz Barsch	15.4.45	Nordatlantik	+
U 1236 bis U 1270 vor Baubeginn sistiert bzw. nicht mehr vergeben					

Boots-nummer	Typ	Letzter Kommandant	Verlust bzw. Außerdienststellung		Ursache
			Datum	Ort	
U 1271	VII C	Oblt. Gerhard Thiemann	Mai 45		ausgeliefert
U 1272	VII C	Oblt. Hans Schattenburg	Mai 45		ausgeliefert
U 1273	VII C	Oblt. Helmut Knollmann	17.2.45	Oslofjord	+
U 1274	VII C	Oblt. Hans-Hermann Fitting	16.4.45	Nordsee	+
U 1275	VII C	Oblt. Günther Frohberg	Mai 45	Bergen	ausgeliefert
U 1276	VII C	Oblt. Karl-Heinz Wendt	3.4.45	Europäisches Nordmeer	+
U 1277	VII C	Oblt. Peter Stever	3.6.45	Nordatlantik	S
U 1278	VII C	Oblt. Erich Müller-Bethke	17.2.45	Europäisches Nordmeer	+
U 1279	VII C	Oblt. Hans Falke	3.2.45	Europäisches Nordmeer	
U 1280 bis U 1300 Auftrag vor Baubeginn sistiert bzw. nicht vergeben					
U 1301	VII C	Kptl. Paul-Ehrenfried Lenkait	Mai 45		ausgeliefert und versenkt
U 1302	VII C	Kptl. Wolfgang Herwarth	7.3.45	St.-Georgs-Kanal	+
U 1303	VII C	Oblt. Heinz Baum	14.5.45	Geltinger Bucht	S
U 1304	VII C	Oblt. W. Süss	5.5.45	Geltinger Bucht	S
U 1305	VII C	Oblt. Hans Christiansen	Mai 45		ausgeliefert
U 1306	VII C	Oblt. U. Kießling	5.5.45	Geltinger Bucht	S
U 1307	VII C	Oblt. Hans Buscher	Mai 45		ausgeliefert und versenkt
U 1308	VII C	Oblt. Heinrich Besold	2.5.45	nordwestlich Warnemünde	S
U 1309 bis U 1404 Auftrag vor Baubeginn sistiert bzw. nicht vergeben					
U 1405	XVII B	Oblt. Hermann Rex	5.5.45	Geltinger Bucht	S
U 1406	XVII B	Oblt. Werner Klug	5.5.45	Cuxhaven	S
U 1407	XVII B	Oblt. Horst Heitz	5.5.45	Cuxhaven	S (von Royal Navy gehoben, bis 1950 im Dienst)

Bootsnummer	Typ	Letzter Kommandant	Verlust bzw. Außerdienststellung		Ursache
			Datum	Ort	
U 1408 nicht in Dienst gestellt					
U 1409 nicht in Dienst gestellt					
U 1410 bis U 2320 vor Baubeginn sistiert bzw. nicht mehr vergeben					
U 2321	XXIII	Oblt. Hans Heinrich Barschkis	Mai 45		ausgeliefert und versenkt
U 2322	XXIII	Oblt. Fridtjof Heckel	Mai 45		ausgeliefert und versenkt
U 2323	XXIII	Oblt. Walter Angermann	29.7.44	Kiel	×
U 2324	XXIII	Kplt. Konstantin von Rappard	Mai 45		ausgeliefert und versenkt
U 2325	XXIII	Oblt. Kurt Eckel	Mai 45		ausgeliefert und versenkt
U 2326	XXIII	Oblt. Karl Jobst	Mai 45		ausgeliefert
U 2327	XXIII	Oblt. Wolfgang Schulz	2.5.45	Hamburg	S
U 2328	XXIII	Oblt. Peter Lawrence	Mai 45		ausgeliefert und versenkt
U 2329	XXIII	Oblt. Heinrich Schlott	Mai 45		ausgeliefert und versenkt
U 2330	XXIII	Oblt. H. Beckmann	3.5.45	Kiel	S
U 2331	XXIII	Oblt. Hans Walter Pahl	Okt. 44	vor Hela (Hel)	infolge Unfalls gesunken
U 2332	XXIII	Oblt. Dieter Bernkessel	2.5.45	Hamburg	S
U 2333	XXIII	Oblt. Gerhard Baumann	5.5.45	Geltinger Bucht	S
U 2334	XXIII	Oblt. Walter Angermann	Mai 45		ausgeliefert und versenkt
U 2335	XXIII	Oblt. Karl-Friedrich Benthin	Mai 45		ausgeliefert und versenkt
U 2336	XXIII	Oblt. Emil Klusmeier	Mai 45		ausgeliefert und versenkt
U 2337	XXIII	Oblt. G. Bensich	Mai 45		ausgeliefert und versenkt
U 2338	XXIII	Oblt. H.D. Kaiser	4.5.45	Kleiner Belt	+
U 2339	XXIII	Oblt. Wörmann	Mai 45	Geltinger Bucht	S
U 2340	XXIII	Oblt. Emil Klusmeier	30.3.45	Hamburg	bei Luftangriff vernichtet

Boots-nummer	Typ	Letzter Kommandant	Verlust bzw. Außerdienststellung		Ursache
			Datum	Ort	
U 2341	XXIII	Oblt. Böhm	Mai 45		ausgeliefert und versenkt
U 2342	XXIII	Oblt. Berthold Schad von Mittelbiberach	26.12.44	vor Swinemünde (Świnoujście)	+
U 2343	XXIII	Kpl. Gerhard Kellerstrass	5.5.45	Geltinger Bucht	S
U 2344	XXIII	Oblt. Ellerhage	18.2.45	vor Heiligendamm	nach Kollision gesunken
U 2345	XXIII	Oblt. K. Steffen	Mai 45		ausgeliefert und versenkt
U 2346	XXIII	Oblt. von der Höh	5.5.45	Geltinger Bucht	S
U 2347	XXIII	Oblt. Willibald Ulbing	5.5.45	Geltinger Bucht	S
U 2348	XXIII	Oblt. Georg Goschzik	Mai 45		ausgeliefert und versenkt
U 2349	XXIII	Oblt. Hans-Georg Müller	5.5.45	Geltinger Bucht	S
U 2350	XXIII	Oblt. Werner Schauer	Mai 45		ausgeliefert und versenkt
U 2351	XXIII	Lm. Werner Brückner	Mai 45		ausgeliefert
U 2352	XXIII	Lm. Sigmund Budzyn	5.5.45	Geltinger Bucht	S
U 2353	XXIII	Oblt. Jürgen Hillmann	Mai 45		ausgeliefert
U 2354	XXIII	Oblt. Dieter Wex	Mai 45		ausgeliefert und versenkt
U 2355	XXIII	Oblt. Franke	3.5.45	vor Laboe	gesunken
U 2356	XXIII	Oblt. Paul Härtel	Mai 45		ausgeliefert und versenkt
U 2357	XXIII	Oblt. Erwin Heinrich	5.5.45	Geltinger Bucht	S
U 2358	XXIII	Oblt. J. Breus	5.5.45	Geltinger Bucht	S
U 2359	XXIII	Oblt. G. Bischoff	2.5.45	Kattegat	+
U 2360	XXIII	Lm. Kurt Schrobach	5.5.45	Geltinger Bucht	S
U 2361	XXIII	Oblt. Heinz von Hennig	Mai 45		ausgeliefert und versenkt
U 2362	XXIII	Oblt. Martin Czekowski	5.5.45	Geltinger Bucht	S

Boots-nummer	Typ	Letzter Kommandant	Verlust bzw. Außerdienststellung		Ursache
			Datum	Ort	
U 2363	XXIII	Ltn. Karl Frahm	Mai 45		ausgeliefert und versenkt
U 2364	XXIII	Kplt. Gerhard Remus	5. 5. 45	Geltinger Bucht	S
U 2365	XXIII	Oblt. Uwe Christiansen	8. 5. 45	Kattegat	S (1956 gehoben und 1957 von Bundesmarine übernommen)
U 2366	XXIII	Oblt. Kurt Jäckel	5. 5. 45		ausgeliefert und versenkt
U 2367	XXIII	Ltn. Heinz Schröder	5. 5. 45	Großer Belt	nach Kollision mit anderem Boot gesunken (1956 gehoben und von Bundesmarine übernommen)
U 2368	XXIII	Ltn. Fritz Ufermann	5. 5. 45		ausgeliefert und versenkt
U 2369	XXIII	Oblt. Hans-Walter-Pahl	5. 5. 45		ausgeliefert und versenkt
U 2370	XXIII	Oblt. Dieter Bornkessel	Mai 45	Hamburg	S
U 2371	XXIII	Oblt. Johannes Kühne	Mai 45	Hamburg	S
U 2372 bis U 2400 bei Kriegsende noch im Zusammenbau					
U 2401 bis U 2500 Auftrag vor Baubeginn sistiert					
U 2501	XXI	Oblt. Otto Hübschen	2. 5. 45	Hamburg	S
U 2502	XXI	Kplt. Heinz Franke	Mai 45		ausgeliefert
U 2503	XXI	Kplt. Karl Jürg Wächter	4. 5. 45	Kleiner Belt	×
U 2504	XXI	Oblt. Horst Günther	2. 5. 45	Hamburg	S
U 2505	XXI	Oblt. Martin Duppel	2. 5. 45	Hamburg	S
U 2506	XXI	Kptl. Horst von Schröter	Mai 45		ausgeliefert
U 2507	XXI	Kplt. Paul Siegmann	5. 5. 45	Geltinger Bucht	S

Boots-nummer	Typ	Letzter Kommandant	Verlust bzw. Außerdienststellung		Ursache
			Datum	Ort	
U 2508	XXI	Oblt. Uwe Christiansen	3.5.45	Kiel	S
U 2509	XXI	Korv. Kpt. Rudolf Schendel	8.4.45	vor Travemünde	S
U 2510	XXI	Oblt. Werner Herrmann	3.5.45	Hamburg	
U 2511	XXI	Korv. Kpt. Adalbert Schnee	Mai 45		ausgeliefert
U 2512	XXI	Kplt. Hubert Nordheimer	3.5.45	Eckernförde	S
U 2513	XXI	Fr. Kpt. Erich Topp	Mai 45		ausgeliefert
U 2514	XXI	Kplt. Rolf-Birgel Wahlen	8.4.45	Hamburg	bei Luftangriff vernichtet
U 2515	XXI	Kplt. Rolf Borchers	11.3.45	Hamburg	bei Luftangriff vernichtet
U 2516	XXI	Oblt. Fritz Kallipke	8.4.45	Hamburg	bei Luftangriff vernichtet
U 2517	XXI	Oblt. Hans-Jürgen Hansen	4.5.45	Flensburger Förde	S
U 2518	XXI	Oblt. Friedrich Weidner	Mai 45		ausgeliefert
U 2519	XXI	Korv. Kpt. Peter Erich Cremer	3.5.45	Kiel	S
U 2520	XXI	Oblt. A. Schubert	3.5.45	Kiel	S
U 2521	XXI	Oblt. Joachim Methner	4.5.45	östlich Aarhus	+
U 2522	XXI	Kplt. Horst Thilo Queck	15.5.45	Geltinger Bucht	S
U 2523	XXI	Kplt. Hans-Heinrich Ketels	17.1.45	Hamburg	bei Luftangriff vernichtet
U 2524	XXI	Kplt. Ernst von Wittendorf	3.5.45	Kattegat	S
U 2525	XXI	Kplt. Paul-Friedrich Otto	5.5.45	Geltinger Bucht	S
U 2526	XXI	Oblt. Otto Hohmann	2.5.45	vor Travemünde	S
U 2527	XXI	Oblt. Heinz Götze	2.5.45	vor Travemünde	S
U 2528	XXI	Oblt. Otto Bitter	2.5.45	vor Travemünde	S
U 2529	XXI	Oblt. Fritz Kallipke	Mai 45		ausgeliefert
U 2530	XXI	Kplt. Max Bockelberg	11.3.45	Hamburg	bei Luftangriff vernichtet

Boots-nummer	Typ	Letzter Kommandant	Verlust bzw. Außerdienststellung		Ursache
			Datum	Ort	
U 2531	XXI	Oblt. Heinz Niß	2.5.45	vor Travemünde	S
U 2532	XXI	Oblt. Horst Günther	8.4.45	Hamburg	bei Luftangriff vernichtet
U 2533	XXI	Oblt. Ulrich Drewes	3.5.45	vor Travemünde	S
U 2534	XXI	Kplt. Ulrich Drewes	6.5.45	Kattegat	+
U 2535	XXI	Oblt. Otto Bitter	3.5.45	vor Travemünde	S
U 2536	XXI	Oblt. Ulrich Vöge	3.5.45	vor Travemünde	S
U 2537	XXI	Oblt. Heinrich Klapdor	8.4.45	Hamburg	bei Luftangriff vernichtet
U 2538	XXI	Oblt. Heinrich Klapdor	8.5.45	vor Ärö	×
U 2539	XXI	Oblt. Erich Jewinski	3.5.45	Kiel	S
U 2540	XXI	Oblt. Rudolf Schultze	4.5.45	Flensburger Förde	S
U 2541	XXI	Kplt. Rolf-Birgel Wahlen	5.5.45	Geltinger Bucht	S
U 2542	XXI	Oblt. Otto Hübschen	3.5.45	Kiel	bei Luftangriff vernichtet
U 2543	XXI	Oblt. Stolzenburg	3.5.45	Kiel	S
U 2544	XXI	Oblt. Rudolf Meinelschmidt	5.5.45	Aarhus	S
U 2545	XXI	Oblt. Hans-Bruno Freiherr von Müffling	3.5.45	Kiel	S
U 2546	XXI	Oblt. Dobbert	3.5.45	Kiel	S
U 2547	XXI	Oblt. Freimuth Richter	8.4.45		bei Luftangriff auf Helling zerstört
U 2548	XXI	Oblt. Karl-Erich Utischill	3.5.45	Kiel	S
U 2549	XXI	Oblt. Kurt Sureth	8.4.45		bei Luftangriff auf Helling zerstört

Boots-nummer	Typ	Letzter Kommandant	Verlust bzw. Außerdienststellung		Ursache
			Datum	Ort	
U 2550	XXI	Oblt. Günter Wolff	8.4.45		bei Luftangriff auf Helling zerstört
U 2551	XXI	Kplt. Erhard Schaar	5.5.45	Geltinger Bucht	S
U 2552	XXI	Oblt. Johannes Rudolph	5.5.45	Kiel	S
U 2553 bis U 2564 Bau vor Fertigstellung abgebrochen					
U 2565 bis U 2761 im Sektionsbau abgebrochen					
U 2762 bis U 3000 Auftrag vor Baubeginn nicht mehr vergeben					
U 3001	XXI	Kplt. Hans Vogel	1.5.45	vor Wesermünde	S
U 3002	XXI	Fr. Kpt. Hermann Kaiser	2.5.45	vor Travemünde	S
U 3003	XXI	Oblt. Ludo Kregelin	4.4.45	Kiel	bei Luftangriff zerstört
U 3004	XXI	Oblt. Hans-Helmut Poeschel	2.5.45	Hamburg	bei Luftangriff zerstört
U 3005	XXI	Oblt. Fritz-Heinrich Hinrichs	3.5.45	Kiel	S
U 3006	XXI	Oblt. Ernst Fischer	1.5.45	Wilhelmshaven	S
U 3007	XXI	Kplt. Karl Heinz Marbach	24.2.45	Bremen	bei Luftangriff zerstört
U 3008	XXI	Kplt. Helmut Mansek	Mai 45		ausgeliefert
U 3009	XXI	Kplt. Karl Schimpf	1.5.45	vor Travemünde	S
U 3010	XXI	Kplt. Hans Bungards	3.5.45	Kiel	S
U 3011	XXI	Kplt. Otto Tinschert	3.5.45	vor Travemünde	S
U 3012	XXI	Kplt. Friedrich Klövekorn	3.5.45	vor Travemünde	S
U 3013	XXI	Oblt. Horst Eilers	3.5.45	vor Travemünde	S
U 3014	XXI	Kplt. Karl Heinz Marbach	3.5.45	vor Neustadt/Holstein	S
U 3015	XXI	Kplt. Peter Ottmar Grau	5.5.45	Geltinger Bucht	S
U 3016	XXI	Kplt. Wilhelm Neentzen	2.5.45	vor Travemünde	S

Boots-nummer	Typ	Letzter Kommandant	Verlust bzw. Außerdienststellung		Ursache
			Datum	Ort	
U 3017	XXI	Oblt. Lindschau	Mai 45	vor Travemünde	ausgeliefert
U 3018	XXI	Oblt. Siegfried Breinlinger	2. 5. 45	vor Travemünde	S
U 3019	XXI	Oblt. Ernst Racky	2. 5. 45	vor Travemünde	S
U 3020	XXI	Oblt. Männele	2. 5. 45	vor Travemünde	S
U 3021	XXI	Oblt. von Meeteren	2. 5. 45	vor Travemünde	S
U 3022	XXI	Kplt. Paul Weber	5. 5. 45	Geltinger Bucht	S
U 3023	XXI	Oblt. Henning Harms	2. 5. 45	vor Travemünde	S
U 3024	XXI	Oblt. Blaich	3. 5. 45	vor Neustadt/Holstein	S
U 3025	XXI	Kplt. Hans Vogel	3. 5. 45	bei Travemünde	S
U 3026	XXI	Oblt. Fresche	3. 5. 45	vor Travemünde	S
U 3027	XXI	Oblt. Kraimann	3. 5. 45	vor Travemünde	S
U 3028	XXI	Kplt. Erwin Christophersen	3. 5. 45	Großer Belt	+
U 3029	XXI	Kplt. Hermann Lamby	3. 5. 45	Kiel	S
U 3030	XXI	Oblt. Bernhard Lutmann	3. 5. 45	Kleiner Belt	×
U 3031	XXI	Oblt. Joachim-Werner Bach	3. 5. 45	Kiel	S
U 3032	XXI	Oblt. Horst Slevogt	3. 5. 45	Kleiner Belt	×
U 3033	XXI	Oblt. Geilsen	5. 5. 45	Geltinger Bucht	S
U 3034	XXI	Oblt. Wilhelm Prehn	5. 5. 45	Geltinger Bucht	S
U 3035	XXI	Oblt. Ernst Gerke	Mai 45	Bremen	ausgeliefert
U 3036	XXI				durch Luftangriff beim Bau zerstört
U 3037	XXI	Kplt. Gustav-Adolf Janßen	2. 5. 45	vor Travemünde	S
U 3038	XXI	Oblt. Mathias Brüning	3. 5. 45	Kiel	S

Boots-nummer	Typ	Letzter Kommandant	Verlust bzw. Außerdienststellung		Ursache
			Datum	Ort	
U 3039	XXI	Kplt. Günter Ruperti	3.5.45	Kiel	S
U 3040	XXI	Kplt. Horst Robbers	3.5.45	Kiel	S
U 3041	XXI	Kplt. Hans Hornkohl	Mai 45		ausgeliefert
U 3042	XXI		April 45	Bremen	bei Luftangriff während des Baus zerstört
U 3043	XXI		April 45	Bremen	bei Luftangriff während des Baus zerstört
U 3044	XXI	Oblt. Detlef von Lehsten	5.5.45	Geltinger Bucht	S
U 3045 bis U 3061 nicht mehr in Dienst gestellt					
U 3062 bis U 3500 Bau abgebrochen oder vor Baubeginn Auftrag sistiert					
U 3501	XXI	Kplt. Hans-Joachim Schmidt-Weichert	1.5.45	Wesermünde	S
U 3502	XXI	Oblt. Hermann Schultz	2.5.45	Hamburg	S
U 3503	XXI	Oblt. Hugo Deiring	8.5.45	Kattegat	S
U 3504	XXI	Kplt. Karl Hartwig Siebold	1.5.45	Wilhelmshaven	S
U 3505	XXI	Oblt. Horst Willner	3.5.45	Kiel	×
U 3506	XXI	Kplt. Gerhard Thäter	2.5.45	Hamburg	S
U 3507	XXI	Oblt. Otto Niethmann	3.5.45	vor Travemünde	S
U 3508	XXI	Kplt. Detlef von Lehsten	4.3.45	Wilhelmshaven	×
U 3509	XXI	Oblt. Gailer	3.5.45	Bremen	S
U 3510	XXI	Oblt. Werner Schwirley	5.5.45	Geltinger Bucht	S
U 3511	XXI	Kplt. Hermann Schrenk	3.5.45	vor Travemünde	S
U 3512	XXI	Kplt. Hans Hornkohl	8.4.45	Kiel	×

Boots-nummer	Typ	Letzter Kommandant	Verlust bzw. Außerdienststellung		Ursache
			Datum	Ort	
U 3513	XXI	Oblt. Richard Nachtigal	3.5.45	vor Travemünde	S
U 3514	XXI	Oblt. Günther Fritze	Mai 45	Bergen	ausgeliefert und versenkt
U 3515	XXI	Oblt. Kuscher	Mai 45		ausgeliefert
U 3516	XXI	Kplt. Gerhard Groth	2.5.45	vor Travemünde	S
U 3517	XXI	Oblt. Helmut Münster	2.5.45	vor Travemünde	S
U 3518	XXI	Kplt. Herbert Brünning	3.5.45	Kiel	S
U 3519	XXI	Kplt. Richard von Harpe	2.3.45	vor Warnemünde	+
U 3520	XXI	Oblt. Sarto Ballert	31.1.45	Kieler Bucht	+
U 3521	XXI	Oblt. Günther Keller	2.5.45	vor Travemünde	S
U 3522	XXI	Oblt. D. Lenzmann	2.5.45	vor Travemünde	S
U 3523	XXI	Oblt. Werner Müller	5.5.45	östlich Aarhus	+
U 3524	XXI	Korv. Kpt. Hans Witt	5.5.45	Geltinger Bucht	S
U 3525	XXI	Kplt. Hans-Ludwig Baude	1.5.45	Kiel	S
U 3526	XXI	Oblt. Karl-Heinz Schmidt	5.5.45	Geltinger Bucht.	S
U 3527	XXI	Oblt. Willy Kronenbitter	1.5.45	vor Wesermünde	S
U 3528	XXI	Kplt. Heinz Zwarg	1.5.45	vor Wesermünde	S
U 3529	XXI	Oblt. Kurt Hilbig	5.5.45	Geltinger Bucht	S
U 3530	XXI	Kplt. Wilhelm Brauel	3.5.45	Kiel	S
U 3531	XXI		Mai 45	Kiel	S
U 3532	XXI	Oblt. Peter Niemeyer	Mai 45	Brunsbüttel	außer Dienst gestellt
U 3533	XXI	Oblt. Jaenicke	1946		Abbruch
U 3535	XXI	Oblt. Walter Zenker			ausgeliefert
U 3536	XXI	Oblt. Heinrich Gode			ausgeliefert

Boots-nummer	Typ	Letzter Kommandant	Datum	Ort	Ursache
U 3537	XXI	Oblt. Hubertus Korndörfer			ausgeliefert
U 3538 bis U 3695 Bau nicht fertig bzw. Auftrag vor Baubeginn sistiert					
U 3696 bis U 4000 Auftrag vor Baubeginn sistiert					
U 4001 bis U 4500 unfertig abgebrochen bzw. Auftrag nicht mehr vergeben					
U 4501 bis U 4700 unfertig abgebrochen, zum Teil Auftrag nicht mehr vergeben					
U 4701 bis U 4703			5.5.45	Flensburger Förde	S
U 4704	XXIII	Oblt. Gerhard Franceschi	5.5.45	Flensburg	S
U 4705	XXIII	Oblt. Landt-Hayen	3.5.45	Kiel	S
U 4706	XXIII	Oblt. Maanfred Schneider			ausgeliefert
U 4707	XXIII	Oblt. Leder	5.5.45		S
U 4708	XXIII	Oblt. Schulz	Mai 45		bei Luftangriff vernichtet
U 4709	XXIII		4.5.45	Kiel	bei Luftangriff vernichtet
U 4710	XXIII	Oblt. Ludwig-Ferdinand von Friedeburg	5.5.45	Geltinger Bucht	S
U 4711	XXIII	Oblt. Harald Endler	4.5.45	Kiel	bei Luftangriff vernichtet
U 4712	XXIII	Oblt. Karl Fleige	4.3.45	Kiel	bei Luftangriff vernichtet
U 4713 bis U 4891 im Bau gesprengt					
U 4892 bis U 5000 nicht mehr gebaut					
U 5001 bis U 6531 nur z. T. im Bau, fertiggestellt etwa 30 Boote vom Typ XXVII B					

Für diese Liste wurden Veröffentlichungen aus verschiedenen Ländern ausgewertet. Nicht selten widersprachen sich diese Angaben. Wo eine Überprüfung nicht möglich war, wurden Daten verwendet, die am gesichertsten erschienen.

Bibliographische Notizen

Im Unterschied zu der Vielzahl von Publikationen über den faschistischen U-Boot-Krieg, die in der BRD, Großbritannien und den USA seit Kriegsende erschienen sind, liegen von marxistischen Historikern und Marinefachleuten erst seit den letzten Jahren Arbeiten zu diesem Thema vor. Zu den grundlegenden marxistischen Arbeiten, auf die sich der Autor stützt, gehören die *Geschichte des Großen Vaterländischen Krieges der Sowjetunion, Band 1 bis 5 (Berlin 1962ff.), die Geschichte des zweiten Weltkrieges, Militärhistorischer Abriß (Berlin 1961)* und *Der zweite Weltkrieg. Militärischer Verlauf und Chronik* von *G. Förster, H. Helmert* und *H. Schnitter (Leipzig 1962).* Die bisher umfassendste und gründlichste Einschätzung der faschistischen Seekriegführung ist in der Dissertation von *W. Wunderlich, Das seestrategische Denken im imperialistischen Deutschland in Vorbereitung des zweiten Weltkrieges (Leipzig 1966)* zu finden. Obwohl diese Dissertation nur den Zeitraum bis 1939 behandelt, wird in ihr aus Gründen der Beweisführung auch auf Seekriegshandlungen des zweiten Weltkrieges eingegangen. Eine ausgezeichnete populärwissenschaftliche Darstellung der Entwicklung der U-Boot-Abwehr ist *Von der U-Boot-Falle zum Jagdhubschrauber (Berlin 1964) von G. Krause* und *G. Larisch.* Zu einer Reihe von speziellen Fragen konnten vom Autor Untersuchungen ausgewertet werden, die als Beiträge in den Zeitschriften »*Militärwesen*«, »*Zeitschrift für Militärgeschichte*« und vor allem in der vom Kommando der Volksmarine herausgegebenen Zeitschrift »*Marinewesen*« erschienen sind.

Viele Einschätzungen des vorliegenden Tatsachenberichtes sind dem Buch *Blokada i kontrblokada. Borba na okeansko-morskich soobstschenijach wo wtoroi mirowoi woine (Moskau 1967)* entnommen, das von einem Autorenkollektiv unter der Leitung des Konteradmirals a. D. *W. P. Bogolepow* erarbeitet wurde. Ferner wurden vom Autor an sowjetischen Darstellungen herangezogen: *Bojewyje dejstwija w atlantike i na sredismnom more 1939–1945 gg. (Moskau 1967)* von *W. A. Belli* und *K. W. Pensin* sowie die von einem Autorenkollektiv unter der Leitung von *N. A. Piterski* anläßlich des 50. Jahrestages der sowjetischen Seekriegsflotte verfaßte Darstellung ihrer Geschichte *(Bojewoi putj sowetskogo wojenno-morskogo flota, Moskau 1967).* Recht allgemein gehalten, aber dennoch eine erste Einführung in die Problematik bietet das Buch *Korabli morskich glubin,* dessen bearbeitete deutsche Ausgabe unter dem Titel *Schiffe der Meerestiefen (Berlin 1958)* erschienen ist.

Wichtiges gedrucktes Quellenmaterial für diesen Tatsachenbericht konnte der Autor den Protokoll- und Dokumentenbänden des Nürnberger Prozesses gegen die Hauptkriegsverbrecher, unter ihnen Raeder und Dönitz, entnehmen, dessen amtlicher Text in deutscher Sprache unter dem Titel *Der Prozeß gegen die Hauptkriegsverbrecher vor dem Internationalen Militärgerichtshof Nürnberg, 14. November 1945–1. Oktober 1946 (Nürnberg 1947–1949)* erschienen ist. Einzelne Fakten der verbrecherischen faschistischen Seekriegführung enthält auch das Buch von *Lord Russell of Liverpool, Geißel der Menschheit. Kurze Geschichte der Nazikriegsverbrechen (Berlin 1960)*, das auf der Grundlage der Prozeßmaterialien geschrieben worden ist. Die unter dem Aspekt der Rehabilitierung des deutschen Imperialismus und Militarismus abgefaßten Abhandlungen von *R. Schenk, Seekrieg und Völkerrecht (Köln–Berlin 1958)* und *H. Sohler, U-Boot-Krieg und Völkerrecht (Beiheft 1 der »Marine-Rundschau«, Frankfurt a. Main 1956)* boten naturgemäß wenig verwendbares Material. Für die Darstellung völkerrechtlicher Fragen diente das Standardwerk von *H. Standke und L. Krumbiegel, Der Krieg im Völkerrecht (Berlin 1961)*.

Bei der Darstellung des Kampfes der britischen und amerikanischen Marine gegen die faschistischen U-Boote hat sich der Autor vorwiegend auf Faktenmaterial gestützt, das Büchern entnommen ist, wie *Britische Seekriegsgeschichte 1939–1945* von *S. W. Roskill (Oldenburg–Hamburg 1961)*, *The Battle of the Atlantic* von *Ronald Macintyre (London 1961)* und *Key to Victory. The Triumph of British Sea Power in World War II* von *P. K. Kemp (Boston–Toronto 1959)*, deren Autoren als höhere Marineoffiziere bei der Abfassung ihrer Darstellungen die Archive der britischen Admiralität auswerten konnten. Für die Darstellung des Kampfes der amerikanischen U-Boot-Abwehr sind die beiden Bände über den Seekrieg im Atlantik von *S. E. Morison, The Battle of the Atlantic (Boston 1955)* und *The Atlantic Battle Won (London 1956)*, ausgewertet worden. Ferner hat der Autor das interessantes Material enthaltende Buch über die Aktionen faschistischer U-Boote gegen die amerikanische Handelsschiffahrt von *T. Taylor (Fire on the Beaches, New York 1958)* für seine Darstellungen herangezogen.

Da in den Archiven der DDR keine Bestände zu dem Thema existieren, ist der Autor gezwungen gewesen, auf westdeutsche U-Boot-Literatur zurückzugreifen und die in ihr enthaltenen Fakten kritisch zu verwenden. Neben den Memoiren von Dönitz *(K. Dönitz, Zehn Jahre und zwanzig Tage, Bonn 1958)* und Raeder *(E. Raeder, Mein Leben, Tübingen 1957)*, deren Rechtfertigungscharakter offensichtlich ist, boten die Arbeiten von *J. Rohwer* verwendbares Material. Außer dem von *Rohwer* verfaßten Beitrag über den Höhepunkt und die Wende des U-Boot-Krieges in dem vom Stuttgarter Arbeitskreis für Wehrforschung herausgegebenen Sammelband *Entscheidungsschlachten des zweiten Weltkrieges (Frankfurt a. M. 1960)* wurden auch seine Artikel ausgewertet, die er zwischen 1953 und 1960 in der *»Marine-Rundschau«* veröffentlicht hat.

Sehr kritisch mußten die Bücher solcher Autoren ausgewertet werden, die mit ihren als Dokumentarberichte aufgeputzten Machwerken die Traditionen der faschistischen Kriegsliteratur fortsetzen und die zum Teil mit ähnlichen Büchern schon vor 1945 hervorgetreten sind. Zu ihnen gehören *Frank*, der schon als Kriegsberichterstatter auf faschistischen U-Booten gefahren ist, aber auch *Busch, Brennecke* und *Herlin*.

Nur indirekt waren Publikationen über die Einsätze von U-Boot-Besatzungen zu verwenden, die vor 1945 erschienen sind. Sie enthalten kaum brauchbares Material, und die Eindrücke, die sie vermitteln, entsprechen den von der faschistischen Propaganda gewünschten Klischeebildern. Ihre Kenntnis aber erleichterte es dem Autor, die Vorstellungswelt und Handlungsmotive bei einem Teil der U-Boot-Besatzungen darzustellen.

Eine wichtige Grundlage für viele Schilderungen in dem vorliegenden Tatsachenbericht sind dagegen die Aufzeichnungen und die Berichte von ehemaligen Angehörigen der faschistischen U-Boot-Waffe, die in der DDR leben, gewesen. Nur durch diese Berichte ist es dem Autor möglich geworden, bestimmte Vorgänge auf den U-Booten literarisch frei nachzugestalten, ohne den Charakter eines Tatsachenberichtes zu verletzen. Daneben ist eine Reihe von Büchern nur für die Gestaltung einzelner Episoden direkt und indirekt benutzt worden, von denen die wichtigsten Titel angeführt werden sollen.

Die Schilderung der Versenkung der »Athenia« stützt sich auf den materialreichen britischen Dokumentarbericht *A Night of Terror* von *M. Caulfield (London 1958)*, auf Berichte der *»Chicago Daily Tribune« (vom 3. bis 7. September 1939)* sowie auf Materialien, die im Nürnberger Prozeß vorgelegt wurden. Über die »Athenia«-Affäre wird auch in dem Buch von *Lord Russell of Liverpool* über die faschistischen Kriegsverbrechen berichtet. Die Darstellung des Aufbaus der U-Boot Waffe und ihrer Rolle in den Plänen der faschistischen Kriegführung (Kapitel »Der erste Verlust« und »Handelskrieg und U-Boot«) stützt sich hauptsächlich auf die bereits angeführte Dissertation von *W. Wunderlich* sowie auf zwei Artikel im *»Marinewesen«* von *G. Kautz (Der Flottenaufbau und die strategischen Pläne der Marineleitung/Seekriegsleitung für den Einsatz der deutschen Flotte; H. 2/1966)* und *H. Steigleder (Zur Entwicklung der U-Boot-Flotten nach dem ersten Weltkrieg; H. 10/1966)* sowie einen Aufsatz von *Steigleder* und *Hensel* in der *»Zeitschrift für Militärgeschichte« (Gedanken zum Einsatz schwerer deutscher Kriegsmarineeinheiten im zweiten Weltkrieg; H. 6/1965)*. Das Material über die geheime Aufrüstung von 1920 bis 1935 wurde einer Denkschrift entnommen, die der faschistische Admiral *Aßmann* geschrieben hat und die in den Protokoll- und Dokumentenbänden des Nürnberger Prozesses veröffentlicht ist. Das in ihr enthaltene Material ist von *Raeder* vor dem Internationalen Militärtribunal voll bestätigt worden. Die Rolle der deutschen Monopole bei der Vorbereitung des zweiten Weltkrieges (Kapitel »Handelskrieg...«) geht von einer Einschätzung aus, die *D. Eichholtz* in einem Referat auf der 2. Tagung der Fachgruppe Geschichte der neuesten Zeit 1917–1945 im März 1965 vorgetragen hat. (Das Protokoll dieser Tagung ist unter dem Titel *Monopole und Staat in Deutschland 1917–1945, Berlin 1966* erschienen.) Die Affäre um die Schuldigen für die Versenkung des Lazarettschiffes »Llandovery Castle« (Kapitel »Die wahre Tradition«) ist nach dem Pitaval der Kaiserzeit *So wahr mir Gott helfe... (Berlin 1968)* von F. K. Kaul berichtet worden.

Für die Schilderung der Aktion von U 47 gegen Scapa Flow wurden, wie auch für andere Teile des vorliegenden Tatsachenberichtes, die Memoiren von *Winston S. Churchill (Der zweite Weltkrieg, Band 1 bis 6, Hamburg–Stuttgart 1950 bis 1954)*, der zu diesem Zeitpunkt Marineminister war, ausgewertet. Dazu ist auch ein Beitrag von *H. Steigleder* und *H. Diere* im *Deutschen Marinekalender 1968 (Berlin 1967)* zu finden.

Die Schilderung der britischen U-Boot-Abwehr stützt sich auf die Darstellung von *S. W. Roskill* und *G. Krause / G. Larisch* sowie besonders auf die bereits angeführten sowjetischen Arbeiten von *Bogolepow* und *Belli/Pensin*. Alle Versenkungsangaben – nicht nur dieses Kapitels – sind nach *Bogolepow* zitiert. Für die Darstellung des faschistischen Überfalls auf Norwegen wurden neben allgemeineren Gesamtdarstellungen über den zweiten Weltkrieg die materialreiche Dissertation von *C. Gemzell (Raeder, Hitler und Skandinavien. Der Kampf für einen maritimen Operationsplan, Lund 1965)* sowie der norwegische Bildband *Marinen i kamp. Blad av marinens historie (Oslo 1947)* von *H. Borgesen* herangezogen. Für die Darstellung des politischen Hintergrundes sind vom Autor eine Reihe von allgemeinhistorischen Publikationen verwendet worden, wie die von *W. G. Truchanowski* herausgegebene *Geschichte der internationalen Beziehungen 1939–1945 (Berlin 1965)* und die *Neueste Geschichte Englands 1917 bis 1951 (Berlin 1962)* desselben Verfassers.

Das erste Kapitel des zweiten Teils (»Der Selbstbetrug«) wurde auf der Grundlage einer Untersuchung von *K. Kellner* im »Marinewesen« (*Der Einfluß des Basierungssystems der deutschen U-Boote auf ihre operative Entfaltung zum Kampf auf den Seeverbindungen der Alliierten im zweiten Weltkrieg; H. 12/1966 und 1/1967*) geschrieben. Für die Darstellung der Angriffe der faschistischen U-Boote auf die britischen Geleitzüge und ihrer Abwehr (Kapitel »Rudeltaktik und verstärkte Abwehr«) hat der Autor neben der bereits erwähnten U-Boot-Literatur den Bericht von *T. Robertson* über die Tätigkeit von Kapitän Walker und der ihm unterstehenden Besatzungen *(Jagd auf die »Wölfe«, Oldenburg–Hamburg 1960)* sowie die Geschichte der britischen Seefliegerkräfte im zweiten Weltkrieg von *J. Cameron (Wings of the morning, London 1962)* herangezogen. Einschätzung und Angaben des britischen Geleitzugssystems, das Verhältnis zwischen versenkter und neugebauter Handelsschiffstonnage sind *Bogolepow* entnommen, zum Vergleich wurden *Roskill* und *Dönitz* herangezogen. Über Kretschmer berichtet der bereits angeführte *T. Ro-*

bertson in seinem Buch *Der Wolf im Atlantik (Wels—München 1961)*, das bezeichnenderweise in mehreren Auflagen erschienen ist und den jetzigen Bonner Admiral rehabilitieren soll. Das Auftreten Kretschmers im Kriegsgefangenenlager Grizedale (Kapitel »Menetekel der Niederlage«) ist bei *Robertson* erwähnt. Mehrfach hat auch die Tagespresse der DDR über diesen Vorfall berichtet (u. a. *»Ostsee-Zeitung« vom 3. Juli 1965* und *»Neues Deutschland« vom 5. Februar 1957*). Über die genauen Umstände des Todes des IWO von U 570 gibt es unterschiedliche Angaben, die Verantwortung Kretschmers für den Tod des U-Boot-Offiziers wird jedoch nicht bestritten.

Der Anfang des dritten Teiles (»Pyrrhussiege und Sondermeldungen«) geht von Einschätzungen der *Geschichte des Großen Vaterländischen Krieges der Sowjetunion* und von Publikationen von Militärhistorikern der DDR aus. Hervorzuheben sind dabei vor allem zwei Beiträge, die in der *»Zeitschrift für Militärgeschichte«* erschienen sind *(G. Förster, Zum Scheitern der strategischen Konzeption der faschistischen Führung im zweiten Weltkrieg; H. 1/1965,* und G. Förster / W. Wünsche, *Zur militärpolitischen und strategisch-operativen Planung des Sommerfeldzuges der faschistischen Wehrmacht 1942; H. 6/1967).*

Bei der Behandlung des U-Boot-Krieges 1942/43 (Kapitel »Pyrrhussiege und Sondermeldungen«, »Radar und ›Lut‹«, »Höhepunkt und Wende«, »Jäger werden Gejagte«) wurden die Arbeiten von *Bogolepow* und *Belli/Pensin* genutzt. Über den Seekrieg im Nordmeer, ein beliebtes Thema für antikommunistische Attacken, ist eine große Zahl von speziellen Publikationen erschienen. Bei der Darstellung der Vorgänge im Nordmeer und ihrer politischen Auswirkungen ist der Autor der Geschichte der sowjetischen Seekriegsflotte von N. A. *Piterski* u. a. gefolgt. Ausgewertet wurde außerdem die Artikelfolge von K. *Kellner, Die Ursachen für das Scheitern des Zusammenwirkens zwischen der faschistischen Kriegsmarine und der Luftwaffe bei der Bekämpfung der alliierten Geleitzüge auf der Route Island—Murmansk im Jahre 1942* (»Marinewesen«, *H. 3, 5* und *6/1967*). Herangezogen wurden ferner *J. Campbell / D. Macintyre, The Kola Run, A record of Arctic convois, 1941—1945 (London 1959).*

Der Ablauf der Operation »Regenbogen« (Kapitel »Führungswechsel«) ist in den meisten bürgerlichen Seekriegsdarstellungen ausführlich beschrieben. Ferner ist vom Autor ein Artikel von C. Huan in der »Marine-Rundschau« *(Der Vorstoß der deutschen Kreuzer am 31. Dezember 1942; H. 6/1958)* ausgewertet worden. Die Versenkung der »Laconia« ist in den meisten Veröffentlichungen der BRD über den U-Boot-Krieg geschildert, deren Autoren allerdings die völkerrechtswidrige Kriegführung der faschistischen Seite zu bagatellisieren versuchen. Der »Laconia«-Befehl spielte in der Anklage gegen Raeder und Dönitz in dem Nürnberger Kriegsverbrecherprozeß eine wichtige Rolle, die Protokoll- und Dokumentenbände enthalten deshalb Material zu dieser Frage. Der »Laconia«-Befehl sowie die in diesem Zusammenhang zu sehende Versenkung der »Peleus« (Kapitel »Unmenschlichkeit«) sind auch in dem Buch des *Lord Russell of Liverpool* angeführt. Für das Kapitel »Jäger werden Gejagte« wurde vom Autor auch die spezielle Darstellung über die Niederlage der angreifenden U-Boote am Geleitzug ON S 5 von *R. Seth (The Fiercest Battle, New York 1962)* ausgewertet. Zur Darstellung der Rolle der faschistischen U-Boote im Indischen Ozean und Pazifik im letzten Teil des Buches (Kapitel »Verlustreiche Ostasienfahrten« und »Schacher um einen Politiker«) wurden die Seekriegsgeschichte von *Roskill* und die allgemeineren Gesamtdarstellungen des U-Boot-Krieges kritisch ausgewertet. Die Wertung Subhas Chandra Boses (»Schacher um einen Politiker«) stützt sich auf eine Einschätzung von *R. Palme Dutt* in *Indien heute (Berlin 1951)* und auf einen Dokumentarbericht von *I. Andronow* in der Moskauer *»Neuen Zeit« (Hitlers Plan einer Invasion Indiens; H. 14/1965)*. Das Kapitel »Das Nachdenken regt sich« wurde nach persönlichen Erlebnissen des Autors frei gestaltet; die hier sowie im Kapitel »Ins ›nasse Dreieck‹ zurück« angeführten Flugblätter des NKFD in Süd-Frankreich wurden dem Verlag von Eugen Schwarz zur Verfügung gestellt. Das im Kapitel »Keine zweite Fahrt« zitierte britische Flugblatt ist dem Buch über Walker von *T. Robertson* entnommen. Die Schilderung des in der faschistischen Kriegsmarine herrschenden Justizterrors geht auf einen Artikel von *O. Hennicke, Auszüge aus der Wehrmachtskriminalistik (»Zeitschrift für Militärgeschichte«, H. 4/1966)* zurück. Für den Bericht über die waffentechnische Weiterentwicklung der U-Boote in den letzten Kriegsjahren wurden die Angaben von *Belli/Pensin* und anderer U-Boot-Publikationen verwendet. Die politische Haltung von Dönitz und seiner Umgebung in den letzten Kriegsmonaten (Kapitel »Selbstversenkung oder nicht?«) ist nach in der DDR erschienenen Arbeiten dargestellt, von denen die von *K. Scheel (Zwischen Naziwehrmacht und Bundeswehr, Berlin 1960)* am ausführlichsten ist. Der Dönitz-Befehl zur sinnlosen Verteidigung Hamburgs ist nach einer Dokumentarfolge von *N. Ruf* und *G. Richnow* (»Westdeutsches Tageblatt« vom 17. Oktober bis 17. November 1956) zitiert. Die Selbstversenkung von U 2365 (dem späteren »U-Hai«) ist nach einem Bericht des Kommandanten in der *»Marine-Rundschau« (H. 1/1957)* gestaltet.